OLYMPICS KILL THE POOR

オリンピック・パラリンピックはどこにもいらない

インパクト出版会

反五輪の会 NO OLYMPICS 2020 ——— 目次

2013

2013/8/31　東京文化発信プロジェクト室「五輪みこしで応援！」に抗議（上野公園）「五輪みこし　いったい何を『ヨイショ』しているのか」リリース　**p.032**

【デモ】２０２０年東京にオリンピックはいりません。トドメのパレード！！！（銀座）　**p.038**

2013/9/8（日本時間）　**第１２５次ＩＯＣ総会で２０２０オリンピック・パラリンピック東京開催決定**

2013/9/8　緊急声明「東京都はオリンピック開催を辞退しろ！」リリース　**p.039**

2013/9/9　東京都はオリンピック開催を辞退しろ！怒りのアピール（都庁前）

2013/9/10　「猪瀬都知事・祝勝都民報告会」抗議行動（都庁前）　**p.042**

2013/10　「２０２０東京五輪は返上しかない」首藤久美子、労働者通信２８０号（「労働者通信」編集委員会刊）　**p.044**

2013/10/20　【デモ】お・こ・と・わ・り　２０２０年東京オリンピック返上デモ（渋谷→国立競技場）　**p.046**

2013/11/19　「かつてオリンピックは返上された（７６年デンバー大会の場合）」リリース

2013/11/20　ＩＯＣバッハ会長初来日に、質問及び要請書を手渡しに電通東京本社へ（新橋）

2013/11　「東京オリンピックは悪夢だ、夢なら覚めてほしい、でもこの悪夢を追い払うにはもっと運動の力が必要だ」小川てつオ、インパクション１９２号（インパクト出版会刊）　**p.047**

2013/12　「オリンピックにおける排除の問題」小川てつオ、現代思想２０１３年１２月号（青土社刊）　**p.049**

2013/12/5　「反五輪の会は、特定秘密保護法案に反対します」リリース

2013/12/15　【デモ】１２・１５ 猪瀬も五輪も返上デモ！！！（新宿）　**p.055**

2013/12/30　２０１３ー１４渋谷越年越冬闘争「東京オリンピックを語り合う会」（12.29 深夜宮下公園から強制排除され神宮通公園）

2014

2014/1/31　ＶＴＲ声明「五輪へ、虚飾決算の夢。」リリース　**p.056**

2014/2/7　No Tokyo 2020 stands with No Sochi 2014 アクション ＆ 新宿アルタ前・都知事選まきぞえ演説会、「２０１４ソチ五輪に抗議する世界中のみなさんに、２０２０夏季五輪開催地である東京より、連帯のご挨拶」リリース　**p.058**

2014/3/14　「都営霞ヶ丘アパート住民Ｊさんが語る『霞ヶ丘町での暮らし』」リリース

2014/4/13　声明「新国立競技場建設計画の最大の問題点は都営『霞ヶ丘アパート』の立ち退きです」リリース　**p.059**

2014/4　「座談会　差別・排除を加速させるオリンピックはいりません。」反五輪の会　**p.062**

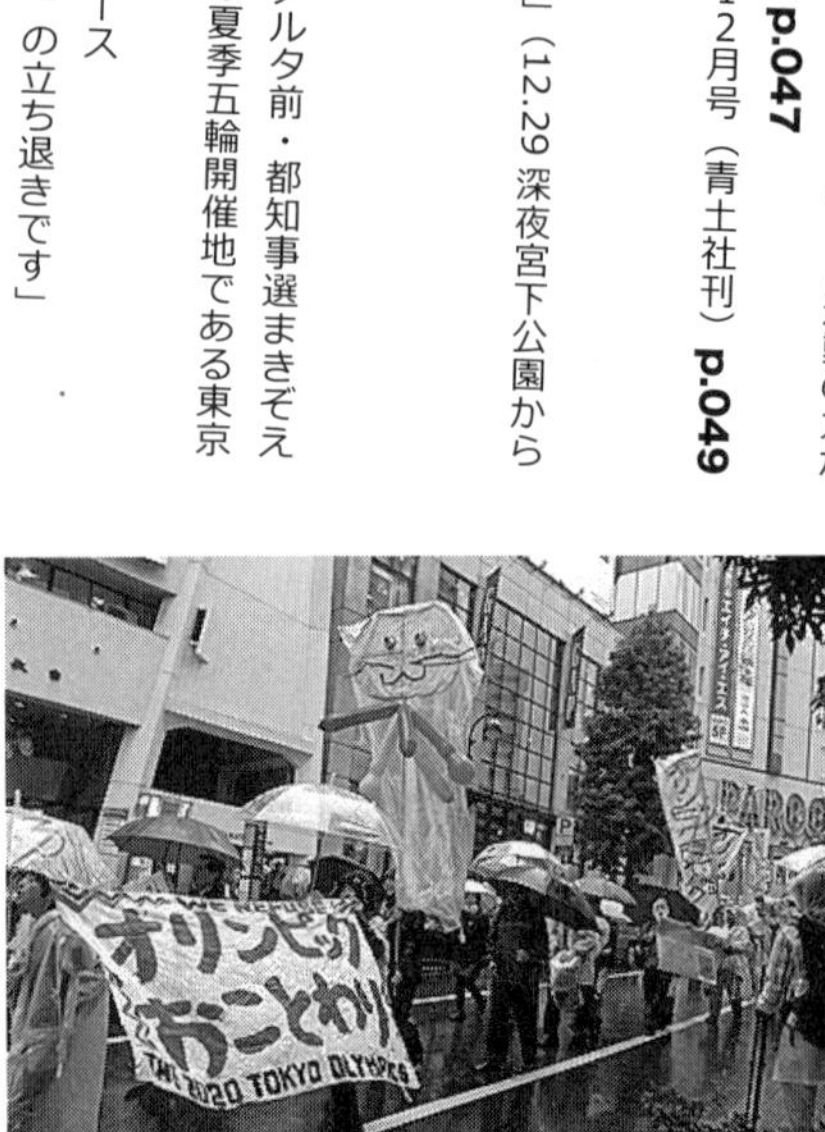

2014.5.16

『平和の祭典』――体罰、ホルモン、排除と侵略」過剰姉妹ババババ **p.073**
インパクション194号掲載

2014/5/7 国立さんを囲む会主催・国立競技場を囲むデモに反五輪バナーで参加

2014/5/13 IOC会長トーマス・バッハ宛の質問及び要請書にIOCから手紙到着（3月7日付）

2014/5/16 NO FIFA! ブラジル 2014サッカーW杯反対デモに連帯アクション（日本サッカー協会前）

2014/5/31 「国立競技場周辺に暮らす野宿生活者を応援する有志」とともに「SAYONARA 国立競技場」前行動 **p.076**

2014/6/13 「NO FIFA! NO OLYMPICS! SOLIDARIEDADE FAVELAS! 2014サッカーW杯開催に抗議するブラジルの人々に連帯します」リリース

2014/6/21 「最初のザハ・ハディド案では、都営霞ヶ丘アパートは残っていた！！」リリース **p.078**

2014/6/29 PP研ラウンドテーブル「NO OLYMPICS! 返上有理！やってる場合か！ 2020東京オリンピック反対 交流集会&パーティー」協賛・参加

2014/7/1 「JSCが国立競技場周辺の野宿生活者の排除に動き出しました」リリース **p.080**

2014/7/9 国立競技場周辺に暮らす野宿生活者の排除について、JSCとの初交渉 ※「国立競技場周辺に暮らす野宿生活者を応援する有志」の取り組み

2014/7/15 「霞ヶ丘アパートを考える会」発足 都庁で記者会見

2014/7/19 ブラジルから、ラケル・ロニックさんを迎えて、はんごりん初のシンポジウム「人を喰う都市再開発～オリンピック、W杯などのスポーツイベントによる排除」（浅草）

2014/7 「五輪返上。今、ニッポンには、この四文字が必要だ。」首藤久美子、反天連ニュース・カーニバル（反天皇制運動連絡会）

2014/8 「真っ先に狙われる野宿者」小川てつオ、ふぇみん第3063号（ふぇみん婦人民主クラブ刊）

2014/9/7 2014反五輪文化祭（渋谷ハチ公前）

2014/10/6 「都営霞ヶ丘アパートの人と歴史シリーズ2 Sさんが語る自分の人生と霞ヶ丘アパートの今むかし」リリース

2014/10/10 声明「お・こ・と・わ・り！ 1964年東京五輪50周年『祝賀ムード』」リリース **p.083**

2014.7.19

2014.9.7

2014.10.15

2014/10/15　ＪＳＣは追い出しヤメロ！明治公園の木を切るな！工事中止　みんなでＪＳＣに青いテープを巻こう！緊急行動（ＪＳＣ前）
2014/11　『オリンピック・パラリンピック教育』が公教育に入ってくる！」ますだらな、インパクション197号掲載
2014/12/2　「新国立競技場建設は問題だらけです！！」リリース　**p.086**
2014/12/13　【デモ】新国立競技場いらない！　五輪返上！！　ＪＳＣは追い出しヤメロ！！デモ（千駄ヶ谷→原宿）

2015

2015/6/26　【デモ】6・26 オリンピックやめとけやめとけ！反五輪デモ（新宿）　**p.089**
2015/7/7　東京プリンスホテルで開催の第6回国立競技場将来構想有識者会議に有志で抗議
2015/7/14　反五輪の会の自由研究発表会（千駄ヶ谷）
2015/7/17　新国立競技場ザハ・ハディド案「白紙撤回」に
2015/8/4　「新国立競技場建設計画の白紙撤回」を受けて怒りの寄せ書きリリース
2015/8/30　渋谷のじれん夏祭り「反五輪、国立競技場、あの更地これからどうするコンペ」（宮下公園）　**p.090**
2015/9/23　新宿ラバンデリア「マジでやめよう東京五輪！！」反五輪の会メンバー出演
2015/10/12　反オリンピックニック乱（ラン）乱（ラン）乱（ラン）♪（千駄ヶ谷、国立競技場、明治公園）
2015/10/13　公園開いてないって、どういうこと！追い出しヤメロ！　怒りの都庁行動　申入書「明治公園の本日からの開放を求めます。」リリース　**p.092**
2015/12/4　反五輪☆寒空映画会（明治公園　観音橋ひろば）『上渓洞（サンゲドン）オリンピック』上映
2015/12/25　「新国立競技場A案もB案も私たちは望んでいない！」リリース　**p.098**

2016

2016/1/10　新春！反五輪☆凧揚げ大会～新国立競技場建設に空から反対しよう！（明治公園 観音橋ひろば）
2016/1/23　【デモ】五輪のごり押しもうコリゴリ！　排除の祭典オリンピックやめろデモ（新宿）　**p.099**
2016/1/27　ＪＳＣが明治公園強制封鎖強行するも阻止！「ＪＳＣ、観音橋ひろばから人々を強制排除の横暴！-！」　**p.100**
2016/3/2　早朝、「国立競技場周辺で暮らす野宿生活者を応援する有志」Aさん不当逮捕！　オリンピックに

2015.12.4

2015.6.26

よる野宿者追い出しを許さない　新国立競技場3・2弾圧救援会発足（現・オリンピック弾圧おことわり救援会）

2016/3/23　声明「Aさんを逮捕したのは、五輪反対の見せしめでしょ！ふざけんな、日本！」リリース
p.101

2016/3/27　緊急開催　ゾンビ満開 at 明治公園〜JSCの五輪追い出し反対（明治公園　観音橋ひろば↓JSC）**p.103**

2016/4/16　明治公園「断行の仮処分」強制執行

「オリンピック強制執行に抗議！　JSCが明治公園野宿者強制排除」**p.104**

2016/5/29　はんごりんサミット〜今、返上しないと後の祭り！（新宿東南口）**p.107**

2016/7/4　台北〈ZERO EVICTON〉（立ち退き反対！）デモに反五輪の会メンバー参加

2016/7/27　反五輪の会メンバー、2016五輪開幕直前のリオへ！　はんごりんレポート in Rio 2016
p.114

2016/8/5　反リオ五輪カーニバル情宣（新宿アルタ前）

2016/8/21　NO Welcome! TOKYO OLYMPIC GAMES　お・こ・と・わ・り東京オリンピック集会（現・2020「オリンピック災害」おことわり連絡会）

2016.8.5

2016/8/26　東京都・アーツカウンシル東京・民間団体がアートトークイベント（上野）開催。反五輪の会メンバーに出演依頼、しかしプロフィールから「反オリンピックの活動を展開中」の一文を削るよう要請される。抗議の結果守り抜き、トークイベントではほぼオリンピックの議論に。

2016/8　「オリンピックと心中する気はさらさらない」首藤久美子、ピープルズ・プラン73号

2016/8　「オリンピックと生活の闘い」小川てつオ、『反東京オリンピック宣言』（小笠原博毅・山本敦久編、航思社刊）

2016/9/2　リオ視察報告会（明治公園こもれびテラス）**p.110**

2016/9/11　東京自治区「リオ2016から東京2020の反五輪」（新宿）反五輪の会メンバー出演

2016/9/29　リオ・オリンピックの舞台裏　報道されない場所でなにが起きていたのか（渋谷）※アジア女性資料センターと共催

2016/10/3　「国立競技場周辺で暮らす野宿生活者を応援する有志」、東京都・JOC・日体協による野宿生活者追い出し緊急記者会見

2016/10　「五輪開催　リオの町で起きていたこと」いちむらみさこ、社会民主737号（社会民主党全国連合機関紙宣伝局刊）

2016/10　「野宿者排除はやめろ！人を殺す東京五輪反対！」首藤久美子、救援570号（救援連絡センター）

2016.1.10

2016/11/18 「東京オリンピック問題　反五輪の会から」（福岡　西南学院大学ことばの力養成講座主催）
反五輪の会メンバー出演

2016/11/23 レイバーネットTV第111号　東京オリンピックおことわりTV「ウラ神宮さんぽ」雨の新国立競技場・明治公園 編　反五輪の会メンバー出演

2016/11 「明治公園野宿住人に対するオリンピック排除の現状」首藤久美子、地域共闘第79号（地域共闘交流会） **p.133**

2016/12/21 2020「オリンピック災害」おことわり連絡会主催「Rio 反オリンピック報告会ーオリンピックの開催都市に何が起きるか?」（原宿）反五輪の会メンバー出演

2016/12/25 反五輪の会メンバーが　2018五輪開催予定都市、ピョンチャンへ！「2018五輪開催予定都市、ピョンチャンは今!?」**p.135**

2017

2017/1/19 『反東京オリンピック宣言』出版記念シンポジウム（神戸）反五輪の会メンバー出演

2017/1/22 2020「オリンピック災害」おことわり連絡会（おことわりんく）発足集会「オリンピック災害おことわり!　Read in Speak Out」反五輪の会は団体としておことわりんくに参加

2017/1/22 【デモ】五輪ファーストおことわり!オリンピックやめろ!デモ（原宿）**p.138**

2017/1/23 緊急声明「1・22五輪ファーストおことわり!オリンピックやめろデモ　不当逮捕に抗議!」リリース **p.139**

2017/2/2 声明「共謀罪、断固反対!!」リリース **p.140**

2017/2 『「五輪動員」が進む教育現場』ますだらな **p.141**　「五輪で女性の身体が脅かされる」いちむらみさこ **p.161**　ふぇみん第3147号

2017/2/18～3/5 はんごりん国際連帯ツアー　HANGORIN Solidarity tour　リオからジゼレ・タナカさん、ソウルからイ・ギョンリョルさんを迎えて **p.142**

2/18 シンポジウム「反オリンピックと都市—リオ・ピョンチャン・東京」主催・上智大学グローバル・コンサーン研究所 **p.143**

2/19 はんごりん 交流フィールドワーク in 神宮外苑・千駄ヶ谷　主催・反五輪の会

2/20～21 長野フィールドワーク **p.146**

2/23 反五輪フィールドワーク～湾岸編　主催・反五輪の会 **p.152**

2/23 シンポジウム「ブラジルリオ五輪　もう1つの戦い」（外苑前）主催・神宮外苑と国立競技場を未来へ手わたす会

2/24 【デモ】はんごりん 国際連帯熱烈歓迎デモ ＆ リオ・ピョンチャン・東京ソリダリティパーティ!（新宿）**p.157**

2/25 国際おことわりコンベンション（ＩＯＣ） 韓国から イ・ギョンリョルさんをお招きして（江戸川橋） 主催・おことわりんく

2/28 シンポジウム「女性の都市への権利　オリンピック開催都市での喪失」（水道橋） 共催・アジア女性資料センター　**p.158**

3/3 国際おことわりコンベンション（ＩＯＣ） リオから ジゼレ・タナカさんをお招きして（千駄ヶ谷） 主催・おことわりんく

3/5 シンポジウム「グローバルメガイベント闘争と我々の生」（大阪）

2017/4/6 「２０２０年オリンピック・パラリンピックに向けた再開発のための宮下公園強制封鎖、野宿者排除に抗議します」リリース　**p.162**

2017/5/10 反五輪の会メンバー パリへ！ ＩＯＣ視察抗議集会に参加

2019/5/22 パリの反オリンピック運動へ連帯メッセージ動画「Message des opposants aux JO de Tokyo 2020 aux amis parisiens contre les JO 2024」youtube 公開

2017/5/29 反五輪の会メンバーが 再びリオへ！ リオとサンパウロ訪問、XII ENANPUR（都市学建築学の学会）にて東京オリンピック・パラリンピック排除について報告

2017/6/25 アメリカのラジオ「Not Another Sports Show」にスカイプ出演後、新国立競技場建設現場前にてノーオリンピックディ・アクション

2017/6/23 【デモ】こうなったら！（`∆´） 反五輪 大あばれ！！ 共謀罪もオリンピックもいりませんデモ（新宿） **p.164**

2017/7/1 日本スポーツとジェンダー学会第１６回シンポジウム「スポーツ・メガイベントの政治とジェンダー研究の視界」（京都） 反五輪の会メンバー出演

2017/7/7 明治大学情報コミュニケーション学部ジェンダーセンター主催「スポーツ・メガイベントの政治学」ヘザー・サイクス博士（トロント）講演会、反五輪の会メンバーみんなで参加

2017/7/16 おしかえす民衆～～反オリンピック・フェミニズム・スクウォット・ミュニシパリズム（新宿） **p.165**

2017/8/2 声明「新国立競技場建設中止！ ２０２０東京オリンピック・パラリンピック返上！ これ以上、オリンピック・パラリンピックに殺されてたまるものか！」リリース

2017/8/10 （建設労働者の過労自死報道に） オリンピック・パラリンピックに殺されてたまるものか！ ＪＳＣ前抗議アクション **p.168**

2018.2.9

2017/9/13　２０２４年パリ、２０２８年ロサンゼルス開催同時決定「9・13連帯メッセージ」リリース **p.171**

2017/12/10　寿越年越冬闘争「野宿者の生きる力を奪うな！　オリンピック排除を考える」反五輪の会メンバー出演

2018

2018/2/5　「平昌五輪（ピョンチャンオリンピック）に反対する7つの理由」リリース **p.173**

2018/2/8〜2/11　反五輪の会メンバー、韓国へ！　平昌オリンピック開会式前後に行われた反対運動に参加！韓国の反オリンピックの人々と交流

2018/2/9　渋谷・解体工事中の宮下公園前にて、平昌オリンピック開会式が開かれる同時刻に「NoIympics Anywhere」抗議アクション

2018/2/22　平昌オリンピック反対国際連帯報告会（千駄ヶ谷）

2018/3/7　トークイベント「NOlympics ××× Anywhere!　平昌オリンピック反対の日韓国際連帯報告」（国立市）

2018/3/9　パラリンピックのことを考える集い（国立市） **p.177**

2018/3/14　明治公園オリンピック追い出しを許さない国家賠償請求訴訟（通称・明治公園コクバイ）提訴　反五輪の会も原告に **p.181**

2018/3/22　反五輪フィールドワーク２０１８ **p.183**

2018/3/28　レイバーネットＴＶ第１２８号・東京オリンピックおことわりＴＶ平昌編に反五輪の会メンバー出演

2018/5/3　明治公園国賠まるわかり集会（千駄ヶ谷）主催・明治公園オリンピック追い出しを許さない国家賠償請求訴訟原告団

2018/6/26　明治公園コクバイ第１回期日

2018/7/7　「東京都オリンピック憲章にうたわれる人権尊重の理念実現のための条例（仮称）」にパブコメ提出

2018/7/22　【デモ】２０２０東京オリンピックいらない！まだ間に合う、返上しよう！　原宿アピール&渋谷デモ

2018/7/22　トークイベント　被災者おきざりオリンピックもうやめよう！　気仙沼から沈黙の中の怒り（新宿） **p.186**

2018/8/3　「本当にやるの？　川崎で　イスラエル軍事見本市を考えるシンポジウム」（川崎）反五輪の会メンバー出演　主催・川崎でのイスラエル軍事エキスポに反対する会

2018/8/4-5　山谷夏祭り　反五輪カウンターマップ展示 **p.187**

2018/8/24　2年前か？　やばい　パラリンピック　もうやめた！！　トーク&アピール（国立市） **p.188**

2018/8/24　「『ISDEF Japan』もオリンピックもいらない！もろとも中止を！」リリース **p.190**

2018.11.21

2018/8/27　川崎市とどろきアリーナ「ISDEF Japan」イスラエル軍事見本市搬入阻止現地行動

2018/8/28　トークイベント「スポーツの軍事化とオリンピックの政治」（渋谷）※アジア女性資料センターと共催　**p.192**

2018/8/29　「ISDEF Japan」開催初日現地抗議行動（川崎市とどろきアリーナ）

2018/9/4　明治公園コクバイ第２回期日

2018/9　「川崎市でイスラエル軍事見本市『ISDEF Japan』開催　『平和の祭典』？東京五輪を口実に死の商人が暗躍」首藤久美子、人民新聞第１６９６号

2018/11/18　「東京都は築地市場解体をやめろ！反五輪の会抗議声明」リリース　**p.194**

2018/11/20～23　反オリンピックトーチがやってくる　平昌・東京引継ぎセレモニー　**p.195**

11/20　平昌、パリの仲間を迎えて　シンポジウム「オリンピック開催地で何が起こっているのか　平昌２０１８→パリ２０２４」　主催・東京外語大学友常勉研究室

11/21　反オリンピックトーチがやってくる！　平昌・東京 引継ぎセレモニー（千駄ヶ谷）

11/22　寒空上映会「サンゲドンオリンピック１９８８」（渋谷）平昌オリンピック反対連帯、宮下公園ねる会議と共催

11/23　反五輪湾岸ツアー　主催・おことわりんく

2018/12/11　明治公園コクバイ第３回期日

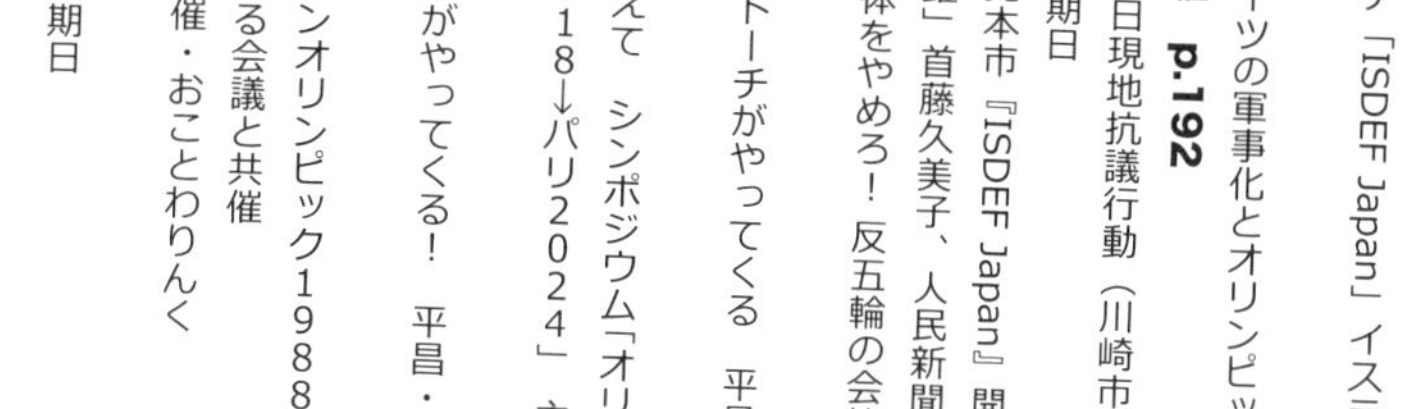

2018.7.22

2019

2019/1　「学校現場から――強制される『オリ・パラ教育』の実態」ますだらな、別冊飛礫６（つぶて書房刊）　**p.198**

2019/2/2　２０１８年度日本寄せ場学会総会シンポジウム「寄せ場／ストリートの現在　変容と抵抗と」（山谷）　反五輪の会メンバー出演

2019/3/11　福島・原発いらない福島の女たち「第８回原発いらない地球（いのち）のつどい」とデモに参加　**p.208**

2019/3/12　福島市・あづま球場、コミュタン、Ｊビレッジ視察

2019/3/15　明治公園コクバイ第４回期日

2019.7.23

2019.3.12

2019/4/13　反五輪の会フライヤー「オリンピックに反対する11の理由」リリース　**p.210**
2019/5/17　「祝祭ムードぶちこわし声明　オリンピックも天皇制もいりません!」リリース　**p.212**
2019/6/11　明治公園コクバイ第5回期日
2019/6/25　竹田ワイロごまかすな!　オリンピックやめろ!　JOC抗議ピクニック（外苑前）

2019/7/20～27　開催1年前!?　反オリンピック国際イベント2019　in TOKYO　**p.214**
7/20　新国立競技場・湾岸フィールドワーク　主催・おことわりんく
7/21　シンポジウム「祝賀資本主義とオリンピック」（早稲田大学）
7/22　おことわりんく主催「福島フィールドワーク」、反五輪の会主催「リオ―平昌―東京―パリ―LA ナイトピクニック」
7/23　日本外国特派員協会にて記者会見、国際メディアワークショップ　主催・五輪メディアネットワーク、NOlympicsLA
7/24　【デモ】オリンピック大炎上 新宿デモ　主催・おことわりんく
7/25　反五輪国際共同連帯声明「どこにもオリンピックはいらない」リリース（5団体（平昌オリンピック反対連帯　反五輪の会　2020オリンピック災害おことわり連絡会　NOlympics LA　Non aux JO 2024 à Paris)、東京五輪研究者・ジャーナリスト研究会（上智大学）主催・おことわりんく
7/26　「オリンピックと環境問題を考える」「HOMES NOT GAMES　オリンピックと居住権」（千駄ヶ谷）主催・平昌オリンピック反対連帯、NOlympicsLA、反五輪の会
7/27　パネルディスカッション「Make Olympic History」主催・上智大学グローバルコンサーン研究所

2019/7　カウンター・マッピング・コレクティヴ＋反五輪の会作成・発行「反五輪地図 vol.0」（準備号）リリース　**p.248**
2019/8/2　「現代のバベルの塔――反オリンピック・反万博『福音と世界』トークイベント」（主催　新教出版社・模索舎）反五輪の会メンバー出演
2019/8/31　「ある体験記～生活に侵入するオリンピック」リリース　**p.237**
2019/9/13　明治公園コクバイ第6回期日
2019/9　「Make Olympic History オリンピックを過去のものに「開催1年前!?反五輪国際イベント」首藤久美子、女たちの21世紀　99号（アジア女性資料センター刊）**p.235**
2019/9/17　「パラリンピック1年前に寄せて」リリース　**p.238**
2019/9/24　月例アンチ・オリンピックスタンディング（東京駅）スタート!　主催・おことわりんく

2019/9/24 ジン「開催1年前!? 反オリンピック国際イベント2019 in TOKYO」完成
2019/9/28 茨城国体反対行動(主催・戦時下の現在を考える講座)反五輪の会メンバー参加 **p.239**
2019/10/12 オリンピック・ビーチバレー会場(潮風公園)で野宿者排除発覚 ※ねる会議の取り組み **p.252**
2019/10/24 おことわりんく月例アンチ・オリンピックスタンディング(東京駅) 2019ラグビーW杯開催中
2019/10/31 【デモ】オリンピックやってる場合か!? IOC緊急抗議デモ!〜被災地見殺しふざけるな!(新宿) **p.241**
2019/11/16 反五輪の会メンバー、サンフランシスコで開かれた2019 the National Women's Studies Association Annual Conferenceで「オリンピック開催都市における女性への影響とトランスナショナルな連帯」発表
2019/11/17 反五輪の会メンバー、LAへ! 11/18スキッドロウでオリンピック被害に抗する貧困者会議 11/23エコーパークの野宿の人たちと「OLYMPICS KILL THE POOR」交流ピクニック
2019/11/24 おことわりんく月例アンチ・オリンピックスタンディング(東京駅)
2019/12/8 東京オリンピックやめろデモ(京都 主催・e未来の会)に反五輪の会メンバー参加
2019/12/14 オリンピック、やってる場合?反五輪トーチリレー&トークの集い in 札幌 **p.243**
2019/12/20 明治公園コクバイ第7回期日
2019/12/23 釜ヶ崎一周デモに反オリンピックトーチ登場
2019/12/24 大阪 戦争と天皇制に反対する集会 反五輪の会メンバー出演
2019/12/24 おことわりんく月例アンチ・オリンピックスタンディング(東京駅)
2019/12/21 新国立競技場は「負のレガシー」だ!「復興五輪」ウソだろ! はんごりんスタンディング・アクション(千駄ヶ谷) **p.244**

2020

2020/1/24 東京オリンピック半年前セレモニー(オリンピックシンボル点灯式)が行われたヒルトンお台場にて、反五輪の会・ねる会議・排除と闘う野宿者・支援者で花火を背景に大抗議!
2020/1/24 おことわりんく月例アンチ・オリンピックスタンディング(お台場)
2020/1/24 「2020 Is A Sinister Year for Homeless People: Why the Olympics Are To Blame(東京のホームレスにとって2020は不吉な年)」小川てつオ、KNOCK.LA(英語)、RIO ON WATCH(英語・ポルトガル語)掲載 **p.246**

2019.10.24

2019.12.21

2020.1.24

2020/1/25　「LA報告　コロシアム都市　1932,1984,/2028」反五輪の会メンバー、おことわりんくメンバーによるLA報告会　主催・おことわりんく

2020/2/18　早朝、反五輪弾圧、勃発！　不当な家宅捜査

2020/2/20　弾圧抗議声明「反五輪運動の仲間への不当な家宅捜索に抗議する！」リリース　**p.255**

2020/2/24　おことわりんく月例アンチ・オリンピックスタンディング（東京駅）

2020/2/29　反五輪運動への弾圧を許さない！　抗議行動　東京地裁へ準抗告・世田谷署抗議、申入書「世田谷警察署は、反五輪運動の仲間の押収物を直ちに返還せよ」提出　※おことわりんくと連名

2020/3/3　明治公園コクバイ第8回期日

2020/3/10　「オリンピック弾圧、やってる場合か?」（原題「東京オリンピックで肥大化する警察権力」）首藤久美子、救援611号　**p.256**

2020/3/11　原発いらない福島の女たち「第9回原発いらない地球（いのち）のつどい」分科会「オリンピックとフクシマ」にメンバー参加

2020/3/11　声明「健康と命を守るために　オリンピック・パラリンピック中止！」リリース　**p.260**

2020/3/11　おことわりんく『2020東京五輪に反対する20の理由　反東京オリンピックガイドブック』完成

2020/3/15　弾圧抗議声明第2弾「公安警察は押収したAさんの私物を全て直ちに返せ！」リリース

2020/3/22　2020東京オリンピック・パラリンピック、延期決定

2020/3/23　弾圧抗議声明第3弾「東京地裁は準抗告棄却！　しかし、毛髪3本以外の押収物すべて取り戻す！　けれども、不当な捜査は継続中、引き続き支援と注目を！」リリース

2020/3/24　「新型コロナウイルス（COVID-19）蔓延下での聖火リレー反対行動について」リリース、おことわりんく月例アンチ・オリンピックスタンディング（東京駅）

2020/3/26　【デモ】中止だ中止デモ ——延期じゃなくて中止だろ！オリンピックは廃止だろ！（新宿）　**p.262**

2020/4/4　救援連絡センター総会（曳舟）「オリンピックと治安問題」反五輪の会メンバー出演

2020/4/11　世田谷警察署はAさんの髪の毛3本を今すぐ返せ！　2回目の申し入れ行動

2020/4/12　大阪　4・12反五輪で行くぞ・逆流デモ　反オリンピックトーチ登場

2020/4/17　国際共同声明「ふざけるな『ゲーム』は止めろ」5団体　リリース　**p.264**

2020/4/24　おことわりんく月例アンチ・オリンピックスタンディング（東京駅）

2020/5/17　立川反基地駅伝　反五輪の会メンバーが反オリンピックトーチで参加

2020.5.17

2020/5/24　おことわりんく月例アンチ・オリンピックスタンディング（東京駅）

2020/5/25　NON aux JO 2024 à Paris　パリ五輪反対署名に団体賛同

2020/6/7　NOlympicsLA オンライン・ティーチイン「STOP PLAYING GAMES: Tokyo's Criminalization of Houselessness ゲームをやめろ！　東京の野宿者排除と警察の暴力」　反五輪の会メンバー出演　**p.266**

2020/6/24　おことわりんく月例アンチ・オリンピックスタンディング（東京駅）

2020/6　「生活 against オリンピック――路上のアーティスト・いちむらみさこの見た景色」　いちむらみさこ、新教出版社編集部『現代のバベルの塔　反オリンピック・反万博』新教出版社刊　掲載

2020/6　「メルトダウン　東京２０２０」　いちむらみさこ、『NOlympics: Critiquing Tōkyō 2020/1』 Andreas Singler, Dorothea Mladenova 編・ドイツ Leipziger Universitätsverlag 刊　抜粋記事「反オリンピックトーチ」　**p.258**

2020/7/23　おことわりんく主催　中止一択！東京五輪　7・23集会（早稲田）

2020/7/24　【デモ】オリンピック阻止委員会主催　中止だ中止！2020TOKYO オリンピック粉砕デモ（新国立競技場3周）、おことわりんく主催　中止一択！東京五輪　7・24デモ　主催・おことわリンク　**p.269**

2020/7/26　NOlympicsLA オンライン・ティーチイン「福島：復興五輪の神話　The Myth of the Recovery Games」

2020/8/23　おことわりんく月例アンチ・オリンピックスタンディング（新宿南口）、パラリンピック1年前反対都庁前行動

2020/9/21　弾圧抗議声明第４弾「世田谷警察署は出頭要請・取り調べを断念しろ！　コロナ禍の東京五輪強行のための不当弾圧やめろ！」リリース

2020/9/26　市民アーカイブ多摩第6期　緑蔭トーク第3回「オリンピック・パラリンピック中止をめぐる理由と東京の立場」反五輪の会メンバー出演

2020/10/11　２０２０東京オリンピック幽霊屋敷ツアー　**p.271**

2020/10/21　東京オリジナル２０２０反五輪手ぬぐい　リリース　**p.273**

2020/10/23　おことわりんく月例アンチ・オリンピックスタンディング（新宿南口）

2020/11/8　国際体操競技会（代々木体育館）への抗議アピール　おことわりんく主催

2020/11/3　今こそ中止だ！東京五輪！　１１・１３集会（後楽園）　おことわりんく主催

2020/11/15　【デモ】中止だ！廃止だ！Go to Hell! オリンピックより命を守れデモ（新宿）

2020/11/16　ＩＯＣバッハに抗議！　都庁前にて緊急行動　一触即発　**p.274**

2020/11/17　バッハ出てこい！　新国立競技場直接行動　**p.277**

2020/11/23　おことわりんく月例アンチ・オリンピックスタンディング（新宿アルタ前）

2020/12/5　「『対話』？ ふざけるな！ ＩＯＣ会長バッハとの直接対決について、私たちが憤っていること」リリース

2020/12/22　明治公園コクバイ第9回期日

2020/12/23　おことわりんく月例アンチ・オリンピックスタンディング（新宿アルタ前）

2021.2.20

2020.11.8

2021

2021/1/21　弾圧抗議声明第5弾「世田谷警察署、Aさんのテントで直接の出頭要請。たび重なるいやがらせ弾圧はやめろ！」リリース

2021/1/23　GO TO ハンゴリン　電車でアピール行動　千駄ヶ谷駅→秋葉原駅→新橋駅→高輪ゲートウェイ駅→原宿駅

2021/2/6　「2024年パリ五輪よ、お前は我々の怒りを免れない（JO 2024：Vous n'échapperez pas à notre colère)」パリ市庁舎前より生中継　オンライン配信

2021/2　「我欲にまみれたオリンピック」首藤久美子、ピープルズ・プラン91号　**p.279**

2021/2/11　オリンピック終息宣言展　オンライン集会「311まであと1か月　オリンピックをちゃんと理解する会～原発・建国記念の日・ナショナリズム」　反五輪の会メンバー出演

2021/2/12　声明「森辞任で幕引きなんて許さない！　性差別者たちのための砦　オリンピック・パラリンピックを廃止せよ！」リリース　**p.285**

2021/2/20　オリンピック廃止へ！　JOCアクション　主催・おことわりんく

2021/3/6　【デモ】3・6「中止一択！東京五輪 そしてオリンピック廃止へ」 JOC前抗議&デモ

2021/3/8　「北京冬季オリンピック・パラリンピック開催一年前声明」リリース　**p.287**

2021/3/12　オリンピック阻止！　聖火リレー阻止！　組織委前スタンディング抗議（晴海トリトンスクエア）

2021/3/19　明治公園コクバイ第10回期日、オリパラ組織委前スタンディング抗議

2021/3/23　おことわりんく 月例アンチ・オリンピックスタンディング（新宿アルタ前）

2021/3/24　「聖火を消せ！」反オリンピック国際共同声明　9団体でリリース　**p.292**

2021/3/25　2020東京オリンピック聖火リレー強行

2021/3/25　【デモ】3・25「聖火リレー」スタートに抗議　「聖火」をとめろ！五輪は中止！デモ（新橋→晴海）　**p.294**

2021/4/2・4/9　オリパラ組織委前スタンディング抗議（晴海トリトンスクエア）　毎週金曜夜6時半～

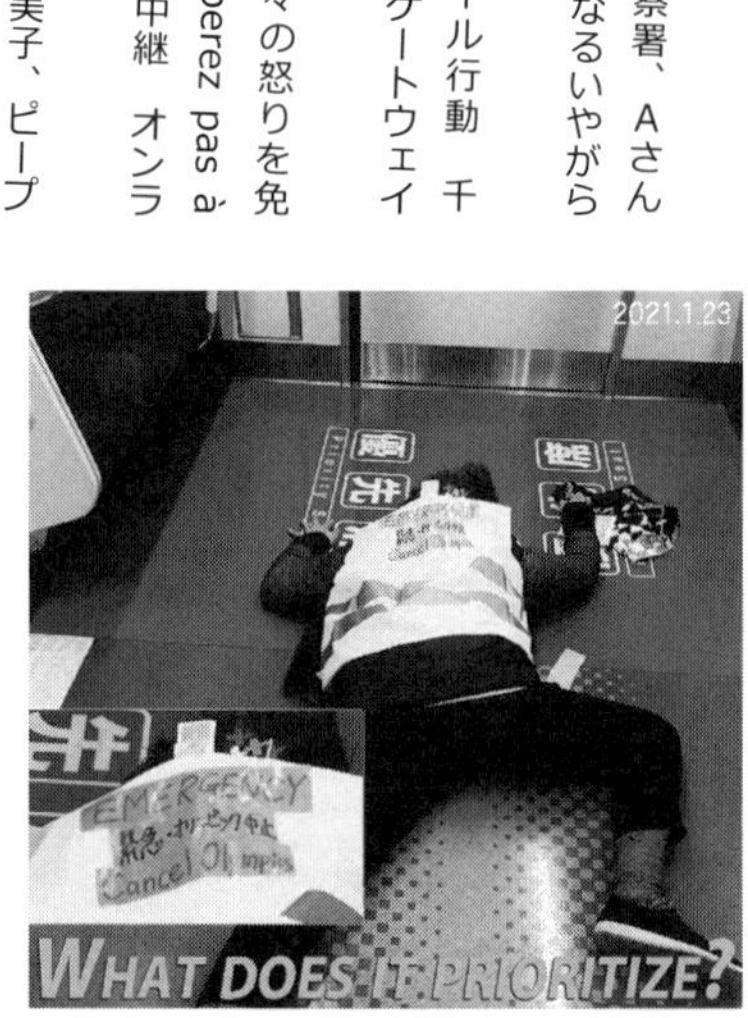

2021.1.23

2021/4/10　弾圧抗議瑀声明第6弾「世田谷警察署はしつこい出頭要請をやめろ！」リリース、世田谷署へ抗議提出行動

2021/4/16・4/23・4/30　オリパラ組織委前スタンディング抗議（晴海トリトンスクエア）

2021/4/20　長野市・オリンピックいらない人たちネットワーク「ＮＨＫの『オリンピック御用報道』に対する抗議文」提出、反五輪の会も連名

2021/4　「コロナ禍中のオリパラ教育」（原題『「オリパラ教育」と子どもたち』）ますだらな、市民の意見第１８４号（市民の意見３０の会・東京刊）　**p.289**

2021/4　「ショック・ドクトリンとしての東京五輪」首藤久美子、テオリア第１０３号（研究所テオリア刊）

2021/4　「オリンピックマシーンに水をかけろ」小川てつオ、福岡市民救援会通信第２３号　**p.295**

2021/5/7・5/14・5/21・5/28　オリパラ組織委前スタンディング抗議（晴海トリトンスクエア）

2021/5/9　【デモ】五輪とても無理です。即刻やめろ！新国立競技場 GURUGURU デモ（千駄ヶ谷）

2021/5/14　声明「入管法改悪に反対「非正規滞在者へのオリンピック摘発・排除をやめろ」リリース　**p.297**

2021/5/17　【デモ】即刻中止！東京五輪　5・17銀座デモ（新橋〜銀座）

2021/5/22　オリンピック中止を求める長野・松本連続集会「信州からオリンピックを考える@松本市」反五輪の会メンバー出演　主催・オリンピックの中止を求める松本の会、平和の種をまく会

2021/5/23　おことわりんく　月例アンチ・オリンピックスタンディング（新宿アルタ前）

2021/5/27　アメリカの独立系ニュース番組「デモクラシー・ナウ！」（特集・No Tokyo Olympics: As COVID Spikes in Japan, Calls Grow to Cancel Games. IOC Refuses. Who Profits?）に、反五輪の会メンバー出演！

2021/6/4・6/11・6/18・6/25　オリパラ組織委前スタンディング抗議（晴海トリトンスクエア）

2021/6/5　反五輪の会メンバー、札幌へ！「6・5東京オリンピック・パラリンピックを考える集い」（主催・改憲阻止！労働者・市民行動）出演

2021/6/14　コーツもオリンピックも来るな！抗議アクション（ＪＯＣオリンピックミュージアム前）

2021/6/22　明治公園コクバイ第１１回期日

2021/6/23　【デモ】#NOlympicDay　オリンピックは私たちを殺す！やらせるものか「犠牲の祭典」6・２３新宿デモ　全国・全世界同時行動　**p.298**

【2021/6/25 現在　オリンピック・パラリンピック反対継続中！】

反五輪の会より、刊行のごあいさつ

オリンピック・パラリンピックがどうにも止まりません。開幕まであと２週間、covid19 感染者数がまたまた増え始め、あす東京入りする「聖火」リレーも公道リレーほぼ中止、４度目の新型コロナ緊急事態宣言発令前夜、ヤバいです。

なのに、オリンピック・パラリンピックは止まりません。世界中からアスリートやオリンピック貴族、報道陣が特別待遇でどんどん入国してきています。「オリンピックの夢を実現するために、誰もが犠牲を払わねばならない」と豪語した IOC トーマス・バッハ会長も、本日ついにやってきます。

かつて、これほど忌み嫌われたオリンピック・パラリンピックがあったでしょうか。まるで暴走するブルドーザー。より速く、より高く、より強く、街も緑も人も轢きつぶし、大きく道を外しながら爆走する。「Discover Tomorrow ～未来（あした）をつかもう」といいながら、とっくに過ぎ去ったハズの「2020」に固執する、後戻りできないゲーテッドシティ。五輪バブルも盛大に弾けっ放し。「夢」をみてきた皆さんも、さすがに興ざめの様相です。

開幕が近づくにつれ、オリンピック・パラリンピック本当の本当の本当にやるの？ という戸惑いと不安と無力感が急速に TOKYO を覆い尽くそうとしています。しかし誰もが気づいています。史上最悪のオリンピック・パラリンピック、やってる場合か。私たちも、我ながらビックリするほどあきらめていません。何せ、このタイミングで反五輪の会、まさかの緊急出版です。オリンピック・パラリンピックはコロナ以前から問題だらけです。あまりに問題が多すぎてとても一言では言い表せない。なので、考えてきたこと、話し合ってきたこと、やってきたことの８年分をこの本に可能なかぎり詰め込みました。オリンピック・パラリンピック廃絶に向けて、世に送り出したいと思います。

solidarity,

2021.7.8　反五輪の会　NO OLYMPICS 2020

Tokyo オリンピック
はん
2013.1
xxxxx

反五輪の会

HANGORIN

2020年東京オリンピックの招致・開催に反対!!!

●招致活動で税金７５億の浪費

2016年の招致で150億（一説には200億）の無駄な税金を浪費したにもかかわらず、反省もなく2020年の招致活動（今年9月まで）でさらに７５億を使おうとしている。

●なぜ東京で東日本復興支援？

東日本大震災の復興のために、東京でオリンピックを行うのはトンチンカン。政治、経済の東京への一極集中が地方の衰退の一因であるのに、それを助長するだけ。

●貧困層の排除を加速

オリンピックでは、＜特定都市再生緊急整備地域＞などの再開発と相まって、貧困層（野宿者など）の排除が加速される。

すでに、オリンピックスタジアムとして新築する国立競技場に隣接する〈都営霞ヶ丘アパート〉が立ち退きを迫られている。

●国家のたたかい？

「国威発揚」のために国同士がスポーツで競争するのはおかしい。国家を背負うことによって、暴力やいじめが選手に向けられている問題。

●誰の夢？

街が、オリンピック誘致一色になるのがうっとしい。

オリンピックによって、警官や自衛官が大量動員されて、街の管理化が進むのが嫌。

「今、ニッポンにはこの夢の力が必要だ。」というが、問題をすりかえられることによって、力は奪われるばかり。

東京オリンピック、そんなの、いらない。

http://hangorin.tumblr.com/

Twitter @hangorinnokai

NO olympic games in Tokyo!

東京オリンピック!?　そんなものは「願い下げ」

2013.4

街の至るところに下げられたオリンピック招致のバナー、ポスターにはうんざり。小学校では、オリンピックのシールを配り、招致推進の署名用紙が回覧されているという。「国家総力戦」「国威発揚」といつかの時代のように繰り返す首長たちを前に、長い朝礼時間よろしく耐えるか、貧血を起こして倒れるか、そんな気分。

まずは、すでに多くの被害が生まれていることを指摘したい。

一つは、オリンピックスタジアムに生まれ変わる国立競技場に隣接する都営霞ヶ丘アパートの立ち退き。この立ち退きは、競技場のデザインコンペ募集要項で昨年2012年7月に明らかにされた。住民に向けた相談でも説明すらない……こんなに当事者を無視したやり方には呆れかえる。しかも、都の都市整備局は、募集要項ではじめて知ったと明言(※)。強引なプロセスが進行していることを物語っている。四〇〇名中六五才以上の方が半数を超えるアパートの住民は、基本的には反対している。

もう一つは、3月4日から7日の間に東京視察をしたIOC評価委員会に伴って、野宿者の荷物・テントが代々木公園や国立競技場周辺の都道から事前に排除されたこと。

2月13日に荷物・テントに貼られた警告書の内容は、2月27日までに荷物を撤去を命じ、3月8日までは荷物などを置いたら即刻撤去するというもの。このような即刻撤去は前例がない上に、設定期間が視察と重なる。都の職員は、目的を「上から口止めされている」と言い、箝口令が敷かれている様子だ。警告を受けた方々は、8日まで荷物を移動させ続け、近辺で寝袋などで野宿を余儀なくされた。

評価委におもねるためには、人権などはそっちのけになる東京都の姿勢は、実に愚かしく怖ろしい。もし、東京にオリンピックが決定したら、東京各所で進行中の大規模再開発と相乗し、かつ、その精神的象徴的シンボルとなるだろう。それは、より広範囲・大規模に同様な立ち退きや排除が起こることを意味する。

2020東京オリンピックは、何としても止めたい。そもそも、この薄気味悪い招致推進ムードに水をさしたい。そこで反五輪の会が立ち上がった。

1、2月24日「反東京オリンピック2020デザインプロジェクト」@東京国立近代美術館

近代美術館において「東京オリンピック1964デザインプロジェクト」が開催されている。当然、オリンピック招致の一環。そこで、美術館前で、オリンピック招致に反対するカウンターのデザインコンペを開催することになった。

まずは、順番に作品のプレゼンテーション。立体や規格外の作品、その場で作られた作品など、計八名のプレゼンに、徐々に観衆が集まる中、飛び入りの子どもが「オリンピックをやるぐらいなら、世界のまずしい子どもたちを助けろ！」と痛烈なメッセージ。プレゼンの後、路上に作品を並べて展示し、来場者に〈お気に入り〉にシールを貼ってもらう。親子連れに老若男女、多くの人が参加して、明らかに展示より盛り上がっていた。その証拠に、展示を見てきた男性が力強く一声「中の展示に負けてない！」。

2、　3月5日　IOC評価委視察待受け行動＠代々木競技場

参加者は一二名。都道を排除された野宿者も参加した。代々木競技場前では、学生や日本体育協会のボランティア、隣りの岸体育会館からJOC職員など、約三〇〇名がお出迎え。IOC評価委がバスでやってくると、反五輪の会は歓迎の人に混ざって「Olympics kill the poor!」「Fukushima is not finished」「No Olympic games in TOKYO」などトラメガで連呼、ジャンベも連打、プラカードもバスの前面に躍り出た。

IOCが視察している間に、数台のトラメガで主張やコールをしていると「うるせい、死ね」「ばかやろう」などという暴言男が競技場から登場。さらに、岸体育会館からは巨大な日の丸が数枚。トラメガを妨害する人、日の丸などでプラカードや横断幕を隠そうとする人など混乱している中をIOC評価委バスが通過。かなりのインパクトだったらしく、翌日からは会場警備が厳重になった。

3、　3月7日　五輪より七輪だ！
IOCフェアウェル七輪パーティ＠アルタ前

ロゲ会長やIOC評価委員、猪瀬都知事、吉田沙ヲ里（アマレス）、聖火、なでしこジャパンなどがアルタ前に登場！　五輪への思いを述べた。そして、鍋を囲んで、アルタ前路上で会食。怒りのイカリングフライを道行く人に配布した。賛成派というおじさんから、背広のバッチをねだって奪い取るアクションも成功。家出した人、野宿者、そして韓国でのニート労働運動〈白い手〉（ペクス）メンバーも通りがかりでゲスト参加。

2013.3.7

この間、反五輪の会は、以前から活動している「東京にオリンピックはいらないネット」の方々とも交流してきた。IOC一月調査で東京の支持率が七〇％、それでも三割の人は反対しているのだし、もっともっと、オリンピックなんていらないという声が盛り上がり、そして与えられた娯楽に酔うのではない面白さによってオリンピックを打倒したい。

※補注（2021年7月）都市整備局の当時の見解を書きましたが、情報公開資料によって、霞ヶ丘アパートの立ち退きは、都の上層部が大きく関与していることが分かっています。2011年5月に、東京都スポーツ振興局（現・オリパラ準備局）が都市整備局に対して、国立競技場建築に際しての霞ヶ丘アパート用地活用の検討を依頼しており、同年9月には、日体協JOC新会館（現・ジャパンスポーツオリンピックスクエア）の誘致を絡めながら、都市整備局が霞ヶ丘アパート立ち退きを前提とした複数の立案をしています。

イスタンブール（トルコ）とマドリッド（スペイン）の２０２０年オリンピック開催に対して反対運動をしている方々によびかけます。

2013.5

私たち〈反五輪の会〉は、２０２０年オリンピック東京開催に反対しています。私たちは、オリンピックが東京に来なければそれで良いのかどうか考えています。なぜなら、トルコでもスペインでもオリンピック開催に反対している人たちがいることを知っているからです。そもそも、為政者がオリンピック開催地に立候補したために、それぞれの都市（国家）が競い合いをさせられなければならないこと自体が不本意です。また、オリンピック開催に適しているかどうか、という基準で都市の価値が決定され作り変えられることが不愉快です。国家同士の競争というオリンピックの持つ問題点は、開催地を決定する段階からすでに存在しています。

私たちは、それぞれの都市（国家）のオリンピック開催に対して反対運動をしている方々と、それぞれの反対する理由を共有したいと考えています。

2013.3.7

私たちが、２０２０年度オリンピック東京招致・開催に反対する理由は以下です。

１、東京は、２０１６年オリンピック招致に１５０億円以上使い、２０２０年招致も７５億円のお金を使います。例えば、東京には、２３００人もの路上生活者（２０１２年調査。実数は数倍）が存在しています。生活保護受給者は２８万人（２０１２年調査）にのぼり、厳しい生活の中で、さらに受給額の切り下げが行われようとしています。税金を使うべきなのは、オリンピック招致ではありません。

２、現在、東京各地で大規模再開発が進行しており、低廉な公共住宅が高級マンションに変わり、公園などからは野宿生活者が強制的に排除されています。再開発は、オリンピックによって加速されます。

候補地にすぎない現在でも、オリンピックスタジアムを作るために、近隣の公共団地の取り壊しが住民の合意もなく進められています。また、ＩＯＣ視察時には、ＩＯＣのバスが通る沿道近くの路上生活者の住まいや財産が強制的に排除されました。私たちは、貧困層の生活に犠牲を強いるオリンピック招致活動は許されないものだと考えます。

３、オリンピック招致に賛成する人たちの多くは、その理由に経済効果を挙げています。しかし、オリンピックを使っての景気回復が夢物語であることは、最近のオリンピックを検討すれば明らかです。グローバル企業、大手の建設会社や不動産業者、広告代理店、そして一部の政治家がお金を儲ける一方、負債が発生すれば市民全体で負うことになります。オリンピックは、富裕層と貧困層の格差が問題にされている日本の状況を悪化させます。

HANGORIN
オリンピック、そんなの、いらない。
食べちゃえ

４、２０１１年に起きた東日本大震災の被害は深刻で、３０万９千人が現在（２０１４年４月）も避難生活を送っています。福島原子力発電所の事故は、収束の気配はなく、放射能を現在も放出しています。東日本の復興を支援するためにオリンピックを行うと、招致委員会は宣伝しています。しかし、オリンピック開催は、東京の一極集中を促進する上に、その深刻な被害を覆い隠すために利用されるだけで東日本の復興にはなりません。

５、２０１６年のオリンピック招致を推進した石原慎太郎前都知事は、人種差別や軍備拡大、領土問題などにおいて東アジア諸国と軋轢を生み出す発言と行動を繰り返しています。石原の後継者である猪瀬直樹都知事も、イスラム諸国やトルコに対する侮蔑的な発言が問題になりました。このような首長は、国際的な催しを行うにはふさわしくありません。

６、石原前都知事は、日本の「国威発揚」のためにオリンピックを行おうとしました。一方で、日本女子柔道のオリンピック強化選手たち１５名が、園田監督から受けた暴力をＪＯＣに訴えました。その際に監督は、暴力をふるった理由として「ナショナルフラッグを胸につけてたたかうという意味合い」と答えました。私たちは、オリンピックが、暴力を生み出す歪んだ国家威信の発揚をもたらしていることを容認できません。

７、「おもてなしの心」のキャッチフレーズのもと、小学校や地域コミュニティが招致活動のために動員させられています。そのような偽りの歓迎ムードが演出される一方で、人々の多様な声がかき消される状況に、強い危機感と不快感を覚えます。

私たちは、イスタンブールとマドリッドの２０２０年オリンピック開催の反対運動をしている方々とお互いの情報を共有して、何か一緒に出来ることはないか考えたいと思っています。連帯と尊敬の気持ちをこめて。

１９４０年東京オリンピックと朝鮮人の強制的な収容

2013.3

１９３６年ベルリンオリンピックの後は、１９４０年に東京でオリンピックが開催される予定だった。ベルリンオリンピックはユダヤ人迫害を巧妙にカモフラージュしながらナチスドイツの宣伝として使われた。東京は、アジアで初めての五輪開催という意義と共に、皇紀２６００年にあたることが国内的には強調された。日本は、軍部の力が強まる中で満州事変（１９３１）に続き、１９３７年より中国全土への侵略戦争を始めた。しかも泥沼の長期戦になったために、オリンピックを開催しても参加国が限られることが予想された。また、１９３８年の国家総動員法制定により、戦争遂行以外に鉄などの資材を利用することが制限され、競技場などの建設が困難になった。１９３８年7月に日本はオリンピック中止を閣議決定した。ちなみに、１９４０年オリンピックは、ヘルシンキに変更されたが、それも第二次世界大戦が勃発し中止になった。

　こうして１９４０年東京オリンピックは、幻に終わったわけだが、その影響で被害を受けた人たちがいた。

　江東区の臨海部、豊洲の隣に、枝川という場所がある。東京は、江戸時代から埋め立てによって市街地を拡大してきた。明治半ばからは築港のために出た大量の土砂を使って湾岸部の埋め立てを進めた。枝川の区画は、河川改修工事で発生した土砂の処分場所として１９１５年頃に埋め立てられた。しかし、ゴミ焼却場と消毒所がつくられただけで利用されないままになっていた。

　１９２０年代から、日本に多くの朝鮮人が渡航し、江東区においても、埋め立てや、河川や道路の工事、港湾や工場などで働いていた。１９３９年の東京府の調査では、江東区（当時は、深川区・城東区）に１００名以上の朝鮮人の集住地が9カ所、約9千名が居住していることになっている。その多くは、塩崎・浜園町などの岸辺や湿地などでのバラック住まいだった。

　東京市は、月島（芝浦七号埋め立て地）に１０万人規模のオリンピックメインスタジアムを予定した。しかし、大日本体育協会が、明治神宮外苑を主張したため、まとまらず様々な候補地が検討された。最終的には、駒澤ゴルフ場（現・駒沢公園）に新設することになった。また自転車競技場は、芝浦埋立地に1万人規模で作られる予定になっており地鎮祭や地均しなどが進められていた。しかし、前述のように鉄材が得られずスタジアムも自転車競技場も建造されないままに終わった。

　朝鮮人の簡易住宅（集合アパート群）を東京市が枝川に作ったの

は、１９４０年から翌年にかけてだった。周辺の埋め立て地に居住する朝鮮人を1カ所に集住させるためのものだった。アパート２２棟、戸数にして２３０戸、およそ１０００人の集住地であった（１０畳、と呼ばれている2棟は現存している）。部屋に水道がないため共同炊事場や皇民化のための融和施設である隣保館（戦後は朝鮮人学校の校舎になる）が作られた。しかし、周辺の埋め立て地の居住者は移転を拒否して、相当に抵抗をしたようだ。枝川は、道もなく孤島のような場所で、ゴミ処理場から悪臭と蝿が発生して、雨が降れば浸水するなど衛生状態も悪かった。

「親たちはみんな反対していましたよ。必死だったんでしょうね、よく集まって会合をやっていました」（当時、浜園のバラックに住んでいた洪さん）

住民たちは憤激して誰も移ろうとしなかった、原因不明の火事が起こり浜園町のバラックが消失し抵抗が切り崩された、４５年3月の東京大空襲で焼けるまで移転しない人もいた、との話がある（「在日朝鮮人の生活実態」日朝親善協会、１９５１年）。

「追い出し」の時に原因不明の火事が起こるのは、現在まで続いていること（新宿ダンボールハウス街など）だし、戦前は役人や警察がハンセン氏病者の家屋を焼き払ったり、戦後でも公園のバラックを焼き払ったりすることはあった。

このような劣悪な場所への「収容」政策も、行政側から見れば、恩恵的住宅政策になるようだ。当時の「京城日報」（朝鮮総督府の御用新聞）では「どん底生活を送っている人々を、人並の住宅に住まわせ、更正させようとの温かい東京市役所の親心」と記事になっている。

さて、オリンピックと枝川収容を関連づける考えに対して検討の余地がある、との指摘もある。（高柳俊夫「東京・枝川町の朝鮮人簡易住宅建設をめぐる一考察」『東京のコリアン・タウン』）

集住地がつくられた歴史的経緯を記述した行政の資料がないことや、１９３８年7月に中止を決定したオリンピックと１９４０年の簡易住宅建設の時間的なズレ、オリンピック予定地が直接に塩崎・浜園町を予定していたことを示す資料がないこと、が理由である。

経緯の資料がないことは、そもそもこのような場合、作られないか、作っても京城日報のような内容になることは推測できる。また、オリンピックのための立ち退きだったという当事者の証言があることを考えれば、行政側が少なくてもほのめかしていたのだろう。

ただ、オリンピックだけが原因だったわけではないかもしれない。たとえば、万国博覧会も１９４０年に豊洲・晴海地区で開かれる予定だった。東京市役所が月島に移転する予定もあった。これらから、東京市が湾岸部の開発に力を入れていたことは明白だろう。また、前述のように１９４０年は皇紀２６００年にあたり、そのための記念行事としての意味がオリンピックにも万国博覧会にもあった。万博もオリンピックと同時に延期が閣議決定されたものの、国家総動員に向かう中で皇紀２６００年事業は様々に行われた。そのような世情の中で、枝川への収容は進められたと考えられる。

また、オリンピックや万国博覧会は、関東大震災から復興して、近代化した日本を世界に誇ることを目的の一つとしていたため、外国人の目に、その目的に反するものを見せないようにする力も働いていた。いわゆる「都市美化運動」が建築家や商店街、行政、一体になって進められた。バラックの排除や集住地の建設は、そのような意味もあったはずである。

もう一点考えるべき点は、当時、朝鮮人の社会運動・労働運動がとても盛んだったことだろう。特に、1929年大恐慌後には、〈失業者同盟〉の多くは朝鮮人によって担われ、江東区が最大の拠点になっていた。浜園町などにあった労働紹介所には多くの労働者が毎日つめかけ、浅沼稲次郎（のちに社会党委員長）なども活発に活動をしていたという。1931年には、趙旭震という運動の指導者が警察の拷問の後のケガで死亡した際、500名による葬儀場（城東区）までの無届けデモになり、乱闘のすえ大量逮捕される事件もあった。朝鮮人に対する警察や行政の監視や管理が集住地をつくる要因になった可能性もある（もっとも、それはコミュニティ形成を促すことにもなり、戦後、枝川は在日朝鮮人運動の根拠地になった）。また、推測だが、当初は全くの追い出しだったのが、代替地（簡易住宅）となり、さらに、住宅の改善など行政交渉における様々な段階があったかもしれず、時間的なズレは、そのようなねばり強い闘いの結果だった可能性もあるだろう。

参考文献

『東京のコリアン・タウン　枝川物語』江東・在日朝鮮人の歴史を記録する会、樹花舎、2004年

『幻の東京オリンピックとその時代』坂上康博／高岡裕之、青弓社、2009年

『皇紀・万博・オリンピック』古川隆久、中公新書、1998年

オリンピックディ!?　都議選!?　開票直前!!
反オリンピックコンサート 2013

2013.6

新宿★反ラン！

報告1

2013年7月15日・午前11時半、新宿駅東南口階段下ってガード下で集合、受付開始。

この日の東京は最高気温35度超えの猛暑日、そして風が強かった。最初に反ランを企画した時には予想していなかった暑さです。

2013.7

ランナーとして受け付けをしたのは6名でした。オリンピックやってられない「聖火」、反オリンピック「レディ・ガガ」、元祖オリンピック政治利用「ヒトラー」、なぜか招致キャラに起用され困惑から夏やせした「ドラえもん」、大声で悪を告発する仮面のヒーロー「黄金バット」またの名を「ハリマオ」、雰囲気に流されやすい東京人「浴衣」。

胸に思い思いのゼッケンを着け、12時15分、キャビンアテンダントの「よーいドン」のかけ声でスタート。まずはオリンピック東京招致オフィシャルパートナーであるマルハンの前で記念撮影。

新宿中央通りから明治通り、新宿通りの交差点で左折したところでちょうど歩行者天国が始まり、車道に誰もいない状態で黄金バットの大声につられ「東京にオリンピックはいらないよ〜」「オリンピックは無駄遣い〜」と叫びつつ、のびのび走りました。実はこれが先頭集団で、背後から追いかける後続集団がいたとかいないとか。休日なのに、ご苦労なことです。

ビックロの前あたりで、「新宿商店会」みたいな腕章をつけたおじさんたちに、なんか注意されました。まだ歩行者天国じゃないと言っているみたいだったけど、おじさんたちも車道にいたんだけど。

アルタ前（駅側）で一度ゴー

ル。ここに給水場をしつらえたメンバーが、トラメガでオリンピック招致反対を訴えていました。アルタビジョンでは相変わらず「らららら　ららら　らーらーらー」というコーラスと共にオリンピック招致をアピールする映像が流れています。すかさずその前でアピールするアスリートたち。

しかしあのCM、反五輪の会がいる間に、一体何回流れたことか。広告料いくらよ、と思って調べてみました。1時間に8回、15秒コースだと仮定して、1日やると、定価40万円です。期間が長いと割引になり、1ヶ月やれば720万円。あれ、もう何ヶ月もやってますよね？　6ヶ月で3400万円だそうです。

　さて、とても暑い。一度休み始めたらもう走れないような気がしたので、えいやっと再スタート。ガード下のトンネルをくぐり、思い出横町あたりで外国人にワオとか言われながら西口方面へ。21日の参院選を前に、ここで街宣活動していたのは緑の党。東京オリンピック招致について聞いてみたところ、反対と答えたそうです。ほかに、ガーナの貧困を訴え、小学校を作るための募金活動をしている人たちが、2カ所に机を出してアピールしていました。「オリンピック反対！　オリンピックやってる場合じゃない！」と声を上げていたとのこと。

　このあたりで力尽きそうになった頃、沿道ならぬ車道から力強い声援が。そう、わたしたちは歩道を走っていたのです。ガードレールの向こうからの声援に応えていると、あらなぜだか元気が出てきた。あの、アスリートたちの常套句「みなさんの声援に支えられて」云々は、うそじゃないんだなーと実感しました。

　甲州街道に入り、日差しを燦々と受けながら南口前を「オリンピック招致反対！」の雄叫びと共に駆け抜けます。

　再び東南口、東口へと回り、意識朦朧としながら、遂にゴール、となりそうなところで、突然みんな動きがスローモーションとなり、誰もゴールしようとしない、誰も1位になりたがらない、別に勝たなくていいんです～と、ぐずぐずしていたら、ゴール前で聖火が燃え尽きて、燃えかすになってしまいました。あー、すまんね聖火。

　ほかの5人のランナーは「反五輪」の小旗が振られる中、無事ゴール。その後思い思いにアピールしたりだらだらしたり。ビラ配りチームは、子どもの人に渡すと、「オリンピックに反対するって、ありなの？」とびっくりするとか反五輪の絵がか

わいいと喜ぶとか、反応が面白かったそう。三重県からやってきたという若者とお喋りしつつ、新宿★反ランを終えました。

報告2

街中で自分の身体と向き合うことは、現代では容易なことではない。

ケバケバしい商品広告。マナーアップを求めるアナウンス。立ちはだかる客引き。歩行者の流れは定まらぬようでありながらも、多くの場合は道路標識と信号によって秩序付けられている。

そこに今日、件のご宣託が降り注ぐわけだ。『今、ニッポンには、この夢の力が必要だ』2020年オリンピック・パラリンピックを日本で!」(東京2020オリンピック・パラリンピック招致委員会)

新宿アルタ前の「それ」は特にヒドく、10分の暇もないほどに「2020年オリンピック東京開催」に向けたプロパガンダが、大音量とともにスクリーンに映し出される。

まさに「東京砂漠」と言うにふさわしい新宿の街で、2013年7月15日、「五輪開催」に異を唱えて自己の身体と向き合う者達が出現した。

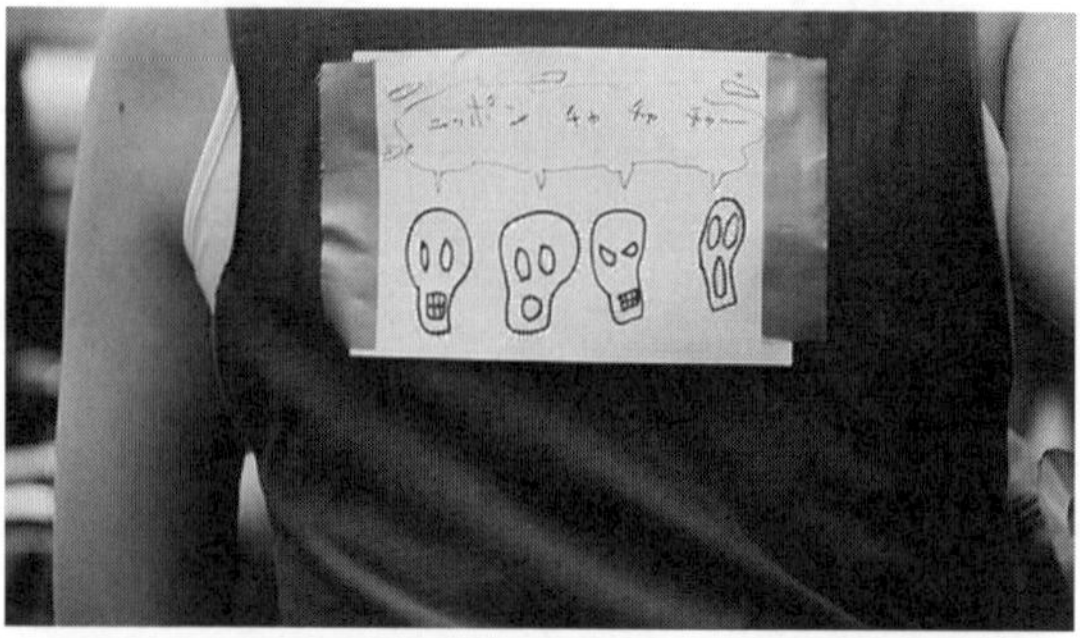
ニッポン チャ チャ チャー

ある者は仮面をつけて。またある者はダンボールの装甲を纏い。奇抜なイデタチではあるが「オリンピックハンタイ」と、口々にささやきつつ、叫びつつ。駆けているような、足踏みをしているような。

35度を超える暑さにうなされているのか。はたまた、オリンピック招致のキャンペーンの過酷さか。皆一様にうつろな目をしながら、しかし身体は、街の秩序に逆らってブルブルと震え、今にも爆発しそうな様子に見える。つまりその一行は、「2020年オリンピック東京開催」という、身の毛もよだつような夢に、全身を動員して否、否、否と運動していたのである。

反五輪
やって
られない

権力が「感動」「夢」、そしてカネという「投薬」を用いて人を序列化しようとする今、人間の身体こそが、それに抵抗する非常に強力な運動なのではないだろうか。

――オリンピックハンタイ!

ゴールを目前にして走行を放棄し、暑さで路上にヘタリこむ人間を目にして、そのようなことを考えた。

暑い。つらい。あと、馬鹿にすんな。

2013.8

はんごりん × たてかわ
——江東区役所、スカイツリー、豊洲をゆく！

8月2日、反オリンピックデモを2日後に控えたこの日、私たちは丸一日かけて情宣に飛び回った。

その1、まず手始めに、お昼休みの江東区役所前に登場！

江東区は、2020年東京オリンピック会場予定地の多くを有する地域。また区長・山崎孝明が招致委員をつとめ、役所内に招致推進担当課長というポストをもうけるなど、23区でも群を抜いてオリンピック招致に前のめりになっている自治体です。

庁舎正面の大階段には全面的に東京国体のPRがペイントされ、玄関のいたるところにオリンピック招致ポスターやのぼり、寄せ書きなどが設置されています。そして、そんな山崎区長は、2012年には区内の竪川河川敷公園の野宿者たちに対し、二度も行政代執行手続きを行い、暴力的な強制排除やフェンス・鋼板設置による差別隔離などの人権侵害を繰り返してきました。しかもそのあげく、公園の多くの部分を有料のスポーツ施設やスカイツリー観光で訪れた客を誘致するための日本庭園などに作り替え、「こども達や高齢者が日常的にスポーツに親しめる機会が、不法な利用により奪われることは決してあってはならない」と言って野宿者への差別や暴力を正当化してきました。まさにオリンピックやスカイツリーなどによる大規模な都市再開発が、貧困者の命や人権を踏みにじる典型例のようなことが起こっている場所です。

この江東区役所前では、それらの経緯から竪川河川敷公園で暮らす野宿者や支援者による抗議の情宣が毎週に渡って続けられてきました。そういうわけで、この日は反五輪の会と竪川の野宿者・支援者が合同で情宣を開始。区役所前の大通りには色とりどりの横断幕。「オリンピックやめよう」「貧乏人を殺すな！」の文字に、地元住民と思われる女性から「ほんとよねえ。私も言いたくなっちゃうわ」と声がかかったり、自分から手をのばしてビラを受け取る人が現れたりと、反応は上々でした。

途中、反五輪の会のメンバーがトイレを借りようと庁舎内に向かうと「あなたはダメです」と止められる一幕も。えっ？なぜ？ 江東区は竪川での様々な排除や人権侵害を行って以降、抗議や話し合いに訪れた野宿者や支援者を区庁舎内に入らせないという不当な対応を続けています。しかも、竪川の人と一緒にいるとか、お上に楯突くやつとか、もう誰でも彼でも関係なく行政の都合で恣意的に排除するということのよう。恐るべし。江東区。万が一、オリンピックが東京に決まってしまったら、さらに厳しい治安管理体制がしかれるのかと思うと薄ら寒い思いがします。

その2、ソラマチ騒然。スカイツリー情宣！

　次に私たちが向かったのは、墨田区にある東京スカイツリーと付属の巨大商業施設ソラマチ。スカイツリーもまた、建設によって経済効果があるなどと言われ、開業以来、歓迎ムード一色のお祭りさわぎ。しかしその実態は、大手ゼネコンなど一部の大企業が儲かるのみで、地元の商店街は閑古鳥。観光・商業都市化のための再開発であちこちで野宿者など貧しいものが排除される。そんなところがオリンピックそっくりの双子の兄弟みたいです。

　さっそく情宣を始めようにも、スカイツリー周辺の街頭は人もまばら。それもそのはず。スカイツリーやソラマチは最寄りの駅から一歩足りとも街に出ずして買い物やレジャーを完結させられる構造になっているのです。これじゃ地元は大打撃なわけだ。そこで皆で何食わぬ顔をして、人々で賑わう4階スカイアリーナへ。

　他の観光客のまねをして、スカイツリーをバックに記念撮影。せっかくなのでぐるぐると散策も。静かに記念撮影と散策を楽しんでいるだけなのに、なぜかとても注目されます。水族館の魚のごとく、オリンピック反対を掲げて無言で周回する私たち。スカイツリー観光を夏休みの思い出の一コマにしようとやってきた人たちにとっては、想定外の光景だったのでしょうか。

　もう少し記念撮影を楽しみながら下へ降りようかなと思っていると、係員に呼び止められました。

「すみません。許可とってますか」

野宿者が答える。

「とってるわけねーやんけ」

だって私たちは静かに記念撮影をしているだけ。通行妨害もしていない。国内外に向けて、どうぞ皆さん来てくださいと言われている場所に、私たちだけがいちゃいけないはずもない。何を許可をとる必要があるというのでしょう。

　横断幕をさして「だって… これ… 政治的…」と言いかけて口をつぐむ警備員。「警察、呼んじゃいます？ 呼んじゃいます？」とやたら興奮気味の人も。などと言っているうちに、Yシャツ姿の職員や警備員がいつのまにか大勢集まってきました。

　開業直後に2000人態勢でテロ訓練をしたというから一体どんなに恐ろしい管理態勢がしかれているのかと思っていましたが、意外にも私たちのような静かな客に翻弄されている様子。でも、静かなのはここまで。最後は中央の噴水広場の路上で、しっかりとマイクとビラまきを行い「オリンピックいらない！」の声をあげました。

その3、豊洲の駅に響き渡る怒りのジャンベ

　最後のシメは、オリンピック会場予定地にほど近い豊洲駅。もっともオリンピックを身近に感じているであろうはずのこの街は、林立する高層ビルに、巨大な商業施設と、なんだかやたらと人工的な

ところでした。
駅前の大きな交差点にバナーを広げ、情宣を始めてみても、歩道をゆく大勢の人々は、ビラには一瞥もくれず、ベルトコンベアーに乗せられた何かのように地下鉄に吸い込まれていきます。
めげそうになりながらも、足早に通り過ぎる人々の日常を打ち壊すように轟くジャンベ、切実なマイクアピール。それに誘われてか「どうして反対なんですか?」と声をかけてくる人や、ビラを受け取る人も徐々に出て来ました。しまいには「ジャンベ、イイネ!」と言って本場の腕を披露する外国人男性も現れ、反五輪ラップも始まって、ちょっとした宴の様相。結局、予定より大幅に時間を延長してこの日の情宣を終了しました。

2020年
東京にオリンピックは
いりません。パレード

2013.8

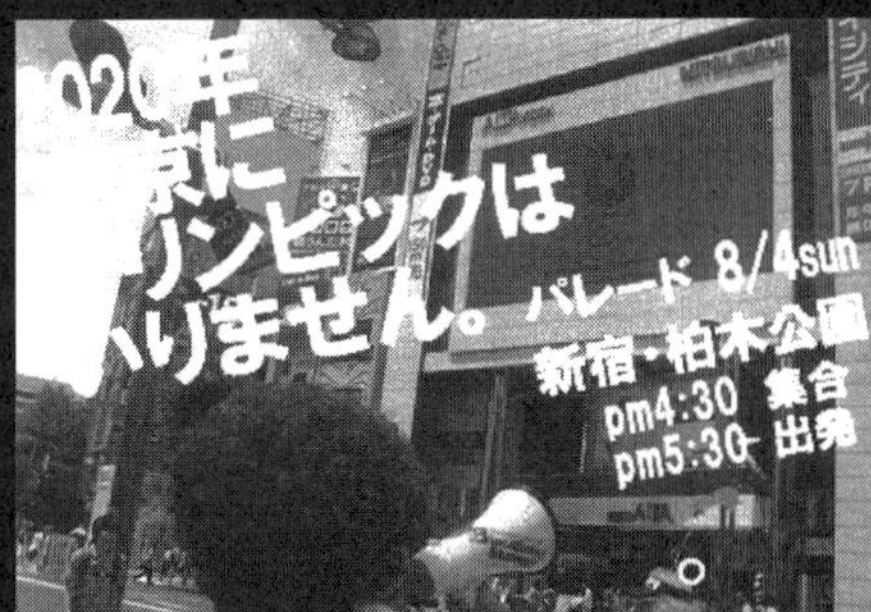

8/4(日) 新宿・柏木公園集合 pm4:30 pm5:30 スタート
2020 年東京にオリンピックはいりません。
パレード!!!

残りあと1か月、9月7日の開催地決定(日本時間9月8日早朝5時発表)を控えて、2020年オリンピックの東京開催に向けたキャンペーンはいよいよ熱烈さを増してきている。私たちは、野宿者などビンボー人を排除する再開発を世界中で繰り広げているオリンピックに**反対します。**

2020 年オリンピック・パラリンピックを日本でやるべきではありません。みなさん、ぜひデモに参加してください!
鳴り物、プラカード等の「にぎやかし」大募集です!

主催:反五輪の会　協賛:東京にオリンピックはいらないネット
※新宿・柏木公園住所:東京都新宿区西新宿 7-13

五輪みこし　いったい何を「ヨイショ」しているのか

サンバのリズムに率いられ、上下に揺れながらやって来た五色の巨大な「ぼんぼり」。そしてそれを担ぐ、同色のTシャツをまとった100名ほどの群集。

やっとこさたどり着いた東京都美術館を向こうに、一団を待っていたのは巨大な幟であった。

「おお、こんなところにもノリのよいヤツ等がいる。」

そう合点したのだろうか、神輿の一団は当初、幟に近づいてくれるようなそぶりを見せた。

涼しげな風が吹いてくる。そして、幟の全貌が、次第に明らかになる——。

「五輪反対」。

太鼓のドコドコといった音が止まることはなかったが、明らかな動揺と、困惑の感情が伝染する。風をいっぱいにはらみこんで「五輪反対」の四文字をハタハタとなびかせる幟に、オリンピック招致にのぼせ上がった脳髄の血圧はみるみる下がっていく。

「ヤ、ヤル気がそがれる……。」

そこにすかさず、メッセージが降り注ぐのであった。

「日比野克彦　恥を知れ！」

「五輪が来たなら祟りが起きる！！」

招致賛成のための応援と勘違いしたのか、最初こそコラボを試みるかのような仕草を見せたサンバ楽団も、コールのメッセージを理解するや、まるで最初から自分達の視界に入ることがなかったかのような表情をしながら、速やかに進路へと戻っていった。

未だ残る残暑。午後の日差しにあぶられながら、公園には巨大なぼんぼりを載せたお神輿が全部で5つ。

これらは総合ディレクターの日比野克彦の監修のもと、東京藝術大学の学生有志、それから2300人もの人々を動員して製作されたのだという。

その目的は、「2020年オリンピック・

2013.8

パラリンピック競技大会東京招致の気運を盛り上げ」ること。なんともわかり易過ぎる「芸術の政治利用」ではないか。

大体排除と暴力にまみれたオリンピックの現実を直視することなく、神輿を担いで盛り上がってやろうという魂胆が気に入らない。

「東京の多彩な魅力を演出・発信し、国内外から来訪者を呼び込む」などという麗句を聞くに付けて、だったらオリンピック反対の「多彩な」意見を開陳してやろうではないかと考えた。

以上のような次第で私達は8月31日の午後、「2020年東京にオリンピックはいりません。トドメのパレード!!!」をその直後に控えてるにも関わらず、奮起して上野公園に向かったのであった。

公園では、既に8月19日より神輿が展示されていたそうで、大層なことに受付のテントが設けられていた。

それを横目に私達は、楽団とともにやってきた神輿の一団が、休憩を兼ねてサンバ楽団の演奏を聴くという、東京都美術館の向かい側を決戦の地と定め、草地に伏せて巨大な旗の仕込みに入ったのであった。

とくに制止されることもなく、行動は30分ほど続けることができた。その間も楽団は演奏を続けた。

担ぎ手として参加した者達も、みこしを揺らして演奏にあわせていたのだが、公園を行く人の中には、私達の声に耳を傾ける人が多かったのが印象的だった。

中には、オリンピック招致が全くの税金のムダ使いであると、その場で私達に行動の自粛を求めてきた都の職員に対して喰ってかかった御仁もいた。

その後しばらくして、神輿はまた別の方向へと移動していった。

私達はデモへ参加する予定であったので、「オリンピック反対」と叫びながらそれを見送った。

「炎天下の下、自分達が担いでるこの神輿は、いったい何を『ヨイショ』しているものなのだろうか?」

参加者の心の片隅に、そのような疑問符がしばらく留まることを期待して公園を後にした。

ちなみにこの日、神輿担ぎの現場に日比野克彦の姿を確認することはできなかった。

誰が何を利用しているのか。そういった視点も、当然に忘れるわけにはいかない。

参照・東京都、東京文化発信プロジェクト室（公益財団法人東京都歴史文化財団）2013年8月28日付プレスリリース
http://www.atpress.ne.jp/view/38291

オリンピック開催地への立候補辞退を求める要請書

2013.8

東京都知事　猪瀬直樹　殿
東京都スポーツ振興局招致推進部招致推進課　御中
東京2020オリンピック・パラリンピック招致委員会　御中

私たちは、2020年オリンピック招致に反対する生活者・貧乏人からなるグループです。私たちは、東京でのオリンピック開催に反対します。したがって、オリンピック開催地への立候補の辞退を要請します。理由は以下です。

・「復興」を名目にオリンピック招致を行うことは欺瞞です。

7年後の東京でのオリンピック開催が、東日本大震災被災地の「復興」に役立つとはとても思えません。オリンピック招致に75億円もつかう余裕があるなら被災地支援に充てるべきです。何よりも、東京都は、福島第一原発事故を起こした東京電力の大株主なのですから、深刻な環境汚染がいまだに続いている福島、原発被災者・避難者への支援を行う道義的責任があります。そして、東京に原発がないから「安全」などとごまかすのではなく、オリンピック開催予定地の放射能測定と報告、さらに地震が起こった場合のリスクを、世界に向けてきちんと明らかにすべきです。そもそも、政治、経済の東京への一極集中が地方の衰退の一因であるのに、東京でのオリンピック開催が、東北の被災地のためであるかのように喧伝することは、被災地の苦難に便乗して東京のステイタスを高めることでしかなく、欺瞞にもほどがあります。

・招致活動で75億の浪費、開催決定したらさらに1300億円の浪費。

2016年の招致で150億（一説には200億）も浪費したにもかかわらず、反省もなく2020年の招致活動でさらに75億円も使っているのは大問題です。招致委員会が今年1月8日に発表した「立候補ファイル」によれば、東京での開催が決定したら、10会場新設・増改築にさらに都費1300億円を投じるとのことですが、そうした負担はすべて東京に暮らす私たち生活者に降りかかってきます。アテネのようにオリンピック開催が財政危機を招いたり、開催後の施設維持が財政を逼迫している都市は例に事欠きません。東京の一部の大企業だけが儲かる東京オリンピックによって、貧困層をさらに貧困に追い込むようなことがあってはなりません。東京都はオリンピック招致よりも生活、福祉に力をそそぐべきです。

・オリンピックのための再開発、それにともなう排除は貧困層を圧迫する。

オリンピック開催が決定したら、〈特定都市再生緊急整備地域〉などの再開発と相まって、貧困層の排除が加速されることが予想されます。すでにオリンピックスタジアムとして新築する国立競技場に隣接する都営霞ヶ丘アパートの立ち退きが決定しています。１９６４年の東京オリンピック開催で立ち退きをせまられ霞ヶ丘アパートに移動させられた方々そのほとんどは高齢者が、オリンピックによって再度の立ち退きを余儀なくされています。また3月の国際オリンピック委員会（ＩＯＣ）の東京視察期間中には、都内数カ所でホームレスの人びとが自主退去を余儀なくされました。場合によっては人命に関わるような事態が、オリンピック開催によりここ東京で加速することを、私たちはつよく危惧します。オリンピックによる都市の再開発は、公共空間の有料化などによる貧困層の排除、治安取り締まりの強化、管理社会化をともないます。世界中で同様のことが起こっています。私たちは、野宿者排除や私たちの生存を圧迫するオリンピックには断固反対し、抵抗します。

・「国威発揚」のためのオリンピックはいりません。

オリンピック憲章第6条は、「人種、宗教、政治、性別、その他の理由に基づく国や個人に対する差別はいかなる形であれ オリンピック・ムーブメントに属する事とは相容れない。」としています。しかし日本においては、オリンピックは「国威発揚」の場になってしまっています。このかん日本女子柔道オリンピック強化選手たちが監督に「金メダル」のためと称して暴力、パワーハラスメントを受けていたことが明らかになりました。選手に国家を背負わせ、国の威信のためにしごきやいじめが行われていることは大問題です。また猪瀬都知事の「イスラム蔑視」発言は、ＩＯＣから注意を受けました。オリンピックで「絆」や「一つ」を強調し、国家間の敵対心をあおることが、日本に暮らす外国人への差別助長につながるようなことがあってはなりません。オリンピックで「国威発揚」が強調されることに反対します。

そして、何よりも、「今、ニッポンにはこの夢の力が必要だ。」というスローガンが街にあふれかえっていることは、現在、東京で、日本で起こっている深刻な問題が、オリンピック開催という「夢」の実現により解決するかのようにすりかえられており、非常に問題です。私たちは、貧困格差と人権侵害が、東京オリンピック開催によってますます助長されることに反対し、東京都が候補地から辞退することを求めます。

２０１３年８月２０日　反五輪の会

東京2020オリンピック・パラリンピック招致委員会への要請書&日本オリンピック委員会（JOC）への質問書　提出報告

要請書を持って、いざ都庁へ

7年後に東京でオリンピックを開催しなければならない理由などひとつもない。デメリットしかない。問題がすでに起こってる。なのになんで招致するのかなー？　いますぐ「辞退」しませんか？　というわけで、都庁に申し入れに行ってきました。

都庁41階南側の推進課+招致委員会フロアを7人で訪問。いやー、見晴らし最高ですね〜！　&　招致ムード最高潮！

「東京都スポーツ振興局招致推進部招致推進課」の広報担当課長・白石さん、「東京2020オリンピック・パラリンピック招致委員会」の影山さんが応対してくれました。計画や国内外での宣伝等、招致活動の主体はNPO法人である招致委員会、会場整備やJRの広告枠など都の管轄にかかわる部分は東京都、が担当だそうです。では、アルタビジョンのCMはどっち？　と聞くと「あれ、どっちでしたっけ?」……モヤッとした返答。でた損失はどうやって補填するんですか?と聞いたら、開催が決まれば3兆円の経済効果が見込めます、とのこと。……なんというか、総じて税金つかって博打打ってる緊張感、まるでナシ。

霞ヶ丘アパート立ち退きについて「あれはワールドカップ用の改修ですよね」。は？どう見てもオリンピック仕様全開ですよ？　「どのみち国立競技場は国の管轄なので」へ？　じゃ、国が勝手にオリンピックにかこつけてやってる都営アパートつぶしを、東京都は指くわえて見てるだけ？　都民を守ってくれないんですか？　しかも二度目ですよ、五輪のせいで立ち退き。

IOC視察のさい野宿者排除が起こった件については「4月から担当なのでよくは知りません」て、えー!?　知って下さい。いくつかの団体から招致反対の申入れもこれまであったそうですが、「多様なご意見があって当然ですので」どんな意見があったかも回答も公表してないそうです。いやいや、公表して、見解を示してください。これじゃ、招致委員会のやりたい放題じゃないですか。

会見は1時間に及びました。「ご意見は持ち帰りましてお返事できるよう検討させていただきます」とのことでしたが、「辞退」については「いますぐは無理ですね〜」さらっと即答してくれました。東京都の財政が果たしてオリンピックに耐えられるのか、地震や原発事故がまた起こるかも知れない、福島第一原発事故のこのかんの汚染水漏れは「レベル3」ですよ……オリンピック開催がさいあく決まってしまったとしても、オリンピック憲章に反するような人権侵害が起こったら「辞退」すべき。夢ばかりでなく現実をよく見て検討してくださいねと、要請書を手渡しました。

都庁前で「オリンピックいらない」の巨大垂れ幕を掲げて情宣中のみんなと合流。お昼休みから戻る職員や通行人もけっこうチラシを受け取ってくれました。売店で入手したオリンピック招致クッキーと、隣で座り込みをしていた「東京公害患者と家族の会・東京青空連絡会」さんがくれたおにぎりをおいしくいただき、昼の都庁申し入れ行動を無事やりきりました。

ＪＯＣへの質問書提出、情宣

１６時３０分にＪＯＣ事務所が入っている岸体育会館近く集合してみると、体育会館の玄関前には、職員らしき人、警備員、そして制服警官が立ち並んでいた。駐車場には警察のボックス車がとまっている。一体、何をここまで警戒しているのだろうか？

岸体育会館の玄関にみんなで向かうと、警備員などが立ちふさがる。ちなみに、警備員は５００円で有料販売している桜の形をした五輪招致バッチを付けていた。

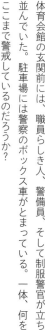

ＪＯＣ総務課の日比野氏が、ここで受け取ります、と言い、敷地内には一歩も入らせようとしない。アポイントを取った上で訪れているのに、随分な扱いだ。警察官のことを指摘すると、我々は呼んでません、と言う。呼んでないなら、なぜ配置させているのか、帰らせればいいことだろう。ＪＯＣは何より、オリンピック憲章に則り、フェアプレー精神を尊重してもらいたいものだ。そんな感じの悪い雰囲気の中で、質問書の趣旨について1問1問立ちながら説明する。その中で、驚くべきことが判明した。ＩＯＣ評価委員訪問時の野宿者に対する排除やオリンピックスタジアムによる霞ヶ丘アパートの立ち退きについて、日比野氏が「今、はじめて聞いた」「知りませんでした」と答えたことだ。これらは、大手マスコミなどで既に報道済みのこと。「すべての新聞に目を通しているわけではない」と言い訳をしていたが、これらのことが、２０２０年東京オリンピック招致に関連する重大な出来事であることは言うまでもない。

また、日比野氏は、猪瀬のイスラム発言についてＪＯＣとしてコメントを公表したかどうかも知らなかった。アポイントを取った時に、責任ある立場の方、が対応するように依頼していたのだが……。ただ、野宿者の排除に関しては、「事実だとすると困ったことですね。」と言っていた。また、メダル主義、日の丸主義をＪＯＣが助長していること、それが暴力の温床になっている点についての反省を求めると耳を傾けていた様子であった。

その後は、岸体育会館前でバナーを広げ、ＪＯＣ職員に訴える形でマイクで訴えた。決して人通りはたくさんなかったが、チラシを受け取る人も多かった。女子高生らしき人たちも、オリンピック自体興味がない、それより東北、などと言っていた。しかし、職員と思われる男性がチラシを手で叩いて通ったりもした。ＩＯＣ評価委員訪問時にＪＯＣ関係者と思われる男性が、わたしたちに「死ね」などと口汚く恫喝してきたり、岸体育会館から巨大な日の丸を持ち出してきて私たちのプラカードを覆い隠そうとしたことを思い出した。

野宿者排除や団地立ち退きなど自分たちの活動が生んでいる暴力的な出来事について今まで知らなかったことも含め、暴力根絶にＪＯＣとしてどこまで本気で取り組んでいるのか疑問を感じざるをえない。

ただ、日比野氏が質問書に対して「検討して回答する」「３０日までの回答を努力する」といったことは信じたい。

※２０１３年８月２７日現在、まだＪＯＣからの回答は届いていない。

2020 年東京にオリンピックはいりません。

トドメのパレード !!!

TOKYO⊘2020

×××
××

トド☆パレ！

8/31 sat

集合 16:50 JR 新橋駅日比谷口（銀座口）前SL広場　出発 17:20

９月７日のＩＯＣ総会で２０２０年オリンピック開催地が決まります。（決定は日本時間９月８日５時）。総会でのプレゼンテーションのために、猪瀬都知事が旅立つ８月３１日、銀座で招致反対のパレードをします。

銀座といえば、昨年８月にロンドンオリンピックの凱旋パレードが行われました。その銀座中央通りで、今度は東京招致を吹き飛ばすためのパレードです！

「今、ニッポンには、この夢の力が必要だ」（招致委員会）

しかし、この「夢」は誰の夢なのでしょうか？

オリンピックが決まれば、再開発によって貧しい人は追い出され、街の管理はますます進みます。

わたしたちは、こんな「夢」にだまされるのには、もううんざりです。
2020 年オリンピック・パラリンピックを東京でやるべきではありません！
「トドメのパレード」へぜひご参加を！！

☆鳴り物、コスプレ、プラカードなど大募集です！思いおもいのスタイルで「オリンピック反対」の気持ちを表現しましょう！
☆パレードはブログ掲載するために主催者側が撮影（映像・写真）を行います。また、沿道からの撮影などに備えて顔出しが難しい方は各自で工夫をお願いします。
☆パレードの撮影をされたい方は事前申込みをお願いします。
☆手荷物の管理は各自でお願いします。

問い合わせ・撮影申込み hangorin2020@gmail.com
反五輪の会 http://hangorin.tumblr.com/

2013.8

2020年東京にオリンピックはいりません。
トドメのパレード !!!

緊急声明
東京都はオリンピック開催を辞退しろ！

2013.9

私達が懸念していたことは、ついに現実のものとなってしまうようです。

２０１３年９月８日早朝５時すぎ、国際オリンピック委員会（ＩＯＣ）は２０２０年オリンピック開催地を東京に決定しました。

1、汚染水への関心が高まる中で

ＩＯＣ総会での開催地決定決選投票までのこの１ヶ月間は特に、２０２０オリンピック・パラリンピック招致委員会（以下、「招致委員会」）、日本オリンピック委員会（ＪＯＣ）、東京都、日本政府、そしてそれに群がる大企業などによって、東京オリンピック招致のために、莫大な税金を費やしての大々的キャンペーンが行なわれてきました。

一方、同じくこの１ヶ月の間、福島第一原発事故による汚染水の漏出の問題がいよいよ深刻さを増していることが、やっとメディアによって報道されるところのものとなり、日本を発生源とする海洋汚染に国際的な関心が集まりました。

政府は、東京電力などの事故を引き起こした者の責任の追及をすることなく、４７０億円の公費を投入することを決定する一方で、この問題についての国会における審議は、国際世論を刺激してオリンピック招致に影響が出るという懸念から先送りされました。

　また9月4日、招致委員会が、開催地の決戦投票が行なわれるIOC総会の開催地であるブエノスアイレスで行なった記者会見において、JOCの会長であり、招致委員会の理事長でもある竹田恒和は、記者から集中した汚染水問題の及ぼす招致活動への影響などの質問に対し、「福島は東京から250キロ離れており、皆さんが想像する危険性は東京にない」と答えました。

　そして更に、内閣総理大臣の安倍晋三は、開催地決定直前の最終プレゼンテーションにおいて、福島第一原発事故に言及し、「状況はコントロールされている。私達は決して東京にダメージを与えない」と発言しました。


　これらの発言が露わにしているのは、東京さえ良ければ、福島や、福島により近い地域が抱えている危険性は無視しても良いという「東京中心主義」です。こうした発言が、被災している方々に与えた絶望は大きいと想像します。

　彼らの説く「東京での五輪は被災地復興に役立つ」という主張が、いかに上っ面だけのものなのか。それは火を見るより明らかです。

東京は都市として、原子力事故について責任を負うべき存在です。

何より福島第一原発は、東京への送電のために福島に設置された施設でした。

　福島第一原発で作られた電気は、わずか1ワットすらも、福島で暮らす人達によって使用されたことのないものであったという事実を、私達は忘れてはいけないと考えます。

　東京はこの事故についての加害者であり、被災地福島に対して、重大な責任があるはずです。

　ましてや、行政府としての東京都は、東京電力の筆頭株主です。

東京都がやるべきことは、オリンピックに莫大な予算をつぎ込むのではなく、原発事故についての事故の加害責任に真摯に向き合うことのはずです。

「東京都内において、東京電力株式会社が所有している原子力発電所は存在し」ない（招致委員会立候補ファイル第2巻、121頁）などというレトリックは、何の弁解にもなりません。

　2020年東京オリンピックの開催が、大都市東京の原発事故に対する責任に何ら向き合うことなく決定されたことに、私達は強い憤りを覚えます。

2、終わることのない戦争はそのままに

また同じ時期、内戦による被害が拡大し続けているシリアに対して、アメリカによる空爆が予告されました。

「平和の祭典」であるはずのオリンピックですが、開催地決定の傍らで、戦争は続いており、そして今、さらなる被害がもたらされようとしています。

　停戦と戦争回避の努力が尽くされることなく招致・開催が行なわれるオリンピックは、全くの欺瞞であると私達は考えます。

3、排除は既に始まっている

これまでも私達は、オリンピック開催とともに行なわれる都市の再開発によって、貧困者の追い出しと排除が行なわれると問題を指摘し続けてきました。

より正確には、既に取り壊しが決定され、立ち退きを余儀なくされている都営霞ヶ丘アパートの問題にみるように、オリンピックを開催することによる被害は、開催が決定した後に起こるものではなく、既に招致の段階において発生しているのだということを訴えてきました。

また既に今年3月、国際オリンピック委員会（ＩＯＣ）の東京視察期間中には、都内数カ所でホームレスの人びとが東京都により「強制撤去」を警告され、退去を余儀なくされました。

ＩＯＣは、東京で行なわれ、そして今後拡大していくであろう排除の暴力について、解決するべき責任を有しているものと私達は考えます。

ＩＯＣは今すぐオリンピックの開催を断念し、自分たちが拡大させ続けている暴力について責任を果たすべきです。

4、必ず抵抗が起きる！

しかし残念ながら、サイは既に投げられ、今日、その目も明らかになりました。

人間は誰でも、自らにふりかかる火の粉については、それを避ける努力をするものです。

２０２０年東京オリンピックを招致した招致委員会、ＪＯＣ、東京都、日本政府、そして開催を決定したＩＯＣ。あなた方は今後、東京オリンピックに災難を受けるあらゆる者たちの抵抗に遭うことになるでしょう。

そして２０１３年９月８日の東京オリンピック開催決定について、あなた達は深い後悔をすることになると思います。つまり、あなた達の決定は、歴史の汚点として記憶されるものになるということです。もしあなた達にも良心がのこっているのなら、今すぐ開催を辞退するべきです。

私達は、自らの愚かさを自覚することなく、撒き散らし続けている暴力について責任を果たそうとしない招致委員会、ＪＯＣ、東京都、日本政府、それからＩＯＣに対して、心からの軽蔑と非難を表明します。

２０１３年９月８日　反五輪の会

波乱の「猪瀬都知事・祝勝都民報告会」情宣報告

2013.9

都庁前広場で、オリンピックの「開催決定都民報告会」があると知って、急遽、時間を合わせて情宣をやることになりました。

ちなみに、この都民報告会は18時55分から19時15分までと……、何とも短い。その後の猪瀬都知事の記者会見と抱き合わせで報道してもらうためのイベントという感じでした。

祝賀に訪れる市民やマスコミ、関係者に問題点を訴えるために、18時30分頃からスピーチとビラの配布を行いました。今回も巨大な「五輪反対」幟も登場。

少し意外だったことは、ビラの受け取りが結構良かったこと。

祝賀イベントが始まってからも、思っていたより警備も薄く、つつがなく情宣が進むかに思えたその時、突然現れた金色のワイシャツ男。「うるさい」「トラメガやめろ」「セレモニー妨害するな」などと吠えながら、まさにトサカを立てて突進。トラメガを振り払うなど、乱暴を働く。「反対するのは自由だが、トラメガはやめろ」というのが一応の主張。しかし、圧倒的な音量があるのは、当然、主催側。こちらは、トラメガ1つにすぎない。その後、数人が、こちらに向かって「帰れ」「うるさい」など吠える。こちらも「オリンピックいらない」「汚染水はコントロールされていない」「追い出しやめろ」など地声をあげてやり返す。

警察がきて、ボリュームを絞ってほしい、場所を移動して、などというが、それより主催側のSPらしき人が、トラメガやめろ、と迫ってくる。それをかわしながらも、アピールは続く。

イベント終了後、参加者が続々と出てくる。やはり意外とビラの受け取りはよく、用意していた250枚はなくなってしまった。ただし、「うるさい！」とか「バカじゃないの」や、「東京から出ていけ」、「お前らは非国民だ！」などと言い捨てて通る人もいた。非国民！と面罵されたのは、さすがにはじめて。チラシを破り捨てる人も数人。
祝賀イベントの撮影に来たいくつかのメディアから取材をうけた。

あまり人がいなくなってきて終わろうとしている頃、トラメガの周りに次第に人が集まり人垣が出来はじめた。落ち着いたマイクアピールに説得されているのか、とそのあまり見慣れない風景に感心していたら…「お前ら日本人じゃないだろ!」「経済復興の代案を出せ!」「もっと勉強しろ!」などと数人が騒ぎだす。そして、気づくとそれらはアピールに聞き入る観衆ではなく、つっこみを入れたい人々に取り囲まれているだけ?…　一方では、プラカードを放り投げたり、巨大な「五輪反対」幟を蹴ってくる人も。そして、隣の老人が、その人を諌めたり…　何だか、よく分からない騒然とした状況になってきた。「トラメガで話すのはやめろ」と食ってかかる人がいたため、スピーカーがトラメガを捨て敢然と対論に挑んだあたりから、すっかり討論集会化。

わたしは個別に捕まって、しつこく話し込まれた。「せっかく

盛り上がっているのに水をさすな」「日本はオリンピックの経済波及効果がないとダメになる」など…、と言っていたが、よく聞いていくと「経済がよくなっても俺はたしかにいい思いをしない」「俺は障害者…」「友人が厳しい生活で自殺したが、天国に行って殴ってやりたい…」「排除されるのは、される方が悪い」「いけいけムードにのっかれる側では俺はない」「子供たちに夢が必要」などと、、すごくこじれている。しまいには、韓国や中国に日本は乗っ取られる、、という話に……。でも、無理するなよ、と言い残して立ち去っていった。と、討論集会を振り返ってみれば、なぜか、当初「お前ら日本人じゃない」などと怒鳴っていた人が、にこやかになっていたり、、どうなってるんだ??。

貧困だったり厳しい立場に追い込まれている人たちの中で、オリンピックで語られている「夢」に自分の苦しさの解消を仮託している人たちが実際にいるのだと感じました。その人たちは、その「夢」を否定されると感情的に激昂するが、その貧困や苦しさの訴えのところでは共感する人もいる。ということだったのか??

ともあれ、オリンピックを支える人たちの底辺には決して裕福ではない人たちもいて、貧困層と貧困層がにらみ合うというしんどい図式がこれから露わになってくることを予感させた都庁前情宣でした。

2020東京五輪は「返上」しかない

2013.10

警察による「アンダー・コントロール」

２０２０年夏季オリンピック東京開催決定から３週間後の２０１３年９月２８日、東京都がオリンピック招致と抱き合わせで喧伝してきた東京国体「スポーツ祭東京２０１３」スタート。天皇が出席する東京国体開会式に抗議の声を挙げようと約８０名が全国から結集した「やってる場合か！スポーツ祭東京実行委」主催のデモは、おびただしい数のフル装備機動隊と公安警察の群れに何重にも囲まれた上、デモ終了後の駅構内、電車内にまでしつこくつきまとわれた。報道によればこの日の警備体制は、メイン会場の味の素スタジアムに爆発物処理班と警察犬が待機、出入り口で金属探知機と荷物検査を実施し、記名チケットと身分証による本人確認にボディチェック、付近一帯では検問が行われるという一大「セキュリティー祭」（「警視庁６５００人大動員　厳重警備で『安全な五輪』前哨戦」産経新聞９月２８日より）。

東京五輪決定で「特需」を確実に享受するのは、間違いなく警察だろう。２０２０五輪開催にあたっては、警察官２万１千人に加え、消防・民間警備員・ボランティアが３万人も配備されるという。テロ対策と称しての監視カメラ整備、インターネット監視、ＩＤ識別導入など含めれば、史上最大規模の監視・管理体制の確立という権力者の「夢」が莫大な予算を投じて実現されかねない。２００８年洞爺湖サミットや２０１０年横浜ＡＰＥＣ同様、海・空のセキュリティに自衛隊が配備されることもほぼ確実だろう。共謀罪なども動き出した。代償として差し出されるのは、日本に暮らす私たち庶民の税金と人権だ。

排除はすでに始まっている

石原慎太郎前都知事は、「東京五輪が実現したら、都民は来なくてもいい」と言い放っている（２０１２年・日本外国特派員協会講演）。為政者の、これが本音だろう。ステイタスを高めてくれる外国要人、美しいパフォーマンスで五輪の内幕を覆い隠してくれるトップアスリート、金を落とす大企業と観光客、そして公務員、商工会議所、芸能人、子どもなど、オリンピック賛美のために動員可能、コントロール可能な人びとが来さえすればそれでよいのだ。オリンピック名誉総裁としてふるまう天皇の前で、日の丸を思う存分振れればそれでよいのだ。

そして、国威発揚の「夢」を背負った日本チームが金メダルを目指す、その舞台裏で、オリンピック特需にありつくこともスポーツに興味もないテレビもない市井の人々は、暴力的に黙らされていく。

排除はすでに始まっている。8万人規模の世界最大オリンピックスタジアム建設計画で、国立競技場に隣接する明治公園、日本青年館、そして都営霞ヶ丘アパートの移転がすでに決定。霞ヶ丘アパートの住民の中には1964年東京五輪で立ち退きにあった人もいる。今年3月国際オリンピック委員会（IOC）による東京視察の折りには、国立競技場および代々木競技場周辺に暮らす路上生活者が自主撤去をよぎなくされた。バブル崩壊以降急増したテント小屋や公園などで暮らす野宿生活者の公共空間からの締め出し、行政代執行がここ数年激化している。襲撃、放火といった命にかかわる事件も相次いでいる。「安全、安心、おもてなし」がウリの東京五輪は、貧困を犯罪とみなす目線が一般住民の中にもすでに深く浸透したからこそ実現可能となった。公園閉鎖への抗議が大規模な反体制デモに発展したイスタンブールや、深刻な経済不況を理由に五輪反対の声を挙げたマドリードとは異なり、東京では官民一体となった貧困層の排除が「安全、安心」であり、「おもてなし」なのだ。

ナショナリズムとオリンピック

オリンピックは、選ばれたアスリートたちの勝敗やメダル獲得数を競うことで国家同士が激烈な競争を繰り広げるナショナリズム涵養の一大舞台でもある。選手は国籍によって所属チームを規定され、国家威信のために全力を尽くすよう強いられる。しかし、なぜ、そもそも、スポーツをするのに国籍が問われねばならないのか。一部のエリート選手の勝敗が、その国の先進性や精神性や民族的優位性として語られねばならないのか。オリンピック開催都市に選ばれることがなぜステイタスなのか。平和の祭典オリンピックは、実際にはもっとも熾烈に政治力を誇示するためのアリーナなのではないだろうか。

オリンピックが子どもたちに「夢」を与えると謳う、その「夢」こそが国家対立、人種差別、民族差別を醸成してはいないか。この、国対国でゲームの勝敗を争う代理戦争によって、懸念されるのは日本に暮らす外国籍の人びとの「排斥」だ。3K労働や安価な使い捨て労働力として日本に呼びこまれた移民労働者たちは、いまや、入管・警察が一体となった「不法滞在キャンペーン」により犯罪者予備軍に仕立て上げられてしまっている。法務省は専用チャーター機によるオーバーステイの外国人の一斉強制送還を開始した。60〜70人を一度に送還するために、突発的、暴力的な摘発すら行われている。出入国管理は五輪テロ対策、フーリガン対策でますます厳しくなるだろう。日本で生まれ育った在日朝鮮人への排斥が朝鮮学校の高校無償化除外など国家レベルの「制裁」などにより煽り続けられている現状で、東京を舞台にした国家競争はさらなる差別排除を加速しかねない。事実、「韓国・朝鮮チームの入国ボイコット」との主張まで現れている。国旗が振られ愛国心が基調となるスポーツ大会、その最高峰であるオリンピックはナショナリズム発露の格好の場であり、決して政治状況と無関係に成立しうるわけがないのである。オリンピックが醸成する民族差別、植民地主義に絶対に与してはならない。

「返上」しかない

そして、何よりも2020東京五輪が、「レベル3」に相当する東電福島第1原発事故、放射能汚染水たれ流しの最中に決定されたことは、徹底的に抗議されねばならない。「ニッポンは一つのチーム」「絆」を連呼し「復興五輪」を全面に掲げながら、「東京に原発はない」「福島から250㎞離れている」と言い放ったオリンピック利権屋たち。「アンダー・コントロール」との大嘘を安倍首相が吐いた事実。そのことだけでも今回の2020東京オリンピックは「返上」するのが筋だろう。にもかかわらず、10もの施設新設に加え大型再開発―高速道路、地下鉄延長、リニアモーターカー、はてはカジノや江戸城構想にひたすら沸き立つ日本。東京五輪は、むしろアテネ五輪がそうだったように経済破綻の起爆剤になりかねない。

さらに、被災地では作業員不足、資材不足が深刻化している。終わることのない福島第1原発収束作業、被曝リスクもすべて後回しにされたまま、7年後に向けすべてが五輪優先ですすめられていく。震災避難者は28万、うち11万がいまだ仮設住宅に暮らすにもかかわらず、五輪招致に225億円、開催に向けこれからさらに7340億円もの資金が投入される。本当にふざけるなと思う。もう一度言う。東京五輪は「返上」しかない。

お・こ・と・わ・り
2020年東京オリンピック
返上デモ

2013.10

東京オリンピックは悪夢だ、夢なら覚めてほしい、でもこの悪夢を追い払うにはもっと運動の力が必要だ

2013.11

9月8日は朝までネットを見ていた。しかし、IOC会長が「トーキョ」と言った瞬間、驚喜乱舞する「チームニッポン」たちを見てすぐに電源を落とした。これから、本格的にはじまる東京五輪の狂騒と排除、を思うと暗然とした。

翌9日、10日と「反五輪の会」は、一〇名前後で都庁前において情宣をした。10日は、猪瀬ご一行が帰国し凱旋する「開催決定都民報告会」が都庁前広場で開かれていた。約六千人が集まったとされ、多くは職員など動員された人々だろうが、自主的に来た人もそれなりにいた。この情宣は、かなりの修羅場だった。トラメガでアピールしビラをまいていた私たちに向かって、つかみかかってくる人や「非国民」「東京から出ていけ」などと悪罵してくる人たちが続出。最後には、集会参加者に取り囲まれ、激しいバッシングを受けることになった。それらの五輪賛美者たちは、話を聞いてみると貧困であったり障害をもっていたりもして、でも自分も他人も自己責任で頑張るべきで、五輪で経済活性化したら自分たちにもチャンスがあるかもしれない…。そんな「キビシイ」立場の人たちが多く、場合によっては、五輪に排除される側ではないか、と思わざるをえなかった。自分を排除するものに自分の夢を託すというねじれは、偏狭なナショナリズムを支えるあり方と似たようなところがある。

さて、インパクション189号のレビューに「反五輪の会」のことを書かせていただいたが、その以降の活動をざっと振り返ってみたいと思う。

まず、6月にアスリートも参加したオリンピックコンサート会場（国際フォーラム）前で、反オリンピックコンサートを開催。二〇～三〇人で、様々な楽器や鍋などを叩く（ノイズ?）演奏や、パフォーマンスを繰り広げた。続いて7月には、「新宿★反ラン」と称して新宿駅周辺を回るマラソンイベント。レディガガや聖火、ドラえもん、ヒトラー、などなどに扮した（つもりの）人たちが「反五輪」

を叫びながらスローに走るという謎すぎるイベントだった。8月は、2日に「堅川」テント村の人たちと共同での情宣を江東区役所やスカイツリーで行い、4日は第一回目のパレード（デモ）を主催した。この新宿でのパレードには約八〇名が参加。

20日に都の招致推進部、招致委員会に要請文の申し入れを行い、JOCに対しては公開質問状を手渡した。都は会議室での応答だったが、JOCの時は警察がものものしく警備し、建物敷地には一歩も入れず、玄関前でのやりとりになった。31日には、東京芸大教授で、80年代人気だった美術家・日比野克彦が「五輪みこし」をつくり上野公園で担ぐイベントに対し、カウンター行動をした。そして、同日、銀座中央通りを通る第二回目の反五輪パレード。残念ながら、参加者は六〇名に減ってしまったが、反オリンピック音頭などを歌い踊りながらのデモ行進は楽しいものだった。

「反五輪の会」の活動を振り返るとパフォーマンス色の強い行動と、情宣やデモといった「まじめな」行動の二系統があった。前者の行動が、後者にも影響して、デモに超巨大なのぼりが出現したり、思わぬ人のコスプレが出現したりということもあり、実際には両者が入り交じっての自由な気風が生まれていたと思う。ちなみに、この旗は、本当に超巨大で、デモ中に街路樹や電線にひっかかり風圧で屋台骨が必ず折れ、しまいにはデモ警備の警官が皮肉な声援を送るというシロモノだった。

「反五輪の会」が、表現過剰（まだ足りない!?）だったのは、五輪が文化状況そのものを変えていくことに対しての危機意識があったのだと思う。

短期間で少人数が担った運動だけに、出来なかったことが多くあったが、会に参加する人たちがやれることはすべてやったと思う。本当は、東京招致失敗という結果をもって、会は解散する予定だったが、そうもいかなくなった。

東京開催が決まると、五輪をテコにした再開発促進の声が相次いで起こり、福島や東北のことなど、どこかに置き忘れたかのようだ。IOC総会での安倍首相をはじめとした「チームニッポン」の原発問題の隠蔽は露骨だった。彼らの頭に大きくあるのは、五輪を機会に、テロ対策と称して警察力を強化し社会の管理を滞りなく進めることだろう。そんな人たちが、野宿者や貧困層に対しての真剣な対応などするわけがない。様々な運動の多様な取り組みが必要とされている所以である。

これからは、反オリンピックの国際運動や、具体的な排除に抗する運動と連携しながら、五輪返上を求めての長期的スパンの国内での大きな運動が生まれてほしいと思う。

10月20日に予定している「反五輪の会」の「お・こ・と・わ・り2020年東京オリンピック返上デモ」が成功し、運動の輪が広がることを期待している。

オリンピックにおける排除の問題

2013.12

オリンピックが東京に決まった9月8日以降、ぼくの住む野宿者のテント村は様々な思いに揺れ動いた。その前提には、もうここにはいられないのではないか、という不安がある。そして、国家的事業を前にした無力感。8日には、代々木公園の管理者たちがテントに住む病身の女性に「オリンピックが決まったんだから、そろそろ考えろ」と不安を助長するようなことをいった。明治公園では、都の職員が、工事だから出ていけと福祉課を従えて、テントをまわったり先走った行動を取っている。野宿者の間では様々な噂が飛び交い、テントへの放火があれば「オリンピックが決まったから、こういうことが増えるだろう」と暗い顔でささやきあう。オリンピック決定以降、東京の野宿者のストレスと野宿者へのプレッシャーは確実に増してきている。

オリンピックの競技施設は渋谷周辺と臨海部に集中している。たとえば、渋谷周辺での施設は、国立競技場を建て替えるオリンピックスタジアム（開会閉会式・陸上競技・サッカー・ラグビー）、代々木競技場（ハンドボール）、東京体育館（卓球）、代々木公園（ライブサイト）、神宮球場（ホスピタリティサイト）となっている。このうち「ライブサイト」というのは、大型スクリーンを設置し競技の中継や各種イベントを行う仮設施設（日比谷公園、上野公園、井の頭公園にも設置）、ホスピタリティサイトとは、立候補ファイルにおいても説明がなかったが、IOC委員やスポンサー企業を「おもてなし」する場所とのことだ。

現在、代々木公園とその周辺には約50軒のテント小屋があり、国立競技場の周りにも10軒弱のテント小屋がある。もちろん、テントを持たずに寝ている人たちも東京体育館周辺や渋谷駅周辺に大勢いる。また、都庁のある新宿、選手村に近い銀座、臨海部の会場とスカイツリーに挟まれた江東区の堅川河川敷公園テント村などにも野宿者は生活している。これらの人たちに対して、東京都、組織委員会、JOCらが今後、何をするのか厳しく注視すべきだ。

渋谷では、すでにオリンピック招致のために野宿者排除が行われた。3月4日から7日にIOC評価委員会が東京を視察したが、野宿者の荷物・テントが代々木公園周辺の都道や国立競技場周辺から事前に排除されたのだ。テントや荷物に、第二建設事務所（東京都）と代々木警察が連名で貼った警告書は、2月27日までに荷物の撤去を命じ、27日から3月8日までは路上に荷物を置いたら即刻撤去するというもの。今まで、このような即刻撤去は前例がない上に、設定期間が視察と重なっている。都の職員は、箝口令が敷かれていて理由は言えないと語っていたが、聞くまでもないだろう。

また、同時期に国立競技場周辺のテントに住む人に対しては、明治公園の一角に白い布で目隠しをした場所をつくり移転するように強制した。そこまでして、テントの存在を隠したいのだろうか?。

それらのテントや荷物は、IOC視察が終了した後、元の場所に戻った。しかし、特に代々木公園周辺の都道にテント・荷物があった人たちは、置き場所や寝場所を求めて大変な苦労があった。移転した先で荷物を放火され、全てを失った人もいた。

明治公園に隣接する都営霞ヶ丘アパートの立ち退きが発表されたのは、2012年7月、国立競技場のデザインコンペ募集要項においてである。つまり、それは住民に向けた相談でも説明でもなかった。ここまで、住民を無視した話もないだろう。しかも、東京都都市整備局も、この募集要項ではじめて移転を知ったと明言した(本書20頁・補注参照)。国立競技場を管轄する(文科省の外郭団体)日本スポーツ振興センターなどによる国側の強引なプロセスが進行していることを物語っているのではないだろうか。

65才以上の方が半数を超えるアパートの住民400名は、もちろん立ち退きに反対していたが、3つの都営アパートにバラバラに移住することになってしまった。立ち退き前に230世帯が暮らしていたアパートは、現在150世帯まで減らされてきている。高齢者の生活環境を一変させることは、命に関わることである。10棟からなる霞ヶ丘アパートには、果樹や草花が植えられた共有の庭や小さなマーケットがあり、豊かな自律性を持つ空間であることが伝わってくる。この都営アパートもまた、64年オリンピックでの建て替えで作られたもので、オリンピックによる2回目の被害を受ける人もいる。

そもそも、64年オリンピック時には7万5千の客席があった国立競技場を縮小して現在の5万席にしたのだから、新築自体が本当に必要なのか疑問である。

国立競技場については、建築家の槇文彦氏が、その巨大さや風致地区の規制緩和について問題提起し、社会的に話題になっている。ただ、建築物の大きさや景観より霞ヶ丘アパートの立ち退きが最重要な問題ではないだろうか。それについて槇氏らが言及しないのには違和感がある。競技場規模の縮小は、霞ヶ丘アパートの立ち退きをさせないことを目的にすべきではないか。また、槇氏は提出図面などを理由にして杜撰なコンペであることを指摘しているが、現在居住している空間を当事者への説明もなく〈関連敷地〉として更地にすることをコンペの前提にしていることにこそ杜撰さが最も現れている。問題提起し、実効力のある展開を導いたことは勇気づけられるが、その趣旨には欠けているところがあることは指摘したい。

64年オリンピックでは東京に何が起こったのだろうか? 開催1ヶ月前の警察の指示(1964年9月9日警察署長会議における防犯部長指示)は、非常に露骨だ。

「1、オリンピックの防犯対策について

(略)

第一点は、精神障害者の保護ならびに浮浪者の指導取り締りの徹底についてであります。

義宮殿下のご婚儀が取り行われることにもなっており、一層の重要性が認められますので、その署管内に居住する精神障害者、またはすでに派出所等で取扱った精神障害者のうち、皇室関係に対する言動のある者については、関係警察署相互間の連絡を密にして、ぐ犯性の認められる者は、すみやかに保護義務者または東京都精神衛生課等に連絡のうえ、入院等の措置がとれるようにして事案発生の防止に努められたいのであります。

　次に、浮浪者の保護と指導取締りについてでありますが、本年6月末日現在における都内の浮浪者数は、仮小屋を設けて定住している者、1994名、常時はいかい浮浪している者428名で、このうちオリンピック関係地域にはいかいしている者は、393名となっております。

　オリンピックに際し、その対策について東京都と打合わせた結果、都において、オリンピック関係地域につき、9月中4回にわたって浮浪者を中心とした一斉街頭相談を行い、これらの者を保護更正施設に収容するほか、大会時にはさらに収容業務を強化することになりましたので、この収容作業について都側から協力要請があった場合は、できるかぎりの協力をされたいのであります。

　当庁としても、禁止区域に立入り、道路、公園、空地等の不法使用、こじき等をなす悪質な浮浪者については、軽犯罪法、道路交通法違反として指導取締りを実施し、とくにオリンピック関連地域については、浮浪者を一掃するよう配慮されたいのであります。(略)」

　(オリンピック東京大会の警察記録、1964年)

　警察記録によると大会開催期間前後(9月15日から11月5日)に、盛り場や競技施設周辺における精神障害者、家出人、浮浪者に対する取り締まりを強化し、保護者数は、それぞれ372人、2686人、252人に上っている。大会開催の前に、都は身体障害者の救護施設の増設や精神障害者の緊急救護施設の新設を行った。64年の東京大会では、野宿者だけではなく精神障害者や身体障害者が施設や病院など人の目に触れない場所へと押し込められた。

　また、道路建設に伴う住宅の立ち退きは、都が整備したオリンピック関連道路(首都高速道路を含まず)で、7000軒近い数に及んでいる。しかも、土地収容法の特別措置を定め、強いプレッシャーのもとで立ち退かせ、残った家屋に対しては周囲を工事して孤立させた。①

　では、さらに遡って、実現しなかった1940年の東京オリンピックの時はどうだったのだろうか?

　1940年東京オリンピックは、アジアで初開催という意義と共に、国内的には皇紀2600年にあたることが強調された。日本の中国に対する侵略戦争が泥沼の長期戦になったために、オリンピックを開催しても参加国が限られることが予想された。また、1938年の国家総動員法制定により、戦争遂行以外の目的で鉄などの資材を利用することが制限され、競技場の建設が困難になった。そのため1938年7月にオリンピック中止を閣議決定した。

　こうして、幻に終わった東京オリンピックだったが、その影響で被害を受けた人たちがいた。江東区の臨海部、豊洲の隣に枝川がある。東京は埋め立てによって市街地を拡大してきたが、明治半ばからは築港のために出た大量の土砂を使って湾岸部の埋め立てを進めた。枝川は、河川改修工事で発生した土砂の処分場所として1915年頃に埋め立てられた。しかし、ゴミ焼却場と消毒所を作っただけで利用されないままになっていた。

1920年代から、日本に多くの朝鮮人が渡航し、江東区においても、埋め立てや港湾労働、河川や道路工事、工場などで働いていた。1939年の東京府の調査では、江東区(当時は、深川区・城東区)に100名以上の集住地が9カ所、約9千名が居住していることになっている。その多くは、岸辺や湿地などでのバラック住まいだった。

東京市は、月島(芝浦七号埋め立て地)に10万人規模のオリンピックメインスタジアムを予定した。しかし、大日本体育協会が、明治神宮外苑を主張したため、まとまらず様々な候補地が検討された。最終的には、駒澤ゴルフ場(現・駒沢公園)に新設することになった。また自転車競技場は、芝浦埋立地に1万人規模で作られる予定になっており地鎮祭や地均しなどが進められていた。しかし、前述のように鉄材が得られずスタジアムも自転車競技場も建造されないままに終わった。

東京市が枝川に朝鮮人の簡易住宅(集合アパート群)を作ったのは、1940年から翌年にかけてだった。周辺の埋め立て地に居住する朝鮮人を1カ所に集住させるためのもので、アパート22棟、戸数にして230戸、およそ1000人の集住地であった。しかし、周辺埋め立て地の居住者は移転を拒否して、相当に抵抗をしたようだ。枝川は、道もなく孤島のような場所で、ゴミ処理場から悪臭と蝿が発生して雨が降れば浸水するなど衛生状態も悪い場所だった。

1940年もその80年後のオリンピックにおいても、バラック(テント小屋)を見えにくいところに隠そうとする行政の動きが変化していないことが分かる。

オリンピックにおいて、再開発とナショナリズムは密接に結びついている。大規模な再開発には、その精神的な支柱が要請される。被害を受ける人をあきらめさせるためにも、乱開発との批判をかわすためにも、大義名分を必要とする。

東京はオリンピックが決定する前から、大規模な再開発が行われていることに注意が必要である。東京での再開発は主に「特定都市再生緊急整備地区」で行われている。同地区では、都市再生特別措置法の一部改正(2011年7月25日施行)により、規制緩和、金融支援などが強化された。

また、猪瀬が副都知事時代から成立をはかっていた「アジアヘッドクォーター特区」は、総合特別区域法(2011年6月29日公布)に基づく「国際戦略総合特区」の1つで、2011年12月に東京都が指定された。内容は、大幅な規制緩和と税優遇により、多国籍企業を東京に呼び込もうとするものだ。「特定都市再生緊急整備地区」と「アジアヘッドクォーター特区」は新宿・渋谷・品川・臨海部と重なっており、その区域には、多くのオリンピック施設がつくられる予定である。近年、渋谷で連続する野宿者排除の背景には、このような再開発がある。(2) これらの制度は、アジアの諸都市との競争に東京が負けるという危機感を煽りながら整備されてきた。(3)

そして、五輪特区が作られようとしている。「国家戦略特区」(国家戦略特区法案は2013年11月提出)として東京を指定しようとする計画で、建物の容積規制の緩和はもちろん、有期雇用者の正規雇用への転換条件の緩和や公立学校の民営化などの各種の規制緩和などを含んでいる。この構想は、一説にはＴＰＰの地均しとなると言われている。

オリンピックは、既定の大規模再開発を促進しつつ、五輪特区として広域に及ぶ新たな開発を行い、そして、これらの開発を結ぶシンボルとなるものだ。２０２０年オリンピックは「コンパクト」だと宣伝されているが、再開発総体をみると６４年に勝るとも劣らない都市の改編が今後起こることになる。

オリンピックは都市再開発の別名であるとともに、ナショナリズムを強化するものでもあり、再開発を統合するシンボルとしてナショナリズムを強く織り込んでくるだろう。１９４０年大会の枝川収容、１９６４年大会の野宿者・精神障害者・身体障害者の排除・収容、９８年長野オリンピックの外国人労働者の排除(4)は、このような文脈の中で行われたことだ。

オリンピックは、国内的なモチベーションとして、震災復興というかにもお仕着せじみた言説とともに、今後は、諸外国の都市との経済的な闘いをナショナルな危機感として強調することになるだろう。

オリンピックが、再開発とナショナリズムの相補的なセットであることを把握しないと、再開発への批判がナショナルなものに依拠し強化することにつながりかねない。また、ナショナルなものへの批判が再開発の肯定につながる場合もあるだろう。槇氏たちの議論は、明治神宮―明治天皇の威光という話に依拠する部分があるという意味で前者の危険をはらんでいる。

巨大都市をエンジンと捉え、国レベルの経済停滞を打破しようとする世界的な動向の中で、オリンピックは東京のさらなる一極集中化へのジャンプボードである。東京に原子力発電所はない、福島は東京から２５０キロ離れている、汚染水はコントロールされている、との立候補ファイルや記者会見、ＩＯＣ総会での発言は、東京が体現する身勝手さと、それを肯定する政府の意志を表している。

オリンピックによる再開発とナショナリズムを市民の中に定着させる装置として、都市の美化運動・環境浄化運動がある。１９４０年大会においては、町内会などの住民たちと行政が一体となって、外国人に恥じることのない景観づくりを提案した。６４年大会においても同様の発想だった。「オリンピックには延１３万人もの外国の選手やお客さんがやってきます。お客様をきれいなところに気持ちよく迎えるのは、その家の主人の心づくしというものです。町の美化をつうじ、オリンピックに参加しましょう。首都美化はオリンピックの一種目です」（首都美化推進本部のアピール文）。

「一千万人の手で東京をきれいに」キャンペーンでは、６４年１月には１６０万人、９月には１８０万人の参加によって、ビラや立て看板の除却、道路清掃、ゴミの片づけが行われた。また、大会直前には美化の点検カードが都民、町会、学校に配布され、首都美化協力員などが採点をした。大会期間中の競技場周辺の清掃もまた、延べ１０万人の奉仕者が行った。

都市美化運動と野宿者排除の発想には強い親和性がある。たとえば、街の掃除をボランティアで行うＮＰＯ法人グリーンバードを主宰するハセベケン渋谷区議は、ナイキジャパン社に宮下公園の改造を提案し野宿者排除を実現した。美化運動の参加者は、野宿者を「異物」として排除する感覚を涵養することになるだろう。再開発により管理された空間は、セキュリティ性の高い巨大な建造物を作り、商業施設を立体的なデッキで結び、見通しのよい空間に広場をつくる。[5]そこでは、野宿者は警備員や警察のみならず空間自体から拒絶される。オリンピックが開催される舞台とは、そのようなものである。同時に、強い同調圧力によって、その芝居を受け入れる者たちの多くもまた、経済的効果も含めた舞台からあらかじめ排除されている。[6]そのような舞台は、オリンピックの意に反して設けられたわけではなく、「より早く、より高く、より強く」という身体の飽くなき開発と競争原理が結びついたオリンピックに内在する問題の帰結である。

付記　2013年初頭から「反五輪の会」のメンバーとして東京オリンピック反対運動に参加してきた。この文章には、他のメンバーから啓発された内容がある程度反映されている。

注

(1)「本来、土地収容制度は、公共の福祉と私権との調和をはかる最も民主的、かつ合理的な制度である。しかるに起業者、被補償者双方の無理解と偏見は、法の適用を極度にきらい、いたずらに任意協議を重ねるばかりであった。本事業のごとく一起業者が短日月の間これほど多く法を適用したことは、未曾有のことである。」(東京都　第18回オリンピック競技大会東京都報告書、1965年)

(2)渋谷駅南口高架下の野宿者に対する「渋谷アートギャラリー246」(壁画ギャラリー)及び近隣町会による排除(2007年末)、ナイキジャパンと渋谷区による公園の全面改築(設計アトリエワン塚本由晴)に伴う宮下公園の野宿者に対する排除(2008年〜2010年9月)、都立児童会館玄関前で13年続いてきた野宿者の集団野営に対する耐震工事を名目にした排除(2011年11月)、震災時の一時集合場所整備を名目にした渋谷区立美竹公園テント野宿者と渋谷区制80周年の工事を名目にした渋谷区役所地下(人工地盤下)駐車場で寝起きする野宿者、などに対して同時排除(2012年6月)。

(3)「日本の成長を実現する上で、まず国を挙げて喫緊に取り組むべきことは、アジア諸都市の台頭による日本の国際競争力の相対的低下への懸念の中、国の成長を牽引するエンジンである世界都市東京をはじめとする大都市について、国の主導により、大都市に関する戦略を明確にし、大都市の再生や成長を促す従前の仕組みを更に発展させ、これまでの既成の考え方にとらわれず規制緩和や金融措置などを講じることにより、民間の資金・活力・アイディアを最大限に引き出して国際競争力を強化することである。その結果、激化する国際都市間、特にアジア間競争に勝ち抜き、世界中から人、モノ、金、情報を呼び込むアジアの拠点、世界のイノベーションセンターとなることを目指す。」(2010年5月17日、国土交通省成長戦略会議)

(4)98年長野オリンピックで「ホワイトスノー作戦」が長野県警によって97年1月1日から98年3月14日まで実施された。競技施設や長野新幹線の建設には、多くの外国人労働者が従事した。施設が完成した後、この「作戦」によって、入管法違反の外国人の摘発を警察は強化し強制退去をはかった。

(5)2020年オリンピックに向けた東京の文化政策を検討するための新たな専門部会として、2013年5月に設置された「2020年の東京の文化政策検討部会」の委員に東浩紀氏が選任されている。東氏は、近年、ショッピングモールや再開発に対して肯定する発言を行ってきた。

(6)9月10日、IOC総会から帰国した猪瀬都知事らが都庁前都民広場で開いた「開催決定都民報告会」(約6000名参加)へのカウンター情宣を行った際、「非国民」「東京から出ていけ」などと叫ぶ人々に取り囲まれた。それ

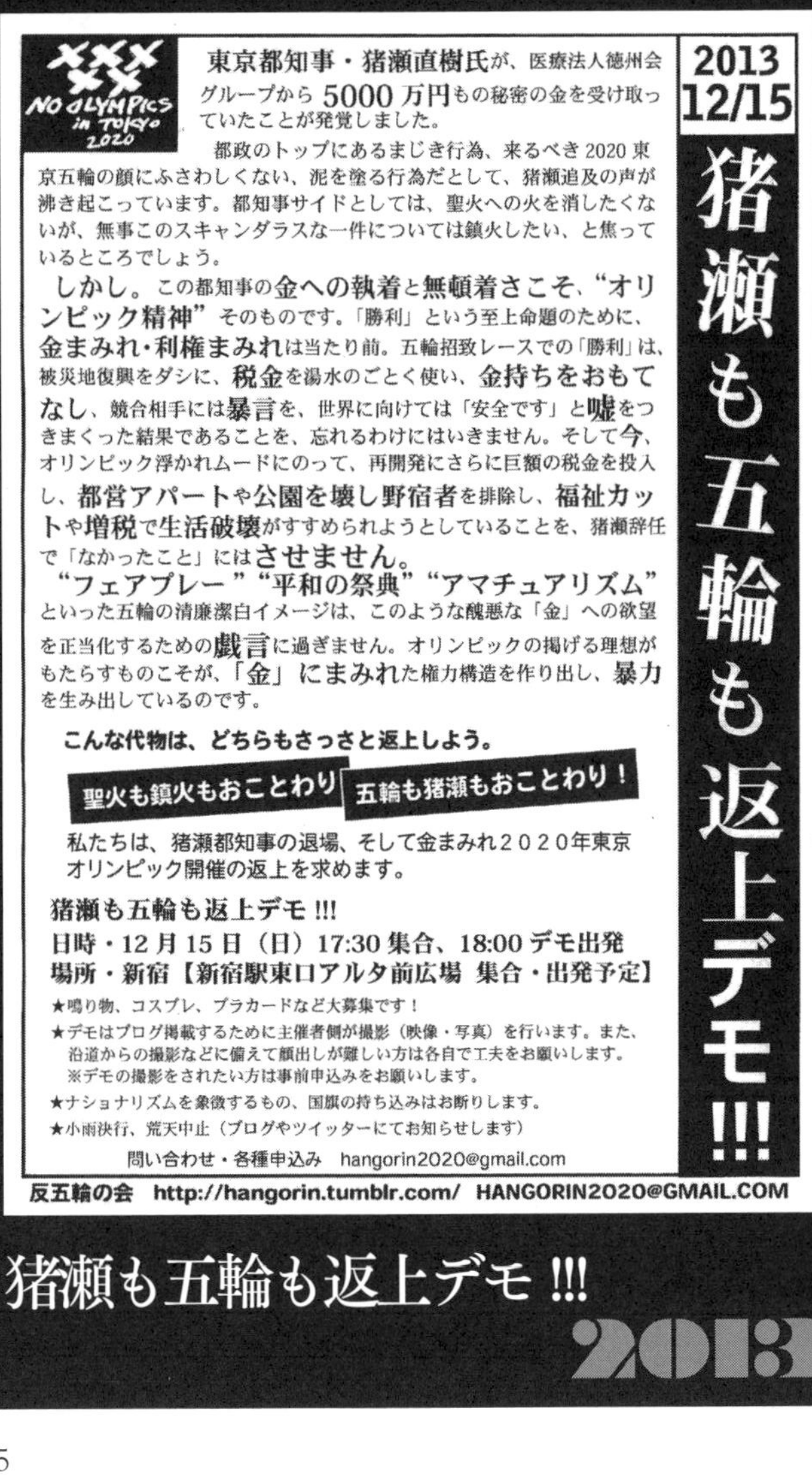

XXX XX NO OLYMPICS in TOKYO 2020
2013 12/15
猪瀬も五輪も返上デモ!!!
東京都知事・猪瀬直樹氏が、医療法人徳州会グループから5000万円もの秘密の金を受け取っていたことが発覚しました。
都政のトップにあるまじき行為、来るべき2020東京五輪の顔にふさわしくない、泥を塗る行為だとして、猪瀬追及の声が沸き起こっています。都知事サイドとしては、聖火への火を消したくないが、無事このスキャンダラスな一件については鎮火したい、と焦っているところでしょう。
しかし。この都知事の金への執着と無頓着さこそ、"オリンピック精神"そのものです。「勝利」という至上命題のために、金まみれ・利権まみれは当たり前。五輪招致レースでの「勝利」は、被災地復興をダシに、税金を湯水のごとく使い、金持ちをおもてなし、競合相手には暴言を、世界に向けては「安全です」と嘘をつきまくった結果であることを、忘れるわけにはいきません。そして今、オリンピック浮かれムードにのって、再開発にさらに巨額の税金を投入し、都営アパートや公園を壊し野宿者を排除し、福祉カットや増税で生活破壊がすすめられようとしていることを、猪瀬辞任で「なかったこと」にはさせません。
"フェアプレー""平和の祭典""アマチュアリズム"といった五輪の清廉潔白イメージは、このような醜悪な「金」への欲望を正当化するための戯言に過ぎません。オリンピックの掲げる理想がもたらすものこそが、「金」にまみれた権力構造を作り出し、暴力を生み出しているのです。
こんな代物は、どちらもさっさと返上しよう。
聖火も鎮火もおことわり
五輪も猪瀬もおことわり！
私たちは、猪瀬都知事の退場、そして金まみれ2020年東京オリンピック開催の返上を求めます。
猪瀬も五輪も返上デモ!!!
日時・12月15日（日）17:30集合、18:00デモ出発
場所・新宿【新宿駅東口アルタ前広場 集合・出発予定】
★鳴り物、コスプレ、プラカードなど大募集です！
★デモはブログ掲載するために主催者側が撮影（映像・写真）を行います。また、沿道からの撮影などに備えて顔出しが難しい方は各自で工夫をお願いします。
※デモの撮影をされたい方は事前申込みをお願いします。
★ナショナリズムを象徴するもの、国旗の持ち込みはお断りします。
★小雨決行、荒天中止（ブログやツイッターにてお知らせします）
問い合わせ・各種申込み hangorin2020@gmail.com
反五輪の会 http://hangorin.tumblr.com/ HANGORIN2020@GMAIL.COM

猪瀬も五輪も返上デモ!!!

2013.12

らの人から話を聞いてみた時、貧困で生活の苦しそうな人が複数いたのが印象的だった。

参考文献
『東京のコリアン・タウン　枝川物語』江東・在日朝鮮人の歴史を記録する会、樹花舎、２００４年
『幻の東京オリンピックとその時代』坂上康博・高岡裕之、青弓社、２００９年
『現代棄民考』今川勲、田畑書店、１９８７年

反五輪声明
五輪へ、虚飾決算の夢。

2014.1

私たちは、２０２０の東京五輪開催に反対してきた有志の集まりです。

　昨年暮れに噴き出した「都知事の五千万円問題」について、都議会で徹底追及されぬまま、今世間の目は、都知事選へと移りつつあるようです。しかし私たちは、この疑惑、不正をめぐる流れについて、釘をさしておかねばと考えます。猪瀬氏及び徳洲会グループによってもたらされた都政への不信や危機は、オリンピック推進の立場、五輪イメージを大きく揺るがし、依然その余波、延長線上にあるといえます。

　しかし、猪瀬氏一人をヒルコのように押し流し、ダーティイメージを集約、その上で五輪とはいかにも健全で、明るく清い未来を指し示しているかのように言うことには無理があります。今まさしく竜頭蛇尾な猪瀬の辿ってきた道と、オリンピック招致の道とは、二人三脚の遊蕩三昧の旅路にしか見えませんでした。

　五輪招致なるレース、スペクタクルそれ自体、勝利という至上命題へ金まみれ、白々しく、強引なものであったことを思い起こせば、知事選というレースへの資金の無軌道振りとは、スポーツでの八百長・ドーピング沙汰にも等しく見えます。
　また、この件自体は、五輪とは直接関係しないのでは？　そういう見方もあります。
　しかし、信濃町という国立競技場間近の東電病院について、その資産売却、副知事さらに知事としての職権問題・贈収賄疑惑の暗部。それは、五輪にまで連なるものでないと言い切れるものなのでしょうか？
まずオリンピック関連予算には、１３億円ほどの医療費支出が見込まれています。国家戦略特区、ＴＰＰにも絡むところ、売薬・雇用・保険を含む規制緩和、外資参入などで、医療が、重要ターゲットとなっています。五輪開催予定地東京では、医療とスポーツが密接に絡みもするこれから、まさしくオリンピックとは買い銘柄ではないのでしょうか？　その釣竿をめぐって、一流の献金スイマーたちが、虎視眈々寄ってくるさまが目に思い浮かびます。医療をめぐる加速と、政治の加速が、金の加速で、そんな軽さとつりあう命とは、あるいはスポーツとは、一見の上っ面ですが、考えさせられてしまう、やはり疑惑の出来事です。

この五千万円とその背景のみならず、五輪周辺のより大きな金の動きの、重さと虚実には、注意が払われてしかるべきです。本来、巨額の金は、膨大な時間・人手を割り振りし、その仕事の手足、予算の執行から発想まで縛りもします。そこに、不透明な責任や形式だけを飾った言葉を付け足すことは、地獄への第一歩。金、金、金の一等賞とは、犠牲の多さしか象徴せず、また想像させません。

さて、まるでカロリーメイトか何かのように、巨額のポケットマネーを受け取ってしまった猪瀬氏。その調子っぱずれな土俵入りにつき合わされる、都民の生活とは何なのでしょう？　聖火への献身・検診（献金？）の日常でしょうか？　霞ヶ丘アパートを含め、国立競技場周辺だけ見ても、格差・選別の手法、全体経緯の不透明さは明らかに思われ、都知事の五千万円の受け取り方に、それは象徴されているように見えます。

私たちの「猪瀬はやめろ」「五輪は返上しろ」の声。この声、特に「返上しろ」の矛先の向こうが、遠いことはわかっていても、これこそが都政の矛盾で、さし当たって行動に近道はなく、しかし、具体的劇的局面転換は、望まれているところでしょう。先ごろの国会、五輪に反対しない政党が、安倍首相の汚染水についての「アンダー・コントロール」発言を追及するも、迫力、緊張感欠くこと明瞭で、「なんちゃって」野党、またしても中途半端な候補押し立て、都知事選と、ガス抜きに走るなら残念至極、茶番です。

今や血税という言葉のリアリズムは、復興への人手・時間の流用・不明にも等しい、国と地方のプロセス、五輪礼賛の声に押し流され、野垂れ死にしようとしています。立法の手続き・議会審議は骨抜きに、ゴマかした予算の当て方において、復興そして五輪、地方・中央のドサクサ劇、祭りの裏金裏交渉は、兄弟なのでしょう。7年の時限法・特別会計・聖域に、監査・仕分けのメスは入らず、切り捨て・監視されるのは相変わらず、無駄金でなく、常に底辺の人たちの生活、プロフィールのようです。秘密は真心の笑顔の奥で、金に変わっていきます。7年の祭りと産業育成、企業の「アンダー・コントロール」。マスコットの五輪選手団。ひどいものです。

今、この脆弱化しつつある国土・国情の底辺をすっ飛ばし、1964東京五輪の「より速く」のようなスローガンに沸き、中身がごまかされてゆく危険。

最先端の教育や研究とは、利権を守るためにでなく、誠意への具体・具現を示すためにこそあるべきもの。世界一のブランドを目指しつつ、物事の底辺でのおごりや苦し紛れに満ち満ちたこの国の、首都・東京での五輪開催に、私たちは反対し、返上を求めます。

聖火へのランナーズハイで迷走した猪瀬氏にももちろん非はありますが、安易なスケープゴート作りの政変と利用主義に終始する政情、そこに連なる非民衆としてのスポーツ、金魚の糞の利権に牛耳られるスポーツ団体、JOC、JSC（日本スポーツ振興センター）、そしてIOCにも抗議したい。議論の沸騰、公論への開示、議会の透明化を願って呼びかけます。

２０１４年１月３１日　反五輪の会

2014ソチ五輪に抗議する世界中のみなさんに、2020夏季五輪開催地である東京より、連帯のご挨拶

2014ソチ五輪に抗議する世界中のみなさんに、2020夏季五輪開催地である東京より、連帯のご挨拶を送ります。

ソチ五輪は、かつて帝政ロシアが先住民のチェルケス人を虐殺した土地に、史上最高の費用を投じて行なわれると聞きました。

五輪開催によって、約2000人の住民が立ち退きに遭い、とてつもないレベルの環境破壊が行われ、ロシア全土で、性的少数者の人々に対する抑圧や政治弾圧、五輪テロ対策による人権侵害が起こっていることに、私たちもまた怒りと悲しみを禁じ得ません。

金儲けのための祭典・オリンピックがもたらす災いは、世界共通のものです。

東京でも、2020五輪決定で、無駄な再開発による貧困層の追い出しがすでに始まっています。

原発事故による放射能汚染は、アンダー・コントロールどころか止める術はなく、福島の人々や被曝労働者にまともな救済措置も行なわれないまま、東京だけがオリンピックの夢に浮かれています。

私たちにとってオリンピックは、悪夢でしかありません。ソチで起こっていることは、6年後の東京の姿です。

私たちも2月7日、ソチ五輪開幕の日に、ここ東京で、みなさんとともに五輪反対、五輪返上の意思表示をしたいと思います。

2014年2月7日　反五輪の会

2014.2

声明
新国立競技場建設計画の最大の問題点は都営「霞ヶ丘アパート」の立ち退きです。

2014.4

２０２０年東京オリンピックのメインスタジアムとして新築される新国立競技場について、独立行政法人日本スポーツ振興センター（以下ＪＳＣ）は現在、ザハ案をもとに基本設計に着手、７月に解体工事を始めると公言しています。

しかし、この新国立競技場建設計画には、大きな問題点があります。

それは、隣接する都営「霞ヶ丘アパート」の立ち退きです。

1、住民無視の決定プロセス

霞ヶ丘アパートの立ち退きは、住民にとって「寝耳に水」な出来事でした。

「霞ヶ丘アパート」が新国立競技場の関連敷地に含まれることはＪＳＣ主催の２０１２年７月１３日第２回有識者会議で決定されたことになっています。

この決定は、都営住宅を管轄する東京都都市整備局ですら関知していなかったと公言しています[1]。

２０１２年７月２０日に発表された新国立競技場のデザインコンペ募集要項には「関連敷地」に公営住宅が現在建てられていることの記載や配慮はありません。

そして、住民に対しては、７月２０日の数日前に突如として「移転していただかないとならないことになりました」とのビラがまかれ、その後に説明会を都やＪＳＣが１回ずつ行っただけで現在に至っています。

2、コミュニティの破壊

２０１３年に「早期移転」という名称で、霞ヶ丘アパートから新宿区内の３つの都営住宅に３０〜４０世帯が転居しました。残る１５０〜１７０世帯を他の２つの都営住宅[2]に移転させるというのが都の計画です。

そもそも、霞ヶ丘アパートは１９６４年東京オリンピック時に建て替えられ、その当時、施設や道路整備により移転を強いられた人も入居しています。

住民は複数箇所に分散することになり、５０年間培ってきた生活のつながりは壊されることになります。また、住民の６割は６５才以上の高齢者であり、長年親しんだ環境を離れることは非常に大きい不安と負担を強いることになります。実際に、お会いした住民たちからは「ついの住処を奪われるとは思わなかった」という声をよく聞きます。

3、巨大イベントの優先

ＪＳＣが計画を急いだ理由は、２０１９年のラグビーＷ杯開催とオリンピック東京招致がありました。２０１９年のＷ杯を８万人規模の競技場で行うには、２０１３年春から設計を行う必要があり、また五輪招致には２０１３年１月の立候補ファイル提出までにオリンピックスタジアムの絵（デザイン）を描く必要があったわけです。

ちなみに、ＪＳＣ理事長の河野一郎が理事であるラグビーフットボール協会の理事長、及びオリンピック組織委員会会長は、同一の森喜朗元首相です。

霞ヶ丘アパートの立ち退きは、そのような巨大イベントの都合を一方的に優先するものです。

4、再開発での排除

新国立競技場の建て替えにあたっては、風致地区である競技場を含む神宮外苑全体の都市計画が変更されました。これは、他のスポーツ施設の建て替えや、ＪＳＣが新たに入る地上８０ｍのビルの新築、青山通り沿いの再開発のためです。

また、「青山劇場、赤坂から渋谷まで、この国立競技場を中心とした一大エンターテインメント拠点」「ブロードウェイを超えるような地域開発」（第二回有識者会議）という言葉も飛び出しています。

同地域の巨大再開発の目論見において、それに沿わない霞ヶ丘アパートの立ち退きは強いられています。

このような動きが、２０２０年東京オリンピックによって加速されるのは明らかです。たとえば、２００８北京や２０１２ロンドンでは貧しい人々が住む地域を狙い撃ちして再開発が行われ、２０１６年開催予定のブラジル・リオデジャネイロ市でも１０万人もの住民が追い出されようとしています。

オリンピックなどでの都市再開発は、為政者や大企業が利権を得るために行うものです。

一部の人の利益のために、低所得層の人々の犠牲が強いられることを認めることは出来ません。

5、公共住宅の軽視

今回の計画によって、低所得層の公営住宅とその敷地が、スポーツ施設の拡大と都市計画によって失われようとしています。

今後、都が霞ヶ丘アパートの住民を移転させる予定の都営住宅にしても、建て替え後の戸数は現在と同じです。[3] 石原都政以降、公営住宅の新設が行われていませんが、応募倍率の高さからしても、低廉な公営住宅新設・増設は、人々の願いであり時代の要請です。

それにも関わらず、都は今回の立ち退きを「国策」と称して、住人の声を圧殺しようとしています。

6、移転の必要性のなさ

現在、新国立競技場に対する批判の声が各方面からなされ、床面積の2割削減が2013年11月末に発表されました。競技場は明治公園（霞岳広場）の一部までになり、霞ヶ丘アパート敷地まで延びていた立体通路が削られました。また、新築ではなく現国立競技場の改修案も強く提起されています。霞ヶ丘アパートについても、現在の取り壊しありきの計画は見直すべきです。

私たちは、以上のような理由で、新国立競技場計画の最大の問題点は「霞ヶ丘アパート」の立ち退きにあると考えます。より多くの人の注目を求めます。

2014年4月　反五輪の会

霞ヶ丘アパート1号棟、3号棟（2015年12月、日本青年館交差点付近から撮影）
背後に外苑ハウス（現・ザ・コート神宮外苑）。左は明治公園こもれびテラス

補注：2021年7月

（1）本書20ページ補注を参照してください。

（2）残った方たちの移転先を「他の2つの都営住宅」と当時書きましたが、2016年初頭の本移転は、都営百人町アパート、都営若松町アパート、都営神宮前アパートの3ヶ所でした。

（3）「建て替え後の戸数は現在と同じです」と当時書きましたが、都営神宮前アパートは、従前（原宿・神宮前アパート）149戸から189戸へと増築されました。

反五輪の会座談会

差別・排除を加速させる
オリンピックはいりません。

2014.4

排除はすでに始まっている

H　反五輪の会は、「東京オリンピックはいりません。」ということで、小さいけど反対の声を挙げてきました。東京都が二〇二〇年招致を懲りずにやるということが分かって、二〇一六年の時みたいに反対の声が上がるものと思っていたらそうでもなかった。だから反対の声をちょっと顕在化させないとさすがにマズイなあと思って、何人かで情宣をしたのが最初です。昨年二〇一三年の一月かな。僕はなかなか、そういうことを自分の立場でやるのはハードルが高くて……住んでいる場所が公園なので、五輪の影響があると同時にすごいダイレクトすぎる場所だから、覚悟みたいなものが必要でした。それでちょっと腰が重かったんですけど、そうこうしているうちに、ＩＯＣ評価委員会の東京視察の時に、野宿の人が追い出されるということが起きてしまって。本腰を入れて反対しないと大変なことになる、やらざるをえないなあと。

　オリンピックというものに対する興味というものは、僕は皆無だったんですけれど……スポーツ自体にあまり興味がない、オリンピックも今まで一秒も観た記憶がないんですけど(笑)、直接的に自分の生活に関わってくる、向こうからやってくるものとしてある。調べていくと、オリンピックというのは野宿者排除だけじゃなくて色んな問題があって、次第に問題意識も大きくなってきた、という感じです。

A　私の反五輪の会との出会いは、ちょうど一年前の三月です。いきなり東京都の人に、移ってくれと言われて。夜は帰ってきてもいいから昼間、五時から夜の夕方までの間はテントを張るな、ウロチョロするな、荷物を余所へ持って行けと、そういう感じで追い出されまして。そしたらＩＯＣの視察の人たちが近くに視察にみえられると。その頃は全然情報がなくて「なにそれ?」とか「なんでいきなり九日間?」とか何が何だか分からなくて。

　最初の四日間ぐらいは公園あたりを行ったり来たりしていたんだけれども、それに対してもうるさくなってきて、五日目にようやくある場所に落ち着いたんだけど、やっぱり九日だけでも移転というのは厳しい。荷物を持って一日五ヶ所ぐらい移動した。挙げ句の果ては「いつ持っていくんだ」って荷物に貼り紙ベタベタ貼られて。しかもその頃、火付けが流行っていたんです。私の近くに住んでいるおじさんも、違うところへ荷物を持っていったら火をつけられた。それで持っていった先で火をつけられるんじゃないかって心配する人もいて、いろいろピリピリみんなしていて、仲間同士で見張り番とか、「のじれん」も協力してみんなやってくれていたみたいなことがあって、その時に反五輪の会に出会いました。

反五輪を続けてみると、情報がいろんなところから入ってきて助かります。今までは全然、はっきり言って新聞もほとんど読まないし、テレビも観ない、全然情報が入ってこない状態なんだけど、人との出会いでいろんな情報が入ってくるようになった。結果的には反五輪デモで仲間と色々つくるのがけっこう楽しくて、毎回コスチューム系とか看板とか色んなものをつくってますけど、そういう感じで楽しくやらせていただいています。

今後、たぶん渋谷では再開発で移転問題がたくさん出てくる。近いうち、あちこちで追い出しがかかってくるだろう。そのときにどう動けるか、先を見ていくために、そういう付き合いや情報交換もしていかなければと。

N 私は千代田区で生まれ育っているので、都心において行なわれるセレモニーのいかがわしさというもの、にこやかなイヤらしさというのか、そういう風景を子供の頃から色々見ておりまして。通っていた区立小学校は当たり前に日の丸を掲げて君が代を歌う、百周年記念式典に当時の皇太子夫妻、現天皇夫妻が来たりとかするようなところで。靖国神社や日本武道館、日債銀が近くにあって、地域的つながりでいろんなセレモニー、儀式、小学生の書き初め展示とか、花見に行くとかがあったりする。普段はそういうところは子どもの遊び場でもあるんですが、セレモニーの時はきちんと整列するとか、行進とかやっていて。そこに受験、地域の再開発と人生の選択が同時に押し寄せてくるという。

そういうハレの儀式、セレモニーの一方で、再開発で都心の風景が変わっていく様子も見てきました。国鉄の民営化も同時期にあって、地域には国鉄の官舎、かなり広い敷地に木造平屋建ての建物があったりしたのが、跡地に住宅を建てるという取り決めも無視して、高い建物、ホテルとかが建って、もともとの地元住民がどんどん居なくなっていくのと同時に、火事がけっこう、近所の同級生の家だけでも四軒ぐらいとか、火事が数年の間に起こっていた。たまたま戦前からの建物、戦争で焼けなかった木造家屋が多かったということはあるんだろうけど、何であの時期あんなに火事が多かったのかなと。セレモニーの背後にあるものとして、そういう風景があった。

G 私は、まず入口は堅川河川敷公園の行政代執行、江東区による暴力的な排除が二回行われるということがあって、支援者として関わってきた中で、オリンピックで追い出しが強まることが明らかでしたから、それはまずいということで反五輪の会に関わりはじめました。最初に参加したイベントは、国際フォーラム前の反オリンピックコンサート。すごくオリジナリティがあるというか、皮肉を込めつつ自由な感じで大らかにやってて、すごい面白いなぁと思いました。実際に反五輪に参加する中で、新国立競技場の問題とか野宿の仲間にすでに影響が及んでいること、霞ヶ丘アパートの立ち退きの件も知りました。

思ったのは、住まいの問題とオリンピックが直接に関係しているなあと。自分も古い団地に住んでいるので、霞ヶ丘アパートのこと、気になります。今の団地には、前の団地に入居後半年で建て替えるので移ってくださいと言われて、その時は事前にちゃんと説明会があった。それで同じ市内の今の団地に引っ越したんですけれども、十年ぐらい経って今また建て替え中で、説明会がそういえばちゃんとしたのがなくて。事務所に聞きに行っても、あなたのところは工期は遅いから住んでていいですよというので、とりあえず住んでいるけど……。団地に今残っている人って、ようするに引っ越せない人なんですね。経済的に厳しかったりして。霞ヶ丘アパートも同じような事情を抱えているだろうと思うんですね。

O 霞ケ丘アパートについては、東京都のオリンピック招致委員会に申し入れに行った時にも聞いてみたんですけど、「ラグビーW杯のための建て替えですよね。国立競技場は国の管轄ですから、こちらは関係ありません」と言ってました。東京都の管轄の都営アパートが壊される、しかも立候補ファイルに巨大スタジアムの写真載せてるのに、知らぬ存ぜぬかよと。

私は石原以降ひどくなってる治安管理の問題として反五輪をやっています。野宿の人の追い出しは人権・貧困問題であると同時に、治安問題でもあると思っていて、住所や身分証を持ってなさそうな人は犯罪者予備軍として職質対象になっている。実際には野宿者の方が襲撃されたり放火されたりして被害に遭っているのに、治安といったときにそれが逆転する。五輪テロ対策を名目に、そういう差別偏見に基づく警察の取り締まりが加速することや、公園や建物の再開発を機に監視カメラやIDチェック導入という形で、東京がますます管理空間につくりかえられていくことを危惧します。

R 私はオリンピックは納税者として反対です。税金を使ってやることではないと思う。スポーツというのは自分で主体的に選択してやるもの。やりたくなければ拒否する権利があるのは当然。スポーツは人が余暇を楽しむその一つのやり方にすぎない。その人が余暇をスポーツで楽しもうが、音楽、パチンコ、カラオケ、女装をして楽しもうが、それらはすべて同じ価値です。しかし日本にはスポーツだけが素晴らしいものだとか優れたもの、有益なことだというふうな風潮が非常に強い。国家は、その国に住んでいる人たちの余暇に口を出すべきではない、と私は基本的に考えています。だから税金もスポーツだけに偏るってことは決してあってはならない、ましてやオリンピック選手の強化に公費を使うだの、金メダリストに何百万円か贈るなどはもってのほかで、私は強い怒りを感じています。

その文脈で、私はスポーツ選手の加害性というのをすごく言いたいです。例えばソチ五輪についても、一五〇年前に少数民族のチェルケス人が当時の帝政ロシアに虐殺された、何十万という人が亡くなったその場所にスキー会場とかメイン会場をつくったんですよね。選手には罪はないという言葉は私は納得できない。あそこで競技をやるっていうことは、彼らの屍を踏みつけているということであって、まさに加害者。私の目にうつるスポーツ選手は、何よりも優生思想をあおりたて、弱者を追い詰める加害者。こういうことを言うと日本では非国民だというレッテルをすぐ貼られるけど、私は非国民上等だと思っています。

I 僕は東京の東で、山谷とか上野、浅草、隅田、宝川、竪川その辺の地域で一〇年以上、野宿者運動をやってきています。オリンピックが東京に決まるまではやっぱりあまり興味がなかったけど、決まっちゃって困ったなぁと。それで反五輪の人たちと一緒にやってます。いわゆる下町は、東京スカイツリーができて驚くほどのスピードで街並みが変わっていって、その中で野宿者が追い出されていくのを目の当たりにしてきた。再開発と貧者の追い出しが裏表で行われている、追い出される側の立場からずっと見てきたということがあるので、これがオリンピックで全面化するというのは困ったことだなぁと。

ただ、オリンピックというのはものすごく、いろんな意味で大きな動きであって、都市計画であったり文化的にも社会的にも、あと労働の問題、ハコモノ建設が行われていく中で、いろんなものが一回りする、変わっていくんだろうなあと思うんですね。それを厳しい立場、追い出される人たちの立場から見届けたいという感じもある。もちろんオリンピックを止められたらいい！と思うし、反対の声は上げていくけれど、同時に、そうした転換期の、大きな舞台としてそこで何ができるかというような感じで、僕自身は考えています。

M　私は、実は長野オリンピックに行きまして……リュージュとホッケーとバイアスロンを見ました。楽しかったです。反五輪の会に関わることがなかったら、新国立競技場も「え、ザハが設計、絶対行く！」って言ってたと思います。なぜオリンピックに反対するか、それは某公園のテント村で、野宿の人たちと一緒に文芸部という部活をやっているからです。みんなで小説を書いていて、同人誌も作っています。で、オリンピックが来たらテント村は排除されるかも。そうしたらもちろん文芸部も潰されてしまいます。それは絶対にいやだ。二〇一六年の招致が話題になり始めた頃、前の六四年東京オリンピックの時の、立ち退きに関する役所の報告書をテント村の人に見せてもらったんですが、それを読むと、最初は立ち退き料を払うとかあの手この手で説得した、それでも抵抗されたので最終的には行政代執行をしたことを、無駄金を使った、最初から行政代執行をすればよかった、今度はそうする、みたいに書いている。オリンピックが来たら強制排除か、でもまさかねって思っていたところに、二〇一〇年の宮下公園の行政代執行があった。「まさか」じゃない、強制排除は当たり前のようにやられるという感覚は、二〇一六年の招致が取り沙汰された頃とは比べものにならないくらいに高まってしまった。

　私が初めて参加した反五輪の会のイベントは、二〇二〇反東京オリンピックデザインプロジェクト。国立近代美術館の前での反五輪ポスター展で、デザインでなら参加できるというノリだったけれど、オリンピックの陰で起こってるシビアなことをだんだんと知るにつれ、参加し続けずにいられなくなっていった。文芸部をやっているテント村は、とても平和で素敵な場所。傍から見れば、は？　部活？　それどんだけ切実なの？　って感じだろうけれど、わたしにとってはあの場所で文芸部に参加していることが、かけがえのないこと。問題だらけのオリンピックなんかのために、奪われたくない。

ＩＯＣトーマス・バッハ会長に会いに電通本社へ（2013.11.20）

オリンピック　金持ちばかりがいい思い

O　切実さというところで、五輪に反対する理由、その切実さというのも、いま話してるメンバーの中でももちろん異なりますよね。明日にも住まいを追い出されるかも知れない人もいれば、その追い出しの理由である五輪ハコモノ建設での仕事を、切実に欲している人もいる。

R　山谷の夏祭りで、オリンピックで排除されるかも知れない労働者の方たちと話しましたけど、仕事が増えるから歓迎するという声がけっこうありました。貧乏人も巻き込まれていく。

G　実際のところ、貧乏人にはオリンピックのメリットってあまりないんじゃないかと。金持ちの人だけがいい思いをするというか。

M　オリンピックのために、都税が上がる、都民の負担が増す、ということがあっても、大多数の人にとっては死活問題では全然なくて、夢を買うためにちょっと贅沢する感じ。自分がちょい負担すれば、それでお金が世の中に回って日本が元気になっていいじゃない、なんて思っている人が多いんじゃないかな。でももうオリンピックの構造は六四年の時とは違っていて、皆が財布から出した小金は、大企業にちゅうちゅう吸い上げられ、下々の者に還元されることはないと思う。

G　都市の再開発や地価高騰を見込んで投資するような金持ちには、相応の利益があるんでしょうけど、そもそも持たざる者にとっては関係ないですよね。オリンピックがあろうとなかろうと日々の暮らし向きに変化はないはず。期待とは裏腹に、貧乏人を時に蹴散らし、時に踏み台にし、時に都合良い労働者として使い回すのが、オリンピック景気というものではないかと。むしろ、治安管理の強化や「環境浄化」の名のもとに、野宿者をはじめとした貧しい人たちの生活の場が追い立てられ、追い出され、やがて何も存在すらしていなかったことにされるのではないかと心配。デメリットしか、もはや思い浮かばないです。

R　障害者に関していうと、パラリンピックで、競技場内や競技場へのアクセスだけが「バリアフリー」になっても、多くの障害者・高齢者にとってのメリットは、ほとんどありません。ほんの一握りのパラリンピアンにとって便利なだけ。パラリンピックの言う「障害者理解の推進」は毎回ごく限定的・一面的なものにとどまっている印象が強い。

M　東京でのオリンピック開催が決まって、都庁前広場で祝勝都民報告会というイベントがあった。その時、反五輪の会は都庁前の歩道でオリンピック反対の情宣活動をしたんだけど、報告会に集まった人たちに囲まれて、突き飛ばされたり蹴られたり「非国民」って罵られたりした。反五輪のメンバーが、けっこう粘り強くそういう人たちと話してみたら、絡んできた人たちは、実は仕事が廃業に追い込まれそうとか、対人関係で悩んでいるとか、生きづらさを抱えているようだったんだよね。

O　オリンピックって国家レベルの祝祭なので、問題があってもとりあえず横に置いてみんな楽しもうよ的な、多少のことは目をつぶろう、めでたいことに水を差すなみたいな、祝賀ムードで何でも押し切ってくるところがあって、そこが何ともヤな感じなんですよね。

オリンピック再開発・建設現場で起こっていること

I　たとえば江東区ではオリンピックにあわせて無理矢理地下鉄を延長しようという話があって、本当は五年ぐらいかかるものを三年半とかの工期でやる、突貫工事頑張るぞっていうニュアンスで報道されていたりする。働く人にとってみれば、どこかしら無理が出てくることは避けられないと思います。一番末端にある人たちの労働条件とか、安全面であるとか、そういったものに直接しわ寄せが来る可能性があります。

　それから、二〇二〇年のオリンピックに向けて労働力が東京にかき集められることになると思うんですけれど、終わったあと、そういう人たちはどうなるの？っていうことがある。知り合いで野宿してる人の中には、一九六四年のオリンピックのころには既に、山谷から日雇いの仕事に行ってた人もいます。今八〇才くらいなんですが、その人は一九五八年くらいから山谷で暮らし、日雇いを続けてきた人で、「オリンピックの頃はたしかに一番仕事が出たね」って言ってました。「それじゃだいぶお金稼ぎましたか？」って聞くと、「私たちは、普通に仕事するだけだから、日雇いだからお金は同じ。そんなに稼ぐとかはないね。そりゃ上の人たち、会社やってる人たちは儲けたんだろうけどね」と。〝経済効果〟という言葉のリアリティを、下層の側から冷静に評価し批判していく必要があるなって思いました。

六四年のオリンピックの頃は高度経済成長とかいわれて、膨大な日雇い労働者の確保が資本によってホントに切実に要請されてた。使い勝手のいい労働力として、寄せ場に隔離・プールされてきた人たちが、何十年もかけて文字通り使い捨てられ、いま野宿している。そういう人たちの追い出しが二度目のオリンピックで起こりつつあるってことですよね。そういう、歴史的な文脈で批判していくことも必要と思いました。

はんごりん×たてかわ——江東区役所、スカイツリー、豊洲をゆく！江東区連続情宣（2013.8.2）

O　Aさんはたしか、長野五輪の時、仕事に行ったんですよね。

A　うん、志賀高原に焼額という西武が開発した山がありまして、そこに。ホテルが二棟あったところの三棟目と、ボブスレーの会場と、二班に分かれてあっちへ行ったりこっちへ行ったりしながら。ボブスレー会場用に地元で山を売り渡した方に後から会ったことがあって、「俺っちの山だったんだよな～」って言ってました。

O　そのボブスレー施設が使われることはもうほとんどないのに、長野市が五輪関連の建設費を払い終えるのは二〇一七年だそうです。維持費も払い続けてる。東京も同じようなことになるんじゃないかな。新国立競技場の他に少なくも一〇ヵ所スポーツ施設を新設するわけですけど、これから人口減るのにそんなにつくってどうするのかと。それに、火急の問題として、東北の被災地では「復興」するにも労働者がぜんぜん足りていない、資材も足りない、東京でも入札が進まないといった問題が出てきていますよね。

M　人手不足を外国人労働者でなんとかしようという動きは、建設雑誌とかでもかなり取り上げられています。政府は「建設分野における外国人材の活用にかかわる閣僚会議」というのを開催して、外国人技能実習制度を見直そうとしている。実習名目で外国人労働者をおおぜい連れてきて安く使い、三年の期限が来たら帰国させちゃえばいい。超都合良い。しかし建築や土木業界を担っていく人材不足の解消にはつながらないので、業界内では反発も起きているとのこと。

R　一方、オリンピックに反対する側でも、外国人がたくさん来ると治安が悪くなるという理由を第一に挙げる人たちも相当いる。

I　長野五輪の時の建設土木に外国人労働者が使われて、終わった途端に「ホワイト・スノー作戦」といって取り締まり対象にされ、追い出されたという経緯があります。そういう基本的なところは変わらないと思うんですね。おそらく労働の現場からも、このオリンピックの問題に関わっていく必要が出てくるだろうなと思っています。

H　ソチ五輪でも、七〇〇人もの外国人労働者への賃金不払い問題が発覚して、IOCが問題にしてました。その後どうなったんだろう？　この夏にサッカーW杯が開催されるブラジルでも会場建設が大幅に遅れていて、過酷労働が原因と思われる現場労働者の事故死が相次いでいますね。たしかすでに六人目です。ブラジルは、次の二〇一六年夏季五輪がリオ・デジャネイロで開催される予定ですけど、W杯＋五輪関連の巨大開発でリオに一〇〇ヵ所以上あるファベーラ、スラム街に追い出しがかけられています。ただでもブラジルは公共料金の値上げで反政府デモがものすごいことになっていて、W杯の中止を求める一〇〇万人規模のデモが起こっています。

国別対抗のスポーツの暴力性

R　私がすごく違和感があるのは、スポーツマンシップだとか、フェアプレイという言葉。すごく偽善的なものを感じます。勝負を争うということは、つきつめればキレイごとでは済みません。私は競い合うことはイヤです。負けるのもイヤだし、勝っても相手が負けてイヤな思いするのもイヤ。偽善を押し付けられるのも迷惑。なので、スポーツそのものに強い拒否感があります。それで国民体育大会やインターハイの反対運動に一〇年くらい、二〇一六年のオリンピック招致反対運動もささやかですが関わってきました。

　スポーツは勝者が上で敗者が下、人間には上下があるという見方を助長していると思う。それは優生思想、安楽死、命の選別に他ならず、具体的には弱者追い出しという事象にダイレクトにつながっています。だからスポーツもオリンピックも絶対受け入れられません。

G　優生思想ということに加えて、今のオリンピック選手、アスリートの人たちは、みんな何か見た目もよろしくて、スタイルも美しくて、インタビューの受け答えもさわやかで、記録というか数字、技能も素晴らしいなど。「より高く・より速く・より強く」に「より美しく」というところで脚光を浴びて、商品化されているように感じます。それを金持ちの人が喜んで、さらに金に換えていくみたいな感じですよね、オリンピックって。ＩＯＣも金持ちのサロンみたいだし。

R　フィギュアなんかは見た目の点数もかなりあると、アメリカのルポライターが女子フィギュアを取材して書いてます（『魂まで奪われた少女たち――女子体操とフィギュアスケートの真実』ジョーン・ライアン著、川合あき子訳、時事通信社、一九九七年）。たとえば、コーチが少しでも太ると選手を「豚」とかそういう言葉で罵る。そうしないと、食欲に負けてしまうと。それで心が折れたり、摂食障害に陥る選手もたくさんいるそうです。

O　スポーツには自分や他人の身体をコントロールすることを是としていく側面もあるんじゃないかと、ぼんやりとですが感じています。スポーツって、ふだん生活する分にはたいして必要ないような動きを体に叩き込む、叩き込まれるものですよね。それによって健康な体づくりとか精神を鍛えるとか言う。期待したとおりに動ける、そういう身体をつくるということは、同時にコントロールしやすい、されやすい体としてもつくられていくんじゃないかなと、スポーツとナショナリズム、体育会系みたいなもののありようとも重ねて考えてしまう。

I　スポーツって僕はけっこう好きなんですね。ナショナリズムにすごく相性いいと思うし、絡め取られるところはあると思うけれど、固有の美しさとかそういうものは絶対あると思っていて、みんなが惹きつけられるからには、何かあるんだろうなと思っています。そういったものをさらに突き詰めていくと、どこかでナショナリズムであるとか国家みたいなところから、逸脱していくような方向性というものも、実はあるんじゃないかなと。ちょっと楽観的すぎるとは思うんですが、そういったものがどこかしらから吹き出してきちゃったり、はみ出しちゃったりして、ナショナリズムとはちょっとずれていっちゃうものもたぶんあるだろうと期待して、ソチ五輪も一生懸命テレビで見てました（笑）

G　ソチ五輪の開催中に、関東一帯で大雪被害で大変だったわけですけど、そんな時にテレビはソチ報道ばかりで、安倍総理は蕎麦屋で天ぷら蕎麦を食ってたというので、ツイッターでも怒りのツイートがいっぱい上がっていました。NHKを見たら確かにトップ・ニュースはソチ、羽生選手の金メダル報道。被害の大きかった山梨への救援とか対策も全くスルーして、オリンピック好きだという人も「これは許せない」って思った人、たくさんいたんじゃないかなと。

H 仕事の休憩中にワイドショーを見ていたのですけど、大会が始まったらソチ五輪の日本人選手の活躍の話ばかりで、ロシアの同性愛者差別のこととか開会式に各国首脳が欠席するくらい問題になっていたはずなのに、全然出てこなかった。

反東京オリンピック2020デザインプロジェクト@東京国立近代美術館前（2013.2.24）

M 東京五輪・パラリンピック組織委員会会長の座を猪瀬から強奪した森喜朗の失言もあった。浅田選手への「必ず転ぶ」だけじゃない。アメリカでは五輪出場の実力はないアイスダンスの選手を日本に帰化させて五輪に出したとか、英語は敵国語とか。一番ひどかったのは、パラリンピックに行くのに気が進まないことをこぼした発言。

R 帰化って言い方も差別ですよね。猫ひろしがマラソンでオリンピック出場のため、カンボジア国籍を取得したことがあった。以前、在日中国人の選手が日本代表として五輪に出場するため、国籍を中国から日本に変えた時、両親に泣かれたという話がありました。オリンピックなど国別対抗のスポーツの暴力性を感じるし、国と国の狭間にある人たちに踏み絵を迫るものだと思います。外国籍の人たちの存在はチームニッポンの中には、いないことにされている。

O オリンピックはインターナショナル、国際協調をいいながら、民族の優位性や愛国心を煽る、どっちもやれちゃう両義的なところがある。つまり、ネオリベってことなんだろうなと思います。生き残るためには勝ち続けねばならない、用が済んだらポイ捨ての、能力主義の自由競争の世界では、機会の不平等や格差や差別などそもそも存在しないかのようなふるまいが求められていて、チャンスに恵まれないのも自分のせいと思わされているように思う。

R 東京ではジュニア選手の強化がすでに始まっています。未来のメダリストになりそうな中学生を、公費を使って手厚く指導・育成する一方で、平凡で取り得のない中学生たちは常に「大人の言うことを聞いていさえすればよい」というまなざしにさらされています。

チームニッポンおことわり

O 「オリンピックどころじゃない」という声は、東京開催が決まったことでかなり言われるようになったように思うんです。放射能汚染水の問題で「えっ!?」って時に、安倍が安全であるかのような嘘を全世界に向けて言った。それへの怒り、嘘ついてまで五輪やりたいのか、やってる場合か、と思ってる人はけっこういるんじゃないかと思います。反面、野宿者排除はよくないけどそれは排除する奴が悪いのであってオリンピック関係ないでしょみたいな主張、オリンピックをぶじ開催するために収束を約束させよう、ヘイトスピーチをなくそう、そうしないと日本は恥をかくというような主張、あるいは「コンパクトなオリンピック」ならよいみたいな主張。石原だって「コンパクトなオリンピック」くらい言ってたよと思うんですけども、ようするに、オリンピックそのものの問題性が、なかなか問われないように思います。

H 野宿者排除に関して言えば、いまのオリンピックって再開発のために誘致するようなものなので、排除というのはどうやっても起こると思います。そもそもオリンピックのスポーツの競争原理で時代の雰囲気が作られていくのは相当いやだなあと思う。とくに自分としては、文化状況がどう変えられていくのか非常に気になるところで、猪瀬は一応情報収集を生業とするノンフィクション作家だから、オリンピックを使ってその辺を変えていこうという目配せがあった。東浩紀とか日比野克彦とか秋元康とか文化人をオリンピック招致に巻き込んで、思想、美術、ポップカルチャーなどをイメージ戦略にいつでも動員できるプチ翼賛体制をつくりたがっているように見えた。

R 日の丸君が代が学校現場に強制された時によくあったのは、オリンピックで選手が表彰台に上がる時に感動しない人はいないでしょう、という言い方。式典の場で強制するのはよくないけれども、自然に受け入れるのはよいという理由として、オリンピックを例に出す人がけっこういるんですよ。

代々木競技場を見に来たIOC視察団に反五輪アピール。岸体育会館から出てきた人たちに巨大な日の丸で覆い隠される（2013.3.5）

N セレモニーや文化を使ったうさんくささとか、東京を変えるみたいな流れは、石原慎太郎が都知事に立候補した辺りからすでに危うい気配はあって、僕も銭湯利用者協議会の人とか全貧連の人たちと一緒に「石原はダメだ」ってやってきて、そのうちスケジュールとして、五輪もやってきたと思う。スケジュール的にこなす運動って、それもやっぱりセレモニーになるので、僕から見ると左翼の反対運動も儀式の追認にしか見えないところもあって、反五輪もその辺は難しいんじゃないかなって思うところなんですよ。

H 東京決定前の去年六月くらいに、東京都が主宰した東京芸術文化評議会というのがありまして、オリンピック招致をどう盛り上げるかみたいなイベントをやっていた。そこで秋元康が言ってたのは、一斉に電気を消すというアピールをやろうじゃないかと。何分間かみんなの心を合わせて祈りを込める、みたいなことを提案してたんだよね。気持ち悪いじゃないですか。セレモニー性ってそういうことかなと。みんなで一緒に「心を一つに」というのと、野宿者排除は、自分の中では表裏一体のものとしてある。

R チームなんとかっていうのがすごく流行ってますよね。一丸となって闘おうみたいな。それって、他の国を敵とみなしてるってことでしょう。

H 東北の復興を応援するというところから、そういう流れになっていったと思う。「絆」とか「日本はひとつだ」というような、震災後のスローガンが、そのまま東京オリンピック招致に使われていったような感じ。東北の復興で喚起されたナショナリズムをどう五輪に取り込むのか、との招致側の国内向けの策略があったんだろうけど、東京五輪が被災地復興になるわけがない。東京の一極集中の歪みとして地方への原発の押し付けや復興の遅れなどがあるにも関わらず、さらに東京でオリンピックをやるというのは、その構造に拍車をかけるわけで。都民も被災地も冷ややかに受け止めていたとは思うけど。

O　招致の段階で盛り上がってる感じは正直全然なかったですよね。東京に決まったとたん、何というか爆発的に盛り上がってきた感じがある。

N　勝ち馬に乗る、とはこのこと。

M　都庁前で絡んできた人たちも、なんかしら「勝ち組」っぽいところに身を置きたいって強烈に願っている、そこにオリンピックがすぽっとはまるんだなという感触は強くあった。

I　あちこちに五輪招致の幟とか立ってはいたけど、東京に決まるまで、東京の人もみんなたいして興味なかったというのは間違いないと思うんだよね。僕はその辺の、人々のいい加減さというものを肯定的にとらえたいところもある。オリンピックなんてその程度のものだということでしょう。

H　それはそうなんだけど、決定の直前にアンケートで九割が賛成してるみたいなことをJOC会長の竹田が言ったりして、それはさすがに違うだろうと。でも後世からみるとその情報だけが残ってしまって、誰かがそれを叩かないかぎり、結局「みんな五輪を待望してた」ということになっちゃうんじゃない？

　それに、九月八日に開催地が決まる直前、マドリッドが追い上げているという報道がすごく流布しましたよね。新聞とかも、東京が危ない、マドリッドが優勢だと書いた。あれは、政府筋が招致委員会の危機感を高めるために流したらしい。それって情報操作だから、批判されるべきことのはずですよね、でもそうはならない。安倍の原発に関する嘘も、戦略的な情報発信として評価する雰囲気もある中でなされていたと思う。相当に気持ちわるいというのがやっぱりあります。

東京オリンピックはいりません。

O　都知事が舛添になり「史上最高のオリンピック」とか言ってるわけですけれども、ハッキリ言えるのは、六年後のオリンピックの開会式に抗議デモをしたところで全然遅い、ということです。再開発や追い出しが完了してから反対したって全然遅い。だから、反対運動はいまが正念場なんだと思います。

　東京都は国民健康保険料の値上げとか都立病院統廃合とか、ぜんそく患者への支援打ち切りとかそんなことばかりやっていて、それだけでもすでに貧困層には大打撃。消費税八％も、五輪決定に浮かれる中でスルッと決まってしまった。生活保護もヤバイ。貧乏人は実際のところ、二〇二〇年まで生き延びられるんだろうかと思う。アテネを見るまでもなく、どの都市もオリンピック開催後に大不況になってることは周知の事実なわけで、それでも都民は支持しつづけるのかなと。

R　アメリカのデンバー市は、一九七六年の冬季オリンピック開催地にいったんは選ばれましたが、開催費用が地方財政を圧迫すること、乱開発、環境破壊などの理由で多くの市民が反対、住民投票の結果、六割を越す反対票が集まり、オリンピック開催を返上させたという事実があります。

O　そう、国際公約だろうと何だろうと、「五輪返上」は可能ってことですよね。しつこく返上返上って言っていくのが、なんのかんのいっても、みんなが生き延びるための近道のような気がする。それに森喜朗会長みずから「原発即時ゼロなら、世界に対して迷惑をかけるから、東京五輪を返上するしかない」って言ってました。脱原発で五輪返上、アリと思います。

M　あちこちで、オリンピックにかこつけた再開発に対する疑問の声は上がっている。葛西臨海公園にカヌー場を作る計画に対しては、二万七千筆の署名が集まっている。青山の「こどもの城」の閉鎖も五輪がらみだという噂があるけど、こちらはネット署名で九千筆、自筆の国会請願署名はなんと五万五千筆集めている。国立競技場は建て替えじゃなくて直して使えという「神宮外苑を国立競技場を未来に手わたす会」には一万四千人の賛同人が集まっていて、勉強会を定期的に開くなど議論も活発。建築界の重鎮、槇文彦さんがザハの設計プランに異議を唱えたことも、たいへんな話題になった。あれは建物というより巨大な橋を架けるような工事になるので、通常の建築費ではまかなえないという説もあるよ。

H　オリンピックは再開発と排除、貧困層へのしわ寄せをどこでも生み出すから、国際的なつながりを作っていきたい。文化状況に対する闘いもやっていきたい。ということと同時にやはり、実際の排除に抗していくというのが、反五輪の会の基本的なスタンスとしてあると思います。足元の問題を大切に、つながりを大切にしていく、というのがオリンピックや再開発への対抗軸ではないかと。そういった意味でも、新国立競技場周辺の野宿者排除と、都営霞ヶ丘アパートの追い出しにどういう闘いがつくれるのか、喫緊な問題としてあると思います。今まさに、オリンピックによる追い出しが行われようとしているわけで、反五輪の会としては黙って見ているわけにはいきません。

　新国立競技場の問題は明治神宮外苑の風致地区の歴史的な景観問題として語られがちですが、それをいうならば、歴史から消されがちの歴史、野宿者や六四年オリンピックを契機に今の形になった霞ヶ丘アパートの歴史がまた彼方に追いやられるという問題であるはずです。

　まずは、わたしたちは、ささやかな試みながら、霞ヶ丘町に生まれ戦災をへて現在の明治公園でバラック住まいをし、前回のオリンピックで追い出され霞ヶ丘アパートに住んでいる方に話しをお聞きする会を持ち、その内容をブログにアップしています。ぜひ読んでいただきたいです。競技場の建設も霞ヶ丘アパートの代替地（都営アパート）への移転もだいたい二年後、それまでに何が出来るのか…… 同時に色んな排除が顕在化してくるはずです。「はやくゆっくり」やっていきたいです。

大雨の中、渋谷から明治公園こもれびテラスに向けてサウンドデモ。
「お・こ・と・わ・り　2020 年東京オリンピック返上デモ」（2013.10.20）

インパクション 194 号
特集・返上有理！ 2020 東京オリンピック徹底批判
（2014.4）所収

「平和の祭典」——体罰、ホルモン、排除と侵略

2014.4

わたしは、国際大会のスポーツの中でも、女子バレーボールや女子サッカー、女子バスケットボールなど女子集団球技が、テレビで放映していたら、つい見入ってしまう。それはチームプレイの面白さと、時々画面に映る腕を組んで大声を張り上げている監督やコーチの様子、ベンチや、観客席で応援する人たちの関係が気になってしまうのだ。チームプレイの魅力は、特に身長や体力など身体能力が相手チームより高くなくても、それぞれの選手の特徴を生かした戦略によって勝てる可能性があるということ。また、私自身、高校の三年間バスケットボール部に所属し、そこで厳しい練習を部員たちと共に乗り越えたという、甘美な仲間意識の記憶も少しあり、それが影響しているかもしれない。

　しかし同時に、他のスポーツの部活動でもあったように、部員を殴っている指導者たちへの恐怖感も思い出す。そういった監督やコーチの前では、怖いので自分の主張なんてできなくて、機嫌を伺いながら笑ったり、怒られないような態度や返答をすることに躍起になっていた。また多くの殴る指導者は、メンバーから反抗しないひとりを見つけ、集中的に殴って、他のメンバーにも恐怖感と連帯責任をあおる場合が多い。わたしはここで、暴力を使う人やその方法は、ステレオタイプだということを知ったように思う。

　スポーツチームの監督、コーチによる指導は、軍国教育の指導方法が未だに根深く残っている。

　文部科学省は二〇一三年八月九日、体罰に係る実態把握の結果（第二次報告）を公表した。二〇一二年度において体罰は、国公私立あわせて四一五二校で六七二一件の発生、被害を受けた児童・生徒は一万四二〇八人いたと報告している。もちろん、暴力の支配下にある児童・生徒たちの声は封じ込められているので、この実態が正確に反映されていないと思われる。また、二〇一三年柔道女子ナショナルチームの監督園田隆二の選手に対する殴る蹴る叩くの身体的暴力や暴言の問題が、一五人の女子柔道選手自身の勇気ある告発によって明らかになった。園田は記者のインタビューの中で、選手に「死ね」と言ったことについて、日の丸を背負って戦う意味などをわかって欲しかったと、コメントしている。このコメントは、東京五輪・パラリンピックが開催されることでナショナリズムがどう機能するかをあらわしている。私自身も、身をもってこのようなことを経験したことがある。二〇一三年、東京都庁前広場で開かれた二〇二〇年東京五輪招致の祝賀会にオリンピック反対の抗議活動に参加した時も、祝賀会に参加している人たちから「非国民」と言われた。また、元マラソン選手の増田明美も一九八四年、五輪から帰ったときに空港でいきなり「非国民」と言われた、と語っている(1)。

　一方、女子柔道選手への暴力問題が明らかになった時、様々なメディアは、オリンピック憲章に反する、本来の柔道の精神とは全くかけ離れている、スポーツは非暴力のものだ、というコメントが相次いだ。そこでは、スポーツに暴力なんてありえないように語られ

ているが、ジャーナリストたちは、練習など試合裏でのことを見てきた中で、気がつかなかったのだろうか。また、柔道関係者は、今回のことで練習が甘くなるのではないかという懸念のコメントをし、暴力と練習が密接に関係していることを明らかにしている。

強いスポーツ選手を育成するためのクラブチームや小・中・高等学校などの教育現場、また職場や生活空間の中でも暴力は使われてきた。特に教育現場では「指導」の下に、心身を鍛えるためにはしかたがないと、暴力を容認することになっている。二〇一三年四月、日本オリンピック委員会、日本体育協会など五団体が「暴力行為根絶宣言」を採択した。この宣言文のおわりには、暴力を根絶しようとする取り組みはこれまでにも行われてきたがそれは十分であったとは言い難い、とある。ちなみに、柔道と剣道などの武道が、戦中、軍事訓練で使われ、また、現在は警察官の必修科目である。帝国主義や軍事教育を反省することをせず、あいまいにしてきた体制が、この暴力問題に現れている。そのような組織で、スポーツであろうとそれが政治、金儲けであろうと、ナショナルチームを結成させるということは、より強固な支配組織になる。

東京都教育委員会が、今後五年間、中・長期的に取り組むべき教育の方向性を記した二〇一四年度「教育庁主要施策」に、新たに「オリンピック教育の推進」と「体罰の根絶に向けた取組の推進」などが加わった。今回スポーツ界での暴力問題を表明したという今の段階で、この二つの取り組みは相反しており、それらを並列させ推進するということはどのようなことか明らかにされていない。

上下関係で固められた組織の中で、マイノリティーにあたる女子選手によって暴力問題が告発されたことは必然であろう。そして「暴力行為根絶宣言」が出されたことは告発した女子選手たちの成果である。しかし、「暴力のない」スポーツが想起され、それに便乗して五輪やパラリンピックが称揚されるというような力学には抗っていく必要がある。

スポーツがまるで健全な身体を作ることとして語られることがある。その「健全な」とは、スポーツのルールを規定する権力側が、ある特定の文化や価値観によって提起されるということだ。

華やかなネイルやファッションで一際目立った陸上選手のジョイナーが一九八八年ソウル五輪で制した一〇〇M、二〇〇Mは、未だに世界記録を保持している。ジョイナーにはドーピング疑惑がある。IOCはドーピングを規制していたが、多くの選手たちは規制にかからないありとあらゆる薬を使っているという。また、IOCのドーピングの規制はホルモン分泌を管理し、それによって男女を厳密に分けようとしている。「本物」の女性を守るために一九九九年まで染色体によるセックスチェック（女子選手だけ実施）が行われていた頃、インターセックスの選手は出場できなかった。人権を配慮しセックスチェックが廃止された後、出場が可能になったが、それは、ホルモン分泌が人為的なものではないという理由だ。社会主義国共産主義国のステートアマの女性選手たちは、ビタミン剤といって飲まされていた薬によって、引退後、性同一性障害になったと訴えている元選手もいるという。また二〇〇四年からIOCは、性転換した選手が、法的に性別が変更されていることと、性転換手術をしてから二年が経ちホルモンが安定した状態になっているという条件で、出場を認めている。

筋肉増加に成功していった選手たちが目指していることは、より新しい記録だった。しかし、ヒゲが生え、声が低くなる彼女たちの身体を、IOCは男女を二分するという枠の中で、ホルモン分泌の規制をして女に閉じ込めようとする。ホルモンの質や量によって女を規定し、女が男を超えないように「ガラスの天井」をつくり管理している。とはいえ、女性の選手たちが、男性ホルモンを過剰に増加させて競技することは、男の身体に合わせた働き方を組織化した労働環境に、あらゆる身体や性を男性化に向かわせるという社会構造と同じだ。もしくは、女性性を強調した、シンクロナイズドスイミングやフィギュアスケートなどはより高度な技術でより異性愛主義的な身体表現を基本としている。ビーチバレーでは前々回の北京オリンピックまで女子のユニフォームは胸ぐりが大きくあいていること、ビキニパンツの横の幅が七センチ以下と規定されていた。この男女の二分や身体の管理は、性と身体をある価値観によって定め標準化させることを目的としている。そうでなければ、競い合いでメダルを選ぶことができなくなる。だからたとえ、ある選手が性転換をして、男の選手として出場したとしても、その性や身体の標準化には変わらない。こういった、身体や性の管理や標準化を肯定するための祭典が五輪やパラリンピックだと言える。

ジョイナーの軽快な走りをテレビで見ていた頃から、もう二六年経ち、そろそろ更年期を向かえようとしているわたしの身体では、どんなホルモン分泌量も低下している。このホルモン弱の身体で五輪やパラリンピックに反対していきたい。

ああ、自律神経が乱れてきた。

IOCは、オリンピックを政治と無関係だとひたすら唱え、国対抗で戦わせ、ナチスだろうと、共産主義者も、人種差別者だろうと同性愛差別者だろうと受け入れてきたあまのじゃくで、また今回のソチ五輪、パラリンピックの開催の前年ロシアのプーチン大統領が同性愛宣伝禁止法を定めたことや、開催時期に黒海沿岸にあるクリミア半島にロシアが軍事介入したことも、まったく知らぬ存ぜぬだったが、実質、この大会はロシアがアメリカやEUに対して国威を誇示する政治の場になり、それでもIOCはオリンピックには関係ないとシラをきり、さらに、アマチュアリズムを唱えているくせに、スポンサーを呼び込み、企業は広告になっている選手たちを薬漬けにして、ギャンブルのごとくメダルを競い合わせ、IOCは、ばっちり巨額のテレビの放映権料で儲かるように仕向けており、これがどんなにアクドイ商売であろうと、クリーンで平和なイメージを取り繕うために芸術部門を仕掛けて「平和の祭典」と美名する五輪やパラリンピックの茶番劇は、世界の多くの観客にとってはテレビで鑑賞する二次元の高度なビジュアルエンターテイメントだろうが、巨額の公費を使って開催地と決められた都市の、特にビンボー人にとっては、たった二〇日間ほどのために、金も自由も奪われ生活の場までも開け放てと追い立てられ、そうでなければ五輪やパラリンピックを推奨することで予算が下りてくる自治体や商工会、町内会、学校の呼びかけによって、住人たちはこの祭りに踊らされ、街中、おもてなしを強要する空気に窒息することは間違いない。

ロンドン五輪開催前には、街で大きな暴動が起こり、二階建てバスが燃やされた。開会に間に合わせるためにスタジアム建設工事を急ぎ、工事現場で事故が相次ぎ、たくさんの労働者が怪我をし死者も出た。

今、東京都は二〇二〇年東京五輪に向けて、オリンピックスタジアムを建設予定だ。そして建設予定の敷地にある都営霞ヶ丘アパートの住人が追い出されようとしている。アパートに住む人たちは、数十年そこに住んでいる高齢者たちだ。「平和の祭典」が貧困層の人たちの暮らしを奪っていく。

このような、各開催国で起こっている排除と侵略を、アスリートたちや観客たちは知っているのだろうか？　ここでも見てみないふりをするならば、先の暴力問題は根絶することは決してない。参加することに意義があるという標語がある。参加するだけで五輪・パラリンピックの意義になってしまうなら、参加しない限り、霞ヶ丘アパートに住む高齢者たちを追い出しを止めることはできない。しかし、ならばこそ、ボイコットするだけで、国の力を誇示する大会である五輪・パラリンピックを意義のないものとできるはずだ。ぜひとも、なでしこジャパンは国民栄誉賞の記念品「化粧筆」を遠慮なく質屋に入れてほしい。

注

（1）読売新聞運動部『女性アスリートは何を乗り越えてきたのか』中央公論新社、二〇一三年

参考文献

・武田薫『オリンピック全大会』朝日新聞社、二〇〇八年

・東京都報告書「第一八回オリンピック競技大会」東京都、一九六五年

2014.5
「SAYONARA 国立競技場」国立競技場前行動

国立競技場周辺で暮らす野宿生活者を応援する有志・反五輪の会

国立競技場 解体と建て替えの強行に反対します！

五輪返上

わたしたちは 2020 年東京オリンピック開催に反対する「反五輪の会」と国立競技場周辺で暮らす野宿生活者を応援する有志の者です。
国立競技場は、新国立競技場の基本設計が 2014 年 5 月 27 日に発表され、建て替え（新築）に向け、2014 年 9 月 29 日から解体工事を始めようとしています。
新国立競技場の計画の予定地には、現在、公営住宅に暮らす人々がおり、野宿し暮らす人々もいます。
一見華やかなオリンピックですが、その裏で過去幾度となく強制立ち退きや排除が繰り返されてきました。

国立競技場解体と建て替えに伴い多くの方の生活が壊されようとしています。

新国立競技場建設に「待った！」をかける声を広げていきたいと考えています。

反五輪の会
blog: http://hangorin.tumblr.com/
https://www.facebook.com/page.no.olympic2020
mail: hangorin2020@gmail.com
twitter: @hangorinnokai　TEL: 070-6563-8903

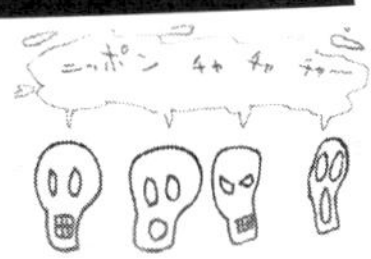

都営霞ヶ丘アパートが立ち退きに！？

新国立競技場の新設で公営住宅の取り壊しが決定しているのをご存知でしょうか？

競技場南に位置する都営・霞ヶ丘アパート（現在、約１７０戸）の住人に対し、ビラ一枚の告知で、立ち退きが強制されています。

都営・霞ヶ丘アパートは、1964年の東京オリンピック時に改築され、区画整理で立ち退いた人も移転してきました。

50年以上経ち高齢の住人の方も多く、長年の住人同士の繋がり深い住宅です。

それが、ラグビーW杯・オリンピックといったスポーツのビッグイベントのために、再び立ち退きを迫られています。

住人同士の繋がりも「国策」によりバラバラとされようとしています。

また、東京では、石原都政が始まって以来、都営住宅の新築は全く行われていません。

年金・福祉の切り下げが進み、雇用の不安定化が進む日本で今必要とされているのは、低家賃の公営住宅を充実させていくことではないでしょうか？

社会的に弱い立場を強いられている人の住まいがないがしろにされていくことに、わたしたちは反対します。

野宿者への排除

2013 年 3 月、国際オリンピック委員会(IOC)の視察団の来日に合わせ、国立競技場周辺で野宿者のテントの強制的な移転と荷物の排除が行われました。また、IOCバスが通過する予定だった代々木公園の車道沿いでも、野宿者に対するテントや荷物の排除がありました。
昨年 11 月には、国立競技場周辺の野宿者に対し、東京都の公園管理事務所から立ち退き勧告がなされ、一人の野宿者に対し職員 10 数名が取り囲み口々に立ち退きを迫りました。
しかし、工事発注元の JSC へ問い合わせたところ、立ち退く必要のないことが判明し、公園管理事務所に勧告を撤回させました。
2020 年の東京オリンピックは 6 年後ですが、既に排除の動きは始まっているのです。
この 9 月には新築工事にともなう下水道工事が予告されており、今にも野宿者が強制排除される危険性があります。
野宿者の存在は、高度成長期の建築を支えた日雇い労働者の切捨てと、派遣労働者の拡大による雇用の不安定化、住宅施策の不備など国の政策により生み出された社会問題でもあります。
野宿者の排除は、海外観光客の視界などから社会問題を覆い隠すために、より困難な状況へと彼らを追いやる動きであり、決して容認することはできません。

国立競技場の建て替えの見直しを！

新国立競技場はデザインコンペで 2012 年 11 月にザハ・ハディド案に決まりました。しかし、建築費は予定を大きく上回る 3400 億円もの概算になり高すぎるとの議論を呼びました。また、神宮外苑の歴史的文脈や景観上の問題からも、多くの異議が建築家や識者の間からなされてきました。その後、デザインに修正が加えられ規模が縮小されて、予算も 1625 億円になりました。しかし、オリンピックメインスタジアムとしては、ロンドンの 2.5 倍、北京の 3 倍かかる上に、資材・労務費の高騰に加え技術的困難により、予算できるかは疑問視されています。現在の 9 倍(年43億円)と予想される五輪終了後の維持費も含め、これらは全て税金でまかなわれます。

わたしたちは、もっと怒ってもよいのではないでしょうか。


共に反対の声をあげましょう！

●近年のオリンピックでの強制立ち退き・移転

1988 年　ソウル冬季オリンピック　軍事独裁政権により72万人の強制立ち退き,48000の建物が破壊。
1992 年　バルセロナオリンピック　地価高騰により低所得者が街を離れる結果を招いたとの報告
1996 年　アトランタオリンピック　2000 の公共住宅破壊、6000 人の住宅立ち退き、3 万人が地価高騰により移転を余儀なくされた。野宿違法化。開催までの 8 ヶ月間に 9000 人の野宿者を逮捕、開催期間中はアトランタから 300km 離れた地へ追いやった。
2000 年　シドニーオリンピック　開催地周辺から野宿者排除。警察関係者に排除権限が与えられる。
2004 年　アテネオリンピック　強制立ち退きの法律が作られ、ロマの集住地を破壊。オリンピックを口実に排除（実際には施設工事はなし。）
2008 年　北京オリンピック　125 万人の立ち退き
2010 年　バンクーバー冬季オリンピック　シェルター収容法で会場周辺から野宿者など「望ましからざる者」を排除
2012 年　ロンドンオリンピック　野宿生活者に対する嫌がらせと排除、スタジアムでの立ち退き
2014 年　ソチ冬季オリンピック　約 2000 人の住民が立ち退き

●近年の日本の巨大イベントでの行政による野宿者の排除

2002 年　サッカーW杯　大阪・長居公園
2005 年　愛知万博　名古屋・白川公園
2006 年　国際バラ会議　大阪・うつぼ公園
2007 年　世界陸上　大阪・長居公園

●日本のオリンピックでの排除

1940 年　東京オリンピック（日中戦争開戦により開催権を「返上」）　東京湾臨海部でのバラック撤去、在日朝鮮人の枝川集落への収容（約 1000 名）
1964 年　東京オリンピック　道路整備のため民家強制移転（約 5300 軒）、野宿者・精神障害者の収容、排除
1998 年　長野冬季オリンピック　「ホワイトスノー作戦」として在留外国人の排除

反五輪の会：　http://hangorin.tumblr.com/
twitter　@hangorinnokai　mail　hangorin2020@gmail.com

◆ブラジルでの動き

ブラジルでは 2014 ワールドカップや 2016 リオデジャネイロオリンピックのために、莫大な税金を費やして 16 ものサッカースタジアムを新築し、突貫工事による作業員の死者も続出しています。また、マシンガンや装甲車を装備する武装警官によって会場周辺の貧困地域への立ち退き作戦が進んでいます。サッカー王国ブラジルでは当初ワールドカップもオリンピックも歓迎して迎えられましたが、期待されたインフラ整備や社会保障の拡充は全くされませんでした。ブラジルワールドカップの煌びやかな舞台の裏で多くの市民が警官によって殺され、住処を追われています。

ブラジルの市民は、もう我慢できない！と立ち上がりブラジル全土で 100 万人を超える大規模なデモが起きました。それ以降もこの流れは膨れ上がっています。

またWカップ、オリンピックによる立ち退きや地価高騰で住処を追われた人々はWカップスタジアム近くの空き地に集団でテント野営を開始し、一晩のうちに約 2500 のテントが立ち並びました。更に反対運動団体は市庁舎を占拠し粘り強い抗議の末、行政は公営住宅の建設を決定しました。

市民の怒りの声によって 2016 年リオデジャネイロオリンピックの開催地の変更を検討させるところまで追い込んでいます。

XXXXX「SAYONARA 国立競技場」国立競技場前行動　国立競技場周辺で暮らす野宿生活者を応援する有志・反五輪の会 2014.5

最初のザハ・ハディド案では、都営霞ヶ丘アパートは残っていた！！

2014.6

２０１２年７月２０日に募集を開始した新国立競技場デザインコンペにおいて、都営霞ヶ丘アパートが、議論も説明もなく「関連敷地」となったことは、再三、指摘してきた。

しかし、提出された４６作品の中には、霞ヶ丘アパートが描き込まれた案が複数含まれていた。しかも、ザハ案にも当初、霞ヶ丘アパートが描かれていたとは……（図１）。

画面右手、新国立競技場とL字型の外苑ハウスの間の１０棟が霞ヶ丘アパートです（Kinta Goya さんのツイートより）。

明治公園を現状の大きさ（渋谷区、新宿区それぞれ）にとり、決められた公開空地（地下でもよい）をとれれば、必ずしも関連敷地を使わなくても募集要件を満たせる。それらの案は、人々が暮らしている公営住宅に対する配慮があったと受け取ることも出来る。

そもそも、文科省が最初（２０１２年４月１０日）に提出したモデルケースにおいても、霞ヶ丘アパートは現存のままであり、そのような計画は当然の発想である。

２０１２年９月２５日までに提出された作品中に、霞ヶ丘アパートを残すものは、

６番 COOP HIMMELB（L）AU Wolf D.Prix & Partner ZT GmbH

４６番 Jakupa Architects &Jakupa Urban Designers in association with Tsai Design Studio

そして、１７番 Zaha Hadid Architects である。

しかし、２次審査（２０１２年１１月７日）において優勝したザハ案では、霞ヶ丘アパート敷地が更地になっている（図２）。

つまり、２次審査を終えるまでの間に、ザハと事務局との折衝によって、霞ヶ丘アパートは存在を消されてしまったわけである。

ザハ案は、表彰式の時には、さらに１８０度角度を変えたパースでお披露目されている（図３）。それをめぐってのザハ氏のコメント。

――コンペ当選時のパースと表彰式でのパースでは、建物の向きが１８０度変わっていました

（ザハ）そこに十分な土地がなかったからです。

――向きを変えることに問題はなかったと。

（ザハ）ありません。あの競技場はブリッジでつながっているからです。そして、他人の土地を侵すことは望むことではありません。

（日経ＢＰムック『東京大改造マップ２０２０』２０１４年所収、ザハ・ハディド氏インタビューより）

このコメントから推測されるのは、180度向きを変えたのは、JR線路や首都高側にブリッジがかかると「他人の土地を侵す」からであり、そのようにJSC側から変更を求められ、了承したのではないか？　ということである。表彰式の時点でのパースは、巨大なブリッジが、霞ヶ丘アパートを更地にしてつくられた関連敷地にかかっている。

その後も、様々な変転をとげたザハ案の最初の変更が、霞ヶ丘アパートの消去だったことは記憶されていいことだ。「他人の土地を侵すことは望むことではありません」とザハ氏が考えるのであれば、いま退去をせまられている霞ヶ丘アパートの人々の悲嘆の声に、建築家として応えるべきだ。

私たちは、誰のどのような案であっても、霞ヶ丘アパートの存在を消すようなものは容認できない。

※KintaGoyaさんの大発見に感謝します。
http://loveriver.net/stadium/compe/

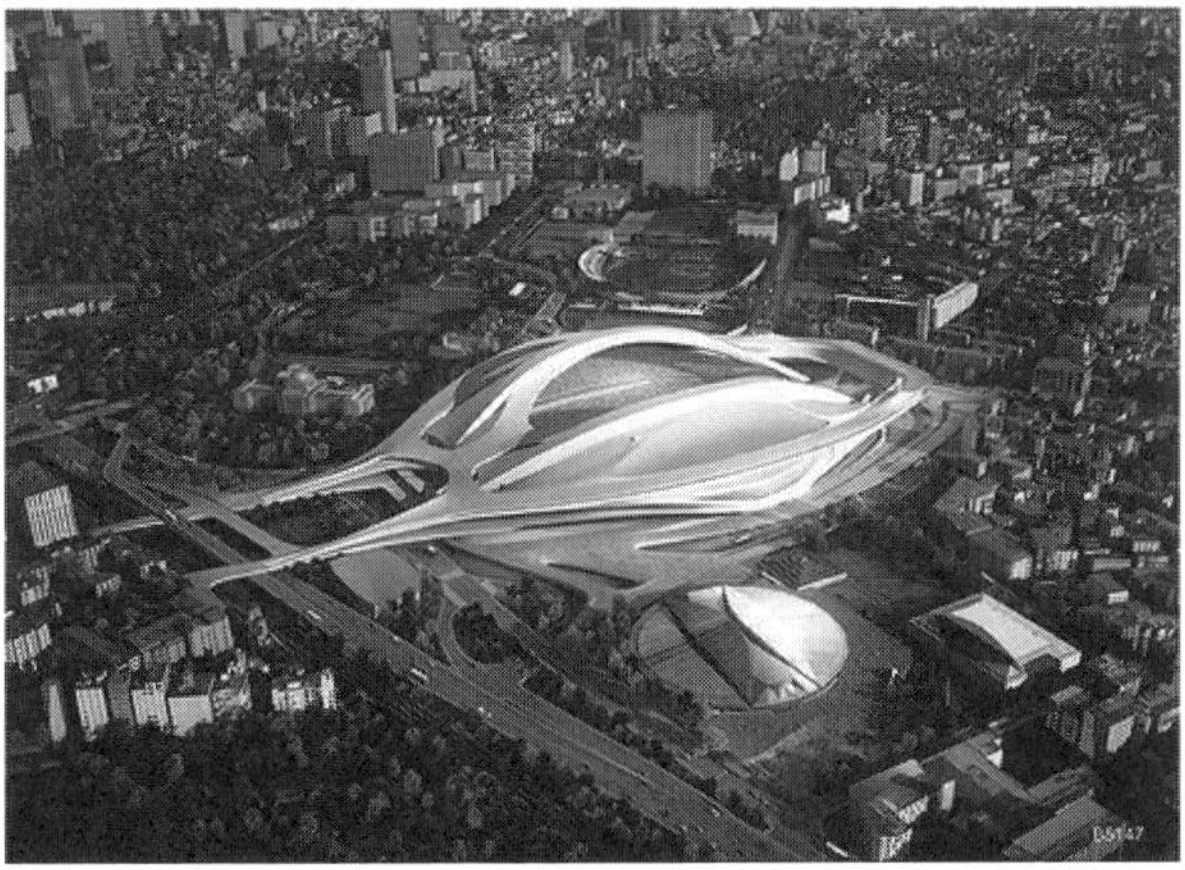

図1

図2

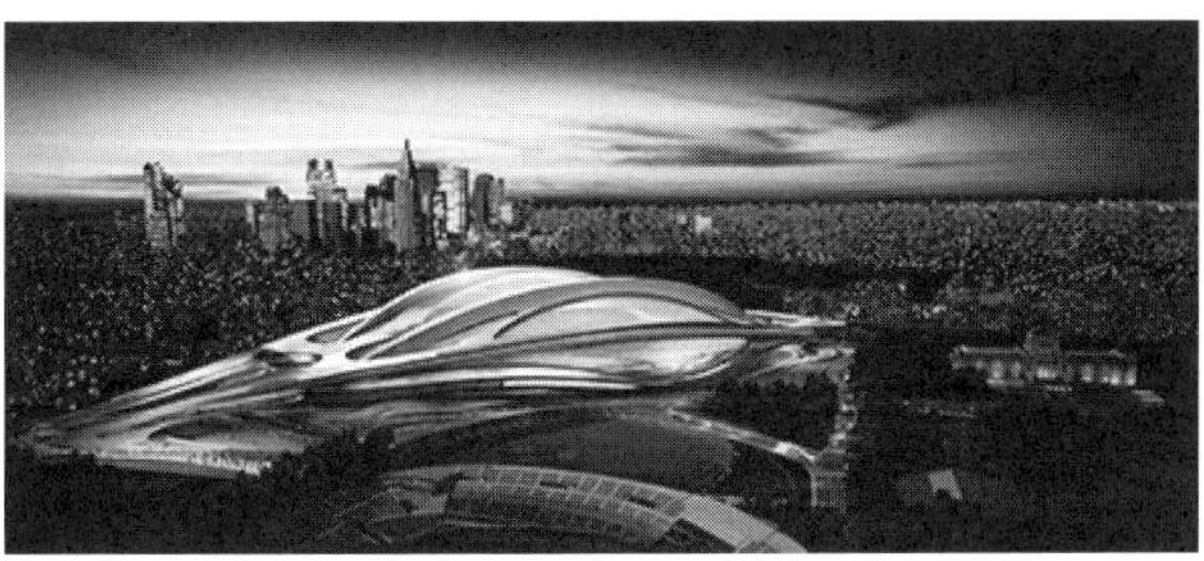

図3

出典
図1・図3　日本スポーツ振興センター　新国立競技場基本構想国際デザイン競技報告書
図2　10＋1ウェブサイト「新国立競技場――ザハ・ハディド案をめぐる諸問題」
コンペ応募案　https://www.10plus1.jp/monthly/2013/12/issue01.php

ＪＳＣが国立競技場周辺の野宿生活者の排除に動き出しました

２０１４.７

反五輪の会では昨年２０１３年から、都内各地の野宿生活者有志、支援団体・個人有志と共に、国立競技場周辺で暮らす野宿当事者を応援する取り組みを行なってきました。本日７月１日、仲間から緊急レポートが届きましたので掲載します。ご一読を！

…………………………………

新国立競技場建て替え問題にともない排除が危惧される野宿生活者と共に行動する支援の者です。

昨年来、野宿当事者と立ち退き問題について共に調査と行動をすすめてきましたが先月６月末についに国立競技場建て替えの工事発注元となる日本スポーツ振興センター（ＪＳＣ）から退去勧告がなされました。

これまでもオリンピック招致決定以降、東京都の担当部署より立ち退き勧告は２度ありましたが、当事者と共に調査・行動し虚偽の情報をもとにした立ち退きであることを突き止め跳ね除けてきました。

また昨年オリンピック招致期間中の３月にも国立競技場周辺を訪れたＩＯＣ（国際オリンピック委員会）の視察団の目に触れないよう一時的な移転強制もなされています。

このことについてはインターネットなどではほとんど情報発信をしてきませんでしたが（※６月１３日の新国立競技場概要説明会の案内チラシが、野宿生活者には配布されなかったやり取りの一部は音声と共に公開しています）、ＪＳＣ側から工事計画が明らかにされ、立ち退き勧告が入った段階を迎え、反五輪の会のサイトを通じて実態を公開します。

本日７月１日（火）、ＪＳＣ役職４名が野宿の方が生活する現地までやって来て新国立競技場建設に伴う下水道管の新設工事の説明にやって来ました。

この下水管工事については昨年２０１３年１０月段階からその情報は知らされていましたが具体的な中身については「発注をかけるまで詳細は話せない」と曖昧な説明で伏せられて来ました。

ようやく危惧していた内容が明らかにされましたが、下水管工事は明日７月２日（水）に入札業者の公募公告をかける予定で、その前日に説明に来るという誠実さに欠けるタイミングでした。

示された内容は住人の半数以上が暮らす地域を工事範囲とした図面でした。

紙切れ1枚で示された内容はこれまで厳しい条件の下暮らしてきた生活を無視し、よりひどい環境へ追い立てる内容でした。

下水管工事計画が発覚した昨年来、何度もＪＳＣとは話し合いを持ちその都度「野宿し暮らす方の生活への影響が最小限になるように工事方法などについて配慮していただきたい」と伝えてきました。

2014.5.7　国立さんを囲む会主催・国立競技場を囲むデモに有志で参加

ＪＳＣ側もその線で工事内容を検討すると答えてきました。

また昨年１１月１２日に説明された下水管工事の概略では、野宿し暮らす方の場所から１０Ｍ程度離れた場所に下水管を通す計画であるとの説明がなされ、工事段階で設置する仮囲いが野宿し暮らす生活空間にギリギリかかるかかからないか微妙なラインであるとの説明でした。

今回、示された図面では下水管を新設する場所が野宿し暮らす方の寝床の真下であり、工事の仮囲い範囲はその周辺で暮らす方々の場所全てを覆う形の広大なものでした。当初説明された内容から大きく逸脱したものです。（野宿する方を追い出したいがために工事計画を変更したのではないのかと考えたくなる内容です。）

なぜ昨年説明された下水管を通す予定地が変更になったのか説明を求めたところ詳しい説明をできるＪＳＣ担当者は誰も来ておらず適当な見解を述べるお粗末なものでした。

工事の影響が当初の説明から拡大しているのだから、範囲内の人が全員集まれるとともに、どういう検討がなされて工事計画が変更されたのか説明できるよう工事説明については日を改めるよう伝えました。

しかし、ＪＳＣは明日7月2日、工事発注の公募公告をかけさせてもらいますと強引な態度。これまで何度も説明の機会はあったにも関わらず、直前に説明に来て「これ以上工事期間を遅らせるわけにはいかない」とＪＳＣの都合を繰り返す担当者。

今回出されている下水管工事計画は野宿生活者だけではなく近隣に暮らす住人の方々も使う国立競技場周辺の都有地を閉鎖して行う

大規模工事です。近隣の住民の方々への説明会は予定していないのかと訊いたところ「予定していません」との返答。ＪＳＣ発注による工事で周辺住民の暮らしにも影響が出るにも関わらず地域の理解をないがしろにした工事の進め方についてもおかしいと意見をお伝えしました。

　また去る6月13日、ＪＳＣによって開かれた新国立競技場の基本設計概要説明会においても、下水管工事とそれに伴う都有地の閉鎖について説明がありませんでした。

　今回の野宿生活する方々に影響のある下水管工事の説明については日を改めさせましたが、説明という体裁を取りつつ決定事項を押し付けるだけの形は2年前のＪＳＣによって開かれた近隣住人（都営霞ヶ丘アパートなど）に対する説明会から変わっていません。「取り壊しは決定事項です」「国策です」「計画とおり進めさせていただきたい」と決定事項を一方的に押し付けるＪＳＣの強引な姿勢は変わっていません。

2014.9.24 日本スポーツ振興センター（JSC）交渉にて。JSC 仮本部事務所のある秩父宮ラグビー場前で情宣。

来月以降予定されている下水管工事以外にも、国立競技場周辺で野宿生活をする方々に影響のある工事は、来年2015年初頭に新国立競技場の予定地に対する埋蔵文化財調査（遺跡発掘調査）工事が予定されています。これは、1ヶ月前の5月31日ＪＳＣ担当者が漏らした話から裏で計画していることが明らかになったものです。

　また国立競技場解体工事後の2015年10月以降の新国立競技場の新設工事でももちろん影響を受ける見通しになっています（国立競技場解体工事とＪＳＣ本部事務所ビル解体工事は影響がないことは確認済み）。

　国立競技場周辺で暮らす野宿の方々はオリンピックが決まり、いつ追い出されるのかと不安な日々を過ごしています。一人の方に10数名の東京都職員、ＪＳＣ職員が取り囲み立ち退き勧告をかける威圧行為も繰り返されています。そんな中、自分たちの手で工事計画を調べ、工事発注者ＪＳＣとの話し合いをもち生活を守る取り組みを共にすすめてきました。

　今後も粘り強く野宿当事者の方々と生活を守る取り組みをもっていきます。ご注目、応援をよろしくお願いします。

2014年7月1日

国立競技場周辺で暮らす野宿当事者を応援する有志

声明
お・こ・と・わ・り！
1964年東京五輪50周年「祝賀ムード」

2014.10

２０１４年１０月１０日は、１９６４年東京五輪開会式からちょうど５０年目。太平洋戦争の惨禍からの復興、日本が世界の舞台に躍り出た瞬間、高度成長の象徴、トップアスリートたちの競技のハイライト……

多くの人によって、甘い追憶の夢に包まれて語られる６４五輪。その５０周年を祝う官民挙げてのキャンペーンがまさに「てんこ盛り」で行われます。

来るべき２０２０年五輪への気運醸成のため、６４五輪の輝けるニッポンのイメージが、テレビや新聞を広げれば洪水のように押し寄せてきます。

政府レベルではスポーツ庁新設や五輪担当相設置が進められ、多くの地方自治体では各国代表チームのキャンプ地や聖火リレーコース等の誘致に余念がありません。２０２０東京五輪を成功へ導く推進力として、６４五輪の栄光は余すところなく利用されようとしています。

いま、今日につながる６４五輪のもたらした問題について振り返り、考えてみる必要があるのではないでしょうか。

競技場や新幹線などインフラ整備に伴う労働問題・地域格差・開発地の住民追い出し・公害・自然破壊、膨大な開催費用と大規模開発がもたらした翌年の「４０年不況」と赤字国債発行、街の「浄化」のための「浮浪者」「風俗従事者」「精神障害者」らの追い出しや収容、世界が集うアジア初の平和の祭典を謳いつつ、政治的理由によりインドネシア、中華人民共和国、朝鮮民主主義人民共和国などアジアの数か国が不参加であった事実……。

そして６４五輪の「成功」は、日本社会の中に、「結果を得る」ことが「人権を守る」ことよりはるかに優先される風潮をもたらし、五輪成功に向けての「国民運動」という名の精神総動員を実現させたことだと言わざるを得ません。

64五輪当時、文部省は、「学校におけるオリンピック国民運動の取り扱いについて」という通達（1964年4月）を出し、前年から始まった「オリンピック国民運動」に子どもたちまで巻き込んでいきました。この時、世界で初めて「オリンピック教育」が教室に持ち込まれました。

社会科では東京五輪参加国の派遣選手数と「国力」との関連などを学習したり、体育では、五輪会場建設の様子を創作ダンスにするなどの取組が行われ、五輪開催に際しては、地域の小中学生らが鼓笛隊や観戦などに動員されました。

ACジャパン広告

オリンピック教育は98年長野冬季五輪の「一校一国運動」がソチ五輪で地元の学校に「継承」され、ロンドン五輪ではイギリスの学校でも組織的に取り組まれるなど、グローバル化の様相を見せています。

現在「オリンピック教育推進校」として、都内の小中高・障害児学校あわせて300校以上が指定されています。

推進校では、運動部活動の奨励、オリンピック・パラリンピック学習の成果を文化祭で発表する等の実践がなされています。

また、全国1129校の大学・短大のうち552校が五輪組織委員会とオリンピック教育推進や大会機運醸成等を進めるために、連携協定を締結しました。特に筑波大学は全国にオリンピック教育を推進する「オリンピック教育プラットホーム」という組織を設けています。

「オリンピック教育」を通して、子どもたちはひたすら五輪の素晴らしさと、オールジャパンで2020東京五輪を成功させることの重要性を刷り込まれます。「おもてなし」のために英語教育の強化と併せて「日本の良さ」を学び、外国からのお客様に紹介できるようになることが求められています。

一方で、教室にいる、特に非英語圏の国や地域につながる子どもたちの存在は、無視され続けています。また、スポーツの得意な子ども、好きな子どももいれば、嫌いな子ども、苦手な子ども、関心のない子どももいます。どの子も、かけがえのない存在として、ひとしく大切にされる権利があるはずです。

子どもたちの心身をからめとり、スポーツへの参加を強い、「愛国心」をあおり、ボランティアなど五輪開催協力につなげる。まさに「国民精神総動員」であり、公教育の破壊です。

64年、日本は五輪を成功させ、たくさんの日本選手がメダルの栄誉に輝きました。しかし同時に、「東洋の魔女」を率いて金メダルに輝いた大松監督は公然と「ふつうの健康（ママ）なのに生理休暇をとる人は『人間の屑』や」「私は盲腸もなくてもいいと思っている。大事な試合の前に盲腸炎になってしまったらおしまいである。だから私は機会があると、選手の盲腸を切らせてしまうことにしている」と自著の中で言い放っています。

選手の人権は一顧だにされず、指導者らは連日の激しい練習とプレッシャーで彼らをとことん追い詰め、五輪の舞台でメダルという成果を次々に出しました。

それは折から高度経済成長の勢いに乗った日本社会の能力至上主義を煽り立て、「根性」「俺についてこい」「ガンバリズム」「モーレツ社員」「受験戦争」という言葉が流行しました。そんな中で、マラソンの円谷幸吉が「もう走れません」という遺書を残して自殺した事件が起こりましたが、結局、この犠牲はほとんど顧みられることはなかったと思います。

東京大会の後も、４年に1回の五輪を節目にしながら、メダルへの、勝利への希求はますます強まり、主人公があくなき努力で勝利をつかむ「スポ根」漫画やドラマが人気を集めました。結果を出すために人の尊厳や人権が顧みられない、小さくても弱くても、ありのままの姿で存在することが許されない空気が社会全体に広がりました。

昨今、「生活保護受給者」などの弱者に対する容赦ない自己責任論が蔓延し、それを自己の信念として主張する政治家まで現れています。また、いわゆる「ブラック企業」や非正規不安定雇用など、心身をむしばむ長時間労働、過重労働、パワハラ、一方的な賃金カットや雇い止めなど、労働者の人権をめぐる深刻な状況も、決して近年始まった現象ではありません。

努力と根性で這い上がることに至上の価値を置く６４年五輪の生んだ価値観とその影響を大きく受けた教育に、その根源を見る思いがします。

６４年五輪から半世紀を迎える１０月１０日、反五輪の会は、６４年五輪が残した数々の傷痕を思い起こさざるをえません。

すでに招致段階で、障害児学校を含む公立学校で「オリンピックを東京に」の手紙を授業の中で生徒に書かせて、ＩＯＣ委員にそれを送る、ということが起こっています。

「茶色の朝」ではありませんが、私たちの日常生活が少しずつ、少しずつ五輪一色に染め上げられ「国民運動」にからめとられていく、そんな危惧を強くいだいています。

６４五輪当時、精神病院に入れられ、地下街の寝床を追われた人たちは、その後どうなったのでしょうか。金メダルの光は、感動の涙の輝きは、決してそれには答えてくれません。

反五輪の会は、６４年五輪で犠牲になり、地域を、生活を、尊厳を奪われた多くの人々の存在を銘記し、世界の五輪反対運動とつながりながら、五輪返上を求め続けていきます。

２０１４年１０月１０日　反五輪の会

新国立競技場建設は問題だらけです！！

2014.12

新国立競技場の解体業者決定における官製談合の疑いは晴れていません

今年2014年5月に行われた解体業者の入札は不調に終わり、7月に2回目の入札を中小解体業者が参加できる条件に緩和して「関東建設工業」が落札しました。しかし、最低価格を呈示したにもかかわらず失格となった「フジムラ」が「不正入札」ではないかと内閣府に告発し、調査の結果、開札前にJSC職員が応札価格を見ていたことなどが発覚し、やり直しが決定されました。さらに、10月には国会で、JSC河野一郎理事長が疑惑を追及される中で、談合が疑われたので警察庁に通報した、と下村文科相が答弁しました。そのような中で、3度目の入札が11月に行われ、12月2日に開札されましたが、最も低かった業者の入札価格が、基準価格を下回ったため保留となり、業者が決まっていません。

また、解体業者も決まる前に、入札もせずに競技場の建設業者が大成建設（スタンド）と竹中工務店（屋根）に10月31日に内定しています。まず、必要なのは、JSCの談合体質、トップダウン体制を変えることではないでしょうか。このような中で、すでに5か月遅れている工事を強行することは、非常に危険です。

景観を破壊し、税金を無駄に使う、新国立競技場は必要ありません

国立競技場は、2010年7月〜2011年3月に、大規模改修工事を大林組が13億弱をかけて行っています。また、JSCが久米設計に委託した詳細な補修案が2011年3月に提案されています。それが、新国立競技場を新築することになったのは、森喜朗（現オリンピック組織委員会会長）を筆頭とする「ラグビーワールドカップ2019日本大会成功議員連盟」が「国立霞ヶ丘競技場の八万人規模ナショナルスタジアムへの再整備に向けて（決議）」を2011年2月に行ったためです。ラグビーフットボール協会（理事長森喜朗）の理事であった河野一郎がJSC理事長になったのは2011年10月です。

東京体育館を設計した日本建築界の重鎮である槇文彦氏が、2013年8月に新国立競技場のザハ・ハディド案に疑問を呈して以来、日本を代表する建築家たちが次々と異議を唱えています。新国立競技場を批判している「神宮外苑と国立競技場を未来に手渡す会」には、現在（10月21日）3万4171人もの賛同が集まっています。批判をうけてJSCは新国立競技場の高さを75mから70mに下げました。しかし、たったの5mだけです。ライブイベントを行うために開閉式の遮音膜（屋根）を作る予定ですが、逆にそのために莫大な赤字を生むことが予想されています。現在、人件費・建材費とも上昇し

ており、２０１４年１月に文科省が示した新国立競技場の費用総計１９７１億円（本体整備１４５５億円など）を大きく上回ると言われています。

新国立競技場の、決定プロセス、デザイン、費用、すべてにおいて問題があるのは、衆知の事実です。

現在のオリンピックは、再開発の道具です

各国のオリンピックによって、住民の追い出しが頻発しています。ロンドン五輪では、開発とそれに伴う土地の値段の上昇により、１０００名以上追い出しをうけ、北京五輪では１００万人以上もの人が追い出されました。これは、現在のオリンピックが商業主義にまみれているばかりではなく、建設業者や官僚、政治家、などが再開発の暴利をむさぼるための道具になっているためです。東京五輪も例外ではありません。五輪特区が、従来から再開発計画に輪をかけるように設定され、ますます、大企業が誘導する街づくりが行われようとしています。また、神宮外苑地区は、１０年近く前から水面下で再開発計画があり、今回の新国立競技場建設もそのような流れと関係する可能性が高いものです。２０１３年５月にＪＳＣ提案による神宮外苑地区地区計画が東京都都市計画審議会で議決されましたが、地区計画には本来競技場とは関連がない青山通りや外苑ハウスなども含まれています。

霞ヶ丘アパートの移転計画の背景には、公営住宅の軽視と連動する金儲けのための再開発の発想があります。

平和な暮らしとコミニュティを壊すオリンピックはいりません

現在の国立競技場周辺で野宿をしている方々が、新国立競技場建設に伴う下水道工事や遺跡調査のために、ＪＳＣの「意を汲んだ」（ＪＳＣ齋藤部長の発言）東京都によって追い出されようとしています。

野宿の方々とそれを応援する人々による度重なる交渉により、ＪＳＣは「野宿の小屋がある限り工事は行わない」と約束するに至っています。しかし、その一方で、４０本近くの木を伐採する形で、現在、明治公園四季の庭で工事を進めています。

2014.12.13　新国立競技場いらない！ 五輪返上!! JSC は追い出しヤメロ!!! デモ
（千駄ヶ谷駅〜表参道〜代々木公園）

新国立競技場をつくるというＪＳＣの決定を下請けする形で東京都が排除するために動いているのは、霞ヶ丘アパートにおいても同様です。２０１２年７月初頭の段階では、コンクリートの強度調査（おおむね安全）を経て霞ヶ丘アパートの補修について東京都は町内会と相談していました。しかし、２０１２年７月１３日の「ＪＳＣ主催」第二回国立競技場将来構想有識者会議において、突然霞ヶ丘アパートの移転が決定されて以降は、これだけ新国立競技場に疑問の声があるにも関わらず、東京都は移転の強要だけを進めています。

このような周辺住民に対する移転の強要は、生活を一方的に壊しかねないもので、人権の軽視に他ならず、許しがたいことです。

新国立競技場の大きな問題は、オリンピックやラグビーＷ杯の開催を優先させ、「国策」との恫喝で移転を前提とした計画を上意下達で押し進めていることです。それは、まさに、オリンピックなどの巨大イベントそのものが生み出している問題でもあります。

反五輪の会は、１２月１３日のデモで、そしてこれからも、ＪＳＣと東京都による住民への移転強要に抗議の声をあげていきたいと思っています。

2015.6

オリンピックやめとけやめとけ！反五輪デモ

五輪返上

「オールジャパン」なぞどこ吹く風。計画変更しても全然足らない新国立建設費用を巡って、事態は泥仕合の様相だ。

最低でも1625億円以上、2000億は優に超える工費が必要とも言われる五輪史上空前の規模となる予定の新国立競技場。北京五輪のメイン会場は525億円。ロンドン五輪は635億円。なんで東京はこんなに金かかるわけ！？

国から負担を求められている500億をめぐっての舛添都知事の言い分はもっともに聞こえるが、国と都の泥仕合がどう転ぼうとも、W杯や五輪開催を「栄誉」とか「威信」とか「国力」ととらえ、デカけりゃいいとこのまま競技場建設を追求する限り、結局は税金がダダ漏れ状態で使われ、周辺住民は追い出され、オリンピック教育やボランティアを強制され、私達の生活はさらにズタズタにされる。

問題は新国立競技場建設の話しのみに留まらない問題だ。真に都知事として都民の幸福を守るというならば、舛添都知事は、今こそ東京五輪の開催主体から降りるとの腹を決めるべきである。

だいたい思い出してみてほしい。そもそもこの東京五輪は最初から、石原や猪瀬のブラックジョークとしか言えないような「絆」や税金の浪費を「夢」などと称して打ち上げた、泥にまみれた「詐欺」だったではないか？

東日本大震災、そしてそれを受けての「人災」としての福島第一原発事故。4年が経った今も、汚染は毎日のように垂れ流され続け、核燃料については、その在処すらわかっていない。

東電は解体されるどころか経常黒字をあげる一方で、補償をすべきはずの原発事故被害者に対しては、法技術を駆使してその支払に応じていない。

政府・安倍内閣は、未だ生活のメドが立たないまま「仮設」で暮らさざるをえない被災者をそのままに放置する一方で、成長戦略の名の下に法人税の減税を行い、資産の格差を是正する姿勢は全く見られない。そして、そのような状況を、「事態は完全にコントロールされている」（安倍内閣総理大臣、2013スイスでの最終プレゼン）などと言いくるめてもぎとってきたのが、東京五輪であった。

この悪「夢」の完成こそが、国家による2020東京五輪なのであーる。

こんな出来の悪いイリュージョンからは、そろそろ目を覚まそう。青天井のように先の見えない新国立競技場建設の迷走は、そのまま私達の現実を象徴しているかのようだ。

だいたい屋根を取るだの付けるだのということばかりに関心が集まっているが、そもそも無駄に巨大な新国立競技場の建設そのものが、自分の「屋根」を追われる人を生むことによって成り立っている。

都営霞ヶ丘アパートでは、居住者が、新国立競技場関連施設として、未だ明確な説明もないままに東京都とJSC（日本スポーツ振興センター）により立ち退きを迫られ続けている。周辺に暮らす野宿生活者たちにはなおのこと、問答無用の過酷な追い出しがかけられている。一過性に過ぎないスポーツイベントの開催で、全人生を奪われる人々がそこかしこに確実にいるのだ。たった今、私達の暮らす、この東京において。

2020東京五輪。

張りぼての「レガシー（遺産）」に目を眩まされ、数週間のから騒ぎを終えた後、我々に残されるのは疲弊と混乱、そして莫大な借金のみである。

こんな杜撰な詐欺の手口に騙されてはならない！

悪いことは言わない、舛添さん。
東京五輪はヤメておけ！
東京五輪は返上しかない！

NO OLYMPICS in TOKYO 2020

反五輪、国立競技場、あの更地これからどうするコンペ

2015.8

8月30日、宮下公園で恒例の渋谷夏祭りに参加しました。雲行きがあやしいお天気でしたが、夏祭りは午後5時から始まりました。

反五輪の会のブースは、大きな木の下です。山谷の夏祭りにつづきダンボールで作った「反五輪事件簿2015」を展示しました。そして、今回のメインイベント（反五輪ブースにおいて）、「反五輪、国立競技場、あの更地これからどうするコンペ」を開催いたしました。

午後6時すぎ、設置された電球の光の下で、続々とアイデアが描かれていきました。ひとり3案を出した人もいらっしゃいました。盆踊りに来た人たちも、立ち止まり、知恵を絞ります。

応募数13案。ベニヤ板に張り出され発表されました。みんな大注目です。

そして、それぞれプレゼンテーション発表が行われました。

おー。なるほど。ん～。プレゼンテーションを聞く方も、真剣です。

（お祭りの反対側ではカラオケ大会が行われていて、反五輪のトラメガの音量が大きかったとのことを後日聞きました。大変失礼いたしました！）

そして、投票！　ひとり二票、誰でも投票できます。

結果はっぴょう～！

票が最も多かったのは、渋谷川の水をひいて湖（水上生活も可）

2番目に多かったのは、巨大プロレスリング

3番目に多かったのは、「みんなの墓場」の公共事業

高層無料宿泊所

どれも、これも、問題もありそうですがおもしろい案でした。少なくとも、どの案も、いま明治公園に住んでいる野宿の人たち、霞ヶ丘アパートに住んでいる人たちが追い出される理由はまったくありません。

人の生活を脅かすスタジアムとかオリンピックなんて、ありえません。

2020年オリンピック・パラリンピック返上！

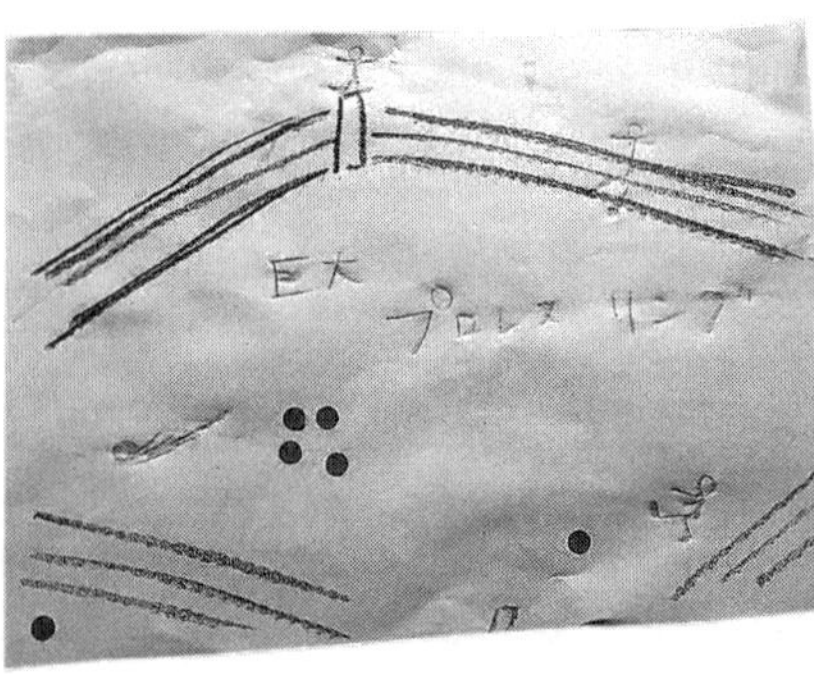

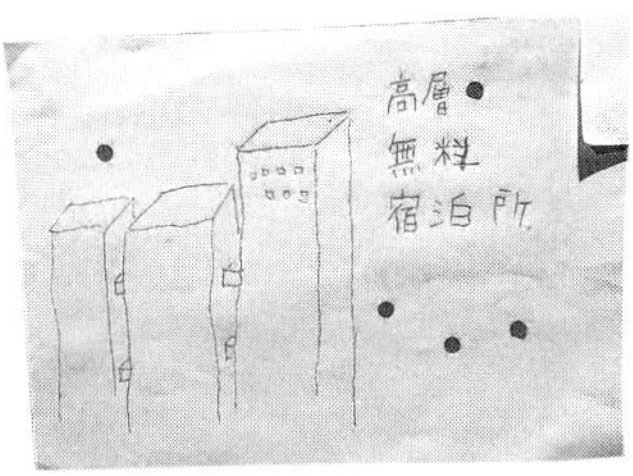

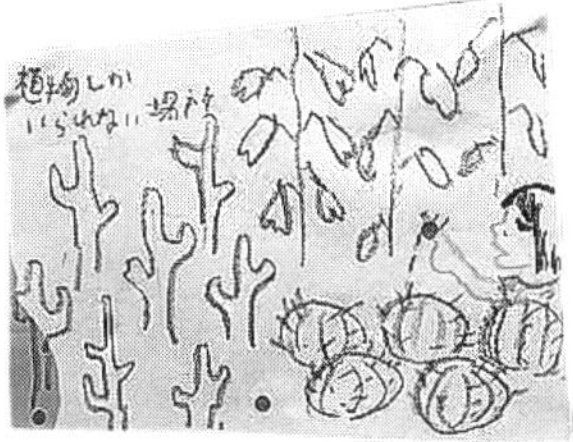
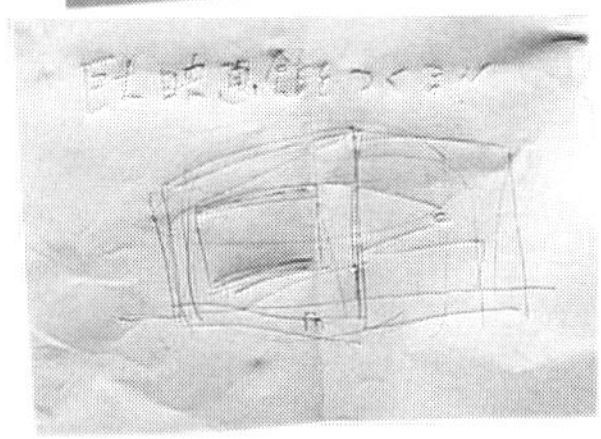
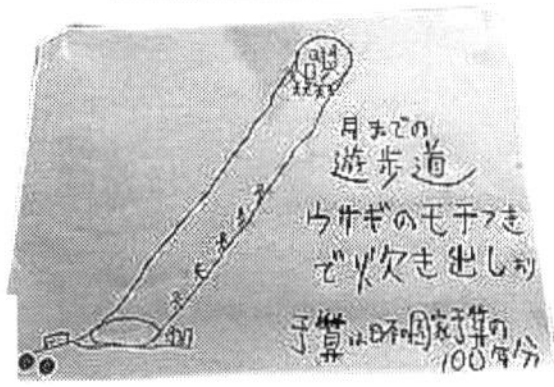

お祭りの最後に、恒例の盆踊り
宮下公園音頭がありました。
　宮下公園音頭２０１５夏バー
ジョンから一部を紹介。

渋谷を歩けば　あちこちに
オリンピックの旗がある（ア
どした）
税金無限につぎこんで
他にやること、いっぱいある
ビンボー人を追い出して
平和な祭典なわけがない
（サァ）みや！　みや！
みやしたさん！
みや！　みや！
みやしたさん！
オリンピックは
（ア　よいしょ）
いりません
こどももおとなもビンボウも
だれもがいられる公園だ
みやした　みやした　みやし
た音頭♪

渋谷区は２０２０年のオリンピック・パラリンピックに向けて、再開発を強行しようとしています。新宮下公園等整備計画もその一環。長谷部区長は、旅行者を引き込むホテル建設のため、宮下公園内に建設してしまおうと企んでいます。

　こんな計画、絶対反対です。
　オリンピック大反対です。

※コンペ一位の案が、未来を予見か!? 国立競技場はすでに池!?
https://twitter.com/sonosuke3rd/status/642172535094665216

申入書　明治公園の本日からの開放を求めます。

東京都知事　舛添要一　様
東京都建設局公園緑地部公園課　御中
東部公園緑地事務所　御中

2015.10

昨日（2015年）10月12日、都立明治公園（新宿区霞ヶ丘町、渋谷区千駄ヶ谷一丁目）に遊びに行ったところ、「四季の庭」全域と「霞岳広場」の3分の2が、工事用のパネルで覆われており、入ることすら出来ませんでした。

明治公園を封鎖しての長期にわたる工事について、東京都建設局のホームページにはまったく記載がなく、実際には入れない「四季の庭」の公衆トイレについても利用できるかのように案内しています。東京都公園協会のホームページ「公園へ行こう！」にも、昨年2014年9月11日に「国立競技場の建替えに伴う文化財調査工事が霞岳広場で開始されています」とあるのみで、明治公園の大部分が事実上利用できないことの説明はどこにもありません。

工事の発注者であるJSC（日本スポーツ振興センター）は、住民説明会等において、国立競技場新設にともなう明治公園における下水道千駄ヶ谷幹線敷設工事、埋蔵文化財調査工事など関連工事について、2015年9月末までに完了させ、10月から新国立競技場建設に着工する、スケジュールに変更はない、と繰り返し強弁してきました。また、JSCは説明会において、公園の占有は時間・空間とも必要最小限にしなるべく公園を公開する、それは東京都からも指導されている、と言明してきました。

7月17日に、安倍首相の号令で本体の新国立競技場計画が「白紙撤回」となり、ゼロベースで見直すと決定された後も、これらの関連工事についてはいったん停止することも、検討しなおすことも一切なく、進められていました。この先の計画が未定にもかかわらず、予定消化した以上の追加工事で予算を割くことはあってはなりません。従って、明治公園での関連工事は予定通り9月末をもって完了していなければならないし、10月より明治公園は開放され、以前のように利用できるべきです。
なのに、まだ、明治公園に入れない。たいへん遺憾です。
よって、以下、東京都に申し入れます。

1・明治公園を開放してください

明治公園は、都心に位置する広々と開放感のある緑の豊かな憩いの場でした。災害時の広域避難場所であり、大規模なフリーマーケットやイベント・集会の開催も可能な、多目的に使える場所として利用されてきた公園です。しかし、現在、「四季の庭」、東京体育館につながる明治公園橋、競技場沿いに北から南に抜ける遊歩道、「霞岳広場」の3分の2と、そのほとんどが利用できなくなっています。加えて、ほとんどの樹木が工事のために伐採されてしまいました。

破綻した新国立競技場計画は、明治公園に親しんできた周辺住民、多くの利用者の声をまったく聞かずに、一方的に明治公園をスタジアムの敷地として組み込み、現に人が住んでいる都営霞ヶ丘アパートを潰して移設するというとんでもない内容です。その敷地拡張の理由として示された「2019年ラグビーW杯で8万人規模のスタジアムが必要」というJSC・新国立競技場将来構想有識者会議の言い分には、まったく根拠がなかったことが、今回の「白紙撤回」で明確になりました。現在、競技場建設にかかる費用、規模、敷地など計画全体が縮小変更をよぎなくされています。

そして、当初の予定であった2015年10月着工予定も、2016年12月予定と、1年以上も先に変更されています。

にもかかわらず、明治公園はいまだに工事を理由にJSCによって占有されています。新たな計画も立っていない、したがって工事も進められない状態であるにもかかわらず、なぜ、東京都はJSCに明治公園の占有許可を出しつづけているのでしょうか。理解に苦しみます。

a、四季の庭

「四季の庭」における埋蔵文化財調査工事については、発注者のJSC新国立競技場設置本部管理部総務課より「工事は終了している」との旨、確認しています。開放してください。

その上で、私たちは昨日、明治公園を訪問してみて初めて、下水道移設工事を請け負っている大成建設東京本店とJSCの契約が、工事終了予定を2日後に控えた9月28日に、404日（2014年8月22日〜15年9月30日）から678日（14年8月22日〜16年6月30日）に延長されたこ

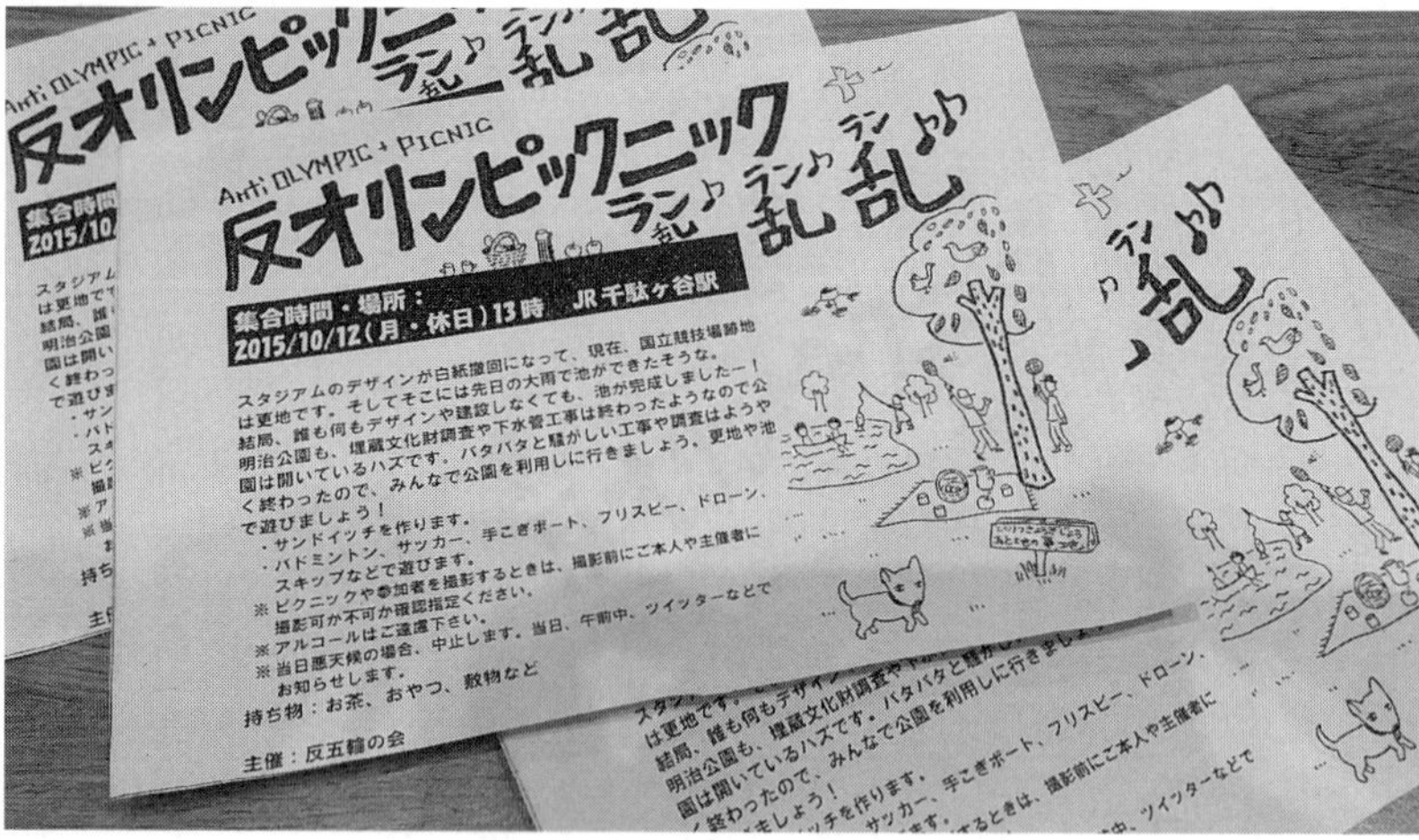

とを知りました。

新営工事着工の前に完了していなければならない関連工事の工期が２７４日も延びるとは、この新国立競技場計画がそもそも１０月着工に間にあわないことをうすうす承知の上で関連工事・競技場解体工事を「強行した」か、あるいはこのまま明治公園を閉鎖しておくために「わざわざ延長した」のでないかぎり、かなりの想定外の事態です。東京都が新たに占有許可を出すにあたって、この「白紙撤回後」の工事延長に、都立公園の利用がさらに２７４日も妨げられることの妥当性・必然性の有無をどのように精査し、許可を出したのか、明らかにすべきです。

発注者のＪＳＣはこの工期延長の理由を「観音橋交差点部における現地試掘の結果、設計図書と異なることが判明したことから、協議・対応が必要」と説明しています。ということは、仮に観音橋交差点で工程変更があったとしても、下水管分岐起点となる四季の庭・北側周辺と、観音橋交差点周辺、分岐終点の霞岳広場西側部分の占有のみで足りるはずであり、全域をひきつづき占有する必然性はありません。

少なくとも、明治公園橋下から「四季の庭」公衆トイレ周辺までのエリアを閉めておく必然性はなく、東京都は早急にＪＳＣに原状回復を求めた上で、公園利用者にすみやかに開放すべきです。見たところ、このエリアは大成建設関係者の駐車場として使われているようですが、ここは本来、都立公園なのですから、工事が終わったら占有を解除してさっさと撤収させるべきです。

b、霞岳広場

２０１５年３月をもって埋蔵文化財調査が終了したはずの「霞岳広場」中央部分も開放すべきです。しかし、あろうことか、日本青年館解体にともなうストックヤード、廃材置き場として、引き続き９月末まで使われていましたが、現在廃材は片付けられています。都立公園を、周辺の建物の解体・建設工事のために長期にわたって一部閉鎖させ、利用できなくするというようなことは特例中の特例であり、あってはなりません。廃材保管による土壌汚染の危険性、環境影響の点でも非常に問題です。

外苑西通り側沿いも含め、霞岳広場はすべての工事が完了しているように見えます。歩道横に高く設置された工事用パネルは圧迫感もひとしおです。即時開放を求めます。

c、明治公園橋、遊歩道

明治公園橋から国立競技場に沿って北から南へ抜けることの出来る遊歩道は、車道を横断しなくてすむ安全な歩道として、また高低差が少なく高齢者にも負担の少ない歩道として、多くの人が利用してきた生活通路です。明治公園橋については、封鎖する理由がひとつも見いだせません。遊歩道は、新国立競技場の工事が止まっていること、下水道移設工事も「四季の庭」外苑西通り側部分であることから、封鎖を続ける必然性はありません。「四季の庭」内にある公衆トイレも含め、今すぐに開放してください。

都立公園である明治公園は、公共の財産であり、広域避難場所であり、本来なら誰にでも開かれていなければならない場所です。コンペの不正疑惑、工事入札における官製談合疑惑に加え、今回の「白紙撤回」で信じがたい税金の損失を出し批判を浴びているＪＳＣが次々と要求する追加工事のために、これ以上の公園占有を認めるべきではありません。

見直し中の新国立競技場計画については、自民党の行政改革推進本部から「建設しない」選択肢を持つことを提言する報告書が提出されており、新設工事着工どころか、計画そのものが白紙となる可能性もあります。東京都は、無為に明治公園を閉めたままにせず、いますぐ利用者のために開放してください。

2・競技場拡大による明治公園移設は問題。そのための住人追い出しはさらに大問題です。

ＪＳＣは、明治公園の敷地を新国立競技場に組み込む代わりに、隣接する都営霞ヶ丘アパートから住民を立ち退かせ、取り壊した後の敷地に、明治公園を移設すると説明しています。

しかし、予定図を見ると、これまで公共の公園として多目的に利用できていた明治公園とは異なる、まるで新国立競技場の「庭」「付属物」ともいうべき緑地として計画されています。これは、都市公園としての機能を大幅に損なう改変、と私たちは考えます。

さらに問題なのは、東京都が、明らかにこの新国立競技場計画工事と連動したスケジュールで、ＪＳＣと密接に連携しながら、都営霞ヶ丘アパート住民に移転を強要し（東京都都市整備局）、明治公園の敷地に暮らす野宿生活者に個別、大人数で押しかけては圧力をかける形で退去を要請（東京都建設局）していることです。どのような公園になるにせよ、このようなプロセスでつくられる公園を、私たちは認めるわけにはいきません。

霞ヶ丘アパートについて、東京都は、いま現在住んでいる人がいる、中には移転に同意していない人が実際にいるにも関わらず、アパート敷地の用途を「公園」に都市計画変更しています。先に取り壊しを決め、用地用途を変更し、「決定事項」だと一方的に移転を強要するやり方は、真摯さのかけらもなく、人道的にも許されるものではありません。住まいの貧困が社会問題化し、公共住宅不足が叫ばれている中、国のスポーツ施設のために地方自治体が300世帯分もの公共住宅を取り壊すことの、事の重大さもまったく理解されておりません。

東京都とJSCが現在行なっていることは、オリンピックによる排除・立ち退きであり、スポーツイベントを口実とした貧困層の排除、ジェントリフィケーションと呼ばれるものであり、国際的に問題となっています。大半が高齢であるこれら住人にとって、住み慣れた生活拠点を奪われることは、即生命に関わる問題であり、重大な人権侵害であることを、東京都は深く認識すべきです。たった2週間程度のオリンピック開催のために、これら住人がその意思に反して強制的に追い出されねばならない正当な理由などありえません。

こうした、新国立競技場計画にもとづく排除・立ち退きばかり先行させつつ、JSCは、明治公園敷地の所有権についていまだに明確にしておりません。東京都から購入するのか、有償で借りるのか、無償で借りるのか、管理主体が誰なのか、その後の維持費用等についても明らかにしておりません。この点について、東京都がJSCとどのような話し合いを行なってきているのか、都民の財産および整備主体によっては都税の新たな支出にかかわることですから、当然、東京都の側からも、明治公園に関する計画なり見通しを示されてしかるべきですが、いまところ、一般に広く閲覧できる形では、なされておりません。東京都は都民に説明すべきです。実際、毎年メーデーなどの大集会が開催されてきた明治公園の利用者に、明治公園が事実上入れなくなっていることが、あまりにも知られておりません。大都市であるにもかかわらず、大規模な集会の開催が可能な公園や広場が少ない東京において、明治公園がいつまでもJSCのみに占有されたままのいまの状況は、表現の自由、集会の自由、思想・良心の自由にも大きく影響すると考えます。

都立公園は東京都が所管し管理するとはいえ、それはあくまで都民から預託されているに過ぎません。利用者を無視して、好き勝手に譲渡したり、占有したりすることは断じて許されません。

JSCのそもそもの計画が、都立公園の改変・都営アパートの廃止を含むという、公共の利益をおおいに損ねるものである以上、東京都はむしろ、JSCに是正を求めねばならない立場にあります。そこに暮らす住民の生命や財産を守るためにも、無謀な計画に中止を促すことのできる大きな権限を持っているはずです。東京都の職員には、オリンピックに浮かれて足をとられるのではなく、本来の職務である住民の利益、都民の公共の利益にそくした冷静かつ的確な判断を求めます。

3・国立競技場は更地のままでいい。東京都は広場を増やしてください。

明治公園は、地域の「広域避難場所」として機能してきました。2011年3月の東日本大震災を経て、東京都においてもこれまで以上に防災対策の必要が叫ばれています。これまでJSCの住民説明会において、近隣住民から、工事中の明治公園に代わる避難場所の代替地に関する質問、不安の声が何度も上がっています。しかしJSCはそれらの声に応えることなく、現在に至ります。

工事が停止している現在、いまこの時に起きるかも知れない地震、災害に備えて、国立競技場跡地ならびに明治公園は、可能なかぎり開放すべきと考えます。

そもそも、新国立競技場は2020年東京オリンピックの主会場として建設が急がれておりますが、オリンピック招致・開催に反対の立場である私たちにとっては、新国立競技場の建設自体、税金の浪費以外の何物でもありません。旧・国立競技場が世論を無視して解体強行されたいま、跡地は更地のままでよい、オリンピックのための新国立競技場はいらない、むしろ更地の方が過大な維持費を使うことなく、さまざまに活用できる、公益に資するものと私たちは考えます。

東京都は、表向きには一貫して「新国立競技場建設は国が行うものであり、都には関係ない」という立場をとりつづけてきました。舛添都知事も、JSCの所管官庁である文科省に求められた500億円の都税の出資を、いまのところ拒否しています。しかし、実際には、明治公園を新国立競技場敷地に易々と提供し、都営霞ヶ丘アパートの住民たちに移転の最後通牒を突きつけ、競技場周辺に暮らしてきた野宿生活者を排除し、JSCの発注する工事に許可を出すという形で、東京都は一貫して、多くの問題を孕み頓挫した新国立競技場建設に協力してきました。

少なくとも、新たな計画がまったく立っていない現状で、東京都がJSCの乞うがままに明治公園を閉め続けることは、公共の利益におおいに反するどころか、多くの損失を出し批判を浴びているJSCのあくどい手法に、東京都建設局が積極的に加担していることになります。

私たちは、以上の理由をもって、東京都に、明治公園の即時開放と猛省を求めます。

2015年10月13日　反五輪の会

新国立競技場A案もB案も私たちは望んでいない！

2015.12

今年の夏「あの更地これからどうするコンペ」を行ったところ様々のアイデアが出ましたが、競技場をつくる案はありませんでした。少なくとも、競技場をつくるくらいなら更地のままの方がずっとましです。C案として更地があったら、多くの人から圧倒的賛同が寄せられたことでしょう。つまり、A案もB案も更地以下！！更地のままなら1525億（周辺整備を入れればもっと巨額）の税金を使う必要がありません。隣接する都営霞ヶ丘アパートの住民（現在約130世帯）が立ち退きしなくてすみます。明治公園周辺の野宿生活者も追い出しされることがないでしょう。

霞ヶ丘アパート住民は来年1月末までに強制的に退去を言い渡され、移転できない人・したくない人に対して都が個別に高圧的な態度で出ていくように勧告しています。

都は、野宿生活者に対しても、ひとりひとりに名指しで「指示書」なる立ち退き命令の文書をつきつけ、大勢の職員で度々押しかけるなどして圧力をかけています。

隅研吾氏・伊藤豊雄氏には霞ヶ丘アパート住民などから「新国立競技場が私たちの故郷を奪うことにならないように強く要望します」とする文書が出されています。

それらを無視する提案を平然と行う人権感覚に欠けた建築家こそ今すぐ退去＝引退していただきたいものです。

思い返してみれば、ザハ・ハディドは応募案において、霞ヶ丘アパートが存続しているデザインを提案しました。第二次審査時に、霞ヶ丘アパート敷地を利用するように修正したものの、公営住宅に対する配慮を示そうとしただけまだ良心的だったと言えます。

A案もB案も「伝統」「日本らしさ」「和」などのキーワードが頻出していますが、日本の伝統や日本人の和というのは、人を追い出したり生活を破壊することだったんですか！？

おかしな点は他にもあります。

ザハ案が3000億と試算されたから安く見えますが、2012年新国立競技場国際デザイン競技募集要項では総工費1300億とされていたので、225億も上積みされています。

両案とも「杜のスタジアム」が基本コンセプトだそうですが、すでに国立競技場建設の準備工事である下水道千駄ヶ谷幹線敷設工事で公園内の樹木が大量に伐採されています。1月28日からの明治公園橋等とりこわし工事に際しても伐採が予定されています。すでにある樹木を大量に伐採した後に建てられる〈杜〉のスタジアム」、「杜撰」とはよくいったものです。

霞ヶ丘アパート敷地は「新明治公園」として東京都が整備することになっています。JSCは国立競技場のために霞ヶ丘アパートの立ち退きが決定されたにもかかわらず、都が計画していることであって自分達は関知しないことだと言い逃れをしてきました。しかし、新明治公園のデザインを描いている案が提案されています。JSCは「新明治公園」について何事も言及するという立場にないと言ってきたのではなかったのでしょうか？

私たちはA案もB案も断じて認めません！！

2015年12月20日

反五輪の会

五輪のごり押しもうコリゴリ！ 排除の祭典オリンピックやめろデモ

2016.1

五輪のごり押しもうコリゴリ！

排除の祭典オリンピックやめろデモ

五輪返上

2016年1月23日(土)

12：00 新宿駅東口アルタ前広場 集合
12：30 出発

新国立競技場建設のため、明治公園の廃止・取り壊し工事が数日後にせまっている。隣接する都営霞ヶ丘アパートでは住民立ち退きに拍車がかかっている。明治公園周辺の野宿者も東京都とＪＳＣによって追い出されようとしている。

前代未聞の「白紙撤回」で巨額の金を無駄にした責任もどこ吹く風。まるでたいしたコトなかったかのように、新国立競技場は工期優先1550億円クマ案に、五輪エンブレムもしれっと再選考が進んでいる。オリンピックはその本性を剥き出しにして、霞ヶ丘の地に長く暮らしてきた人々の生活を踏みつぶし、ゴリゴリ前へ前へと進もうとしている。

「夢」の五輪はすでに崩壊寸前だ。一都市開催のはずが千葉へ神奈川へとはみ出しまくり、コンパクトのはずが開催費用１兆8000億円とうなぎのぼり。復興五輪のはずが被災地の足を引っ張り、アンダー・コントロールされてるはずの原発汚染水はなすすべもない。ご飯もまともに食べられない子どもがいるのにアスリートも政治家も見て見ぬふりでオリンピック教育に大ハリキリ。テロだ危機だと五輪予算のぶんどり合戦。進め一億火の玉か？

海の向こうでは、五輪招致を拒否する都市が続出している。五輪ブランドはとっくに地に落ちた。なのに東京だけが、いまだ金勘定の浅ましい夢にしがみついている。

あちこちで再開発工事が始まり、コンサートホールが消え、市場がつぶされる。見慣れた風景がドンドン奪われていく。オリンピックはまるで追い剥ぎだ。こんな五輪はもういやだ。追い出し五輪は許さない。五輪のごり押しもうコリゴリ！

排除の祭典・オリンピックは返上しよう！！　今年オリンピックイヤーの熱狂を上回る「オリンピックいやだ」の声を、都庁に向けてぶつけよう！！！

★鳴り物、コスプレ、プラカードなど大募集です！思いおもいのスタイルで「オリンピック返上」の気持ちを表現しましょう！
★デモはブログ掲載するために主催者側が撮影（映像・写真）を行います。また、沿道からの撮影などに備えて顔出しが難しい方は各自で工夫をお願いします。※デモの撮影をされたい方は事前申込みをお願いします。
★ナショナリズムを称揚するもの（国旗の持ち込みなど）はお断りします。
★手荷物の管理は各自でお願いします。
★小雨決行、荒天中止（ブログ や ツイッター @hangorinnokai にてお知らせします）

問い合わせ・各種申込み　hangorin2020@gmail.com

デモコース
新宿駅東口アルタ前出発→みずほ銀行横オープンカフェ通り→靖国通り→大ガード→新宿駅西口→高速バスターミナル横→新宿郵便局手前右→中央通り→大成建設本社（新宿センタービル）→京王プラザホテル手前左→新宿郵便局交差点→ふれあい通り→東京都庁→新宿中央公園緑の橋

反五輪の会
http://hangorin.tumblr.com/
twitter @hangorinnokai

2016.1

ＪＳＣ、観音橋ひろばから人々を強制排除の横暴！！

本日1月27日（水）早朝、ＪＳＣ職員と警備員、警察官が大挙して、明治公園で5名の居住者かいるにもかかわらず、なんの予告もなく全ての入り口を封鎖しました。

支援に駆けつけた人たちが園内に入ろうとしたら、たくさんの警備員たちがたち塞ぎました。

それでも数人と一緒にどうにか中に入り、住んでいる人たちの元にたどり着きました。

ＪＳＣは、居住者がいる場所からトイレや水場へ向かう通路もバリケードで封鎖する作業をはじめたのでみんなで阻止しましたが、それは、なんと！

クレーンでバリケードを吊るして、みんなが抗議している頭上から下ろしてくるという、あってはならない危険な作業を行っていました。

更にその後も、ＪＳＣは居住者のライフラインであるトイレや水場の水を、こっそり隠れて止めようとしたり、強行に止めようとしたり、何度も行いましたがこれもみんなで止めました。

オリンピックのためにと、このような暴力は許される事ではありません！！

みんな、中でがんばっています！　明日も来られる方はぜひ現地に抗議に集まってください！

来られない方、ＪＳＣに封鎖やめるよう抗議をお願いします！

Aさんを逮捕したのは、五輪反対の見せしめでしょ！ふざけんな、日本！

2016.3

Aさんがやられた。ＪＳＣ職員への暴行と、公務執行妨害の疑い。どちらの被疑事実も、逮捕される何週間も前。

ＪＳＣが大勢の職員と、更に大勢のガードマンを引き連れて明治公園に大掛かりなフェンスを設置した日の容疑だ。

ケーサツはいつものようにイヤらしく、後ろでジッと見ているばかりだった。ガードマンと同じくらい、大勢きてたくせに。その場で全部見てたクセに。何にもなかったこと、知ってるクセに！

Aさんが逮捕された理由はひとつだ。それは、ヤツ等の言うことを聞かなかったからである。ヤツ等の言っていること。それは、当初予算の7倍、2兆円を超えるであろうスポーツ大会を公金で開催しよう、ということ。間違いなく大金を払わされるというのに、いくらかかるのか把握していない五輪担当大臣でオーライ、だということ。5年経っても激烈な結露でカビ上等という〝仮設〟住宅はそのままで、4年後の五輪開催には間に合わせなきゃ、ということ。

汚染水などはダダ漏れだけど、どうせ時期が来たら薄めて流してしまうわけで、つまりは五輪をやってもただちに影響がない

新国立競技場3・2弾圧救援会声明

オリンピックによる野宿者追い出しを許さない！

We Condemn the Unjust Arrest of A-san on March 2, 2016！ No to the Eviction Olympics!

2016年3月2日のAさんの不当逮捕に抗議する

３月２日の午前８時過ぎ、私達と活動をともにしてきた仲間Ａさんが路上で警官７、８人にいきなり取り囲まれ、パトカーに乗せられ連れ去られるという事件が起きました。いわゆる令状逮捕といわれるものです。容疑は１月２７日の新国立競技場建設予定地での野宿者強制排除の現場で、JSC（日本スポーツ振興センター）職員に怪我を負わせたというもの。しかし、これまでの新国立競技場建設をめぐるJSCと明治公園の野宿当事者の話し合いの過程からすると、今回の逮捕はあまりに事実経緯を無視したものです。１月２７日から１ヵ月以上たっての、この突然の逮捕は、問題含みの新国立競技場建設を強行するための社会運動に対する弾圧と考えざるをえません。

私達「オリンピックによる野宿者追い出しを許さない　新国立競技場3.2弾圧救援会」は、この不当逮捕・弾圧に対し社会的な陣形を形作り撃ち返し、Ａさんを一日も早く取り返すことを目指します。

1月27日に起こったこと　圧倒的な暴力を振るったのはJSCです

１月２７日の早朝、JSCは大量の警察官・警備員を動員して、新国立競技場の建設予定地である明治公園の出入り口を封鎖しようとしました。クレーン車で鉄パイプを組んだバリケードを吊り下げ、抗議する野宿者や支援者の頭上をかすめるようにして設置を強行し、また、出入り口に集まった私達を追い出しました。JSCや警備員・警察官らによる暴力がふるわれる中、傷を負った私達の知人友人が何人もいます。さらにはJSCの職員が救急箱を持って走り、私達の友人の怪我に薬を塗るといった光景も見られました。

そもそものはじまりであり、最も大きな暴力は、JSCによる公園の強制封鎖です。中に人が暮らしているにもかかわらず、またこれまでの話し合いを反故にして、いきなり生活空間の出入り口を封鎖しようとしたJSCの稚拙で非人間的なやり方が、１月２７日の騒ぎの原因であることはまちがいありません。

３月２日のＡさんの逮捕は、容疑である「公務執行妨害」と「傷害」が事実無根であるだけでなく、１月２７日に明治公園でJSCが振るった暴力と嘘を隠蔽し、居直るという意味でも許しがたいものです。

追い出しではなく、話し合いを！　私達はずっと求めてきました

これまでJSCは、公園内に野宿し暮らしてきた人達の求めに応じて話し合いを続けてきました。そして、「住んでいる人がいる間は生活に影響のある工事はしない」「話し合いで解決する」と約束してきました。それにもかかわらず１月２７日、JSCは明治公園を強制封鎖しようとし、野宿者・支援者の必死の抗議によってそれが中止せざるをえなくなった後も、２月５日には再び警察官を使って出入り口を閉ざそうとしました。紙切れ一枚で工事の妨げになるものは人間であろうとなんであろうと排除する、という姿勢です。

しかし私達は、JSCがなりふり構わぬ追い出しを行うようになった１月２７日以降も、話し合いでの解決を求めて活動してきました。２月１７日には、JSC職員が明治公園にやってきて、３０分ほどですが話し合いを行い、「人が暮らしている間は工事はできない、しない」ということをあらためて確認しています。Ａさんが逮捕された３月２日は、私達が１月２７日の危険な工事や２月５日の強制封鎖の法的根拠などＪＳＣに確認したいことをまとめた質問書の回答期限でした。それへの返答が今回の逮捕なのでしょうか？　野宿者に対してなら約束も確認も守る必要はないということでしょうか？

今回のＡさんの逮捕は、当事者と支援者を力づくで分断することによって、これまでの話し合いのプロセスを踏みにじるものです。今回の逮捕の報を受けた公園に住む野宿当事者は「こんなやりかたでは、出ていくわけがない」と憤っていました。私達は引き続きＪＳＣに話し合いを求めていきます。

Aさんを一日も早く取り戻すため、多くの方々の支援と連帯を

私達は、３月２日のＡさんの逮捕をJSCと警察が一体になった形での社会運動に対する圧力であり、野宿者追い出しの一環としての弾圧と考えます。マスコミを大量動員しての見せしめ逮捕を絶対に許すことは出来ません。JSCが１月２７日に明治公園で行ったことは、いくつかの動画が上がっているのでぜひご覧になっていただきたいと思います。

今回の不当逮捕の容疑のひとつは「公務執行妨害」。これはJSCの職員が公務員とみなされること（「みなし公務員」）を表しています。法的根拠を示せずに、果たして公務といえるのでしょうか？

今回の弾圧により、あらためて新国立競技場を建設する主体であるJSCに注目が集まっています。だからこそ、この機会にJSCの行状を白日の下にさらし、貧者を更に厳しい状況へ追い込む権力者たちを大衆的に包囲していく重要な契機であると考えています。警察署に勾留されているＡさんも同意見であり、黙秘を続けて頑張っています。

今回の逮捕は、法律・警察権力の濫用であると同時に、人権侵害なしでは計画が進められないJSC・新国立競技場のあり方そのものの問題です。社会の矛盾が最も凝縮する中で暮らしてきた野宿者に対して、国策としてのオリンピックのために一方的に追い出すJSCに対する広範な社会的批判を創りだしていきましょう。そしてＡさんの一日も早い奪還を、実現しよう。

文責：オリンピックによる野宿者追い出しを許さない　新国立競技場3.2弾圧救援会
2016年3月4日

連絡先：shin.kokuritu.danatu@gmail.com
ブログ：http://oidashisuruna.blogspot.jp/
ツイッター：https://twitter.com/reclaimmpark/status/705465814468538368
これまでの経緯について→国立競技場周辺で暮らす野宿生活者を応援する有志ブログ
http://noolympicevict.wix.com/index#!blog/u1ok7
1月27日の動画：https://www.youtube.com/watch?v=LBtdhjE56sk
https://www.youtube.com/watch?v=VBvFb76AtHI
https://www.youtube.com/watch?v=ZpHGx7hLSEk&feature=youtu.be

救援カンパ

一刻も早くAさんを取り戻すために支援と連帯をお願いいたします！
- **みずほ銀行渋谷支店（普）9095210「のじれん」**
- **郵便振替口座 00160-1-33429「のじれん」**

※「救援」の旨明記ください。

だろう、ということ。

60億円をドブに捨て、やり直したら聖火台忘れん坊だったけど、五輪のためだからガマンできるよね、ということ。ドジな建設計画ばかりたてては金をせびりにくるJSCだけど、五輪を担うエラい官僚がたくさんいるから、東京都は年間数億の土地をタダで貸してやってもしょうがないよね、ということ。

そしてこんなにハチャメチャなJSCだから、数人のホームレスが寝てるテントなんて、潰してしまって構わないよね!? ということ。……本当にショーもない考え。

どれだけスポーツマンの汗で輝かしてみても、今この東京で五輪を進めているヤツ等の実態は、こういうことだ。オリンピック・パラリンピックを開催するということは、こういう奴らを前にして、ニタニタと愛想笑いをして応じることだ。

あなたもうすうす、気づいていたでしょう?

Aさんは、ヤツ等の横暴をよしとしなかった。

Aさんは長いこと、公園で暮らす人達に寄り添ってきた人だ。人の身なりを見て態度を変える行政に、公園で暮らす人達とともに声を上げてきた人だ。Aさんはヤツらのふざけた手口を前に、口をつぐまなかった。だから逮捕された。

オリンピック・パラリンピックが人の暮らしを奪うことに反対したから、逮捕されたのだ!

ふざけるな、JSC! ふざけるな、ケーサツ! ふざけるな、東京都! Aさんを即刻解放しろ! そしてふざけるな、日本!!

2016.3.17 東京地裁前。新国立競技場 3.2 弾圧 A さんの勾留理由開示公判が開かれ、各地から野宿の方々や応援する有志が大勢駆けつけた。

[追記]
逮捕されてなお、従順な態度を取らなかったAさんは、その名前さえも黙秘した。あろうことか原宿署は、Aさんの不服従に対し、拷問をはたらくに及んだ。Aさんは革で締めあげられ、床にねじ伏せられ、しばらく身体の機能を失わされたという。五輪に反対するものは、警察のサディズムさえも耐え忍ばなければいけないのか!?
原宿署よ。あなた達のしでかしたことは、絶対に消し去ることができないのだぞ。警察よ、Aさんに手をだすな!

[さらに追記]
この声明を書き上げた頃、Aさんが勾留が解かれたとの一報を受けた。

ゾンビ満開 at 明治公園〜ＪＳＣの五輪追い出し反対

この社会においてオリンピックに反対する者は、無視され、嫌われ、いないこととされたあげくに、時には逮捕され、国策という墓穴に葬られようとしている。

しかし、それらの権力者、思い上がった者たちの脳裏に、消し去ったはずのアレが、拭っても消えない血の跡のようにしつこく再帰してくる。そう、それはゾンビだ。

われわれはゾンビだ。

何度でも蘇るゾンビだ。

そこらをうろつくゾンビだ。

国立競技場の墓場にゾンビになって集まろう。

野宿者排除の現場にゾンビになって集まろう。

高い工事用フェンスで隔離され、電灯が消された東京の本当の暗闇の中にゾンビとなって集まろう。

２４時間出入りを見張る警備員と夜行動物用監視カメラの赤外線で夜も開きっぱなしのＪＳＣのマナコにわれわれの姿を焼き付けよう。

３月１８日、この公園に長らく暮らしてきた人たちに、ＪＳＣが土地明渡仮処分申立という強制執行の手続きを行った。

われわれはゾンビだ。

何度でも蘇るゾンビだ。

そこらをうろつくゾンビだ。

住んできた土地を奪われ、存在を無視され、話し合いを拒否され、追い出されようとしている者たちと共に、ゾンビとなって集まろう。

もうすぐ桜が伐採されるココをゾンビで満開にしよう。

ゾンビ満開！

2016.3

オリンピック強制執行に抗議！ ＪＳＣが明治公園野宿者強制排除

２０１６年４月１６日。ＪＳＣ（日本スポーツ振興センター）が明治公園に暮らす野宿の人たちを債務者として申し立てた土地明渡し仮処分強制執行が遂に強行されてしまいました。東京地裁が決定を下したのは前日の４月１５日。新国立競技場完成をオリンピックに間に合わせるため、ただその1点を持って、東京地裁はＪＳＣの無理筋の仮処分を認めてしまいました。

強制執行（民事処分）による野宿者排除は異例中の異例です。国の施設（新国立競技場）を東京都所有の公有地（元明治公園）につくるために、公共事業（オリンピック）を理由にして、文科省管轄の独立行政法人が民事処分に訴える、という理屈のおかしさは誰の目にも明らかでしょう。そして、何よりも、野宿者排除は生存権にかかわる重大な人権問題です。オリンピックで追い出すな！　荷物の一切合財を持ち去られ、長く暮らしてきた寝場所である公園を暴力的に奪われた野宿の人たちの生活はこれからも続いていきます。話し合いを拒否してのオリンピック強制執行、絶対に許せません！

おくればせながら、抗議声明を転載します。

2016.4

声明　明治公園に暮らす野宿者へのオリンピック強制執行、Ｂさん不当逮捕に抗議する

２０１６年４月１６日

野宿者に強制執行、強行！

本日４月１６日早朝７時、明治公園に暮らす野宿者のテントに東京地裁の執行官約２５名が押し寄せ、強制執行が抜き打ち強行されました。ＪＳＣが申し立てた土地明け渡し仮処分申立に対し昨日１５日決定を出したこと、荷物は豊洲の倉庫に強制移動する旨を口頭で告げるやいなや荷物をまとめ退去するよう命令。猶予はわずか２０分。実際には１５分も待たずに、中にいた数名が次々と複数の執行官に取り押さえられ押し出される形で強制的に公園の外へ追い出されました。野宿者の生活通路として唯一確保されてきた出入り口は、その時点で大勢のアルソックの警備員によって封鎖され、急報に続々と駆けつけた人々とも物理的に遮断された状態でした。中の様子もわからず、立ち会いすら出来ない状態でトラック５台が園内に乗り込み、野宿者の命の砦である小屋・テント、生活物資・荷物、応援する有志が置いていた所有物、共有物のすべてを持ち去っていきました。

東京地裁の仮処分決定に抗議する

東京地裁民事９部は今回、野宿者３名が明治公園の敷地のほぼ全域を占有しているという実態とあまりにも異なるＪＳＣの主張を鵜呑みにし、元明治公園＝都有地を無償で貸与されたというだけの立場に過ぎないＪＳＣに「土地を明け渡せ」などという前代未聞の決定を下したことになります。ＪＳＣが強行する新国立競技場、まだ基本設計すら出来て

いない競技場建設工事着工を理由にしたところで、野宿者に対するＪＳＣ仮処分申立にはまったく理がないことを、３月２４日の審尋で私たちは代理人弁護士とともに司法に問いました。東京地裁はその後の問い合わせに4月1日に担当書記官が変更となったことのみ返答。特別送達を持って通知する、それ以外は一切答えられないと、一方的に債務者と名 指しされた野宿当事者がこうむっている精神的苦痛にさらに塩を塗るような返答をくりかえし、答弁書への回答はおろか、仮処分決定が下されたことも知らされないまま、本日、強制執行に着手しました。

通常は仮処分決定ののち執行手続きがとられるはずが、決定の翌日それも早朝に大勢の警備を用意しての強制執行を行ないえた事実に今回の司法判断そのものへの疑念、不信感をぬぐえません。裁判所が徹頭徹尾、ＪＳＣを利する側に立ったことは明らかであり、オリンピックを理由にした野宿者の生存を脅かす強制排除にあろうことか司法が手を貸した事実を決して許すことは出来ません。

荷物を返せ！　生活を返せ！

今回の強制執行で、明治公園に暮らしてきた野宿者は、ＪＳＣの強権発動により生活基盤を丸ごと奪われました。

私たちは荷物の取り返しと生活再建に全力で動くと同時に、ＪＳＣそして元明治公園敷地を所管する東京都オリンピック・パラリンピック準備局への広範囲からの抗議集中を呼びかけます。野宿者への仮処分を絶対に許しません。社会基盤の欠けた状況下、何もない中から自力で生活を立て直し生き抜いてきた明治公園野宿住人は、応援する有志とともにＪＳＣに対し、脅迫まがいの退去強要ではなく現地住人の意に添う誠実な話し合いによる解決を求めてきました。７回もの団体交渉を持ち「話し合いで解決していく」「強制排除をしない」「人の暮らしている間は工事はしない」等の合意事項を結んできました。

しかしＪＳＣは昨年7月の新国立競技場計画「白紙撤回」以降、工事計画変更に関しても連絡を一切怠り、昨年１２月になって住民説明会の場でこれまでの合意事項について「引き継いでいない」と一方的に反故にした上、今回の仮処分申立により、裁判で争う以前に野宿者の生活基盤そのものを強権によって奪いとるという究極の強制排除を実行しました。これらは、憲法２５条、ホームレス特別措置法にさえ明確に反する上、国際人権規約そしてＩＯＣ（国際オリンピック委員会）オリンピックムーブメント・アジェンダ２１にも違反します。このことについて、明治公園野宿住人はこのかん、ＪＳＣのみならず東京都オリンピック・パラリンピック準備局及びスポーツ庁に対し申し入れを行なってきました。しかしそうした関係行政すら今回のＪＳＣの暴挙を見過ごし、強制排除を事実上容認したことに私たちは抗議します。

不当弾圧に抗議する！　Ｂさんをただちに釈放しろ

そして許しがたいことに、この強制執行の過程で、私たちの友人であり、明治公園に暮らす野宿生活者を応援する有志の一人であるＢさんが不当逮捕されました。９時４０分頃、野宿者が命をつないできた全財産である荷物を積みこんだトラックがゲートから出るその瞬間、動員された数え切れないほどの警察官、警備員が私たちの抗議を暴力的に阻みました。次々と道路向かい側まで引き摺り出される混乱の中で、Ｂさんに3人の執行官が襲い掛かり、警察車両に押し込め連れ去りました。現在、原宿署に不当に勾留されています。

Ｂさんにかけられた容疑は「強制執行為妨害」です。野宿住人に対し、土日は荷物の引き取りは出来ない、月曜に遠方の豊洲まで取りに来いと言い放った執行官に抗議し、荷物、中でも路上の夜間の寒さから命を守る毛布等は今晩にも必要だとして、直ちにこの場で引き渡すよう要求したBさんの行為はまったくもって正当です。

民事執行法は168条において、

「5　執行官は、第一項の強制執行においては、その目的物でない動産を取り除いて、債務者、その代理人又は同居の親族若しくは使用人その他の従業者で相当のわきまえのあるものに引き渡さなければならない」、

「6　執行官は、前項の動産のうちに同項の規定による引渡し又は売却をしなかったものがあるときは、これを保管しなければならない」としています。

再三の引き渡し要求にもかかわらず、荷物を強引に持ち去るという違法行為をはたらいたのは、他ならぬ執行官です。今回、持ち去られた荷物の中には、野宿住人の生活や稼ぎに必要な道具一式、身分証明書など大事な物も含まれていました。Bさんや応援する有志の私物もたくさん持ち去られています。

その場で引き渡さねばならないはずの荷物を運び出す時間も満足にとらず公園から強制排除し、荷物を持ち去った執行官及びJSCの違法行為を、私たちはBさんと同様、決して許すことは出来ません。Bさんを一刻も早く取り戻すための救援活動を開始します。ご協力ご支援をお願いします。

2016年4月16日

明治公園野宿住人

国立競技場周辺で暮らす野宿生活者を応援する有志

新国立競技場3・2ー4・16弾圧救援会

付記・Bさんは幸い4月26日に釈放されました。

明治公園に暮らす野宿者へのオリンピック強制執行、Bさん不当逮捕に抗議する！　2016年4月16日

野宿者に強制執行、強行！

本日4月16日早朝7時、明治公園に暮らす野宿者のテントに東京地裁の執行官約25名が押し寄せ、強制執行が抜き打ち強行されました。JSCが申し立てた土地明け渡し仮処分申立に対し昨日15日決定を出したこと、荷物は豊洲の倉庫に強制移動する旨を口頭で告げるやいなや荷物をまとめ退去するよう命令。猶予はわずか20分。実際には15分も待たずに、中にいた数名が次々と複数の執行官に取り押さえられ押し出される形で強制的に公園の外へ追い出されました。野宿者の生活通路として唯一確保されてきた出入り口は、その時点で大勢のアルソックの警備員によって封鎖され、急報に続々と駆けつけた人々とも物理的に遮断された状態でした。中の様子もわからず、立ち会いすら出来ない状態でトラック5台が園内に乗り込み、野宿者の命の砦である小屋・テント、生活物資・荷物、応援する有志が置いていた所有物、共有物のすべてを持ち去っていきました。

仮処分決定に抗議する

東京地裁民事9部は今回、野宿者3名が明治公園の敷地のほぼ全域を占有しているという実態とあまりにも異なるJSCの主張を鵜呑みにし、元明治公園＝都有地を無償で貸与されたというだけの立場に過ぎないJSCに「土地を明け渡せ」などという前代未聞の決定を下したことになります。JSCが強行する新国立競技場、まだ基本設計すら出来ていない競技場建設工事着工を理由にしたところで、野宿者に対するJSC仮処分申立にはまったく理がないことを、3月24日の審尋で私たちは代理人弁護士とともに司法に問いました。東京地裁はその後の問い合わせに4月1日に担当書記官が変更となったことのみ返答。特別送達を持って通知する、それ以外は一切答えられないと、一方的に債務者と名指しされた野宿当事者がこうむっている精神的苦痛にさらに塩を塗るような返答をくりかえし、答弁書への回答はおろか、仮処分決定が下されたことも知らされないまま、本日、強制執行に着手しました。

通常は仮処分決定ののち執行手続きがとられるはずが、決定の翌日それも早朝に大勢の警備を用意しての強制執行を行ないえた事実に今回の司法判断そのものへの疑念、不信感をぬぐえません。裁判所が徹頭徹尾、JSCを利する側に立ったことは明らかであり、オリンピックを理由にした野宿者の生存を脅かす強制排除にあろうことか司法が手を貸した事実を決して許すことは出来ません。

荷物を返せ！生活を返せ！

今回の強制執行で、明治公園に暮らしてきた野宿者は、JSCの強権発動により生活基盤を丸ごと奪われました。

私たちは荷物の取り返しと生活再建に全力で動くと同時に、JSCそして元明治公園敷地を所管する東京都オリンピック・パラリンピック準備局への広範囲からの抗議集中を呼びかけます。野宿者への仮処分を絶対に許しません。社会基盤の欠けた状況下、何もない中から自力で生活を立て直し生き抜いてきた明治公園野宿住人は、応援する有志とともにJSCに対し、脅迫まがいの退去強要ではなく現地住人の意に添う誠実な話し合いによる解決を求めてきました。7回もの団体交渉を持ち「話し合いで解決していく」「強制排除をしない」「人の暮らしている間は工事はしない」等の合意事項を結んできました。

しかしJSCは昨年7月の新国立競技場計画「白紙撤回」以降、工事計画変更に関しても連絡を一切怠り、昨年12月になって住民説明会の場でこれまでの合意事項について「引き継いでいない」と一方的に反故にした上、今回の仮処分申立により、裁判で争う以前に野宿者の生活基盤そのものを強権によって奪いとるという究極の強制排除を実行しました。これらは、憲法25条、ホームレス特別措置法にさえ明確に反する上、国際人権規約そしてIOC（国際オリンピック委員会）オリンピックムーブメント・アジェンダ21にも違反します。このことについて、明治公園野宿住人はこのかん、JSCのみならず東京都オリンピック・パラリンピック準備局及びスポーツ庁に対し申し入れを行なってきました。しかしそうした関係行政すら今回のJSCの暴挙を見過ごし、強制排除を事実上容認したことに私たちは抗議します。

不当弾圧に抗議する！　Bさんをただちに釈放しろ

そして許しがたいことに、この強制執行の過程で、私たちの友人であり、明治公園に暮らす野宿生活者を応援する有志の一人であるBさんが不当逮捕されました。9時40分頃、野宿者が命をつないできた全財産である荷物を積みこんだトラックがゲートから出るその瞬間、動員された数え切れないほどの警察官、警備員が私たちの抗議を暴力的に阻みました。次々と道路向かい側まで引き摺り出される混乱の中で、Bさんに3人の執行官が襲い掛かり、警察車両に押し込め連れ去りました。現在、原宿署に不当に勾留されています。

Bさんにかけられた容疑は「強制執行行為妨害」です。野宿住人に対し、土日は荷物の引き取りは出来ない、月曜に遠方の豊洲まで取りに来いと言い放った執行官に抗議し、荷物、中でも路上の夜間の寒さから命を守る毛布等は今晩にも必要だとして、直ちにこの場で引き渡すよう要求したBさんの行為はまったくもって正当です。

民事執行法は168条において、「5　執行官は、第一項の強制執行においては、その目的物でない動産を取り除いて、債務者、その代理人又は同居の親族若しくは使用人その他の従業者で相当のわきまえのあるものに引き渡さなければならない」、「6　執行官は、前項の動産のうちに同項の規定による引渡し又は売却をしなかったものがあるときは、これを保管しなければならない」としています。

再三の引き渡し要求にもかかわらず、荷物を強引に持ち去るという違法行為をはたらいたのは、他ならぬ執行官です。今回、持ち去られた荷物の中には、野宿住人の生活や稼ぎに必要な道具一式、身分証明書など大事な物も含まれていました。Bさんや応援する有志の私物もたくさん持ち去られています。

その場で引き渡さねばならないはずの荷物を運び出す時間も満足にとらず公園から強制排除し、荷物を持ち去った執行官及びJSCの違法行為を、私たちはBさん同様、決して許すことは出来ません。Bさんを一刻も早く取り戻すための救援活動を開始します。ご協力ご支援をお願いします。

2016年4月16日

明治公園野宿住人

国立競技場周辺で暮らす野宿生活者を応援する有志

新国立競技場3.2－4.16弾圧救援会

連絡先

★オリンピック強制排除について

国立競技場周辺で暮らす野宿生活者を応援する有志

メール　noolympicevict@gmail.com

ブログ　http://noolympicevict.wix.com/index#!g/u1ok7

ツイッター　https://twitter.com/noolympicevict

★Bさん救援について

オリンピックによる野宿者追い出しを許さない

新国立競技場3.2－4.16弾圧救援会

メール　shin.kokuritu.danatu@gmail.com

ブログ　http://oidashisuruna.blogspot.jp/

ツイッター　https://twitter.com/reclaimmpark

救援カンパ

一刻も早くBさんを取り戻すために支援と連帯をお願いいたします！

みずほ銀行渋谷支店（普）9095210　「のじれん」

郵便振替口座　00160-1-33429　「渋谷・野宿者の生活と居住権をかちとる自由連合」

※「救援」の旨明記ください。

※もしくは、カンパ額の一桁目を「9円」にしてください。例）1009円

はんごりんサミット〜 今、返上しないと後の祭り！

2016.5

テロに備えると、街中が警察官だらけとなった5月最終週。

世間の関心はもっぱらオバマの広島スピーチへ。

「リーマン・ショック前夜と似た経済状況で各国と一致」と、もっぱら安倍の消費増税延期のためのペテンの道具として消費された伊勢志摩サミットなど、とっくに「関心ナッシング」という空気が漂う29日の日曜日夕方、「反五輪サミット」は、新宿駅東南口の喧騒の中で開催された。

「サミット」（原義は「山の頂き」）といっても、見れば路上にダンボールを敷いたのみ。

19時を過ぎて、参加者は、ポツポツと口を開き始めた。

最初に口火を切ったのは、まるでお葬式の花輪のようであるゆえと、喪服に袖を通した組市松紋の2020東京五輪〝新〟エンブレム。前のほうがマシ、しみったれたデザインだなどと罵倒され、どうして五輪のエンブレムなんかにしてくれたんだと、すっかり五輪反対へとシフトしたようだ。裏金疑惑で真っ黒の東京五輪は「ワイロ五輪」ではないのかと、問題を提起した。

一方、福島第一原発由来の放射能を喰らった伊勢エビは、しきりに海洋汚染の問題と、自分達の健康被害を訴えた。伊勢エビなのに、どうみてもカニにしか見えないその外貌は、伊勢エビの健康被害の深刻さを物語っているようにも感じる。

はたまた、「モンペ・セーラースタイル」の元〝少〟国民は、2020年に向けて益々強化・強制される「五輪教育」の、ファナティックな洗脳実態を訴えた。

さて、はるばるドイツからのオブザーバーとして召還されたのは、36年ベルリン五輪を経て独裁ドイツを完成させて世界戦争と大量虐殺を行ったアドルフ・ヒトラーであった。

ファシズム体制の完成のために、スポーツと五輪がいかに役立ったか——。その手口を得意げに語る。

そんな中、「サミット」の文字に呼び寄せられたのか、ふてぶしくも姿を現したのは、なんと渦中の東京五輪組織委員会会長、森喜朗。

ここで会ったが百年目と、二名に対して会場から厳しい追及の声があがるものの、「儲けて何がわるい！お前ら貧乏人のことなど知るか！！」（森）と、完全なる居直りを決め込んでいた。

類は友を呼ぶ、のであろうか。更に現れたは舛添要一、東京都知事。

オリンピック視察で外遊しまくり、なんと就任2年で計8回、つかった税金約2億……

「第三者の公平な目で」調査をするなどとノタマワって、飛び出た答えは「違法ではないが不適切」…。

2020東京オリンピック・パラリンピックは、既に数々の汚辱にまみれて「不適切」極まりないと考えるが、これも違法でさえなければ問題ないという立場なのだろうか?

更によく目を凝らしてみると、なんと会場には、今回の国際的汚職事件の中心人物と目される、国際陸上競技連盟の前会長、ラミン・ディアクの姿が。

子息のパパマッサタ・ディアクとともに、電通を通じてJOC（日本オリンピック委員会）より約2億3000万円を受け取ったのではないかとの疑惑をもたれ、フランス司法当局の捜査を受けている人物である。

しかし言語の壁のせいか、会場からの日本語の問いかけに、ラミン・ディアクは終始無言。全くのノーコメントを貫いた。

今回の「反五輪サミット」は、伊勢志摩サミットにおいて、「東京五輪の返上・中止」が全く議題とならなかったことを受けて、「今、返上しないと後の祭り!」との危機感から急遽、開催されたものであったが、森や舛添、そしてラミン・ディアクの居直りとはぐらかしによって、オリンピック・パラリンピックの現実は、裏金の飛び交う汚職まみれのものであることを更に強く印象付けるものとなった。

もはや「サミット=頂き」という「極点」においては、この問題は解決できない。

いまや反五輪の運動は、国境を超えた「面的展開」によって包囲されるであろう。
2020東京五輪は、返上されるしかない！

追記1

ちなみにサミット閉幕後に催された晩餐会では、焼きそば&ポテトサラダの豪華サンドイッチが振舞われた。

新国立競技場建設に焦るJSC（日本スポーツ振興センター）により、前代未聞の強制執行仮処分で追い出された明治公園野宿住人と応援する有志からの差し入れ。

大変美味しゅうございました。ご馳走様でございます。

追記2

反五輪サミット終了後、撮影した写真を見て腰がぬけそうになった。サミット参加者の上空に、とんでもない物体が写っていたからである。

それは原爆資料館をダッシュで10分（！）という世界新記録を樹立した、アメリカ合衆国大統領、バラク・オバマの〝忘れ物〟。

オバマは二日前の金曜日、とっくに広島を立ち去ったはずであったが…　迷子にでもなったというのか。あろうことか、あのあまりに危険な少年、「リトルボーイ」が姿を現したのだ。

父よ、母よとでも訪ね歩くかのように。リトルボーイは、ウロウロと会場上空を浮遊していた。

反五輪サミットの参加者で、その存在に気づいた者はほとんどいない様子であったが、確かにそれは〈存在した〉のである！

「このような苦しみが二度と起きないようにするために〜」
「私たちは変わることができるのです。」
——5・27　オバマの広島スピーチ

核ミサイル片手に説かれる「核廃絶」。ブラックジョークというには、あまりに笑えない代物である。

合衆国大統領はいつも、核のボタンとともにある。被爆地・広島とて例外ではない。「サミット」なるもののその陰にあるのは、核による脅迫なのだ！

「平和の祭典」であるとされるオリンピック・パラリンピックが、〝もれなく「核の脅威」付き〟ではないということが、どうして言えようか？

「リトルボーイ」は、いつの間にやら姿を消した。「姿が見えない」というその事実にこそ、言いようのない恐怖を覚える。

五輪も核兵器も、どっちも御免こうむりたい。

オリンピックと心中する気はさらさらない

2016.8

1　リオ、瀕死のオリンピック

「地獄へようこそ」――リオ五輪開催まであと一ヶ月となる7月4日、リオ国際空港で五輪ボイコットを訴える横断幕が大々的に報道された。掲げたのは賃金未払いに抗議するリオ市の警察官、消防官。経済低迷が続くブラジル、中でもオリンピックを控えたリオの財政難は深刻だ。交通、学校、清掃、税関などあらゆる行政サービスがストライキによりたびたび停滞している。「この政府は、保健や教育に使う金がないと言っているが、五輪のための金こそないんだ。ばかげている」(リオ市の教職員)。昨年2015年12月、15ヵ所の公立病院が外来を閉鎖する事態を受け、リオ州はついに非常事態宣言を発した。

こうした危機的状況は、2年前のサッカーW杯開催にブラジル全土で20万人規模の抗議デモが巻き起こる中、繰り返し指摘されてきたことだ。政府は12ヵ所のスタジアム建設に1兆4500億円を投じる一方、公共投資を後回しにした。オリンピックを前にセーリング会場・グアナバラ湾の深刻な汚染が問題化しているが、IOC(国際オリンピック委員会)との公約が果たされないことが問題なのではない。メガスポーツイベントの開催遂行が環境汚染よりも優先される、そのことに批判の矛先を向けるべきだ。

グアナバラ湾の猟師たちが船からSOSのボードを掲げ、オリンピック公園建設を担った労働者が賃金支払いを求める声を挙げても、IOCはこれらに向き合うそぶりすらない。開催地の全責任において準備されるのがオリンピックであり、IOCが道義的にも財政的にも負担を負うことはない。IOCのオーダーに応じてVIP専用のオリンピック道路や選手村が毎回新設され、開催後には廃墟となる巨大施設に金が投じられる。リオが直面している困難は、これまでオリンピック開催地のほとんどで起こっている現実である。

2　ジェントリフィケーション

リオ五輪の最大の人権侵害は、ファベーラと呼ばれる100箇所以上ある貧民居住区の強制立ち退きである。W杯そして五輪に向けすでにいくつもファベーラが潰され、地図から消された。抵抗する住民に武装したUPP(特殊部隊)が容赦なく銃を向け、住居を次々とブルドーザーで踏み潰す様が日本で報じられることはほぼない。排除はすでに2万2000世帯、7万7000人に達している。そしてファベーラ住民の多くは黒人だ。「2015年12月国連は、ブラジル警察がオリンピックに向けて『街を浄化』するため、貧しいホームレスの黒人少年を組織的に殺害していると非難した」（TravisWaldron「リオデジャネイロ・オリンピック目前のブラジルは、全てがおかしくなっている」TheHuffington Post US2016.5.23）。ここでは、黒人であること、あるいは、貧困そのものが、「オリンピックの安全のため」浄化の対象となっている。

なぜこのようなことがまかりとおるのか。環境浄化と称して物理的に貧困層やホームレスの人々を立ち退かせ、監視管理の行き届いた高級で清潔な街につくりかえる、ジェントリフィケーションと呼ばれるこの現象は、オリンピックを招致する都市で例外なく起こっている。正確には、大規模なジェントリフィケーションの大義名分として、オリンピックや国際メガイベントが招致される。

アマチュアリズムや「平和の祭典」、フェアプレイといったオリンピックの清廉潔白なイメージが、貧者を容赦なく叩き出し、デベロッパーやゼネコンに利益誘導する不公正を覆い隠す。オリンピック景気は一時的なドーピングに他ならず、開催後の都市に深刻な不況を招くことは例に事欠かない。２００４年アテネ五輪はギリシャを経済破綻にまで追い込んだ。成功例として賞賛される２０１２年ロンドン五輪においても、再開発が地価の高騰にともなう家賃急騰をもたらし、シングルマザーや移民労働者など低所得者層が弾きだされる差別的状況を生み出している。ツケを払わされるのは、そう、私たちだ。

３　２０２０、東京

ジェントリフィケーションは、東京でも起こっている。侵略戦争開始により開催権を返上した幻のオリンピック、１９４０東京五輪では、在日朝鮮人居住区が現在の枝川に強制移転させられている。首都高建設など東京大改造が大々的に行なわれた１９６４東京五輪では、国立競技場周辺に限っても７０００世帯が立ち退かされている。このとき五輪に対応して建設された都営霞ヶ丘アパートが、現在、２０２０東京五輪に向け再度の立ち退きに遭っている。２０１６年７月４日東京都は、９０代の高齢者を含む３世帯が住み続けていることを知りながら、霞ヶ丘アパートの解体工事を開始した。凄まじい人権侵害が、現在進行形で起こっている。

霞ヶ丘アパートに東京都から最初の移転要請がなされたのは、２０１２年７月１９日である。その翌日７月２０日、新国立競技場の設置主体である独立行政法人日本スポーツ振興センター（ＪＳＣ）は、霞ヶ丘アパート敷地を「関連敷地」とする国際デザインコンペ募集要項を発表した。選ばれたザハ・ハディドの巨大スタジアム

案は、２０２０東京五輪招致委員会が提出する「立候補ファイル」に掲載され、規制事実化された。高さ７０ｍ、隣接する都立明治公園、日本青年館、新宿区道を飲み込む8万人収容のザハ案は、この時点では、事実上「実現不可能」だった。厳しい批判の的となる巨額の費用はもちろん大問題だが、それ以前に、神宮外苑地区一帯は風致地区に指定され、乱開発に厳しい規制がかけられてきた地域である。五輪新規施設の建築はその地域の制限に従わねばならないとするＩＯＣアジェンダ２１に明確に反する。

しかし東京都は、その制限の方を変更してしまった。建設を可能にすべくＪＳＣが提出した神宮外苑地区地区計画を承認し、風致地区規制を大幅に緩和したのだ。これにより新国立建設に加え、ＪＳＣ・日本青年館新オフィスビル（高さ７０ｍ）、ＪＯＣ日体協ビル（岸体育館移転計画：６０ｍ）、そしてこの地区計画が掲げる「スポーツ・クラスタ構想」に該当するはずのない民間マンション外苑ハウス（霞ヶ丘アパート南に位置する）の８０ｍ高層化計画が次々とぶちあげられている。これはほんの序章で、終わらない再開発が利権がらみで始まるはずだ。

都市再開発でもっとも直接的に被害を受けるのが、野宿者、ホームレスの人々である。オリンピック決定前後より本格化した国立競技場周辺における野宿者排除は常軌を逸したものだった。２０１６年４月１６日、東京地裁は、ＪＳＣが申し立てた土地明け渡し仮処分の決定を明治公園に暮らす野宿者につきつけ、強制執行を暴力的に強行した。決定が出たのは前日の４月１５日。通常なら数日を要する執行手続きと警察・警備員による実力排除体制がその日のうちに整えられ、翌日早朝には公園内にいた野宿住民4名と応援する有志数名を強制排除、野宿者にとって命をつなぐ大事な生活物資のほとんどをトラックで遠く豊海まで持ち去った。民事執行法に照らし荷物の即時返還を求めた支援者は不当にも逮捕された。

明治公園の野宿者たちがこの2年余り、次々とかけられるＪＳＣ発注工事で二度の園内移転を強いられながら、ねばりづよく交渉を続けてきたその経緯、その踏ん張り、そのさいのＪＳＣ・東京都の不誠実極まりない言動はこの目に焼きついている。「オリンピックを成功させる」ために、それらは遂行されたのだ。明治公園が野宿の人々のささやかな起居場所となってきたことは、関東大震災を機に被災者を受け入れる広域避難場所として整備された東京の都市公園の歴史をそのままに体現しているに過ぎない。霞ヶ丘アパートが代替地も用意されず潰されることは、都民の財産である３００世帯分もの公営住宅が永久に失われることでもある。公共性を守る立場にあるはずの東京都は、オリンピックに浮かれて、行政本来の役割を完全に見失っている。

4　心中する気はさらさらない

２０２０東京オリンピックが「復興五輪」のスローガンによって封じこめようとしているもの、それは、現在の日本が原発メルトダウンという非常事態の最中にあるという現実である。放射能汚染水が世界を震撼させた２０１３年９月、それでも東京が開催地に選ばれたその背景に、招致委員会によるＩＯＣ有力委員への賄賂買収疑惑が急浮上している。フランス司法当局が追っている二度に渡る２・３億円の送金の実態が明らかとなれば、東京五輪の開催そのものが危うくなるだろう。賄賂は総額で３７億にのぼるとの記事もある。これらの金がどこから捻出されたものなのか、都知事選が終わるころには少しは明らかになるだろう。ただし、明らかにされない可能性もある。なぜなら、２０２０年東京五輪を肩代わりする都市は世界のどこにもないからだ。オリンピック招致を取り下げる都市が続出しているのが現状なのだ。

外圧を期待するよりも、招致した東京の私たちの手で五輪返上を実現させる方が誠実かつ確実であることは間違いない。ＪＯＣ竹田恒和会長の「東京は福島から２５０キロ離れている」、安倍首相の「アンダー・コントロール」発言の道義的責任が深く問われることのないまま、２０２０年に向け福島の避難地域解除、帰還政策といった「収束」作業が進んでいる。復興を担うはずのゼネコンは被災地をすでに引き上げている。いまなお仮設住宅に暮らさざるをえない無数の人々を置き去りにしたまま、東京一極集中を加速させるオリンピック準備が今年から本格化する予定だ。開催まで４年。コンパクト五輪のはずが、開催費用は招致時見積りの３倍、６倍、１兆８０００億とも２兆とも３兆とも言われている。オリンピックと心中する気はさらさらない。

はんごりんレポート in Rio 2016

2016.8

はんごりんレポート in Rio　その1

成田から一度乗り換えて32時間かけてリオへ。お揃いのスポーツウェアを来ている人たち、大きなカメラを抱えている人たちなど、多くのオリンピック関係者がたくさん同機に搭乗しているようだ。満員の機内を出ると、オリンピックのロゴが入ったシャツを着た専用スタッフたちが、オリンピック関係者を入国審査などへ案内するために笑顔で迎えていた。

入国審査のカウンターは三つに分かれていて、そのスタッフたちが人々を、ブラジルパスポートか、オリンピックか、そうでないかを振り分けて並ばせている。オリンピックではない（見た目?!）とされた側には警察官もうろついて、審査に時間がかかり長く待たされた。国際線到着出口はあらゆるオリンピア（オリンピック関係の人たちや報道陣）でごった返している。その人々をかき分けると眼前でガガガッーと館内で大きな工事が行われていて音が鳴り響いていた。

〝オリンピア〟たちの騒ぎは束の間、閑散とした空港館内から出てタクシーに乗った。リオの空は爽やかな風が吹き美しく広がっている。そして早速、高速道路の両側に現れたのは、周りのファヴェーラを隠すために作られた数キロに及ぶボード。広大なコミュニティーのレンガで作られた家々を、オリンピックイメージによってカラフルに隠そうとしている。このような、何かを覆そうとして、特にその隠蔽がバレないようにしようとするところに力点がおかれているような〝デザイン〟は、その風景の中に異様で間の抜けた雰囲気を醸し出すもの。今日はオリンピックの会場に行っていないが、街でそのようなジェントリフィケーションの顔をしたところに、黄、オレンジ、緑、青などのリオオリンピックイメージカラーが現れていた。

（2016・7・27）

はんごりんレポート in Rio　その2

来週にオリンピック開催を控えているという中、案外リオの街は閑散としている。

かろうじてオリンピック会場の中心地の道路の電灯に小さなオリンピックの看板が並んで掲げてあり、中心部と観光地を繋ぐオリンピックトンネルの入口はポルトガル語で「新しい世界」と書いてある。小山をくり抜き、一見ディズニーランドのアトラクションの入口のように見えるからこそ、この長いトンネルはなんだか恐ろしく感じる。

全てのオリンピック計画がずさんだったゆえ、排除や事故が続いているリオの再開発。渋滞は多く、バスに乗ると40分で着くところが渋滞して1時間半もかかってしまうほど。バスで隣にいた人が「進まないわね」と声をかけてきた。仕事で日常的にこのバスを利用しているという彼女が言うには、オリンピックが近づくほど渋滞が増えて、2歳の子どもを預けているのにまた遅れるとため息をついていた。リオオリンピックまでに渋滞を解消することは計画に入っていたはず。国際空港とオリンピック会場がある街の中心を繋ぐ路面電車のトラムが作られたが、経営の懸念からオリンピックが終わるとこのトラムも停止するかもという話もある。

28日木曜日、UFF大学のキャンパスで、「オリンピックドリーム」という映像の上映と、『都市におけるメガスポーツイベント』など2冊の本の出版イベントが開催された。2014年ワールドカップと2016年オリンピックのメガスポーツイベントが続けて開かれるリオデジャネイロ。財政難のため2ヶ月前から緊急事態宣言が発令されている。メガスポーツイベントが経済効果をもたらすのかどうかは、このリオの状況で明白だ。ノルウェイやニューヨークからなどオリンピックの嘘を知り尽くしている研究者たちも来ていた。

イベントのディスカッションの参加者から、「今リオはクーデターが起こっている。それはファシストによるものではなくてキャピタリズムやお金によるもの」と話していました。「このオリンピックが終わったとき、私たちはどう語るのかということも大事」「まるで経済発展するとメガスポーツイベントを押し付けて、街を壊し管理を強化する。これは植民地化されていることです。」など意見が飛び交う。ディスカッション終了後の交流会で、次は東京ですねと話しかけられた。東京の話は途切れず数人が集まってきて、東京の64年はひどかった、新幹線つくったよね、日本は東京が二回、長野、札幌、と多い、ザハは高すぎてクビになったけどその後どうなったの？　など、さすがみなさん詳しい。

学生も「街がすっかり変わってものすごく残念。開催中は旅行に行く。」ファヴェーラ強制排除の抵抗運動も関わっていたという学生にも会えた。行政で働いている人は、先月の給料は一切払われなかったらしい。先日の報道で、警察官や国際空港の関税員がストを行っているという報道を聞いてすごいことが起こっていると感じていたのだが、更に、公立学校の教師も給料削減に対してストライキを行い、そして、30校の公立学校の学生たちが、教育の質を下げるなと抗議し学校に寝泊まりして占拠しているらしい。高校でもオキュパイが行われている。そして先日、オリンピックが始まる3日前から地下鉄職員がストを行うと決めた、という。

「平和の祭典」というオリンピック。お祭りムードはほとんど感じないリオ。実のところ、街中で抵抗運動が行われている。

（2016・7・29）

はんごりんレポート in Rio　その3

今日は朝から、ヘリコプターの音が何度も聞こえる。宿泊場所の窓から見上げても、曇空に音が響いているだけで姿は見えない。泊めてもらっているこの家のホストに台所で会った時もヘリコプターの音が響きだしたので、「あれは警察のヘリコプター?」と聞いてみると。「多分ね。」と暗い顔。

治安維持を名目に警察の暴力は増すばかりで、人種差別と混乱をもたらしている。警察には、機関銃などの武器を持っている州の警察官と、持っていない市の警察官がいて、更に、街でときどき見かけるのは武装した軍隊。

特に軍隊は、オリンピックに関係している場所にいる。この迷彩の色と、リオオリンピックカラーの組み合わせが「地獄」の色なのかも。（警察官や組合が、給料カットに対する抗議のため空港で「ようこそ地獄へ」とバナーを広げた）

街のキオスクで、リオ五輪サンダルが売っていた。

（２０１６・７・３０）

はんごりんレポート in Rio　その4

サントクリスト地区の海側は、再開発の真っ只中。とはいえ工事は行われているのかいないのかわからないぐらい静かで、人と猫がゆっくり歩いていた。空きビル空き地はたくさんあり、ピカピカの高層ビルが砂埃の中建っている。

こんな状態なので、空きビルをスクワットしている人たちがたくさんいるようだ。わたしが訪れたのは、元ホテルをVITO GIANOTATIというグループがスクワットしているところ。彼女・彼らは現在１５人でこのスクワットハウスを組織し、更にホームレスの１２家族と一緒に住んでいる。水は近くの家からもらって運び、また電気は外から拝借している。1階は大きなフロアで、そこにキッチンと、子どものおもちゃや遊び場、ソファーがいくつも置いてある。ダイニングテーブルで5人ぐらいが集まって話をしていたら、グループの一人が、甘い香りをひろげて焼きたてのケーキを持ってきた。大柄な彼は料理やケーキ作りが得意らしい。ものすごくおいしかった。五輪返上ステッカーをみんなに配りとても喜ばれた。2階は３０室ぐらい、ほとんどが2階で暮らしている。3階はほどんどまだ使っておらず暗闇だった。石で作られたらせん階段や、丸い窓がうつくしい。急な坂に建てられているので屋上は山際で大きな木が生えていた。

この日、まだ足を踏み入れていない泥だらけの部屋を4人で掃除作業をし、案内をしてくれたパメラさんが食事当番。家族たちはそれぞれの部屋で暮らしているが、グループの食事は誰でも食べれて毎日当番が決まっている。食料をもらうことが多く、お金のカンパは毎月５０レアル（１５００円）ぐらいでやっていっている。あとは中古をもらったり拾ったり。

欧米都市部のスクワットハウスの多くが壊されたが、ここリオではまだまだ！　案内してくれたパメラさんが屋上で街を眺めながら、「もちろんオリンピックによっていくつか無くなったところもあるけど、まだ空きビルはたくさんあって可能性はある」と話してくれた。

街の中心街の表通りはかろうじて店が空いているが、多くはシャッターが閉まっている。ほんとうにここでオリンピックがはじまる?? ?

昨日、連絡が途絶えていたファヴェーラのMareコミュニティのジャーナリスト、ジゼレさんとやっと連絡が取れた。なかなかタイミングが合わず会えない。わたしがポルトガル語を話せないことは大きな支障になっているが、今日ネットの情報で、ジゼレさんがリオのどこよりも危険な状況にあることがわかった。昨日警察のヘリがわたしが宿泊している周辺でも飛んでいた。近くのファヴェーラの人たちもジゼレさんのような状況にあるのかもしれない。

RioOnWatch.org の投稿を日本語にしてみました。〈昨日、Mare のコミュニティのジャーナリストジゼレから。〉

「わたしは今まで私の家を離れることができませんでした。

日中、わたしは弾丸に当たることを避けるために、数回、慌てて体を伏せなければなりません。これらは殺す弾丸で、私たちを殺すものです。これらは私たちが生きることや街へ移動することを妨害します。

皮肉にも、Jornal Extra 誌の一面の見出し「通り魔の道に軍が駐在」を読んだ。どこが暴力をもたらすのか？　と私たちに思わせる。

彼らが都市にあると主張する平和は誰のために？　そして誰の名前であるのか？　なぜ、ファヴェーラはいつも、メガイベントの名において皆殺しにされるのか？

なぜ、私たちは私たちの命によって報いを受けなければならないのか？　イベントが行われるために、人口の少数である金持ちのために。

なぜ、何のために何の目的で、私たちは金曜の夜明けから銃声を聞かなければならないのか？」

（２０１６・７・３１）

はんごりんレポート in Rio　その5

日中は25度くらいなので過ごしやすく、これがリオの冬とはほんとうに羨ましい。今日は青空が広がり晴れているので、ビーチに行くことにした。

心地よい気候の中、イパネマの娘を鼻歌に足取り軽くビーチに向かっていたが、わたしの頭の片隅にはメディアで報道されたグアナバラ湾の汚染の衝撃的な写真が浮かんでいた。ブラジル政府はオリンピックまでに海の汚染を80％以上取り除くことを公約したが、まったく達成できていないので失敗している。しかし公約を破ろうとも、ジカ熱が大流行しようとも、オリンピックを中止することはしないIOCは全く無責任だ。辞退する選手も続出する中、IOCのトーマス・バッハ氏が自らビーチへ飛び込んでアピールしたというが、信頼のおけないIOCがこんなパフォーマンスを行うこと自体、怪しい。

さて、海は実際はどうなのか。

フラミンゴ公園の海岸を出ると、やっぱり！　そこには、ほんとうに美しい海が広がっていた。日曜日ということもあって、砂浜にはたくさんの人が集まっていた。向こうにはシュガーローフマウンテン。波が大きいのでたくさんではないが泳いでいる人もいる。

東京湾の放射能によるひどい汚染も見た目ではわからないが、この海岸の、広い大西洋、白い砂浜や青い空や柔らかい風、そこの風景が美しい。汚染されていると思うと哀しくも美しい。美しいからといって汚染されていないわけではない。

右側に海を眺めながら北へ歩いていくと、オリンピックのセーリング会場があり、もっとも汚染されているというマリーナ・ダ・グロリアにたどり着いた。まだ大きなトラックが出入りしている。ゲートには大きな機関銃を持った軍人が立っていて周辺にもたくさんいた。フェンスで囲われた会場はまるで軍基地のようで、さらに公園の中にも機関銃をもった軍人がいて、週末のこの公園でローラースケートをする人たちやピクニックする人たちを萎えさせている。

機関銃を抱えている軍人にはまったく目を覆いたくなるが、写真をパシッと撮った後、オリンピック軍を避け、更に歩いて行った。出かける前に見た地図ではまっすぐいくと現代美術館だったような記憶があったのだが、今度は広場に戦闘機が現れてびっくりした。そして、何かこう、モダニズムのモニュメントが広場にそびえ立っていて、なんだろうと恐る恐る建物の中をガラス越しに覗いてみると、わたしがたどり着いたところは軍事博物館だった！　なんてところに来てしまったのだろう！

　左に曲がる。駆け足。地下鉄へ乗る。

　気を取り直し、コパカバーナに向かった。

　ビーチまでの道は、オリンピックのグッズを売っているお店が少しあった。きっと東京だったらお台場にずらりとお土産屋が並ぶに違いない。ビーチに出るとオリンピックの巨大なテントが建てられていた。ものすごい人だ。そして、アルミ缶拾いの人たちも大漁、大忙し。露天の人たちが、いろいろ工夫してお土産を観光客に売りつけようと頑張っていた。この海もすごく美しい。長い砂浜に夕暮れの空が覆っている。

　長い海岸を歩いているとセレブが泊まるというベルモンド・コパカバーナ・パレスが見えてきた。国旗が並んでいるので、各国のオリンピック関係者が泊まっているかもしれない。そのホテルの前の砂浜に、オリンピックロゴのモニュメントがあった。そこに人だかりが出来ていて、みんな重なるようにして写真撮影をしている。それをすこし離れて見ていると、モニュメントの横にフニャッとした針金みたいなものでできているオリンピックロゴがいくつか立っていた。よく見るとポルトガル語で書かれたプラカードがたくさん立っている。なんだか胸騒ぎがして、横にいた人にこのプラカードのメッセージは何か聞いてみると「人種差別をやめろ」「ファヴェーラの黒人を殺すな」と書いてあるという。

　わたしは嬉しくなって、ひとり、これらをバシバシ写真で撮った。オリンピックロゴのモニュメントの真横に、抗議のオリンピックロゴとプラカードを立てることを勝ち取っているなんてすばらしい。オリンピックロゴと記念撮影している人たちに比べると写真を撮る人は少ないが、抗議プラカードは充分目立っていた。東京でも頑張ろうと力が入った。

　明日から開催まで毎日、街の中心で抗議行動が開かれるという。とても楽しみだ。

（２０１６・８・１）

はんごりんレポート in Rio　その6

　リオ中心部のシネランディアは歴史的な建造物が立ち並んでいる。その広場で人権についてのイベントがあり、ワールドカップオリンピックについて議論してきたコミテポプラも参加している。イベントは他にも、ユニセフや多数あるブラジル先住民のグループ、アフリカ独自の宗教団体を組織する人などが参加していた。とても大きな団体ばかりだったが、このコミテポプラも大きなグループだ。専属のスタッフが何人もいて組織されている。資金は主に教会や政党（社民党みたいな）もサポートしているらしい。ここでは、Tシャツを売ってコミテポルテのチラシやステッカーも配っていた。反五輪の会のステッカーも置いてもらった。

イベントは、それぞれのリーダーの話やディベートを行ったり、それぞれの宗教のダンスを披露。

そして、ファヴェーラMareのジャーナリストジゼレさんにとうとう会うことができた。パッションピンクのアンジェラ・デイヴィスのTシャツを着ていらした。元気そうでなにより！

RIO2016 JOGOS DA EXCUSAO の、オリンピックによる軍事化地域、強制排除、環境汚染、労働搾取、警察による殺人などをデータ化したマップがすばらしい。

（2016・8・1）

はんごりんレポート in Rio その7

リオ市中心部のカリオカにあるIFCS大学で2日、3日、4日の三日間、朝からオリンピックによる様々な問題を議論するイベントが開かれる。学生による大学抗議占拠が行われているこのIFCS大学の入口には、数人のホームレスたちが毛布をかぶって寝ていた。大学前の広場にこのイベントのためのステージが組まれ、インターネットラジオのためのトークが行われる。また3つのブーステントが建てられ、畑のオーガニック野菜のブース、主催の「RIO 2016 JOGOS EXCLUSAO」ブース、そしてオリンピック観光客を対象にした人身売買や性搾取の反対を呼びかける団体のブースが出ていた。

大学構内では、オリンピックにまつわる問題を午前午後それぞれ3つほどテーマに分かれて3ヶ所の教室で議論される。今日の午前中、わたしは「女性の非正規、否認可の労働と反オリンピック」という議論の講堂へ行ってみた。議論はすでに始まっていたが、この間いろいろとアレンジしてくれているフレナンダさんが通訳してくれてほんの少しだけ参加させてもらった。すでに始まっている議論は、中絶について話されていた。ブラジルは中絶が違法。宗教の影響だけではなく、左派政権になった後も中絶が合法になっていない。この議論では、少ない人数でそれぞれの経験を元に話されていた。

午後は通訳がみつからず議論の参加が難しかったが「オリンピックによる環境問題」の議論、「オリンピックによるミリタリズムとレイシズム」の議論に多くの人達が参加していた。大学の中庭に、壊されたファヴェーラの家やそのコミュニティの人たちの抗議の写真が展示している。もう無くなってしまったコミュニティや壊されている家の写真や、銃弾によって穴だらけになっている街灯があるコミュニティの道をデモする住人たちなどの写真は、人々の暮らしがオリンピックによって壊されていることが見て取れて、胸を打つ。

校舎の中の広場では様々な人たちが集っていた。主催のブースに反五輪の会のステッカーを置いてもらおうと、ブースにいた主催者のひとりに話しかけると「東京から？　明治公園はその後どうなった？　心配だ。」と聞いてくれた。オリンピックにまつわる様々な問題はホストとなっているどの都市でも起こっていて、それに抵抗する人たちは国を越えてそれぞれの状況を注目している。

ステージではアフロブラジリアンフェミニストのエロイザさんがインタビューを受けて熱弁！　明日はエロイザさんがオーガナイズする討論会や、その他オリンピックとレイシズムについて、オリンピックとコミュニティについて、運動のマチズモについてなど、重要な討論会が目白押し。

このイベント「RIO 2016 JOGOS EXCLUSAO」の大元の団体であるコミテポルテの重要人物であるイナウバさんにどのようにして運動をより良く広げていくか聞いてみた。

・横のつながりを作って情報交換
・女たちと繋がること
・インパクトを作る
・メディアをさがす。作る
・立場を超えたネットワーク

以上が重要、その他はお金を集める、勉強をする、ノーリーダー、排除に抵抗し平等に、途切れない活動、などなど。イナウバさんは小柄だがとてもパワフル。多くの人達からインタビューを受けていて忙しそうだった。

夕方広場では、２０１４年マラカナン競技場の民間企業による建て替えに反対していた競技場横の学校に通う子どもやその母たちがやってきて、徒競走をするなど広場でアンチオリンピックゲームを開催。

夜６時からは、この広場から昨日の会場だったシネランディアの広場までのデモ。デモの先頭は反オリンピックゲームの学校の人たち。デモといってもここでは警察は一人もついてこないし、この中心街を練り歩くという感じ。途中横断歩道の真ん中で立ち止まってバナーを広げ、車を止めてアピールする。雨が降ってきて軒下で雨宿りするなど、日本のデモに比べると、とても自由で心地よいデモだった。

（２０１６・８・３）

はんごりんレポート in Rio　その8

8月に入り、学校や会社が休みになったらしい。オリンピックのために。

リオ市中心のカリオカは、近くに電気屋街や小さな商店や露天もたくさんあり人がいっぱいだ。この中心街ではとうとう、地下鉄の列車や改札、出入り口などの一部がオリンピック仕様になっていた。地下鉄ではリオオリンピックのオリジナルシャツを着た人をちらほら見かけるようになった。とはいえ、多分いつも通り道路などの工事は多く、標識などもあまりなく、オリンピック関係者が今週末から集まるなんてまったく想像つかない。

　このオリンピック直前の場に及んで、ブラジルの半数以上がオリンピックを反対していると報道された。オリンピック開催による経済効果やレガシーなどの矛盾を実感しているからこそだ。

　今日の「RIO 2016 JOGOS DA EXCLUSAO」の議論もとても充実していた。わたしは、ポルトガル語はわからないので英語を話す人を探してその都度、要約を聞きながら参加した。

　午前中わたしが参加したのは、「記録」についての議論だ。二つ出版された写真集の一つは、女性たちの闘いと生活を記録したもの、もう一つはファヴェーラの警察や軍による暴力や排除についての記録だった。ファヴェーラで起こっていることを社会に伝えることはむずかしいが、リアルな状況を伝えることは、間違いなくどの闘いでも重要だ。ファヴェーラを記録してきたひとりのジャーナリストは、警察や軍がファヴェーラに入るようになってから、警察から何を撮影したのか電話がかかってくると話していた。

　ファヴェーラに住んでいるジャーナリストたちはもっとリスクが高い。警察や軍が殺人を起こした時、その目撃者まで撃ち殺している事例がある。

　写真や映像を残すこと自体、危険をともなう闘い方だ。

　女性たちの闘いと生活を記録した本は、その女性たちの写真とドキュメントのテキストで構成されているとても美しい本だ。Mareファヴェーラのジャーナリストジゼレさんは、この本が出たことを誇りに思うと話していた。

　午後は、オリンピックシティで「無くしたこと」について女性たちが語る場に参加した。息子が警察に撃ち殺された人、コミュニティーがインフラが整っていない場所に強制的に移動させられた人、アフロフェミニストのエロイザさんは、オリンピックによってアフロブラジリアンの祈りの場所を壊され何がレガシーなんだ！と話した。またファヴェーラのひとりの女性が話したことは、自家菜園をやってきたのに今では全く出来くなったと話す。また自分の黒人の息子が、撃たれないように良い格好をさせようと思ってしまう、でも怖いと涙ながらに話す人。その悲しみと怒りの声はマイクで熱弁され、広場全体に広がっていた。そのせいか通行人たちも集まり、そのうちのひとりの黒人の女性が、そのとおりだ！と声を上げていた。

　夜は同じ広場で、ファヴェーラ出身の人たちが受ける人種差別やファヴェーラのミリタリズムをテーマにした演劇が開かれた。太鼓や歌、ダンスなどで構成されてポルトガル語がわからなくてもとてもわかりやすかった。

とにかく、どこでもなかなか英語が通じない。片言のポルトガル語を覚えて言ってもみるが発音が悪いらしく通じない。東京のように、4年前の今からオリンピック旅行者のために学校や町内会で英語教室が開かれるほど、動員されていないということかもしれない。スポーツメガイベントの研究者フレナンダさんがブラジル人たちは、怒りなどを沈黙しないと話していた。リオオリンピック開会式の会場マラカナンスタジアムは、2013年建て替えを巡り長い闘いがあった。オープニングセレモニーで登場するテメル副大統領に対して、客席からブーイングが鳴り響くと確信している。つづけてフレナンダさんは、ただメディアが報道するかどうかを心配していた。

今日は肌寒い。オリンピックが三日後に始まる。

（2016・8・3）

はんごりんレポート in Rio その9

今日はIFCSで行われた様々な議論や報告の最後とあって、明日のデモのためのバナー作りWSも開かれた。また、この運動団体が今後の問題として、コミュニティに残った人、強制的に移動させられた人など、バラバラに分断された中で、今後どのように闘うか話し合われた。参加者は60人ぐらいの公開されている場でそんな話がされるなんて、すごい。

他にもたくさんの話し合いが開かれていましたが、毎日ここにきても半分も参加できず残念。広場では、それぞれ、そっちの議論はどうだった？とお互い話されていた。

そして最後の会では、広場で様々な立場の人たちがマイクアピール。

スタジアム建て替えに反対していた小学校の先生、オリンピックがもたらす環境問題に取り組んでいる人、リオの街の清掃員、祈りの場所を壊されたアフロフェミスト、ストを行ったIFCSの大学教授、電気会社に対して闘っている先住民の人たち、海に石油会社が建設され仕事を失ったと話すリオ南西部の漁師の人、リオのストリートバンドの人、路上生活支援の人、スクワット運動の人、そして、ロンドンからのビデオメッセージ、そして最後にわたしが話した。

東京オリンピックの状況については、スタジアムのために野宿者排除や公共の団地が壊されていること、そして今、起きている沖縄の基地反対の闘いにも触れ、ミリタリズムが進んでいることを話し、5日に東京で連帯行動があると伝え、そして連帯していきましょうと締めくくった。連帯行動を行うと話した時には、たくさんの人が高く拳を上げ連帯を示してくれた。

そのトークが終了すると、主催者の女性ジゼレさん（Mare のジゼレさんではない）から、なんと！ カナダのバンクーバーから受け継がれているという反オリンピックの手作りのトーチを引き継いだ。

フィナーレは、突然、その広場で焚き火が始まり、バンドの演奏やダンスで夜遅くまで盛り上がったことは、ブラジルらしいオリジナルの闘いだ。

たくさんの人たちの闘いがあり、確実にオリンピックや資本主義はダメージを受けている。

（２０１６・８・５）

はんごりんレポート in Rio　その１０

5日、オリンピック開催に抗議するデモに参加した。Praca Saens Pena という集合場所に向かう地下鉄でコミテポルテの重要人物イナウバさんにばったり出会った。イナウバさんは胸に先日わたしが渡した反五輪の会の「五輪返上」のステッカーを付けてくれていた。イナウバさんがもっとステッカーがほしいというので数枚渡すと、地下鉄に乗っている周りの人にそのステッカーを配り始めて、どうやら、東京からもオリンピック反対で来ているとこを伝えてくれている様子だった。集合場所の公園では様々な団体が、プラカードを作っていたり、早くもそれぞれバナーを広げコールを行い、たくさんのメディアにアピール。武装した軍警察もその群衆の中にぞろぞろ入ってきてアピール（?）。

プレスの人たちはヘルメットをかぶってゴーグルを持ってどうやら慣れた様子だった。そして、わたしが反五輪の会のバナーも掲げると、たくさんの人に話しかけられた。

デモは、オリンピック開会式が行われるマラカナンスタジアムに向かう。

しかしどこまで近づけるかわからない。主催者のバナーが道路へ移動し、それに続いて他のみんなも道路に移動した。そして出発。こちらのデモは日本と違って道路の隅から隅まで広がってみんな自由に歩く。それぞれがコールをしたり、歌ったり。自転車の飲み物売りもデモに参加して、暑かったのでよく売れている様子だった。

４０分ほど歩いた所で、軍警察がデモ隊の前に立ちはだかって行進を止めた。警棒を持っている警察、馬に乗った警察、盾を持っている警察などが、デモをとり囲う。場合によれば、解散しないデモ隊に対して軍警察が暴力的に排除する可能性がある。しかし、抗議の声は高まる。デモは滞留したままデモ主催者が軍警察と交渉に入った。その間ブラックブロックがオリンピックの旗を燃やすパファーマンスを行った。広場で焚き火もできてしまうリオなのでこれくらいの火気では騒ぎにならない。火について軍警察の反応もない。

わたしは、ポルトガル語がわからないので、人々が何と抗議しているのかわからない。しかし英語を話す人から、ブラックブロックや軍警察が走り出しても、危ないから決して近づかないように、と何人もから忠告を受けた。

馬に乗った軍警察隊がデモの前から退いていった。どうやら交渉がうまくいったようだ。警察が前を退いてすぐに、歩道の店の方で警察が侵入し混乱が起こる。誰かが警察から逃げようと店に入ったら軍警察が追いかけてきて店員を突き飛ばし店内を蹴散らかしたようだ。そして、店の外に走って逃げた人を、警察はまた追い掛けて、その店を去っていった。リオの軍警察はブラジルの中でもヒドイという話だ。軍警察が街の中へ入って追いかける。ブラックブロックは逃げる。

落ち着いたところ（?）でデモ再開。みんな更に大きな声でコールをあげ、歌い、旗を振る。

デモに参加する人がどんどん増え、メディアの発表では参加者は500人ということだった。さっき前に立ちはだかっていた警察や馬はデモの後ろ側にいる。

数キロ歩いたところのスタジアム近くの公園近くで、軍警察はデモを止めた。抗議の声は弱まることなく公園へ流れる。「五輪返上」のバナーがいつの間にか高級車の上で掲げられていて、このすばらしい光景の写真を慌てて撮る。デモでは暑くていろいろ混乱があったが、抗議の声はどんどん大きくなりすばらしいデモだった。

解散場所の公園では家族連れや高齢者もいて憩い、デモの人たちはおしゃべりをしたり、またブラックブロックの人たちは国旗を燃やしたりしていた。平和な公園の光景であったが、ブラックブロックの女の人がひとり走り出したら、突然、公園周辺にいた軍警察が公園に走って侵入してその女の人を追いかけた。この軍警察が何をしでかすかわからないとみんな知っているので、公園内は大混乱。すると突然、大きな爆発音がして何か爆発し煙が上がった。その煙はたちまち赤くなりみんな走って逃げる。どこで何が起こるのかわからないのでみんな四方八方に逃げる。公園にたくさんいた人々はみるみるいなくなって、わたしもみんなについて逃げる。

が、逃げている途中から喉が痛くなりゴホゴホ咳が出て、目が痛くなって涙がでてきた。催涙ガスだ。みんな咳をし目を押さえながら逃げていく。公園の外では、デモにもついて来た救護隊（軍警察が用意した?）の人たちが人々の目や喉を洗い流していた。そうして、軍警察は公園にいた全ての人々を排除した。軍警察は公園に人が集まらないようになど、何の忠告もしていない。

いつも軍警察はこのような感じなのかとコミテポルテの人たちに尋ねてみると、そう、今回はデモ中になかったけど最後にあったね、この軍警察が大問題だ、とうんざりした様子だった。そして、東京はどう?と聞かれた。答えに困ったが、銃や爆弾を使うことはあまりないかもしれないけど性格がすごく悪いと答えておいた。

その後、シネランデアの中心街の広場へ、上映会を開催するコミテポルテのスタッフの人たちと一緒に移動。大きなスクリーンは空気で膨らませて出来上がる。政府機関の建物の前の階段が客席になる。リアカーの屋台のポップコーン屋さんや飲み物屋さんもやってきた。カンペキ。

映画はオリンピアというリオオリンピックが開催されるにあたっての実話とフィクションを入り交えたものらしい。

長い一日だった。

翌日の今日、すっかり疲れて少し休む。

夕方、スーパーなどへ買い物に出かけたら遠くで銃声の音が何度も聞こえた。ため息がでる。

（2016・8・7）

はんごりんレポート in Rio　その11

今日は風がつよく、停電した。部屋でメールを打っている途中だったのだが、一時間たっても直らないので、あきらめて出かけた。デモの時には近づけなかったマラカナンスタジアムに行ってみることにした。

その前に腹ごしらえ。ブラジル料理を食べてみようと食堂に入ってみる。ポルトガル語はわからないが、調べてきた少しのポルトガル語（これも発音が難しく通じない）と、世界共通語のボディランゲージで、肉と豆料理ご飯のプレートを注文した。600円ぐらい。店内に大きなテレビがあり、オリンピックのバレーボールにチャンネルが合わせてあった。料理がドーンと出された。予想を超えたボリューム。肉はしばらく食べていなかったので、た、たじろぐ。こんなに歯ごたえがあるものだったか? 黒豆を煮た料理は素朴な味でおいしかった。全体的にシンプルな味で、むしろボリュームを味わうという感じ。

ものすごくお腹がいっぱいになり、スタジアムに向かべく地下鉄に乗る。地下鉄の駅ホームでフリーWifiがつながったので今朝のメールの続きを書いてから、地下鉄に乗った。リオオリンピックのユニフォームやTシャツを着た人をよく見かけるようになった。

マラカナンスタジアムは、マラカナ駅とその手前の駅の間にあり、手前の駅で降りて歩いていくことにした。この駅のホームにもアーミー服を着た軍が立っている。改札を出てもマシンガンを持った軍がいる。スタジアム周辺も武装はしていないが警察がたくさん。食べすぎのせいか、軍や警察のせいか、胃が痛い。

巨大なマラカナンスタジアムは思ったより人は少ない。午後2時だったので時間帯のせいだろう。中では少し歓声が聞こえるので観客はいるようだが、20万人収容を誇るこのスタジアムが満員になることは年間何日あるのだろうか？　チケット売り場そしてゲートには空港のような手荷物検査がある。

2013年サッカーワールドカップによってこのスタジアムが新しくなった。元々あった公営のスタジアムは壊され、民間の巨大スタジアムとなった。近所の人達は自由に使えるスタジアムを失った。IOCやリオ五輪組織委員会はオリンピックが終了すると小さく再建するので無駄がないことを声高に主張するが、民間運営されてしまうことは変わらない。

この建設を反対する長い長い闘いがあった。住人や学校の先生、保護者たちが一緒に闘った。スタジアム周辺を歩くが、わたしはその周辺の街の方に目が行く。壁にはグラフィティがたくさん。よく残ってくれたと感じる。

スタジアムの最寄りのマラカナン駅に近づくと駅反対側の山にファヴェーラが見えた。このファヴェーラからオリンピック開会式はどのように見えたのだろう。ファヴェーラのジャーナリスト、ジゼレさんの言葉が何度もよぎった。

「なぜ、わたしたちは私たちの命によって報いを受けなければならないのか？　イベントが行われるために、人口の少数である金持ちのために。」

マラカナン駅に着くと、またもや銃を持った軍が立っている。駅の向こうから、数人の警察が後ろ手錠をされた黒人の少年を連れてパトカーに乗り込もうとしていた。ゴミ箱の中を探す仕事をしていた人が、それを見つけて、警察たちに近づき何か訴えていた。この人は警察に突き返されパトカーは後ろ手錠の人を乗せて去っていった。

明らかにオリンピックスタジアムは異質で、周りには歓迎ムードはない。しっかりと街やその住人たちは、オリンピックに対して醒めた様子を旅行者に見せつけている。

ところで、コミテポルラの「RIO 2016 JOGOS DA EXCLUSAO」のイベントで、無料で配られていた英語で読める冊子がわたしの知る限り（もっとあったかもしれない）2冊ある。

1つは「メディア向けガイド　オリンピック都市での人権侵害」大手メディアでは決して報道されないリオの状況が詳しく載せてある。スポーツ、ハウジング、環境問題、港周辺の再開発、公共支出、管理強化（警察の殺人、軍統治の領域、露店商、ホームレス、自由の剥奪）、交通機関、例外的な法改正（オリンピックのための法、テロ防止法）、などのトピックに分かれて載っている。

もうひとつは「影響をもたらした女たちオリンピック都市での女たちのライフストーリー」という美しい冊子。3人の女性の記事と、7人の女性やトランス女性のそれぞれの立場の闘いのドキュメント。コミテポルラの重要人物イナウバさんが、運動で重要なことのひとつに女性と繋がれと言っていたのが印象的だった。この美しい本を東京のみんなに伝えたいと思った。

これら2冊をまだ全部は読んでいないが、ぜひじっくり読んで勉強したい。

（2016・8・9）

はんごりんレポート in Rio　その12

今日、ファヴェーラの住人でジャーナリストのジゼレさんに会いに、ファベーラの複合体であるマレへ訪れた。ケイジさんとモニカさんと一緒に行ったので、ジゼレさんの話を2人を通して聞くことができた。マレはブラジル通りという大きな道路と国際航空につながる高速道路の間にあって14万人も住んでいる。

ジゼレさんはまずマレミュージアムを案内してくれた。ここはマレの記憶を残すミュージアム。ここは元々工場だった建物で、マレの歴史を展示したり広場ではカポエラや音楽イベントを開いている。マレの資料を整理したりリサーチする役割も持っているようだ。20年ぐらい前からマレのアイデンティティを守る活動は始まり、17年前からマレのコミュニティ新聞が、そしてこのミュージアムは10年前から始まった。住人たちは一般的な差別意識を内面化していることも多く、しかし新聞やミュージアムの活動などによって、マレやファヴェーラへの誇りを持つようになってきたようだ。ミュージアムの中には、小さなライブラリーがあり絵本なども置いてあり子どもたちも集まる。ミュージアムの展示はマレのコミュニティが始まった頃の写真や、水上の暮らしや、家の暮らし、抵抗運動、仕事、パーティー、祈り、子ども、そして最後には恐怖などのセクションに分かれて展示されていた。

元々海だったところをブラジル通りを作るために移民の人たちが集められ、労働者たちはその周辺に住み始めた。最初は海岸に柱を立ててその上に家を建てていた。その後、道路工事の余った材料でこの辺りを自ら埋め立てその上に家を作り出したらしい。道路が出来た後は、漁師や船の製造業と仕事が変わっていった。1950年代や1980年代に行政が住宅政策とうたって、ファベーラ潰しが始まった。公営団地に住まわせたり、またより郊外へ公営団地を建て、引越しさせた。いつの時代にも同じことをやられているが、マレは守り続けられている。最後の「恐怖」のセクションの展示は銃弾が透明のアクリルケースに入れられていた。このケースに住人たちが街で発砲された銃弾を入れていくので、この銃弾は増え続けているらしい。

街の中をジゼレさんと歩く。街の大きな道も、小さな路地にも、人がたくさんいる。店を開いていたり、話をしていたり、子どもたちもたくさん遊んでいた。高速道路側に着くと、行政が道路から見えないように道路の側面に建てた塀が見えた。ジゼレさんはこれを「恥の壁」と呼ぶ。

高速道路の高架下の向こう側には広場があり、より貧しい人たちが住んでいる小屋だという。これは東京などの川沿いにある野宿者コミュニティのようで、わたし的には親近感。放されている鶏も見えた。そして、入り組んだ路地を通り、ぐんぐん坂道を上がって行く。子どもが警察に撃ち殺される事件のあった場所、NGOの建物やコミュニティスクール、住民会議をする場所、洋服の仕立て屋さんなども訪れる。入り組んでいる道では、人々が外で食事をしていたり、なぜか電線が多いこの坂道で凧揚げしていたり、とにかく人々が外にいる。猫もたくさん。途中、ジゼレさんからこのあたりではあまり周りを見ずに下を向いて歩いてと注意があったが、基本的にとてもいい街だと感じた。なにせ住人らが自ら作った場所なのだから。

　メディアでは、不法占拠、勝手に住んでいると報道されるが、住所もあるし社会保障も受けられる。「マレ人」という誇りと、住人たちをエンパワメントすることが、差別や偏見そして暴力に抵抗することに繋がる。それらの活動が息づいている街を、ジゼレさんと一緒に歩いていてよく感じることができた。貧困者や社会の周辺に置かれた人たちにとって、安全な場所はない。ジゼレさんは「暴力はどこからやってくるのか?」と問う。軍警察は銃での統治による「平和」を目論んでいる。はたしてその結果、住人が安心できる場となったのか?

　ファヴェーラの住人であり活動家でもあるジゼレさん自身に降りかかってくるリスクは凄まじく大きい。しかしジゼレさんはファヴェーラの楽しみも悲しみとも共に生き、ここの住人たちとここで生き合うため毎日抵抗を続けている。

　夕方、ジゼレさんが案内してくれたマレのお店で、山盛りの肉とお芋の天ぷらをみんなで食べる。この店内にも大きなテレビがあってオリンピックにチャンネルが合わせてあった。私以外の3人はポルトガル語で、オリンピック反対と言っていた活動家がオリンピックが始まると開会式のスペクタクルを絶賛している問題、などをワイワイ話していたようだ。その時テレビではちょうどファヴェーラ出身の柔道女子選手ラファエラ・シルバが金メダルを取っていた。

（2016・8・9）

はんごりんレポートin Rio　その13

　リオの街は、オリンピックが始まって変わってしまったことがある。

　まず、軍隊と軍警察とリオ市の警察官があらゆるところにいる。港の辺りの広場にオリンピック関連のイベント会場が作られていて、そのゲートの「ウェルカム!」と書かれた両側には、デッカイ機関銃を持った軍人が数人が立っている。ウェルカムと言われても…。

　そして、交通機関が変わってしまった。昨日マレを訪れた時も、バスのダイヤが大幅に変更されて、リオ在住の人でさえもすごくわかりにくなっている。マレとリオ中心部を繋ぐ本数は大幅に少なくなり、マレの人たちにとっては大迷惑。また、オリンピックパークへ向かうために新しい地下鉄が開通されたが、それもオリンピックのためであって、それまで使われていたバスなどは変更されてしまった。その上、先日も書いたがものすごく渋滞が多い。また、あるファヴェーラではファベーラの上部へ向かうケーブルカーが設置されたが、ファベーラの街の中に停留所は少なく下からダイレクトに頂上まで行き、しかも、車内には大きな荷物を持って入れない。それはファベーラ住人のためではなく旅行者のためのものになった。

　次に清掃員が夜も働かされている。公務員や公共サービスに携わる労働者に給料が支払われていないという現状で、その人たちの労働条件は非常に心配である。

　ブラジル中の警察官がリオに派遣されている一方、スリや盗難も増えている。

　とはいえ、今の副大統領を批判する「fora Temer」（テメルは出て行け）のメッセージがたくさんある。現在ルセフ大統領は弾劾裁判にかけられており、反政府勢力は強化されている。

　オリンピックによって学校の長期休暇の日程が変更された。

他にもいろいろ。

　リオのある人は、早くオリンピックが去って欲しいと言っていた。大型スクリーンが設置されている広場は、いつもは静かなところらしい。

　２０２０年代々木公園の中央広場にも、大型スクリーンを設置する計画がある。東京都もこのようなことを計画しているのだなと想像しながら、このあたりを散歩した。

　オリンピックいらない。

（２０１６・８・１０）

はんごりんレポート in Rio　その１４

　ヴィラオートドロモは南西部にあるファベーラ。７００世帯が住んでいたこのコミュニティは、オリンピックパークを建設するため追い出しがあり、流血の闘いの後、現在２０世帯が暮らしている。

　リオ滞在の最終日に、このヴィラオートドロモを訪れることができた。リオ中心街から2時間、オリンピックのために開通したという地下鉄とバスを満員の中、乗り継いでいくと終点がオリンピックパークだ。バスから降りてゾロゾロと歩道橋を上がると、霧雨が降っていて空は雲で覆われていた。その風景に、オリンピックパークの高層ホテルその横に駐車場を挟んで２０軒並んであるヴィラオートドロモが現れた。オリンピックパークへ向かうたくさんの人たちにこのコントラストは見えているのだろうか？

　オリンピックパークのゲートとは反対側に歩いてヴィラオートドロモへ向かう。この場所に

立って、2、3年前まではあった700世帯のファベーラを想像する。寂しく残っている木、書いては消されたという川のコンクリートのへリに書かれたメッセージ、自らの家を壊されてもそこに住みつづけたというレンガ作りの壊れた家があった。また、家を壊された後、住んでいたコンテナもあった。

　行政はオリンピック開催前、残った20世帯に対して、真っ白な家を建設した。住人たちは、白い壁にバナーを掲げ、オリンピックがもたらした「排除の展示会」を、それぞれの庭や、一部の部屋を使って開催していた。コミュニティを壊された住人たちの怒りは収まらない。

　住人のひとりのナタリヤさんにお話を聞くことになった。ナタリヤさんは引っ越したばかりの部屋のテーブルをどこに置くかあちこち動かしたり、引越しの片付けに忙しそうだったが、わたしとお話しすることを快く引き受けてくれた。

　2009年、リオがオリンピック開催都市として立候補した時の計画では、オリンピックパーク建設は計画されていても、このヴィラオートドロモはその横に全て残っていた。しかし開催都市として選ばれた後、翌年2010年に計画が変更され建設地域は拡大された。その後ヴィラオートドロモは、バリケードを作りバナーを広げ、行政の車を村に入れさせないようにした。そのバリケードも2回ほど壊されたがまた作り続けた。そしてナタリヤさんと母親のペナンさんは、毎日のようにコミュニティの住人のそれぞれの話を聞きまわった。また、このコミュニティを訪れる人たちとも一緒にお茶を飲んで理解を深め、そして、コミュニティ外のカルチャーイベントなどに参加し、コミュニティ外のサポーターも増やしていった。そして、今年の3月8日の国際女性デーの日に、ナタリ

アさんやペンヤさんの住む家は強制的に取り壊された。

　わたしとナタリヤさんが話していると、ペンヤさんも合流してくれた。わたしから質問はないのかと訊いてくれたので、わたしは2人に、わたしが住むコミュニティ内で起こっていることや、行政が仕掛けてくるコミュニティ内の分断についてどうしていたのか通訳の人を通して質問した。ナタリヤさんとペナンさんは、すぐに共感してくれた様子でわたしを見てたくさん話しだし、そしてわたしにやさしく強い声で話してくれていた。全てポルトガル語なのでわからないが、たぶん元気づけてくれているようなかんじ。通訳をしてくれた人は、2人の長い返答を全て伝えてるのは難しそうだったが、2人はわたしが何を聞きたいのかすぐにわかり、そして、仲間同士の分断がとても苦しいが会話を諦めずお互いに理解をすること、と伝えてくれた。

　そして、ペナンさんは、メディアを使ってIOCを攻めることが大事だとも言っていた。ペナンさんやナタリヤさんの闘いは終わっておらず、行政が建てたこの真っ白な家に、メッセージを書いたり、強制排除の展示をしている。その日も、たくさんのメディアが取材に来ていた。

　ヴィラオートドロモの闘いは、土地の財産についての闘いだった。ペナンさんは、ファヴェーラだとしてもその土地に住む権利はある。この場所にいたいと自信をもって言ってもいいと、わたしに近づいて強く話してくれた。

　この日、ペナンさんは何かの表彰式（ドイツの団体から人権についての表彰）だったようだが、時間ギリギリまで私と話をしてくれた。ナタリヤさんは、東京のこれからの闘いに、できることがあれば何でもするから言ってね、繋がりましょう、と言ってくださった。

　とても、とても心強い。

zin：2016 リオ反オリンピック報告
報告・絵　いちむらみさこ　英訳　K T Bender
発行　2016.9.11

SMASH PATRIARCHY
NO EVICTION FOR OLYMPICS
NO NUKES
NO OLYMPICS 2020 TOKYO
NO BASE

公園かえせ
NO TO OLYMPICS

明治公園

明治公園野宿住人に対するオリンピック排除の現状

2016.11

2020東京オリンピック開催決定でメイン会場となる新国立競技場建設予定地からの野宿者排除が始まってから、早くも3年目の秋を迎える。

早々に解体され更地になった国立競技場跡地を横目に、隣接する明治公園で長年テント小屋を構えてきた野宿住人たちは、東京都による執拗な追い出し圧力と二度の公園内移転、今年2016年1月27日の公園廃止、2月5日の公園強制封鎖の危機、そして今年4月16日にはJSC（独立行政法人日本スポーツ振興センター）申し立てによる土地明け渡し仮処分強制執行という、国家権力フル動員の最低最悪の強制排除を食らいながらも、いまもしぶとく、明治公園の残された一角・こもれびテラスにしっかりと居を構えている。

この3年で一帯の風景は激変した。国立競技場が営業を終えたその数ヶ月後には、競技場軒下に寝泊りしていた人たちが追い払われた。周辺の公道からも野宿者の荷物が順次撤去されていった。明治公園霞岳広場の封鎖によって、夜間ダンボールで公園内のあちこちに身を横たえていた野宿者たちの姿も消えた。

道路を挟んだ都営霞ヶ丘アパートからは約230世帯もの住民が移転させられ、まだ3世帯がのこっているにもかかわらず空いた棟からパワーショベルで次々と解体されている。散歩する人やジョギングする人の姿もめっきり減った。生い茂っていた樹木が大量に伐採され、工事車両や作業員、警備員ばかりが目につくようになった。

想像してほしい。見慣れた場所が白い鋼板で次々と囲われ、見知った顔が次々といなくなり生活の気配が消えていく中、東京都役人やJSC職員らが大挙して何度も追い出し圧力をかけにやって来るのだ。追い出しに抗する過程では「国立競技場周辺で暮らす野宿生活者を応援する有志」メンバーに対する二度の不当な刑事弾圧（身柄拘束のプチ弾圧含めると計3回。いずれも不起訴）、毎週千駄ヶ谷でおにぎりを配っている支援団体が明治公園の野宿住人だけを無視して通り過ぎるという差別事件も起こった。明治公園の野宿住人たちはこの3年間、それでも踏ん張ってここに暮らしてきたのだ。

そして現在、生活拠点となっている明治公園こもれびテラスもまた、東京都により9月30日をもって公園廃止にされてしまった。新国立競技場計画に便乗して進められてきた神宮外苑地区再開発都市計画に、新たにJOC（日本オリンピック委員会）・日本体育協会が入居する岸記念体育会館（現・原宿）のこもれびテラスへの移転（60メートルの高層ビル建設）、隣接する外苑ハウスの80メートル級タワーマンションへの建て替え計画が追加されたためだ。またしても訪れた強制封鎖の危機に、10月4日朝、渋谷や山谷からも仲間が駆けつけ東京都の役人らと対峙した。仮囲いの強行とそれに伴う警備員配置、街灯を消すなどの措置はいま現在生活している野宿住人の人権侵害である旨や、仮囲い設置は本来JOC・日体協が行うべき工事であり利益供与にあたるのではないかなどなどみっちり追及、結果、話し合いにより資材搬入を阻止、封鎖工事そのものを撤回させた。

当日午後に開いた緊急記者会見には、吉田哲也弁護士、山本太郎参議院議員も駆け付けた（山本議員はその後国会でも丸川珠代五輪大臣に質問をぶつけ、明治公園で起こっている問題を知らしめてくれた）。この日を境に東京都は態度を軟化させ、これまで頑なに拒否してきた野宿住人との団体交渉を自ら提示してきている。明治公園の3年に渡る闘いが、ここにきてようやく実を結ぼうとしている。

もちろん、東京都からすればこれもオリンピック・パラリンピックをつつがなく遂行するための方策の一つに過ぎず、東京五輪招致の際の賄賂疑惑の渦中にあるJOCに東京都が高層ビル建設を実現させるという破格の便宜を図る、そのための立ち退きが行われるという本質に変わりはない。明治公園潰しの元凶である新国立競技場計画は基本設計いまだ非公表、仕切り直しの住民説明会も開かれない露骨な住民軽視、手続き無視で12月着工を押し切ろうとしているし、総費用3兆円にも達することが明白となったオリンピックがこのまま開催前提で進められれば、貧困であればあるほど否応なく生活破壊と排除排斥の危機に晒され続けることになる。

明治公園の野宿住人たちが踏ん張ってきたそのギリギリまで、同じように野宿生活者ではない私（達）が、オリンピックに憤る私（達）が踏ん張れるか否かが今後問われてくるように思う。と書くと、顔面蒼白で必死に聞こえてしまうかも知れないが、どうか誤解のないよう、この3年の明治公園の闘いは間違いなく「痛快」「快挙」「大逆転」の連続だったし、これからもそうなると思う。この調子でいけばオリンピックの息の根を止められる、そう確信している。

2018 五輪開催予定都市、ピョンチャンは今!?

2016.12

12月23日

朝7時、まだ暗いソウルから車で3時間半。雪がチラチラと降る高速道路を走り、いくつかのトンネルを抜けると白く雪が積もっていました。

今日から2日間ピョンチャンを案内してくださる方々は、それぞれスポーツに携わりながら、ピョンチャン冬季オリンピックがもたらす様々な問題に対して議論を重ねています。主にピョンチャン冬季オリンピックは、さまざまな深刻な環境破壊をもたらしています。

珍富インターチェンジを出て、まず向かったのはカリワン山。そこに向かうまでの道の拡張工事、トンネル建設など、すでに岩山をガリガリと削る工事が行われていました。狭い道に大きなダンプカーがなんども泥水を蹴りながら通り過ぎました。地元の人たちは毎日のようにここを通っているのだろうか。

そして、現在カリワン山を削っているというアルペン競技場。ひろーい敷地にシャベルカーや労働者の人たちが何人かいました。案内してくださった一人が以前、訪れた時、原生林を含む木々が倒されていたそうですが、今は、それだけでなく、砂、土、岩が混ざり込む貴重な土地もガリガリと削っています。薄雲から差す光が美しく、広く壮大な山を照らしていましたが、この工事現場では山に残ったいたましい爪痕のようになっていました。

次に見に行ったのは、開閉会式が行われるスタジアム。四角形のスタジアムという予定でしたが、そこを五角形に計画を変更し、まだまだ鉄骨の骨組みが弱々しく建っているだけ、2018年に合うようにはまったく見

えません。しかも、住民は8000人しかいないのに、このスタジアムは3万4千人を収容しようとしています。巨額に膨らんでいる総工費ですが、さらに400億足りないと発表がありました。またオリンピック開催後、建て替え移築、解体予定もないという状況です。

そして、ジャンプやカントリースキーや、ボブスレーとさまざまな競技が行われる予定があるアルペンシアという会場。ここは既存の会場を使って、オリンピックに向けてリフォームしているようです。ジャンプの会場には、オリンピックの歴史を展示していたり、ジャンプのスタート地点までケーブルカーが走っていて見学できるようになっていました。

相当高くケーブルカーで登りそこからジャンプのスタート地点までいくルートの床は、地面まで見えてしまう鉄の網でできてあるので、まさか足元なんか見られません。風が強く、ものすごく寒く、こんな中で飛ぶんですね（汗）。このジャンプのスタート地点で常時ガイドをしてくれる方もいます。

そして展望台にはうってかわって暖かくほっこりカフェがあったりして、すっかり観光客を楽しませていました。

このあたりのカンウォン道は、さまざまなスキー場やホテルなどもありますが、赤字運営。地元の人たちは、ピョンチャンが冬季オリンピック開催都市に選ばれ、国がたくさんお金を出してくれるに違いないと期待していたそうですが、二年後に開催予定というこの時期に待てど暮らせど経済はよくならず、オリンピック開催時や開催後も、やはり赤字になることは、間違いなしとの見解をだしているようです。

長野冬季オリンピックの悪夢がここでもまたか？

夜は、案内してくださった方々からスポーツとオリンピックの相容れない関係のお話をたくさん聞き、勉強になりました。

そういえば、ピョンチャン冬季オリンピックのマスコットをまったく見ていない……。いないのか？　早くも逃げたかも。

12月25日

今日はお天気もよく、白くまぶしい風景でした。ソウルに戻る前にメイン会場をまわってみました。スキーリゾートのこのスキー場はクリスマスイブということもあって、賑わっていました。

２０１８年まであと2年と迫っていますが、あまりオリンピックの宣伝などは見当たりません。前のめりの東京は、ここぞとばかりにノボリやらポスターを街に食い込ませていますが、あのロゴ、色や形があまりに地味で目立ちません。東京の役所の入り口にノボリが並んでいますが、むしろ葬式のような「ご不幸」イメージに、ついうつむき加減に通りすぎるかんじ、ですよね。

クリスマスシーズン、たくさんの人で賑わっているのに、ピョンチャンオリンピックのロゴやキャラクターはこの2日間ほとんど見ませんでした。

そして目立っていたのは、メインスタジアムの近くの交差点でスタンディングアピールを行っていた労働組合の方々！　オリンピックリゾートで働いていたが、組合員が多く解雇されたことに対する抗議でした。

オリンピック開発によって労働問題は各都市で起こっています。このピョンチャンでも給料不払いがあったのは、主に個人でやっているトラックの運転手さんたちだったそうです。

ここピョンチャンを案内してくださったのは皆さんスポーツに関わっていたり、実際にスポーツをやっている人です。

だからこそ、スポーツを政治利用、経済利用することに大きな疑問があると話していました。また、多くの人が「スポーツ」を全肯定しているなんて幻想に過ぎない、そしてスポーツをやっている仲間が大きな大会ばかり注目して街の小さな運動場が壊されることに注目しないことに失望する、というお話は、スポーツに携わるからこそ、言葉に重みを感じました。

ピョンチャンオリンピックに向けて、スポーツ施設だけでなく、コンサートホール、プレスセンター、カジノ、また、ちかくに別荘販売も建設されていました。とはいえ、まだまだ、骨組みだけ寒々と立っています。これらのオリンピック骨子はなんと貧弱なことでしょう。豊かな森や動物を追いやって作るとは何なのでしょうか？

スポーツが「より強く」というなら、何が強いのか、この山や森を見て感じて、考えるべきなのではないかなと思って止みません。まだまだ、今からでも止められます。五輪返上！

五輪ファーストおことわり!・オリンピックやめろ!・デモ

五輪ファーストおことわり!
オリンピックやめろ! デモ

大山鳴動してねずみ一匹——「都民ファースト」の号令の下、小池都知事がオオナタふるったつもりの五輪会場見直しは、結局のところ建設容認で幕引きしつつある。森喜朗率いるオリンピック・パラリンピック組織委は高らかに宣言した——総予算は1兆8千億円、国と東京都が負担せよ、と。

冗談じゃない。そんな金がどこにあるというのか。社会保障は削りに削られ、貧困や自死や餓死は日常となった。鳴り止まぬ大地震で被災地は増え続ける。原発事故の収束費用はかさみ続け、放射能汚染の脅威がじりじりと未来を蝕む。

ねずみ達よ。そろそろほんとに目を覚まそう。いかにスポーツの美名で取り繕おうと、貧者から奪った金で金持ち達が興じる壮大なバクチ、それがオリンピックだ。儲けを手にするのは、森やバッハのようなグローバル・スポーツ・マフィア、金にめざとい政治家・資本家、大企業だけだ。そして搾り取られるのは、そう、私たちだ。

オリンピックのツケを払わされるのも私たちだ。アテネを、ロンドンを、リオを見よ。愚かなスクラップ&ビルドで追いやられるのはいつも貧者だ。ここ東京も「もったいない(mottainai)」精神はどこ吹く風、公共団地や公園を更地にし「借金製造機械」の競技場に供出する。そこにささやかに暮らしてきた人びとを、容赦なく蹴散らして。

生活と人間の尊厳を犠牲にする、オリンピックはまさに「災害」だ。黒ねずみ? 小池都知事が真に「都民ファースト」を実現したいなら、東京五輪は即刻中止するはずだ。五輪の夢にしがみつき「五輪ファースト」に無自覚であるかぎり、わたしもあなたも、袋のネズミだ。

オリンピックに憤る人びとよ、声をあげよう。大山鳴動を引き起こそう。
五輪ファースト反対! オリンピックはおことわり!

NO OLYMPICS in TOKYO 2020

日時 2017年 1月22日(日)
11:30 デモ前アピール開始 12:00 デモ出発
場所 JR原宿駅表参道口すぐ 神宮橋
主催 反五輪の会

★鳴り物、コスプレ、プラカードなど大募集です!
★デモはブログ掲載するために主催者側が撮影(映像・写真)を行います。また、沿道からの撮影などに備えて顔出しが難しい方は各自で工夫をお願いします。※デモの撮影をされたい方は事前申込みをお願いします。
★ナショナリズムを象徴するもの、国旗の持ち込みはお断りします。
★小雨決行、荒天中止(ブログやツイッターにてお知らせします)
問い合わせ・各種申込み hangorin2020@gmail.com

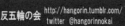

反五輪の会 http://hangorin.tumblr.com/ twitter @hangorinnokai

デモの後は・・・腹ごしらえをして、

「オリンピック災害おことわり!」結成集会
時間 13時30分~16時30分
場所 千駄ヶ谷区民会館 集会場 資料代500円
主催「オリンピック災害おことわり」連絡会

2017.1

緊急声明　1・22五輪ファーストおことわり！オリンピックやめろデモ
不当逮捕に抗議！

2017.1

1月22日（日）、私たち反五輪の会が呼びかけた「五輪ファーストおことわり！　オリンピックやめろデモ」において、参加者1名がデモ隊列から引きずりだされ、連れ去られ、逮捕されるという、トンデモない弾圧事件が起こった。

警視庁の行いはデモ妨害以外の何ものでもなく、法令の根拠を欠く職権の濫用である。

私たちのデモは、人間の尊厳を傷つけ、人々の生活を破壊するオリンピック、そして、そこにはびこる暴力に対して、参加者それぞれのスタンスを調和させながら、断固とした不服従と反対の意思を示そうと行われたものだ。

警視庁公安部よ。

諸君が「妨害」されたという「公務」とは、一体どういう必要性にもとづくものであったのか？

あなた達の憎悪は「犯罪」に向けられているものではなく、ただこの「国策としてのオリンピックを受け入れない」という、私たちの「非―従順な態度」に向けられたものではないのか？

地獄の東京五輪開催まで、あと3年半―。

ここに到ってオリンピック・パラリンピックは、遂にそのどう猛な牙を剥き出しにし始めた。

そして「治安維持」「テロ防止」のエサに群がり跳ね回る黒ネズミこそが日本警察である。

折りしも「共謀罪」の設置が、性懲りもなく実行されようとしている今日。

オリンピック反対を叫ぶ街頭アクションへの弾圧が、いよいよ現実のものとなってしまったのだ！

人の自由を力づくで押さえつけ、「生き血」を吸いとって行われる〝平和の祭典〟を、どうして「笑顔」で迎えることなどできるだろうか！！

決して笑わぬ者を、白昼の交差点でなりふり構わず路上に叩きつけねじ伏せ、表舞台から連れ去り、隔絶し監禁し痛めつける。それが、〝東京五輪でおもてなし〟の実態なのだ。

人の尊厳を知るものとして、私たちは絶対にこのような卑劣な弾圧に屈しない！

私たちの不服従の意思は、どこまでも増殖する。

利権にまみれた五輪カルテルは、恥辱を知ることなく、自らの舞台そのものを崩落させるだろう！！

オリンピック弾圧糾弾！！！

警視庁はいますぐ参加者を解放しろ！

２０１７年１月２３日　反五輪の会

共謀罪、断固反対！！

2017.2

安倍首相は、テロ等準備罪（以下、共謀罪）が国際組織犯罪防止条約の締結に必要で、「条約を締結できなければ東京五輪を開けないと言っても過言でない」と述べている。

大いに結構ではないか。

共謀罪法案も東京五輪もまとめて返上していただこう。

ちなみに、国際組織犯罪防止条約とは、テロ対策ではなく、国際的な暴力団などの経済犯罪防止を目的としている。また、共謀罪などなくても批准できるらしい。

安倍首相は、国際的なややこしげな条約を持ち出せば煙にまけると思っているようだ。

本気で同条約のことを考えているのならば、条約を補完する「人身取引」議定書（２００５年国会承認、未批准）に違反する現状を改めたらどうなのか。日本では、高額の渡航前費用に縛られている外国人技能研修生や偽装結婚などで入国させられ風俗産業等で働くことを強制されている女性などの奴隷的処遇の人々が存在している。（米国国務省人身売買報告書、２０１５年）

安倍首相は五輪を持ち出せば、何でも通ると思っているようだ。利権に基づく都市再開発、野宿者排除、公共住宅破壊、これらが東京五輪の旗の下に行われてきた。この列に共謀罪が加わることによって、五輪は最悪の免罪符であることがますます明らかになってきた。

悪法は入り口で止めるべきだ。

私たち反五輪を掲げる団体に対する不当な捜査や弾圧が強く懸念され、反五輪と言いにくいムードが今以上に醸成されるだろう。それだけではなく、共謀罪は、警察の捜査対象と弾圧の無制限の拡大をもたらすものだ。

一般人は関係ないというのは、治安維持法の時も言っていた戯れ言にすぎない。一昨年の秘密保護法、昨年の集団的自衛権ふくむ安保法、沖縄ではたくさんのひとを逮捕して米軍基地建設強行と戦争準備が着々と進んでいる。

人権よりも五輪が大事という「五輪ファースト」は許しがたいし、平和を脅かす祭典であるオリンピックはいらない。

反五輪の会は、思想・良心・表現の自由に反し、警察監視社会を強化する共謀罪に断固反対する。

２０１７年２月２日　反五輪の会

「五輪動員」が進む教育現場

今、東京都内の公立学校では、東京五輪に向けて「世界ともだちプロジェクト」などオリンピック・パラリンピック関連のプロジェクトが進められている。しかしこのプロジェクトに私は疑問をもっている。

私の勤務校では、2016年の2学期が始まる前に管理職より、東京五輪への参加予定国・地域のうちから5ヵ国が学習・交流対象国として割り振られることが伝達された。「平成28（2016）年世界ともだちプロジェクト実施要項」には、児童生徒が世界で通用する英語力を身に付けることが真っ先に挙げられている。世界を見渡せば非英語圏の国や地域の方が多い。

またこの年、「オリンピック・パラリンピック学習ノート」が公・私立の小学校4年生以上に配布された。

勤務校では、数ヶ月に1回、ALT（外国語指導助手）と英語で交流する時間がある。2回目は「異文化を知る」というテーマでALTの母国の歌遊びを行った。面白い遊びで生徒たちもかなり盛り上がったが、これがオリパラ学習と位置づけられ、生徒はノートに書き込みすることになる。

「オリンピック・パラリンピック学習読本」も生徒に配布された。小学校編・中学校編・高校編とあって、「豊かな国際感覚」「日本人としての自覚と誇り」「スポーツ志向」「障がい者理解」「ボランティアマインドを育てること」が目標に掲げられている。学習はこの5つの要素に割り振られる。

器楽部が地域の高齢者施設の交流会に参加した際にも、その活動をオリパラ学習ノートに記入するよう言われた。ボランティアマインドということらしい。

「豊かな国際感覚」が目標というが、勤務校には、アジアや南米など、外国にルーツのある生徒が相当数在籍する。しかし生徒のルーツに対して、多くの教員は無関心だ。

今年度当初、各教科の年間指導計画を立てる上で、管理職より、この5つの要素に関連する学習内容にオリパラ教育の記号をつけるように指示があった。例えば家庭科の和食調理実習は「日本人としての〜」、美術の体育祭ポスター制作は「スポーツ志向」、作業学習の地域清掃は「ボランティアマインド」といったように、以前から取り組まれてきた内容が次々とオリパラにからめとられる構図になっている。

そして、このオリパラ教育に否定的な私は、校長に「五輪を返上し、福祉や教育環境の向上に充てるべきだ」と言ったところ、都の方針に従わないのかと詰問された。こう考えると、オリンピック・パラリンピックが教育現場に入り込むことで、無意識のうちに巨大イベントへ「動員」される気持ち悪さが広がっている。教育現場への強い危機感を持つのは私だけだろうか。

2017.2

2016リオ、2018ピョンチャン、そして2020東京オリンピックに反対！はんごりん国際連帯ツアー

2016リオ、2018ピョンチャン、そして 2020 東京オリンピックに反対！
はんごりん国際連帯ツアー　3週間にわたり続々開催！

HANGORIN Solidarity tour Information

反五輪の会メンバーが現地交流してきた ジゼレ・タナカさん（from Rio）、イ・ギョンリョルさん（from Seoul）が、なんと、そろって東京にやってきます。「排除の祭典」リオ五輪、すさまじい環境破壊とともに会場建設が進んでいる 2018 ピョンチャン冬季五輪、そしてアウト・オブ・アンダーコントロールに招致賄賂疑惑の東京五輪。オリンピックは開催地に何をもたらしているか、生の声を聞ける絶好の機会です！お見逃しなく！

2/18（土）　Symposium
反オリンピックと都市
—リオ・ピョンチャン・東京
Social Movement against Olympic Games: Rio de Janeiro・Pyeongchang・Tokyo

出演：いちむらみさこ、町村敬志、ジゼレ・タナカ、イ・ギョンリョル
14:00 ～ 18:00
上智大学四谷キャンパス２号館 408 教室（四ッ谷駅５分）
※無料
主催：上智大学グローバル・コンサーン研究所
Tel 03-3238-3023

2/19（日）　Fieldwork
はんごりん 交流フィールドワーク in 神宮外苑・千駄ヶ谷

13 :00 ～外苑前交差点（銀座線外苑前駅）時計台ひろば集合
※無料

16:20 ころ千駄ヶ谷区民会館（原宿駅徒歩８分）にて解散「《連続シンポ》福島原発事故から６年─「復興」の名の下に切り捨てられる人びと」（主催：福島原発事故緊急会議）に参加予定
主催：反五輪の会

2/24（金）　Demonstration & Party
はんごりん 国際連帯
熱烈歓迎デモ
&
リオ・ピョンチャン・東京
反五輪ソリダリティパーティ！

18:30　新宿駅東口アルタ前ひろば集合
→　新宿通りデモンストレーション
19:30　カフェ・ラバンデリア（新宿三丁目駅すぐ）にてパーティ！
トーク、LIVE、デモコール創作、DJ タイム
※カンパ制 / ドリンクオーダー
出演：うらん（歌）　ねこいち（パンデイロ）　稲葉光（ギター）、中川五郎、El Shingon、さくら奴　ほか
場所：カフェ・ラバンデリア
Tel 03-3341-4845
主催：反五輪の会

Anti-Olympics Protests in Tokyo, PyeongChang, RIO, on Solidarity.

2/25（土）　Symposium
国際おことわりコンベンション（IOC）
韓国からイ・ギョンリョルさんをお招きして

出演：イ・ギョンリョル、谷口源太郎、鵜飼哲
※資料代 500 円
13:0 0 ～ピープルズ・プラン研究所（江戸川橋駅 1-b 出口 10 分）Tel 03-6424-5748
主催：「2020 オリンピック災害」おことわり連絡会

2/28（火）　Symposium
女性の都市への権利
オリンピック開催都市での喪失

出演・ジゼレ・タナカ、首藤久美子、いちむらみさこ、他スペシャルゲスト
18:30 ～ 20:30　在日本韓国 YMCA アジア青少年センター 502 号会議室
（水道橋駅、御茶ノ水駅、神保町駅
Tel 03-3233-0611）
※資料代 800 円　定員 40 名
申込制 https://goo.gl/NL9Ojl
主催：特定非営利活動法人アジア女性資料センター、反五輪の会

3/3（金）　Symposium
国際おことわりコンベンション（IOC）
リオから ジゼレ・タナカさんをお招きして

出演：ジゼレ・タナカ
※資料代 500 円
18:30 ～　千駄ヶ谷区民会館（原宿駅 10 分、北参道駅５分）Tel 03-3402-7854
主催：「2020 オリンピック災害」おことわり連絡会

3/5（日）【大阪】　Symposium
「グローバルメガイベント闘争と我々の生」（仮）

出演・ジゼレ・タナカ
16:00 ～　詳細未定
場所：大阪市西成区山王周辺（お問い合わせください）

ブラジル・リオから──
ジゼレ・タナカ　Giselle Tanaka
建築家、都市研究者。リオデジャネイロ大学都市計画研究所所員。リオ五輪の対抗イベント『Rio 2016 - Os Jogos da Exclusão（排除のゲーム）』主催者のひとり。

韓国から──
イ・ギョンリョル　Lee Gyeongryeol
スポーツ平和フォーラム幹事。2011 年運動場が撤去された東大門デザインプラザ（設計ザハ・ハディド）を問題しなかったアカデミズムに幻滅。政治権力によるスポーツ利用に抗して、スポーツの価値を多様な形で提示すべく NGO で活動。

2017.2

反オリンピックと都市　リオ／ピョンチャン／東京
五輪で争われる都市の価値　2.18 シンポジウム

当日は天候に恵まれ、予想をはるかに上回る８０名以上の参加者が集まった。シンポジウム開始前から、物販ブースや参加者有志が設営したオリンピック・パラリンピック教育のミニコーナーにたくさんの人が集まるなど、関心の高さがうかがえた。パネリストのいちむらみさこさんのリオ五輪現地報告集のジン、現地の五輪反対運動パンフレット、ステッカー、反五輪ソリダリティのエコバッグが飛ぶように売れた。

いちむらさんの報告では、ＩＯＣ評価委員訪日や新国立競技場建設などによる野宿者の追い出し問題とともに、女性の野宿者の存在が可視化されないことが指摘された。また、１９９６年長野冬季五輪の競技場や関連施設の建設費用の支払いが終わったのが今年（２０１７年度）で、その多くが赤字まみれであること。長野市は１０億もの費用をこれらのハコモノの維持管理費に充てざるを得ない惨状であることが挙げられた。

また、オリンピックの「文化プログラム」に多額の予算がつけられ、文化や芸術がオリンピック成功のためにからめとられていくことが報告されたが、文化・芸術がスポーツの下支えに利用される現実を、アートや文学など表現に関わっている人たちはどのように受け止めているのか、寒々しい思いを禁じえなかった。

ジゼレさんからは、ブラジルW杯・リオ五輪開催に伴う強引な開発と貧しい市民に対する追い出し・警察権力による抑圧と暴力の現実が報告された。１９５０年代から長きにわたってリオ市民に親しまれてきたマラカナンスタジアムは、色々なスポーツをはじめ多彩な活動ができる貴重な場所で、貧困層のための社会事業が盛んにおこなわれてきた。ところが五輪に向けて数十億ドルの費用を投じて大規模改修が施され、ショッピングセンターが併設され大きく変貌し、貧しい人々が気軽に利用できる場所ではなくなった。社会事業のうち、若者のためのスポーツプログラムは２０１３年に打ち切られ、障害のある人も利用できたプールもなくなった。長年にわたって行われてきた多彩な社会事業は、継続が不可能になってしまった。また、スタジアムの近くで暮らしている先住民の人々を暴力的に追い出し移転させ、再開発を強行するということも起こった。

リオの露天商の多くは、当初、五輪景気に期待をかけたが、彼らの期待とは裏腹に、観光地など外国人の目に触れるような場所から、次々と追い出されていった。商品や店を破壊され、辺鄙な場所に追いやられ、商売が続けられなくなった彼らは街頭行動など五輪反対のアクションを次々に起こした。

若者、特に黒人の低所得層は、ビーチに繰り出すこともできなくなった。彼らの住む地域からビーチに向かうバス路線が廃止され、迂回してビーチに行こうとすると警察官に呼び止められ、身体をチェックされるなど屈辱的な扱いを受けた。このような一方的な治安管理は、W杯や五輪成功のためには殺人をも辞さないという苛烈なもので、２００９年から２０１５年の間に、２５００名が警察の武装介入により殺害された。

五輪につきものの環境破壊の問題も深刻だ。五輪競技にゴルフが加わったことで、豊かなリオの自然が一面の芝生に覆われた。芝生は他の動植物が生存することのできない「緑の砂漠」。五輪を推進する側はお題目のように「環境にやさしい」「持続可能性」を唱えるが、リオの湖沼や湿地帯、原生林は保護に値する「自然」の内に入らないようだ。

ブラジルでは、W杯開催の際、12都市で20万人の人々が一切の事前折衝すらないまま、一方的に住み慣れた場所を追い出された。2016五輪では、7万7000人の貧しいリオ市民が追い出されるという凄まじいジェントリフィケーションの嵐が吹き荒れた。

李敬烈（イ・ギョンリョル）さんからは、来年（2018年2月）に迫っているピョンチャン冬季五輪を巡る問題について報告された。

韓国は、2002年アジア競技大会（プサン）、2011年世界陸上選手権（テグ）、2014年アジア競技大会（インチョン）とメガスポーツイベントを次々と招致してきた。そのいずれも赤字で、特に14年のインチョン大会は十分な計画もないまま16ヵ所もの競技場新設を強行するなど「最悪の大会」と評された。開催費用は2500億ウォン、声高にうたわれた経済効果や雇用効果はおろか、インチョン市は障害者など社会的弱者に対する予算55億ウォンを削って大会の経費に充てることまでしている。2017年現在、同市は韓国唯一の財政危機地方自治体に追い込まれている。

ピョンチャン冬季五輪大会に対する世論調査では、2011年では圧倒的多数がプラスの評価をしていたが、ここ数年、メガスポーツイベントに対する批判意識が高まり、ピョンチャン五輪の成功を楽観視する人の割合は5割前後にまで落ち込んでいる。

ピョンチャン現地の建設現場では、深刻な労働問題が起こっている。3000人の現場労働者に対する賃金不払いの総額は220億ウォン（2016年12月現在）にのぼり、建設現場では労働者の抗議活動が繰り広げられている。

ピョンチャン冬季五輪については、既存の競技施設を活用する分散開催を求める運動が起こっている。韓国内での分散開催案の他、ボブスレーなどのソリ競技を長野で開催する案や、朝鮮民主主義人民共和国での一部開催案も提案された。

2014年12月にIOCが「アジェンダ2020」を打ち出し、それを受ける形で韓国国内で分散開催の声が高まった。同年の世論調査では分散開催賛成が57・8％、反対が38・7％であった。51団体からなる「分散開催を求める市民会議」が立ち上がり、1兆ウォンが節約できると試算を出し、15年7月の世論調査では79・2％が分散開催に賛成した。しかし、パククネ大統領（当時）が「分散開催は意味がない」と発言するなど、政府サイドは分散開催に強く反対し続けている。

ピョンチャン五輪で最も深刻な問題の一つに、競技場建設に伴う自然林の大規模な破壊が挙げられる。ことに、朝鮮時代から数百年にわたって保護され守られてきたカリワン山の原生林を伐採し、アルペンスキー競技場を新設することに対して「緑色連合」などが強く反対し、樹木を抱きしめるなどの抗議行動を行った。工事は多くの人々の反対の声を押し切って強行され、10万本もの樹木が伐採された。樹齢数百年の樹木の切り株が、工事現場のあちこちに無残な姿をさらした。

町村敬志さんは「都市とオリンピックの関係——その『不都合な真実』を考える」というテーマで報告を行った。町村さんは「1人あたりGDPの対米国比」という指標で1960年から2020年までの夏季五輪立候補都市を「10割国型（先進国）」「6割国型」「2割国型（途上国）」に分類した。64年五輪当時の東京は「2割国型」であり、五輪をテコに大規模な開発・近代化を行い「先進国」入りに直進する五輪開催パターンがある一方で、すでに「先進国」入りして久しい都市が、一見「時代遅れ」にみえる国威発揚イベントに強い関心を示すのかを考察すべきなのでは、という問題提起を行った。

64東京五輪の「レガシー」としては、戦後遊休地化していた「軍事用地」「皇室用地」の民間開放がある。前者は選手村（代々木公園）・明治公園（ともに元練兵場）、後者は神宮外苑（東京体育館、国立競技場、秩父宮ラグビー場）がそれにあたる。

五輪も万博も、時間的・空間的にも限られた「小さな」範囲のイベントであるにもかかわらず、私たちは時間的にも空間的にも無制限に拡張された印象をもたされている。動員戦略としての「拡張されたオリンピック」はすでに始まっている。

会場からの質疑の中には、学生時代にボランティアでオリンピックに関わった「よい思い出」や手放しのアスリート礼賛、ブラジルや韓国に対して「政治的部分をクリーンにして五輪のよい面を国のレベルアップに」と注文したり、「五輪自体を批判しているのか？追い出された人たちに対して、どれだけ手厚い保障をすればよいのか」など、日本の社会の中で五輪信仰・アスリート信仰の根深さを思い知らされる一幕があった。

反テロ法についての質問には、いちむらさんが「反テロ法（共謀罪）の審議では、『テロ』の指す範囲や内容があまりにも漠然としている。都合の悪いものは何でも『テロ』。デモをしても『テロ』。運動に対する手段を択ばない弾圧に他ならない」と回答した。

スポーツ選手の中で、一連の問題についてどれだけの人が発言をしたりしているのか、という質問にはジゼレさんが「数人のアスリートの賛同を得たが、いずれも引退した人たちだった。現役アスリートが政治的な立場を明らかにすることは、スポンサー企業などとの関係等々、困難がある。現役の人に連帯を求めるのは難しい」と回答した。

2017.2

はんごりん国際連帯ツアー
2.20-21 長野フィールドワーク

1 長野駅にて

3週間にわたって展開された「はんごりん国際連帯ツアー」、最初のフィールドワークとなったのは1998年冬季オリンピックが開催された長野。一泊二日の行程で、オリンピックから20年が経過した競技施設や周辺地域をめぐりました。

案内して下さったのは、80年代から長野五輪反対運動に取り組まれてきた「オリンピックいらない人たちネットワーク」の皆さん。雪の降る長野駅で高速バスを降りると、代表の江沢正雄さんの「やあ〜ようこそ!!」という力強い声で出迎えられました。

1985年、長野県議会が冬季オリンピック招致を決議し招致活動がスタート。91年のIOC総会で長野が98年大会の開催都市として選定されます。この間、バブル経済の只中という状況も相まって、周辺にはオリンピックにかこつけたリゾート開発計画の波が押し寄せました。

そんな中、江沢さんたちも88年、地域の人々が親しむ飯綱高原の一角にリゾートホテルが建設される計画を知り、これに対する反対運動を始めました。これがきっかけとなり、やがてオリンピック反対の運動が取り組まれていくこととなります。

長野での反対運動は、デモや抗議行動などの直接行動のほか、実に粘り強い情報開示請求や、裁判闘争（それも弁護士を立てず自分たちで!）など多岐に渡ります。

中でも、江沢さんたちが長野に到着したばかりの私たちに最初に紹介してくれたのは1989年の長野市長選挙の取り組みでした。

当時、立候補者は招致委員会会長でもあった現職市長と、同じく推進派の共産党候補者のみ。「オリンピックは県民の総意」などとも言われ、反対の声を挙げられない、反対の声などない、というような空気が地域全体を覆っていたと言います。（今の東京と同じですね）

そのような雰囲気の中、オリンピック反対の候補者を立てようにも、なかなか名乗りをあげる人はいません。そこで立ち上がったのが、江沢さんのパートナーの紀子さんでした（今回のフィールドワークではお会いすることができませんでした。残念!）。子どもたちの未来のために、反対の声があることを示さなければとの信念のもと、オリンピック反対を公約に掲げて選挙を闘われました。オリンピック反対を掲げたことで、選挙ポスターの印刷を断られる、嫌がらせの電話を受けるなどの困難にあいながらも、結果得票数15000票。当選こそならなかったものの、オリンピックに反対の意思を持つ人々が少なくとも15000人いる、という事実を世に指し示すことに成功しました。

しかし、この多くの人々のNOの声にも関わらず、長野オリンピックは開催へと突き進んで行くこととなったわけです。

さて、さっそく江沢さんのマシンガントークが止まりません。オリンピックのおかしさ、反対運動の取り組み、伝えたいことがたくさんあってその情熱が次から次へと溢れてくるのがよくわかります。

より詳しくお知りになりたい方は、江沢正雄さんのご著書『オリンピックは金まみれ――長野五輪の裏側』（雲母書房・1999年）を是非ご一読ください。以下は、なるべく現地で見聞きしたことを中心にご報告いたします。

2　ビッグハット、エムウェーブ見学

長野駅でひととおり食事と挨拶を終えると、2台の車に乗り込みさっそく市内のオリンピック関連施設へ。

アイスホッケー会場のビッグハット（現在は多目的スポーツアリーナ）と、スピードスケート場エムウェーブを訪ねました。いずれも現在は第三セクターである株式会社エムウェーブが管理運営を行っているとのことですが、今がまさにウィンタースポーツ真っ盛りの時期であるにも関わらず、なんだか閑散とした雰囲気です。

エムウェーブは、その名の通り建物がM字のデザインになっており、これは周囲の山並みとの調和を考慮したものなのだそうです。オリンピックで散々自然を破壊しておきながら自然との調和とは？　一同ため息が漏れます。

このエムウェーブの建設費はわかっているだけで360億円（1985年当時の長野市年間予算は760億円）。建物の周囲には広々とした公園が付随していますが、この造成にかかった費用は公園整備費など別の費目で計上されているため、総額でいくらかかったのかもはや正確にはわからないそうです。

中に入ろうとすると「今日はリンクには入れません」ええ！？後で調べてみると、2月は半月以上一般営業をしておらず、私たちはその期間に訪れてしまったようです。一般営業日であれば、有料でスケートを楽しむ大勢の市民の姿が見られたのでしょうか。ちなみに無料で開放されるのは年に7日間だそうです。

オリンピックミュージアムなら開いているというので「仕方ない、見ておくか」と皆で移動。誰もいない展示室に、1998年のメダルやユニフォーム、選手の写真などが並び、いかに長野オリンピックが素晴らしかったかを厚かましく訴えかけてきます。展示コーナーを一通りぬけると、リンクの観客席に入ることができましたが、営業日ではないので、当然人気はありませんでした。

帰り際、事務所にいた職員に江沢さんが声をかけ、リオとピョンチャンから来たお客様だとお二人を紹介すると「これはこれは、昨年は開催成功おめでとうございます」と挨拶され、苦笑いするしかありませんでした。彼にこの施設の収支について尋ねたところ、2015年度は支出が4億3000万円に対して、歳入が利用料等で2億円、そして長野市から1億円、政府から8000万円の補助を受けていると説明されました。とても採算の取れている事業とは思えません。

3　ロッジピノキオの夜

その夜、私たちが宿泊したのはロッジピノキオ。普段から山や自然に親しむ若者などに多く利用されている場所だそうで、オーナーの園長さん（通称）は、今回のフィールドワークの運転も引き受けて下さり、車内ではたびたび江沢さんと軽妙な掛け合いで私たちを楽しませてくれました。

夕食の席には、地元の食材を使ったお料理や鍋、この日のために宇都宮から届いた餃子（！）などなど所狭しと並び、心づくしの大歓待（ありがとうございました！）。にわかにリオ、ピョンチャン、長野、東京の反オリンピック交流会と相成りました。

食事の後には、長野オリンピック当時の反対運動の写真やビラを見せていただきました。

最初にうかがった長野市長選のポスター、通信、デモの写真、競技施設の建設工事を追った様子。どれも一つ一つ大切に分類・保管されていて、当時の熱気が伝わってくるようです。

長野での反対運動が、自然を愛し、地域での暮らしを大切に営む人々によって取り組まれてきたこと、SNSなどなかった時代に丁寧にその連帯の輪を広げて来られたことが垣間見えるような、とても素敵な夜でした。

4　スパイラル見学

夜の間にだいぶ雪が降ったようで、2日目の朝は雪かきからスタート。豪雪地帯の暮らしの厳しさを思い知らされます。名残惜しいけれどピノキオともここでお別れです。

まず向かったのはリュージュ・ボブスレー会場「スパイラル」。ガランとした広大な施設をしばし眺めていると、たった一人の職員が、長らく来客がなく寂しかったのか和やかに挨拶をしてくれました。

本来リュージュ・ボブスレーはより寒冷な地域で行うものだそうで、ここ長野では人工的にコースを凍結させる仕様で施設が作られました。年間2~3ヶ月コースを凍らせるために1日１５０万円の電気代がかかるなど高額な維持費が問題になっています。

一方でリュージュ・ボブスレーの競技人口は少なく、施設利用による収益も見込めません。長野オリンピック後にアジア大会が鳴り物入りで開催されましたが、日本以外はインド人選手が1名、観客も１５０名程度だったそうです。

私たちが訪問する直前の新聞記事によると、このスパイラルは、ピョンチャンオリンピックまではナショナルトレーニングセンターに指定されているため1億円の補助が出ているそうですが、それ以降については採算の目処が立たず、１０年間の凍結休止が検討されているとのことでした。（その後、4月に正式に休止が発表されました。）

私たちを出迎えてくれた職員の方はこうなることを2年前から知っていたそうです。

5　浅川ダムとオリンピック道路

車で移動中、何度も「ここもオリンピック道路なんですよ」というところを通りました。中でも最も力を入れて説明されたのは浅川ダムのループ橋です。

この地域では１９８５年に地すべりが発生し、市街地と飯綱高原をむすぶ道路が寸断されました。（このとき老人ホームが被害にあい高齢者が亡くなったそうです）予算等の問題で、元の場所での道路の復旧は断念されていました。そこへオリンピック招致やリゾート開発の流れが起こり、なんとしても道路を建設しなければということに。

そこでなんと降って湧いたようにダム建設計画が持ち出され、ダム建設予算から作られたのがこのループ橋だというのです。ダム建設費８０億円に対して道路建設費が２４０億。もはやダムはついでですね。オリンピックのために道路を、道路のためにダムをという無理やりな計画です。しかもこうして作られたダムは水がたまらず、オリンピック開発で農地が減ったため農業用地の需要も少なくなり、大して存在意義がないのだとか。オリンピックのためのなりふり構わぬ開発、その典型例のような場所でした。

6　環境に優しい長野オリンピック？

飯綱高原のフリースタイル競技会場。今回は立ち寄ることができず車から遠景を眺めるのみでしたが、ここは山を削り、地形を大幅に改変して造られた上に、環境への配慮をアピールするためか緑化工事と称して外来種のクローバーなどが化学肥料とともに吹き付けられ、生態系に大きな影響があったと言います。

長野オリンピックでは、このように大規模な自然破壊が行われていながら、一方でまったく意味のない（場合によってはさらに悪影響をもたらす）対策が取られ、それを以て環境に優しいオリンピックであると謳われるエピソードが多々あるようです。

その象徴的な言葉が、木を「一本伐ったら二本植えれば良い」というもので、実際に子どもたちを動員しマスコミを呼んで大々的に植樹イベントが行われたそうです。私たちも、その時に作られた「森」を目の当たりにしましたが、森と呼ぶには程遠い、狭い敷地に植えられたなんともお粗末で人工的な数本の木々の群れに、思わず閉口してしまいました。

7　白馬のジャンプ台

白馬のジャンプ台は当初３０億の予算で建設される予定でした。しかし、ＩＯＣの現地視察でシャワーやエレベーターなど様々な要求を突きつけられ、予算は７６億円に増加。さらに、夏も運営できるように芝の吹きつけ工事を行った結果さらに増額して８６億円にまで膨れあがったそうです。

リフト乗り場のスタッフに話を聞くと年間７万人の来場者があるとのことでしたが、私たちの訪問時は私たち以外に人影はありませんでした。

せめてもの賑やかしにとバナーを掲げて記念撮影。

8　長野県庁での記者会見

その後、一同は再び長野市内へ戻り長野県庁にて、今回のはんごりん国際連帯ツアーにおける長野訪問について、記者会見に臨みました。

招致活動時、ＩＯＣ委員を出迎えるために何百人もの職員が旗振りに動員されたというエントランスを抜け、いざ会見場へ。それぞれ自らの都市で起こっていること、そして長野を訪問しての意見などを堂々と述べました。

まずジゼレさんより、リオオリンピックにおける都市再開発、貧困者への暴力・排除、強制立ち退き、公務員への賃金不払いなどの問題について報告がありました。長野を訪問し、様々な説明を聞いてきたが、ここでも同じように公共の資金が人々の生活のためではなく競技場や道路など無用の長物のために浪費されていると鋭く指摘しました。

ギョンリョルさんは、ピョンチャンが同じ冬季オリンピック開催都市であることからさらに具体的に長野について言及しました。

２０１４年に長野を視察した江原道議会が、視察の結果、長野五輪の施設は子孫に残す重要な価値のあるもので、長野五輪は地域の発展に寄与していると発表したそうです。しかし、長野のスパイラルが１０年間凍結休止になったように、韓国でもボブスレー・スケルトンの競技人口は少なく、ピョンチャンでも同じ問題が必ず起きる、我々は長野から学ばなければならないと強く訴えました。そして、オリンピックによる地域の被害を最小限におさえ、新しい政権のもとで朝鮮民主主義人民共和国（北朝鮮）との交流も打開できるような運動をしていきたいと思いを語りました。

続いて反五輪の会からいちむらさんが発言。東京の状況について、コンパクト五輪と銘打ちながら予算は1兆8000億円にまで膨らみ、都営住宅の住民や明治公園の野宿者に対する強制的な立ち退きが行われたことなどを報告しました。一方、湾岸部では地価が上がり「五輪マンション」などと呼ばれる高層マンションが投資・投機の対象となっているとし、オリンピックによって金持ちが儲かり貧乏人は排除され、町が壊されていく、世界中で同じことが起こっていて私たちは何度も経験して知っているはずだと強調。2020年東京オリンピックは返上すべき、世界中の人々とつながって反対していきたいと結びました。

最後にまとめて下さったのは記者会見のコーディネーターを務めた江沢さん。

長野の住民としてスパイラルの休止問題に触れ、コースを凍結させないことで20年間で数十億の節約ができると言われているが、そんなものは動物のいない動物園やコンセントを抜いた冷蔵庫と同じ、いずれにしても無駄なものであるとバッサリ。

オリンピックは持続可能な開発につながるとIOCは言うが、競技施設は老朽化するのみで住民にとってプラスにはならず、市内は空き店舗だらけで寂れている。パラリンピックで障碍者に住みよい街になるとよく言われるが、オリンピックに使う金を人々の暮らしのためにそのまま投資すればよいと訴えました。

そして江沢さんもまた、今回交流を持った3都市と、過去に共に反対運動を行ったトリノ、バンクーバー、アルベールビル、リレハンメルの市民グループとも力を合わせて、2020年までにオリンピックを全面的に見直すようなアクションを行いたいと語りました。

9　最後に

多くの皆さんの助けを得て、私たちは無事2日間の旅程を終えることができました。長野では、たった2週間のオリンピックのお祭り騒ぎのために、深刻な自然破壊が行われ、巨額の税金が湯水のように使われ、どんなに反対の声を上げても最後にはオリンピックありきでまかり通ってしまう。そんな惨憺たる状況の数々を見聞きしました。もちろん、それでオリンピックに対する怒りを新たにしたのですが、それよりも私の心に印象深く残ったのは江沢さんはじめ、反対運動に取り組んで来られた方々のいきいきとした力強さです。理念やスローガンだけではない、長野の自然を愛し、地域に根ざした暮らしの中から生まれた抵抗運動だからこそ持ちうるたくましさ、温かさを感じ、はっとさせられました。

今後も引き続き、長野の経験にも学びながら、各都市がつながってオリンピック反対の声をあげていきたいと思います。最後に、2日間の案内、運転、宿や食事の確保など、このツアーのために様々な形でご尽力くださった皆様に感謝します。ありがとうございました。

2017.2

はんごりん国際連帯ツアー
2.23 反五輪フィールドワーク～湾岸編

2017年2月23日朝、ジゼレさん・ギョンリョルさん・運転手・通訳を含めて総勢7名が新宿駅で待ち合わせた。冷たい風と小雨の降るあいにくの天気。予報では湾岸部は嵐で交通遮断の可能性があるとのこと。しかし、とりあえずレンタカーに乗って元気に出発!!

今回のフィールドワークの趣旨は以下。少し長いが読んでいただきたい。

「都心から湾岸部にかけて再開発など不動産開発が行われ、富の集中と富裕層の再居住化が起こっている。もともとは自営業・中小生産業を中心とした住商工混在の街であった月島・勝どき、そして選手村（晴海）・豊洲新市場などの湾岸部において、タワーマンションや高層ビルが林立している様子を見る。五輪名目のインフラ整備によって土地価格が上昇し、投機チャンスが創出されている。五輪会場を視察しながら、富裕層・経済界と五輪の蜜月を把握することが大きな目的である。五輪を呼び水として、また隠れ蓑として、湾岸部だけでなく渋谷・新宿・新橋周辺・品川周辺・東京駅周辺においても再開発は活発に行われている。富裕層のための街の改変を背景に野宿者・公営住宅が排除されている構造を看取したい。また、破壊されつつある下町らしさも、この機会に味わいたい。」

約500軒の立ち退きで出来た六本木ヒルズ、つづいて、環状2号線の上に規制緩和（立体道路制度）で作られた虎ノ門ヒルズを通過。

環状2号線は築地市場移転の遅延により、新橋までしか開通しておらず、五輪にも間に合わなくなったらしい。築地市場場外は、平日昼にもかかわらずにぎわっていた。

車内は、日本語・英語・韓国語・ポルトガル語が飛び交う言語ミックス状態。ジゼレさんの通訳を引き受けてくれた方がポルトガル語のみならず韓国語も話して、賑やかなムードを作ってくれた。

月島から町歩き開始。月まで届くようなタワーマンションの一方で、木造家屋が身を寄せあい、細い路地には鉢植えが並ぶ。野宿者の寝床を確認しつつ、佃地区に入る。佃（島）は、徳川家康が大阪から呼び寄せた漁民たちが埋め立てた島。佃にいると、江戸前の海が生きていた頃を感じる。波除神社につづいて、肩幅の路地の中途にある佃天台地蔵に行く。狭い！ 板に彫られた仏像、安置されている謎の石2つ、巨大ないちょうの木の幹、洗手などのパビリオンを家屋の隙間に配置した驚嘆すべきミニマムさだ。コンパクト五輪どころの騒ぎではない。一種の胎内回帰的な空間であった。

外界へとまい戻り、佃の町を歩くと、駄菓子屋を発見。バック・トゥ・ザ・昭和である。店内はポップな配色の駄菓子たちによる駄菓子曼陀羅ワンダーランド。創業160年、と店の人。にわかに活気づいたジゼレさんが、息子たちのおみやげにする!と駄菓子をチョイスする。ギョンリョルさんは、よっちゃんイカ。ある人は、お化け煙という糸状のふわふわしたものを指から皆の眼前に漂わせている。童心であり無心である。目的を失念しかかっている我々に喝を入れるかのように、大川端リバーサイド21の超高層マンション群がその威容を現した。

少し歴史を遡ってみよう。

江戸時代に干潟を埋め立て、石川島として造成され人足寄せ場ができた。人足寄せ場とは、軽犯罪を犯した無宿人たちを収容して就業訓練を施した幕府の施設。言ってみれば、現在の自立支援施設や更正保護施設だろう。逆にいえば、それらの施設は治安対策の性質が強いことを歴史が物語っている。また、寄せ場という言葉が、現在は山谷・釜ヶ崎・寿町などのドヤ街を指すことも感慨深い。

明治になり人足寄せ場は解体され（巣鴨刑務所へと移転）、その後に石川島造船所が作られた。軍需によって業績を延ばした造船所では、強制連行された朝鮮の人々も働かされていた。戦後は大型タンカーなどの造船ブームを牽引したが、高度成長の終わりとともに工場は閉鎖。その跡地につくられたのが、湾岸地区で初めての高層マンション群、大川端リバーサイド21である。

隅田川対岸の湊（みなと）にも、建設中のタワーマンションが3つほど見えた。さらに相生橋まで行けば、蜃気楼のように林立する豊洲のビル群が眺望できるのだが、風も強く、腹も減ったので引き返すことにした。途中で「元祖佃煮　天安本店」に立ち寄る。この店は佃煮の種類が豊富だ。ショーケース裏には老舗の女性3人が割烹着姿で鎮座している。創業180年。狭い店内は永遠の時を刻むかのような雰囲気である。ジゼレさん、ギョンリョルさんも思わず財布の紐がゆるんだ模様。ここで集合写真。

月島もんじゃストリートに戻ったが、片側のシャッターは、ほとんどが降りている。長きにわたるご愛顧に感謝する、という閉店・移転のお知らせが貼られていた。36階立ての高層マンションに建て替え、低層を店舗にする月島1丁目西仲通り地区再開発計画のためだ。反対側の月島3丁目も高層ビル（58階建）の計画が進んでいる。我々は1軒の老舗に入った。もんじゃ焼きもお好み焼きもおいしい！　海外勢のテーブルでは、おかみさんが焼いてくれた。メニューに「夏木マリスペシャル」がある。近所に住んでいた彼女がよく食べにきたという。壁には、きゃりーぱみゅぱみゅ、他サインが並んでいる。ジゼレさん、ギョンリョルさん、通訳の方はビールで乾杯！　テンションがあがってきている。おかみさんも、再開発ビルに入るのは合意の上とは言いながら「本当はこのままがいいんですよ」とこぼしていた。3日後に閉店とのことだった。

満腹＆ほろ酔いの一行は、晴海の選手村建設予定地へ。林立しているクレーンや掘削機は作業員があまりいなくて動いていない。選手村にはタワーマンション2棟が五輪後にたてられるように計画変更され、あわせて6000戸がつくられることになる。富裕層の住宅を過剰供給するのではなく、石原都政以来、新設していない都営住宅を建てるべきだろう。そもそも脆弱な地盤である埋め立て地にタワーマンションは本当に大丈夫なのだろうか。

続いては、豊洲新市場を徐行運転で視察。倉庫や工場というおもむきで味気ないこと甚だしい。「これじゃ、築地好きな人はこないねぇ」。

有明アリーナの予定地では、まだ工事が始まっていなかった。湾岸への競技場集中には、遊休地を処分したいという都の思惑があるだろう。それは無駄な公共事業に税金が投入されるということでもある。

枝川では街歩き。この町は、中国侵略などの戦争の激化によって返上することになった1940年東京五輪のレガシーであるとも言える。当時、湾岸地区には、埋めたて工事や荷揚げ、工場などの仕事があり、公共労働紹介所もあったことから、在日朝鮮人の労働者が多く居住していた。また、労働争議も頻発していた。万博や五輪の競技場をつくる計画のなかで、在日朝鮮人が居住しているバラック・コミュニティが問題視された。都がにわか造成した枝川への移転について反対運動があったが、原因不明の出火などもあり強行されたようだ。枝川はゴミ焼却場と消毒所しかない埋め立て地で、蝿や悪臭がひどかったという。枝川コミュニティの結束は強く、戦後は民族解放闘争拠点になり、学校も住民たちが材木を持ち寄って作ったという。その学校は建て替えられ立派に今も存在している。町を歩いても、さほどエスニシティが感じられるわけでもないが、「10畳」とよばれた大きな長屋は残っていた。ジゼレさんやギョンリョルさんは、その長屋に貼られている共産党と公明党のポスターにいたく関心を示した。共産党は他のことでは批判的なのに、五輪に反対しないのはなぜなのか?と質問された。東京五輪に反対する政党どころか国会議員も（山本太郎氏一人しか）いないというのは、民主主義国家としては不思議に見えるのだろう。

続いては、アーチェリー会場である夢の島。といっても、第五福竜丸展示館に向かった。展示館近くに、真新しいオリンピック・パラリンピック会場整備事務所があった。今後、訪れることもありそうだ。第五福竜丸は、展示館一杯にその船体を押し込めるようで、思った以上に大きい。埋め立て地に繋留されたまま放置されていた船が福竜丸だと判明して、保存運動が起こったのだという。現存する最古の木造船でもあるのだという。被爆したと言われている856艇の漁船は、その事実を隠蔽したいアメリカや日本政府によって、歴史の中に消えてしまった。かろうじて第五福竜丸だけが、保存を訴え展示館を作った人たちによって残されたのだった。偶然だが、職員の一人が韓国語通訳の方の友人だった。都の施設にもかかわらず五輪関係のポスターなどが配布されてこない、と彼は少し笑いながら話していた。美濃部革新都政の1976年に開館した展示館も、時代の趨勢の中で位置づけが周縁化しているのだろうが、記憶の風化との闘いが結実している展示館の存在に勇気づけられた。あと、展示館入り口付近に、放置されていた福竜丸の大きな写真パネルがあるが、夢の島の堆積したゴミの中に「オリンピック参」と書かれたチラシが紛れている。職員の方から教えていただいた豆知識だが、印象的だったので記しておく。また、夢の島ではアーチェリー会場を作るために、ユーカリの木を切ったり、（人気があった）すり鉢状の広場を埋め立てたりしているらしい。

さて、夕暮れの気配とともに冷気が増してきた。葛西臨海公園はあきらめ、帰路につくことにした。といっても、迂回して海の森公園を通った。海の森公園はゴミ捨て場として埋め立てが現在進行形で進んでいる。参加者の二人は東京都の仕事で、この地の草刈りをしたことがある。その際に、福島からの汚染土が運び込まれ、防護服姿の作業員が働くのを見たらしい。実際は、海の森という言葉がむなしい、荒涼とした、この世の果てである。五輪ではカヌー競技と馬術が行われる場所だが土壌汚染は大丈夫なのだろうか。

築地・月島・佃から海の森までを慌ただしく走破した今回のフィールドワークは、遠浅で豊かな漁場が、人間の都合を一方的に押しつけた廃棄物捨て場へと変化していった様を、はからずも実感させるものだった。漁船である第五福竜丸は東京湾で操業していたわけではないが、核実験という究極の人間の都合で被害を受け、流転のすえ東京湾に廃棄され、それが夢の島に展示されているということは、そのような文脈でみると強い象徴性を持っている。豊洲新市場めぐるイザコザもまた、魚市場という地域の歴史を包含する施設は、現在の湾岸部において身の置き場がないという問題であるだろう。東京五輪が、大企業・富裕層・権力者の三つ巴の都合によって、これらの傾向を強力に押し進めるものであることは言うまでもない。

海の森公園からお台場へと行くはずが、品川方面に直進してしまい、ナビが充電切れで迷走しつつ、19時からのジゼレさんの報告会に向けて都心へと車は突き進んだ。

＊＊＊

以下は、ジゼレさんからいただいた当日の感想です。

The visit was very well prepared and guided, by people who provided the historical context of the areas, as well as the recent changes, the information on the Olympic facilities planned and possible impacts. This gave me an insider's view, and critical analysis.

とてもよく準備された湾岸フィールドワークだった。近年の変化やオリンピック施設計画とその影響はもとより、この地域の歴史的文脈の説明もあった。そのおかげで、単なる観光にとどまらない視点と批判的な分析を持つことが出来た。

I really liked to hear the stories of the neighborhoods, and to see that workers and their families still remain, keeping their way of life and small local shops.

I was very impressed on how traditional areas, such as the restaurants in Tsukishima, that seemed very popular and owned by local people, are being replaced by common and market led architecture.

地域の物語を聞いたり、労働者やその家族が、お店や自分らしい暮らしを続けながら地元にとどまっていることが見られてすごくうれしかった。月島の飲食街のような人気があり、地元の人の持ちものである伝統的な地域でさえ、行政と不動産マーケットによって立ち退きさせられつつあることに驚きを覚えた。

Japan seemed to me as a country that valued tradition and local culture. But when I saw what is happening to these places, and also to the fish market Tsukiji, I felt that local culture and even the people's health are being put in risk, in the name of economic interests and "modernization".

わたしには日本は伝統と地元文化を大切にしている国のように思える。しかし、湾岸地域や築地魚市場で起こっていることを見れば、いわゆる経済効果や現代化を名目に、その文化は（人々の健康さえも）危機にひんしているように感じた。

In Edagawa, it was good to hear about the park area that was once a community area, and the school that was maintained by community, against a road project. These local struggles and victories for the people tell another story of the city, in general hidden, but that must be valued and registered. They tell us about how the people have real power when organized, and inspires new organizations and struggles.

枝川で、かつて共有場所（炊事場など）だった公園や、道路計画に負けずにコミュニティによって保持されている学校について聞けてうれしかった。これらの地域の闘いと民衆の勝利は、この町の普段は隠されている物語を示すものだ。尊重され、公式に記録されるべきことだ。それらは、力を合わせれば、人々がどれほど本物の力を持つかを告げているし、新たな組織や闘いを触発してくれる。

The visit also gave me a view of how Hangorin no Kai, despite being formed by few people, connect so many histories and struggles. This certainly gives the movement great potential. I believe that all this information and all these local struggles, connected can have important impact on the course of the fight against Olympics.

今回のフィールドワークによって、「反五輪の会」は少数の人々によって作られているにもかかわらず、多くの歴史と闘いに結びついているということも分かった。それは、確実にすばらしい可能性を運動に与えるだろう。知り得たこと、これらの地域闘争、つながりの全てがオリンピック反対の闘いに有意義な展望を与えることを確信している。

2017.2

2.24はんごりん国際連帯熱烈歓迎デモ & リオ・ピョンチャン・東京 反五輪ソリダリティパーティ

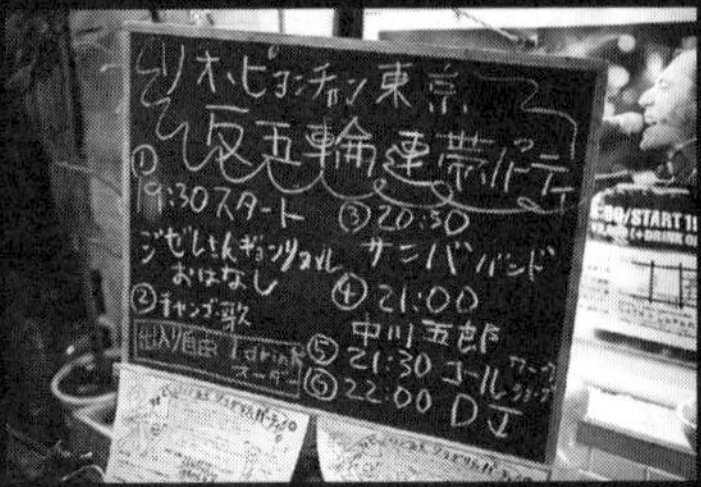

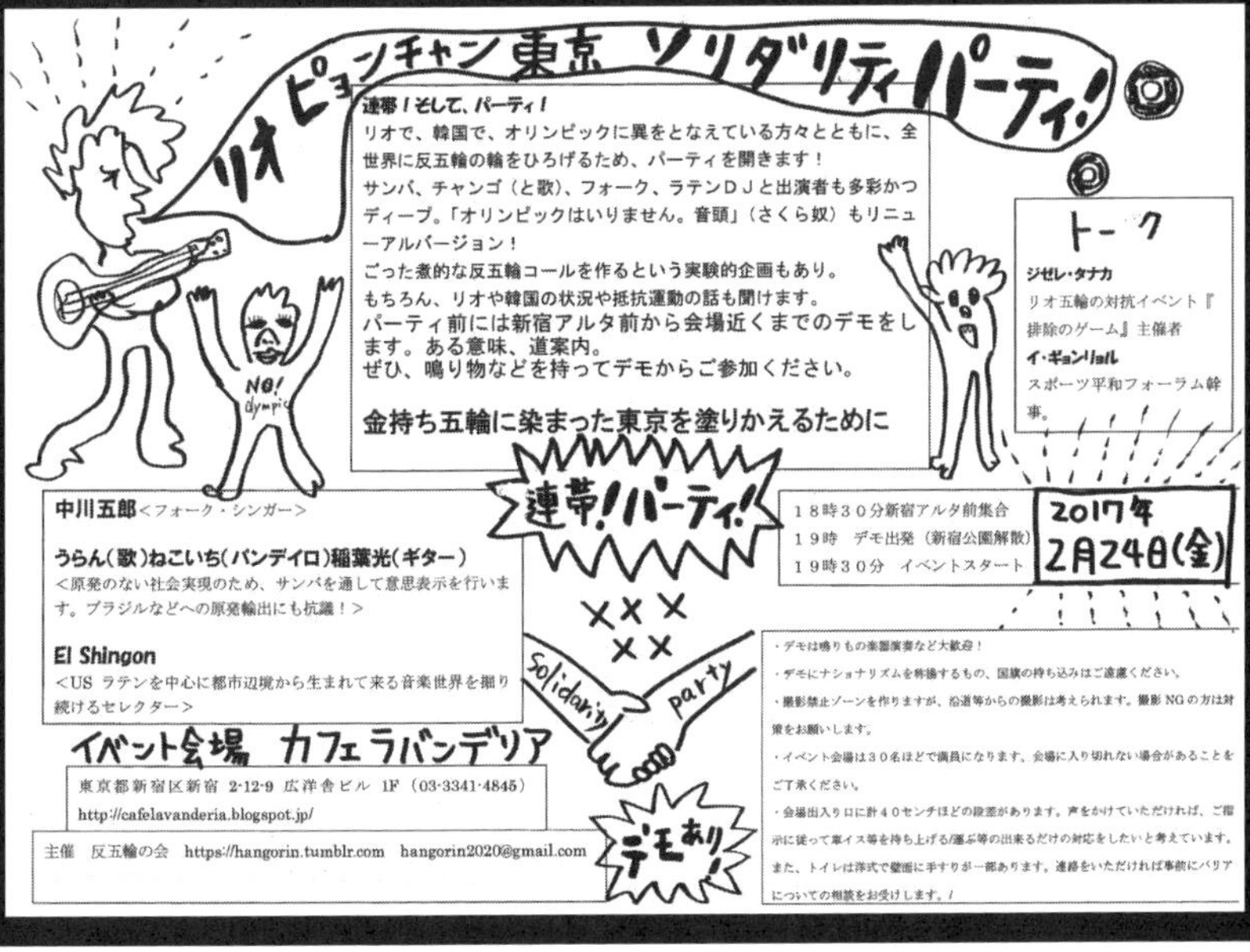

リオ ピョンチャン 東京 ソリダリティ パーティ!

連帯!そして、パーティ!

リオで、韓国で、オリンピックに異をとなえている方々とともに、全世界に反五輪の輪をひろげるため、パーティを開きます!
サンバ、チャンゴ(と歌)、フォーク、ラテンDJと出演者も多彩かつディープ。「オリンピックはいりません。音頭」(さくら奴)もリニューアルバージョン!
ごった煮的な反五輪コールを作るという実験的企画もあり。
もちろん、リオや韓国の状況や抵抗運動の話も聞けます。
パーティ前には新宿アルタ前から会場近くまでのデモをします。ある意味、道案内。
ぜひ、鳴り物などを持ってデモからご参加ください。

金持ち五輪に染まった東京を塗りかえるために

トーク

ジゼレ・タナカ
リオ五輪の対抗イベント『排除のゲーム』主催者

イ・ギョンリョル
スポーツ平和フォーラム幹事。

連帯!パーティ!

中川五郎<フォーク・シンガー>

うらん(歌)ねこいち(パンデイロ)稲葉光(ギター)
<原発のない社会実現のため、サンバを通して意思表示を行います。ブラジルなどへの原発輸出にも抗議!>

El Shingon
<US ラテンを中心に都市辺境から生まれて来る音楽世界を掘り続けるセレクター>

18時30分新宿アルタ前集合
19時 デモ出発(新宿公園解散)
19時30分 イベントスタート

2017年 2月24日(金)

solidarity party

イベント会場 カフェラバンデリア
東京都新宿区新宿 2-12-9 広洋舎ビル 1F (03-3341-4845)
http://cafelavanderia.blogspot.jp/

主催 反五輪の会 https://hangorin.tumblr.com hangorin2020@gmail.com

デモあり!

・デモは鳴りもの楽器演奏など大歓迎!
・デモにナショナリズムを称揚するもの、国旗の持ち込みはご遠慮ください。
・撮影禁止ゾーンを作りますが、沿道等からの撮影は考えられます。撮影 NG の方は対策をお願いします。
・イベント会場は30名ほどで満員になります。会場に入り切れない場合があることをご了承ください。
・会場出入り口に計40センチほどの段差があります。声をかけていただければ、ご指示に従って車イス等を持ち上げる/運ぶ等の出来るだけの対応をしたいと考えています。また、トイレは洋式で壁面に手すりが一部あります。連絡をいただければ事前にバリアについての相談をお受けします。!

2017.2

2.28 女性の都市への権利　オリンピックにおける喪失

連帯イベント後半の2月28日、〈アジア女性資料センター〉と〈反五輪の会〉の共催で「女性の都市への権利　オリンピックにおける喪失」と題して、ジゼレさん、首藤久美子さん（反五輪の会）、霞ヶ丘アパートの住人の方にお話を聞いた。ブラジルの貧困問題とりわけファヴェーラについて長く取材されてきたライターの下郷さとみさんが通訳をしてくれた。三人の報告によって、オリンピック開催による被害と喪失の中、どのように都市で抵抗してきたかを共有することができた。（アジア女性資料センターのブログでも詳しく報告されています）

リオの女性たちの闘い

東京でのジゼレさんのお話は3度目になるが、この日はオリンピックが影響をもたらした女性達の暮らしという視座で主に進められた。これまでも報告されたことだが、リオのオリンピック組織委員会はプレゼンテーションで美しい都市開発ビジョンを発表したが、その影では大変な人権侵害が起こっていた。強制立ち退き、環境破壊、生活空間の軍事化、労働者の奴隷化、人種差別を伴った警察による黒人の射殺などが、オリンピックによってより深刻化していった。ファヴェーラの住人たちは「殺される恐怖を感じずに生きる権利を」とプラカードを掲げデモ行進した。オリンピックによって行政が隠そうとしていることを、ジゼレさんたちのグループ〈大衆委員会〉は、「オリンピック都市における人権侵害ガイドブック」や、環境問題・強制排除・警察による殺人などをマッピングした地図を作成して広めていった。ジゼレさんが紹介してくれた出版物の中で、今回最も注目したいのは〈オリンピック都市で闘った女性たちのライフストーリー〉というB5版の冊子だ。小さな子どもを育てながら露天商として働く女性のマリアさんがオリンピックによって生活の糧である仕事を奪われそうになったこと、コミュニティの運動場がオリンピックによって再建される計画についての地元地域の反対運動で活動した体育教師のジュネイダさん、オリンピックパークによる強制立ち退きの中でファヴェーラでの暮らしを守ろうとしたペンヤさんなど、様々な女の人たちについて紹介されている。そして、それぞれの女性たちのモノトーンのポートフォリオも美しい。

女性たちの注目すべき活動として、600人ほどが住むヴィラオートドロモというファヴェーラでの闘いがある。町内会長と女性のリーダー2人が中心になって、建築や都市計画を研究している大学生や研究者の協力を得て、このファヴェーラがオリンピックパークと共存する代替案を作成した。この案は高い評価を得て、ロンドンエコノミック大賞を獲得したという。残念ながらリオ市は代替案を受け入れず、追い出しは止まらなかった。しかし、追い出しに最後まで抵抗したペンヤさん一家など20軒に対して、リオ市はオリンピック開幕直前にコミュニティのあった場所に真っ白な家を建てた。ブラジルの国際女性デーは最も活躍した女性としてペンヤさんに賞を授けた。フェミニズムの運動が彼女たちの長い闘いをサポートしていた。

ジゼレさんは最後に、ヴィラオートドロモからのビデオメッセージを紹介した。霞ヶ丘アパートの住人たちに対して、あきらめないで連帯しましょうと呼びかけられていた。ポルトガル語のメッセージから、何度も霞ヶ丘アパートの名前が聞こえてきて、胸が熱くなった。

オリンピックにおける女性活躍？

反五輪の会の首藤さんは、２０２０年東京オリンピックに向けての女性活躍について話した。

ＩＯＣ総会での東京のスピーチで、もっとも異様な現れ方をしたのが高円宮久子だった。皇族の政治活動は憲法違反であるが、ユニフォームを着ていないとかプレゼンの前に挨拶をしただけと居直っているらしい。日本のプレゼンのトップはパラリンピアンの佐藤真海さんが起用された。日本のジェンダーギャップ指数が１１１位（２０１６年）の安倍政権で、苦しまぎれの女性活躍アピールか。安倍総理大臣はこのプレゼンで福島の放射能がアンダーコントロールとうそぶき、復興五輪を掲げた。そのような事実とはかけ離れたプレゼンによってか、２０２０年の開催都市として選ばれた東京。〈いわきの初期被爆を追求するママの会〉が「東京オリンピック開催決定！　あなたの喜びは私たちの悲しみです」と発信して大きな反響をよんだ。また、新国立競技場建設予定地に隣接する霞ヶ丘アパートが取り壊されることに反対してきた住人たちの多くは女性だった。女性が活躍するということと女性が起用されることを見極めていきたい。

住人たちの心をバラバラにされた

霞ヶ丘アパートについて、元住人の方からお話を聞いた。

２０１２年の夏に東京都と日本スポーツ振興センター（ＪＳＣ）から、新国立競技場についての説明会があり、それは、オリンピックのために霞ヶ丘アパートを取り壊します、どいてください、というような内容だった。住民たちから意見が飛び交い会場は戦々恐々となった。しかし、東京都側は「これは国策です」「国が決めたことですから」としか答えなかっ

2017.3.8 ウィメンズ・マーチ東京

た。霞ヶ丘アパートの住人の多くは高齢者で、このアパートができる前は、戦争で焼けだされた人、引揚者などがあつまり、明治公園周辺にバラックを建てたり、焼け残った古い建物を利用しながら住んでいた。６４年の東京オリンピック開催に伴い国立競技場建設のために立ち退きにあった。反対していたが、当時、住人はまだ若くて子どもも多く、引っ越しはすぐ済んだ。

　長い時間をかけてしっかりしたコミュニティができてきた。あれから５０年がたち、当時若かった人たちは今では７０～９０才になっている。その人たちが今回移転を強いられた。高齢者にとって、急な環境の変化はとても辛く、病気になることもある。住人の人たちの中ではこのままではいけないと何度も要望書を出したが、きちんとした返事はかえってこなかった。

　そうこうしていくうちに町内会の抱え込みが始まった。一番悔しかったことはコミュニティを完全に壊されたことだ。仲良く暮らしていたのに分断させられバラバラになってしまった。東京都は都営住宅だからバカにしている。冗談じゃない。一生懸命生きてきたそれなのに死ぬ間際に出て行けと言われることに許せない。そんな思いが抵抗の力になっていった。

　２０１５年１０月頃から東京都は一週間に２、３回も立ち退き要請をしてきた。そして指定する団地へ移動しない私たちを告訴してきた。しかし結果は和解となった。わたしたちは希望する場所に移転することができた。これまで、たくさん腹が立ったしたくさん勉強してきた。住民の権利を主張するには一人一人が声を上げなければならない。どんな小さな声でさえも声を挙げれば仲間が見つかる。大きな権力が間違っていることもあるのだから、仲間を見つけて闘っていかなければならない時がある。

　霞ヶ丘アパートの元住人の方は、葛藤や悔しさも話しながらこれまでの闘いの経験を紹介してくださった。オリンピック開催に伴い同じような被害を受けたヴィラオートドロモの住人からのメッセージを見て、胸がいっぱいだと話していた。

　三人の凛としたお話は、会場に参加していた人たちを釘付けにしていた。話していただいたことに感謝したい。そして、霞ヶ丘アパートの元住人の方や、ヴィラオートドロモのメッセージで呼びかけているように、ともに闘っていこう。

　このイベント自体は小さかったが、地球の反対側にも、東京の団地やリオのファヴェーラにも共に闘える仲間がいることを確認しとても心強く励まされる会となった。

五輪で女性の身体が脅かされる

東京五輪に向けて、スポーツ界が身体―とりわけ女性の身体に、大きく関与し、影響を及ぼす2つの問題を取りあげたい。

1つ目は、身体の規格化だ。スポーツは紳士のための競技として始まり、近代オリンピックの創始者ピエール・ド・クーベルタンは、女性の競技は「美しくもないし興味もない。品位を下げるものである」と言った。だがその後、競技に女性が少しずつ参入していった。

多くのスポーツのルールは、五輪などメガスポーツイベントごとにたびたび変更される。それは観戦者やスポンサーなどの意向も目論んだ内容だ。例えば、女性ビーチバレー選手のユニフォームは2012年ロンドン五輪で、ムスリムの人たちの参加にともない長袖、長ズボンが認められるようになるまで、視聴率をあげるためにワンピースの場合は胸と背中が広くあいていること、ビキニの場合、パンツのサイドの長さが7センチ以下であることなどが規定されていた。

また、リオ五輪でメダルを獲得したキャスター・セメンヤ選手（南アフリカ）のように、しばしば観戦者から「本物の女か?」と非難されセックスチェックを強いられることがある。国際オリンピック委員会（IOC）は、かつては「女性」を外性器・生殖器の検診、染色体検査で、最近は血中テストステロンという「男性ホルモン」量で判断していた。スポーツ仲裁裁判所では「人間の性は二分できない」としながらも、「しかし、アスリートを何らかの方法で男女に分ける基準を定式化することが必要だ」と述べる。

オリンピックにおいて、「女性」はIOCによって規定され、選手はそれに合わせてメダル争いを行う。このことの弊害は、メガ大会が多くのスポーツのルールを定義してきたことで、アスリートのみならず公教育も直接影響を被ることだ。

2つ目は、スポーツによる暴力やセクハラの問題だ。東京五輪大会を見据えて、政府は「史上最多の金メダル獲得」を目標として、スポーツ庁を文科省の外局として設置した。そして小・中・高校生などの選手強化、設備などを促進している。

「より速く、より高く、より強く」とする五輪精神は、スポーツ界で、結果を出すためには人の尊厳や人権を顧みないという暴力体質に豹変した。特に2012年の女子柔道五輪強化選手に対する監督の暴力事件は記憶に新しい。

このままでは、「弱く」てもありのままの姿では存在することが許されない空気を助長させる。もはや五輪は、開催に向けて学校や地域での動員、地域との合意が取れていない都市再開発を強行し、国威発揚、情報操作をするための国策のメガイベントとなっている。わたしたちの都市や身体の価値を変えていこうとする五輪に対して、どのように抵抗できるか模索していきたい。

2017.2

2020年オリンピック・パラリンピックに向けた再開発のための宮下公園強制封鎖、野宿者排除に抗議します。

2017.4

２０１７年３月２７日早朝、渋谷区は予告もなく、宮下公園の全面封鎖の作業を行いました。宮下公園は昨年末から野宿者たちが毎晩、寝場所としても利用していました。渋谷区は２０２０年東京オリンピック・パラリンピックに向けた再開発を推し進めており、大規模工事を昼夜問わず行っています。そのため、野宿者はかろうじて夜間いられる場所として宮下公園ですごしていました。

宮下公園は、２００９年渋谷区とグローバルスポーツ企業のナイキ社が１０年間のネーミングライツ基本協定をむすび、ナイキ社の発注したデザインによる改修工事が計画されていました。しかし野宿者の居場所を奪うこと、公共公園に一企業の名前がつけられることなど、さまざまな公共の利益を損なう計画を批判する人は多く、工事はとめることができました。しかし、渋谷区は野宿者と運動団体を強制排除し工事を強行しました。２０１１年リニューアルオープンした公園において、名前を付けること、ロゴマークの設置をナイキは取り下げました。しかし、有料のスポーツ施設がいくつも建設され、年に数回、製品の広告が展示されるナイキのイベントが開催され、野宿者を排除するために夜間施錠も続けていました。一方、強制排除された野宿者や反対団体が渋谷区を相手取り提訴した国家賠償請求訴訟では、長谷部健区議、伊藤タケシ区議、桑原敏武区長が秘密裏に進めたナイキ計画自体の違法性が指摘され、また渋谷区職員が野宿者を暴力的に追い出したという事実が明らかになり渋谷区は敗訴しています。それにもかかわらず、謝罪も反省もしない渋谷区が開発を進めることは、新たな問題を募らせることにしかなりません。

長谷部健が新区長となった渋谷区は２０１５年、ナイキとの協定締結期間中にもかかわらず、今度は２０２０年東京オリンピック・パラリンピック開催に向けた「新宮下公園等整備事業」を計画し、三井不動産と基本協定締結しました。これは、現在の公園敷地内に１７階のホテルを建て、店舗が入る三階建ての複合施設の屋上に公園を作るという計画です。説明会では地域の人たちの計画に対する反対意見が飛び交っています。

先月３月２４日の渋谷区の区民環境分科会における、宮下公園の閉鎖時期についての区議からの質問に対し、緑と水・公園課吉武課長は「新宮下公園等計画をオリンピックに間に合わせるように工事準備を進め、準備が整いしだい閉鎖します」とあいまいに答えました。そして、その３日後の２７日に強制封鎖をしたのです。長谷部健渋谷区長は、反対の声を押し切る手段として、まったく予告なく公園を全面封鎖しました。

2017.3.27　宮下公園強制封鎖

このような渋谷区のやり方は当然、多くの混乱を引き起こしました。みぞれが降る中、園内の野宿者たちは閉じ込められたまま封鎖作業をされ、野宿者たちへ会いに行こうとした支援者たちは警備員や警察に取り囲まれ、一名が逮捕されました。フェンス前には多くの人が集まり深夜まで抗議しました。また、渋谷区への抗議と交渉によって、その夜は渋谷区の公共地に寝場所を獲得しました。しかし、翌２８日、同所において、渋谷区は突然またもや工事を始めようとしました。その際に、野宿者が一名逮捕されました。このような不当な逮捕まで起こし、２０２０年東京オリンピック・パラリンピック開催にジャマなものを排除し、合意形成を行わず、人権を無視する渋谷区に強く抗議します。

昨年４月、オリンピックスタジアムである新国立競技場建設を理由に明治公園で暮らしてきた野宿者たちが排除されました。世界各地のオリンピック開催都市では、再開発によって貧困層が暮らせないような街に変えていくジェントリフィケーションと呼ばれる現象が起こっています。今回の野宿者排除を端緒とする新宮下公園事業は典型的なジェントリフィケーションです。事業主の三井不動産は、２０２０東京オリンピックの国内最高位スポンサー「ゴールド・パートナー」であり、晴海のオリンピック選手村も手がける巨大デベロッパーです。

「オリンピック開催のため」と称して、強制排除の正当化、共謀罪、テロ準備法など社会が大きくつくりかえられようとしています。私たちは人権侵害を生み出す２０２０年東京オリンピック・パラリンピックの返上を求めます。

２０１７年４月８日　反五輪の会

こうなったら！（｀Δ´）反五輪大あばれ！！
共謀罪もオリンピックもいりませんデモ

2017.6

こうなったら！
反五輪　大あばれ!!
共謀罪もオリンピックもいりませんデモ！
こうなったら
おおあばれ
モンスーンだぞー。木も草も喜んでる。
豊穣な風が、わたしの野性を目覚めさせる。
なんだか、ちからがみなぎってきた。
くらえー！スガに、モンゴリアンチョップ！
モリに、エンズイギリ！
アベには、にんげんエグゾセミサイルじゃー！
ピョンチャンオリンピックが予定されている、韓国では、人々が自らの手で、悪い政権を倒しました。
ブラジルでは、オリンピック後も、キョーボーな軍、警察、政府に対し人々は生きるための闘いをやめません。
日本でも、これまでに、「米騒動」で、「障害者運動」で、現実を変えてきました。
わたしたちだって！
未来は未知で、不確定です。
何が起こるかわからないし、
誰の思いどおりにもいきません。
ひっくりかえしましょう。
NO OLYMPICS in TOKYO 2020
2017年
6月30日(金)
夜７時
新宿アルタ前集合
7時半デモスタート
反五輪の会
https://hangorin.tumblr.com/
★鳴り物、コスプレ、プラカードなど大募集です！思いおもいのスタイルで「オリンピック返上」の気持ちを表現しましょう！
★デモはブログ掲載するために主催者側が撮影（映像・写真）を行います。また、沿道からの撮影などに備えて顔出しが難しい方は各自で工夫をお願いします。　※デモの撮影をされたい方は事前申込みをお願いします。
★ナショナリズムを象徴するもの、国旗の持ち込みはお断りします。
★手荷物の管理は各自でお願いします。
★小雨決行、荒天中止（ブログやツイッターにてお知らせします）
問い合わせ・各種申込み　hangorin2020@gmail.com

おしかえす民衆
～反オリンピック・フェミニズム・スクウォット・ミュニシパリズム報告

2017.7

イベントは、つるちゃんの五輪招致都市パリの報告から始まった。ＩＯＣの視察を前に、それまで五輪色が見受けられなかったパリの街頭に、一夜にして歓迎のバナーやポスターが飾られたとのことだった。有名人や芸能人を使った日本の招致戦略にくらべ、さすがにポスターは洗練されているようだった。とはいえ、オリンピック競技場の広告はコカコーラ、どこも変わらぬ商業主義。招致を反対する街頭集会も開かれ、つるちゃんも発言したとのことだった。

いちむらさんの第一部は、リオデジャネイロ・サンパウロについての灼熱のレポート。

リオではファベーラが市内に１０００箇所もあり、リオ市民の約四人に一人が暮らしている。マレというファベーラは、はじめ水上の集落だったが、そのうち自分たちで海を埋め立てたという。なんというバイタリティ。住民数、１２万人。マレの歴史を展示した資料館も自分たちでつくって運営しているという。行政にやらせない、自分たちでやっていくという熱い思いを感じた。国際空港からの道路には、マレを見せないように壁が建てられているという。行政の発想は、いずこも似ていることを痛感させられるエピソードである。

ヴィラオートドロモは、オリンピックパークに面した６００世帯のファベーラ。行政は「私の家は私の人生」というプロジェクトで、郊外の団地へ強制移転を行った。住人は、同プロジェクトは福祉施策ではなく強制排除であると主張し、学者や活動家とともに反対運動を開始した。道路を封鎖し交通渋滞を引き起こすことによって問題をアピールするなどユニークな活動を展開。２０世帯に減っても頑強な抵抗を続けたところ、五輪開催前、２０軒の白亜な家をリオ市が同地に建設したという。家を壊されてしまった２０世帯は、そこに住むことを決めたが、そのうちの１軒を「排除の展示」に使って、五輪期間中も観光客やメディアに見せていたという。歴史を残すことも闘いの重要な要素であることを感じた。

会場であるラバンデリアは超満員。いちむらさんはポインターを指揮棒のごとく振り回しながら、語り口も次第に熱をおびてきた。

つづいて、サンパウロの話。市中にファベーラが混在しているリオとはちがい、都市再開発によるジェントリフィケーションが進んでいるサンパウロのファベーラは郊外に集中しているそうだ。一方で、中心部のビル街ではスクウォットが盛んだ。そして、住民組織が中心にあるファベーラの運動に比べて、サンパウロの運動を牽引しているのは、MST（土地なき農民運動）の都市部門であるMTST（ホームレス労働者運動）などの闘争的な活動家たちが率いる組織である。毎年、四月には複数の空きビルを同時に占拠するという活動も計画的に行っているとのこと。空きビルの規模もでかい。300世帯が住んでいる元・ホテル。一階のロビーに、保育室があり生活感が漂う。400世帯の年代もののビル。盗電はしているらしいがエスカレーターは動かない。10階以上もあるから、これは大変である。全面ガラスばりのモダンな高層ビルもスクウォットされていた。

　MTSTが郊外で空き地占拠してつくられた、1000世帯が住む広大なバラック村落を見た時、いちむらさんは感動して涙が出たと言っていた。コミュニティキッチンや集会場もつくられていた。高々とMTSTの赤い旗が翻っていた。ここでは、全員が暮らせる

公共団地をつくることを要求しているとのことだった。

　とにかく、ブラジルの現実、運動のスケールが大きくて圧倒される思いだった。地球の裏側では、再開発・環境浄化の波に対して、土地・建物の私的所有を乗り越える大規模な運動が起こっているのだ。まだまだ、いける。

　休憩を挟んで、バルセロナ報告。

　ミュニシパリズム、この聞きなれない言葉は何だ?と思った方も多かったにちがいない。ミュニシパリズムは、自治体に権力を分散して、グローバル資本主義・家父長制・環境破壊を生活レベルで抑制する、持続可能な仕組みを構築すること、そのような自治体をネットワークで結ぶことを目指しているようだ。

　バルセロナ旧市街における再開発・環境浄化の嚆矢である現代美術館前で開かれた「fearless city（不敵な都市）」が、いちむらさん／反五輪の会が招聘されたイベントである。ミュニシパリズムの旗手であるアダクラウ・バルセロナ市長とマドリッド市長の対談がオープニング。二人とも女性である。イベントの中でも、フェミニズムを街づくりの基本にすると言われていたらしい。バルセロナでは、大型店舗を規制し小さな商店を作る、車道を狭くして歩道を広げる施策も行われているとのこと。会場からは、歩道をフラットにして車道に段差をつけるという試みもバルセロナで行われているとの指摘もあった。歩道がフラットになれば、高齢者や車いすなどが通りやすくなる。

　いちむらさんも市長と挨拶を交わし「東京の野宿者のテント村からきました。強制排除と闘っています。市長は、バルセロナでの排

除を止めているんですよね」と語りかけたところ「バルセロナだけじゃないわよ。他でも止めているわよ」と言われたということだった。

もう、すでにイベントは2時間以上が経過していた。質疑応答では、フェミニズムとミュニシパニズムとの関係について、スクウォットなどの自治空間においての内部的な問題について、が出された。

いちむらさんは、前者について、シングルマザーをはじめとした女性の貧困問題を解決することが自治につながること、後者については、会議を重ねていること、女性のリーダーたちは問題が山積して疲れていたこと、解放区みたいなイメージで語るべきではない、と答えていた。自律的な空間は、喜びや自由があるといえるにしろ、外部には権力を持つ敵がいて、内部では様々な人間関係から生まれる軋轢を調整する必要があるゆえに、空間を常に構築していくような不断の「苦難」がある。与えられた空間では不可視な解決すべき共通の「苦難」を得ることが出来る場所といってもよい。生きるというのは、そのようなこと以上でも以下でもない。いちむらさん自身のテント村での経験を通したブラジルの話からは、そのような認識がにじむのを感じた。

つづいて、「無罪のラファエル・ブラーガを支援する会」からのアピール。スピーカーはブラジル人の父親を持つという方。冷静に分かりやすく状況を説明してくれた。そのため、ブラーガさんの逮捕・裁判・収監が、ブラジルにおける警察の横暴、司法の不当、人種差別、貧民への蔑視によることが伝わってきた。会では、ブラーガさんを支えるために、カンパを募集している。詳しくはhttps://libertemrafaeljp.wordpress.com

最後に、DJグレフルによるブラジル音楽。踊れる感じの攻めの選曲で、新宿の夜は更けていった。まだまだいける！

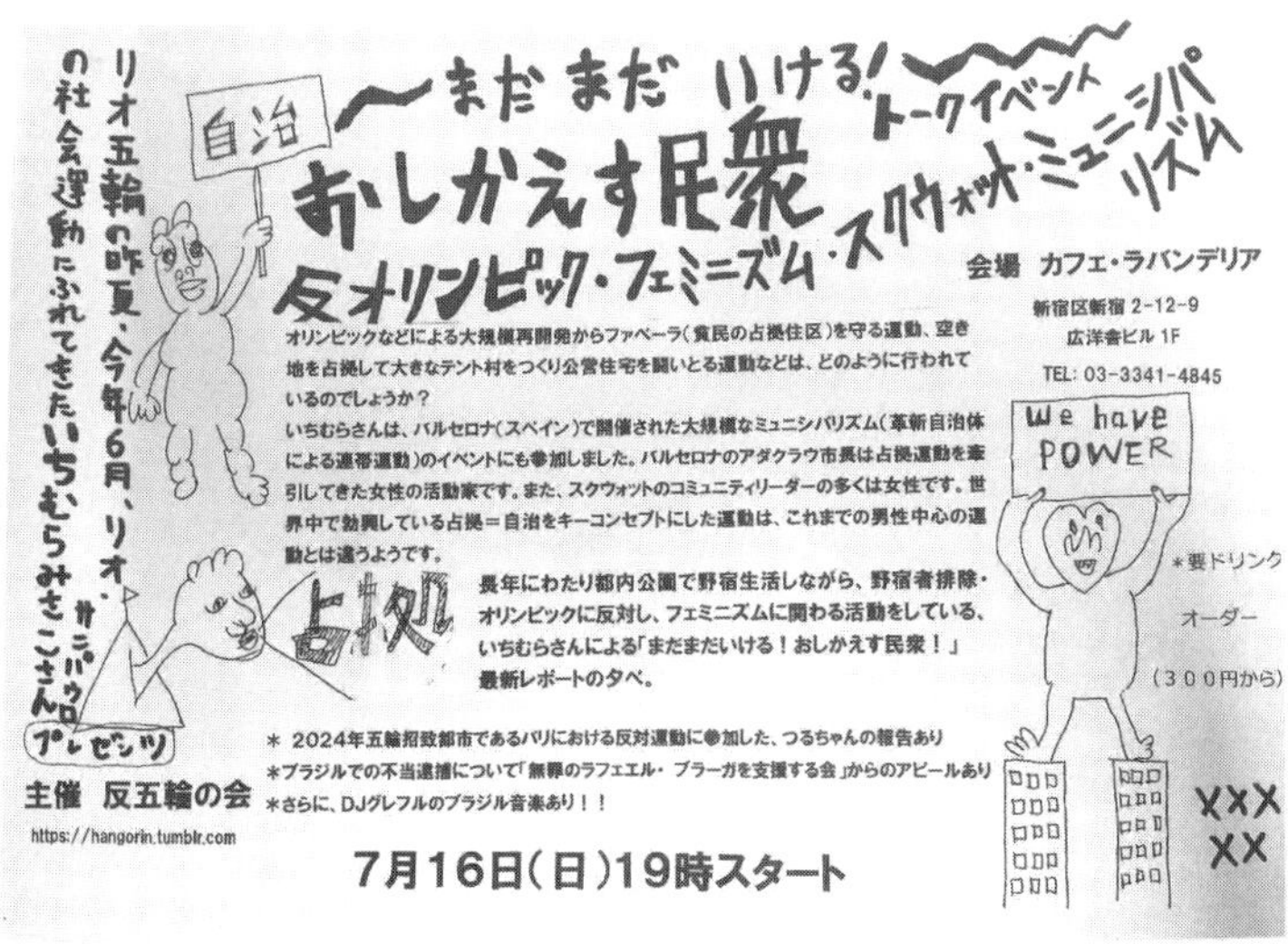

JSCに怒りの声を!

新国立競技場建設中止!
2020 東京オリンピック・パラリンピック返上!
これ以上、オリンピック・パラリンピックに殺されてたまるものか!

「突然このような形をとってしまい、もうしわけございません。身も心も限界な私はこのような結果しか思い浮かびませんでした」

「家族、友人、会社の方、本当にすみませんでした。このような結果しか思い浮かばなかった私をどうかお許しください。すみません」

痛ましい遺書をのこし、23 歳の命を自ら断つまでに追い込まれた労働者。

「2020 年東京大会」というメ切を一方的に押し付けられ、人らしい生活を丸ごと奪われ続ける彼の仲間たち。

新国立競技場が、2020 年東京大会が、いや、オリンピック・パラリンピックそのものが、23 歳の青年の命を奪い、彼の仲間たちをギリギリまでに追いつめている。


余計な物言いをつけず、最初からザハ案で行けばよかった?

経費節減の声が現場を圧迫した?

冗談じゃない!「2020 年東京オリンピック。パラリンピック」という前提そのものが間違ってるんだ!
64 年五輪も同じだった。新幹線など多くの建設現場で、多くの寄せ場や出稼ぎの労働者が命を、健康を、ささやかな幸せを奪われていった。
98 年長野冬季五輪では、超過滞在外国人労働者を「ホワイトスノー作戦」と称して、ハコモノが出来上がったところで容赦なく追い出した。カタールのサッカーw杯競技場建設現場では、中東の炎暑の中、外国人労 働者が酷使され次々に命を奪われている。

オリンピック憲章には人権尊重が実に麗しく謳われているが、そんなものは、労働者に、五輪翼賛にまつろわぬ人々に対する人権蹂躙をロンダリングする機能を果たしているに過ぎない。

小中高のオリパラ教育推進やオリパラ組織委員会　との大学連携協定を通して、子どもや若者は「ボランティア」という名のタダ働きに唯々諾々と参加するよう仕向けられている。「そんなの嫌だ!」と言う口は、よってたかって塞がれていく。


これ以上、オリンピック・パラリンピックに殺されてたまるものか。

「都民に負担のかからない、だれもが歓迎するオリンピック」なんか、この世に存在するわけないんだ。

殺されたくない。死にたくない。もう嫌だ。命を返せ!

オリンピックもパラリンピックもいらない!世界のどこにも。

2017. 8/10(木)5pm ～

集合場所:JSC 前 日本スポーツ振興センター(JSC) 東京都港区北青山 2-8-35

※行動後、現場に献花をしに行きます。参加をする方のお花は、各自ご持参下さい。

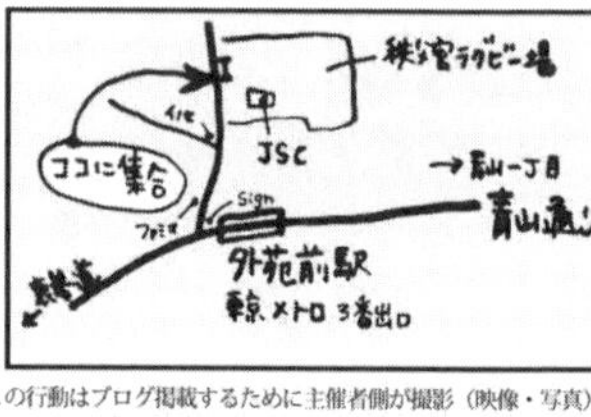

★この行動はブログ掲載するために主催者側が撮影(映像・写真)を行います。また、沿道からの撮影などに備えて顔出しが難しい方は各自で工夫をお願いします。　※行動の撮影をされたい方は事前申込みをお願いします。
★ナショナリズムを象徴するもの、国旗の持ち込みはお断りします。
★手荷物の管理は各自でお願いします。
★小雨決行、荒天中止(ブログ や ツイッター にてお知らせします)

反五輪の会
https://hangorin.tumblr.com/
問い合わせ・各種申込み　hangorin2020@gmail.com

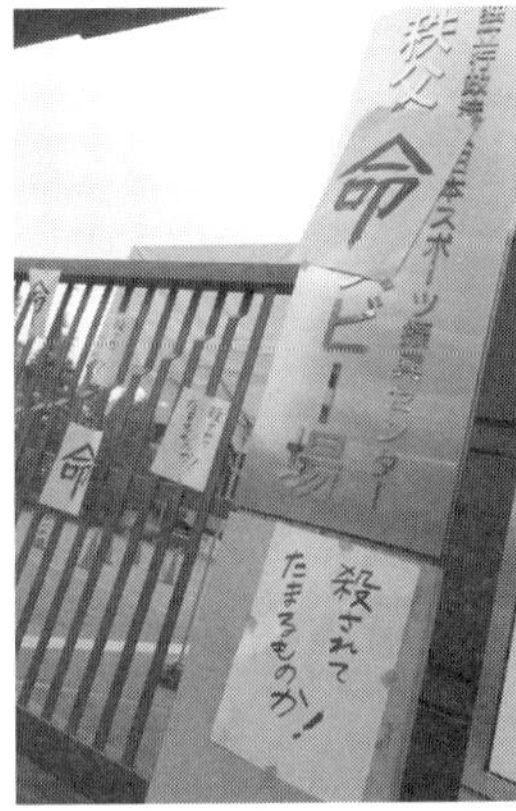

JSC に怒りの声を！
2020 東京オリンピック・パラリンピック返上！
これ以上、オリンピック・パラリンピックに殺されてたまるものか！

2017.8

夕暮れ5時、神宮球場に向う人たちやスーツ姿の人たちをかき分けて、独立行政法人日本スポーツ振興センター（ＪＳＣ）前に集まった私たちは、過労自殺まで追い込む新国立競技場建設、命よりオリンピック・パラリンピック開催を大事にする事業主のＪＳＣに対して、渾身の怒りで抗議をおこなった。

新宿労働基準監督署はこの過労自殺を労災認定した。

現場の労働者は、２０２０年オリンピック開催に間に合わせなければならない、というプレッシャーの中、パワハラやモラハラ、長時間労働にさらされているという。

開催を延期する事ができないというオリンピック・パラリンピック。人々の生活や命まで奪ってまで開催しようとするスポーツ大会とはなんだ!?

私たちはそれぞれアピールとビラ配りを行った。

オリンピック・パラリンピックで過労自殺があったということ、その現実をしっかりと受け止めなければならない。

オリンピック・パラリンピック開催をやめよう!

抗議文の提出をしようとする私たちをＪＳＣは門を閉じたまま中に入れようとしない。担当者に出てくるように電話で伝えたが、まったく現れず受け取ろうともしない。

JSCは展示物を勝手に剥がし始めた。この期に及んでも真摯に向き合わないJSCの姿勢は、明治公園の野宿者を排除し、住人を追い出して団地を取り壊し、自社ビルを建て、異議を申し立てる者は警察を使って追い払う、これまでの悪態の数々を想起させた。

私たちの抗議の声はより強く大きくなるばかりだ。

殺されてたまるものか!

オリンピック・パラリンピックをヤメロ!

新国立競技場建設現場で2020年オリンピックという火の海が労働者を襲っている。


日が暮れ、私たちは過労自殺した人の追悼のため新国立競技場建設現場へ献花に向った。

ところが、新国立競技場建設現場入り口では大量の警察が私たちを待ち構えていた。追悼まで妨害する警察官たち。

これもオリンピック・パラリンピックのためなのか?

オリンピック・パラリンピックを今すぐヤメロ!

なぜ邪魔をするのかと問いただしても警察官たちは答えようとせず、私たちは警察に抗議しながら献花しなければならなかった。

出入り口近くにひとりづつ花をたむけ追悼。

寄せ書きしようとの声があがり、「命」のビラにそれぞれメッセージを書いた。


やすらかに。

パリ・ロサンゼルスで反五輪運動をたたかう皆さんへ
９・１３　連帯メッセージ

こんにちは、皆さん。

私たちは、反五輪の会です。２０２０東京オリンピック・パラリンピックに反対するために、２０１３年から活動を始めました。その時は、開催地がまだ決定していなくて、マドリッド、イスタンブールとともに、候補地のひとつでした。私たちは東京で開催されることになれば、どのようなことが起こりうるかを、主に心配したのですが、イスタンブールやマドリッドで、オリンピックに反対している人の姿を、インターネットで見て、東京で起こるようなことはマドリッド、イスタンブールでも起こる、なぜなら、オリンピックそのものが悪だからだ、と理解しました。ですから、私たちは、この春、リオやピョンチャンのオリンピック反対運動の活動家を東京に招いて、情報交換しました。当然、パリ、ロスの反対運動に連帯します。

2017.9

東京では、新国立競技場建設のために、都営の集合住宅１０棟が壊されました。高齢者の多い住民２３０世帯、３７０人が、バラバラに別の都営住宅に移住させられました。周辺にあった都立公園は、封鎖され、野宿者たちは、眠る場所を失いました。

この春には、この建設工事に携わっていた若者が、過労のため自殺しました。月２００時間以上の残業と期限に間に合わせなくてはならないプレッシャーが、彼を死に追いやりました。

選手村に予定されている都有地が、民間企業に市価の１０分の１で、ひそかに売り渡されたことも発覚しました。

もはや、海外からの投資や観光客によってしか、さらなる成長が望めないと考える政治家と大企業が、結託して都市を造り変えようと、各地で画策していますが、オリンピックはその絶好のチャンスです。そこで生きてきた、いまも生きている人々、とくに貧しい人たちのくらしを壊し、本来彼らのものであるはずの街を商品として売り出すのです。彼らを再開発の邪魔でしかないように扱い、それでも痛みを感じないために、オリンピックという大義が機能しています。

そして、何よりも、このお祭り騒ぎの陰で、福島が、おきざりにされています。被曝から逃れ、避難生活をおくる人々への援助は、この３月で打ち切られました。核汚染の収束のメドもたっていませ

2017.9.13　宮下公園ねる会議 呼びかけの「宮下公園整備事業反対！三井不動産抗議行動」にて、パリ・LA に連帯（東銀座）

んが、もとの家に戻るよう圧力がかかっています。一方、オリンピック関連施設の建設のために、資材が高騰、労働力が不足していて、それが復興の妨げとなっています。

また、東京では公立学校で、年間35時間のオリンピック・パラリンピック教育が事実上義務づけられています。オリンピック・パラリンピックには、様々な負の側面もあるということを発言した教師は校長から転勤を強要されたり、授業内容に対する干渉を受ける、ということが起きています。子どもたちが、豊かに学び、それぞれが自分で考える機会を、学校自身が奪っています。

しかし、子どもだけではなく、大人こそ、オリンピック・パラリンピックについて、真剣に問い直すことは、重要なことです。

オリンピックは、過剰な競争と、優勝劣敗の価値観を正当化するばかりで、それは、現在の社会の有りようと、二重うつしです。私たちは、苦しみの中で、これらの価値観に疑問を感じ始めています。もっと別の世界の有りようを想像したい、人間がのびのびとありのままに、そして他者にやさしくありたいと。

今や、世界中の都市で、オリンピックは拒否されています。ともにオリンピック・パラリンピックに反対していきましょう。

2017年9月13日　反五輪の会

追悼・田中美津

かけがえのない、大したことのない私

田中美津 著　24 年 5 月増刷出来【好評 4 刷】
四六判並製 356 頁　1800 円＋税
ISBN 978-4-7554-0158-9

名著『いのちの女たちへ』を超える田中美津の肉声ここに！田中美津を知ると元気と勇気がわいてくる。解説・鈴城雅文

［目次］１章・火を必要とする者は、手で掴む／２章・身心快楽の道を行く／３章・花も嵐も踏み越えて／４章・馬にニンジン、人には慰め／５章・〈リブという革命〉がひらいたもの／６章・啓蒙より共感、怒りより笑い　ミューズカル〈おんなの解放〉

土地の力が生んだ珠玉の作品集

大城貞俊未発表作品集

23 年 10-11 月刊　各 2000 円＋税

第一巻　遠い空

四六判並製 416 頁　ISBN 978-4-7554-0337-8
遠い空／二つの祖国／カラス（烏）／やちひめ／十六日／北京にて
解説・小嶋洋輔

第二巻　逆愛

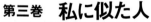

四六判並製 404 頁　ISBN 978-4-7554-0338-5
逆愛／オサムちゃんとトカトントン／ラブレター／樹の声／石焼き芋売りの声／父の置き土産
解説・柳井貴士

第三巻　私に似た人

四六判並製 442 頁　ISBN 978-4-7554-0339-2
私に似た人／夢のかけら／ベンチ／幸せになってはいけない／歯を抜く／東平安名岬／砂男
解説・鈴木智之

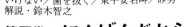

第四巻　にんげんだから

四六判並製 416 頁　ISBN 978-4-7554-0340-8
第Ⅰ部　朗読劇　にんげんだから／いのち―沖縄戦七十七年　第Ⅱ部　戯曲　山のサバニ／じんじん～椎の川から／でいご村から／海の太陽／一条の光を求めて／フィティングルーム／とびら
解説・田場裕規

明日は生きてないかもしれない……という自由

田中美津 著　四六判並製 243 頁
1800 円＋税　19 年 11 月刊
ISBN 978-4-7554-0293-7

「田中美津は〈人を自由にする力〉を放射している」（竹信三恵子）。【好評２刷】

越えられなかった海峡

女性飛行士・朴敬元（パクキョンウォン）の生涯
加納実紀代 著 池川玲子 解説
四六判並製 326 頁 3000 円＋税
23 年 6 月刊　ISBN 978-4-7554-0334-7

1933 年 8 月伊豆半島で墜死した朝鮮人女性飛行士・朴敬元。民族・女性差別の中で自由を求め、自己実現を希求した朴敬元に想いを重ね、綿密な調査の元に彼女の生涯を描き切る。解説・池川玲子、加納実紀代年譜

Basic 沖縄戦 沈黙に向き合う

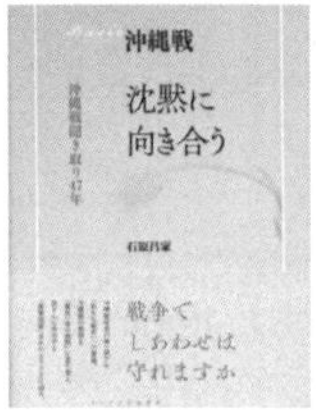

石原昌家 著　B5 判変形並製 248 頁
2800 円＋税
23 年 8 月刊　ISBN 978-4-7554-0331-6

沖縄戦の次世代への継承をテーマにした「琉球新報」連載に大幅加筆。ガマの暗闇体験、平和の礎、沖縄県平和祈念資料館、教科書問題、歴史修正主義などについて第一線の沖縄戦研究者が解き明かす書。【好評２刷】

サハラの水　正田昭作品集

正田昭 著・川村湊 編　A5 判上製 299 頁
3000 円＋税 23 年 8 月刊
ISBN 978-4-7554-0335-4

「死刑囚の表現展」の原点！代表作「サハラの水」と全小説、執行直前の日記「夜の記録」を収載。長らく絶版だった代表作の復刊。推薦＝青木理「独房と砂漠。生と死。両極を往還して紡がれる本作は、安易な先入観を覆す孤高の文学である」。

昭和のフィルムカメラ盛衰記

菅原博 著・こうの史代 カバー絵
B5 判並製 123 頁　2500 円＋税
24 年 3 月刊　ISBN 978-4-7554-0347-7

安いけれどすぐに故障するという日本のカメラの悪評を、精度向上とアフターサービスで克服し、カメラ大国を作り上げた先人たちの努力の一端とフィルムカメラの発展過程を描く。

レッドデータカメラズ

昭和のフィルムカメラ盛衰記
春日十八郎 著 こうの史代 カバー絵
B5 判並製 143 頁　2500 円＋税
22 年 7 月刊　ISBN 978-4-7554-0322-4

デジタルカメラに押されて絶滅危惧種となったフィルムカメラ。3500 台のカメラを収集した著者がタロン、サモカ、岡田光学精機、ローヤル、ビューティ、コーワ（カロ）など今は亡きカメラ会社の全機種をカラーで紹介する。

広島 爆心都市からあいだの都市へ

「ジェンダー×植民地主義交差点としてのヒロシマ」連続講座論考集
高雄きくえ 編　A5 判上製 429 頁　3000 円＋税
22 年 11 月刊　ISBN 978-4-7554-0326-2

月よわたしを唄わせて

"かくれ発達障害"と共に 37 年を駆け抜けた「うたうたい のえ」の生と死
あする恵子 著　A5 判並製 583 頁　3500 円＋税
22 年 11 月刊　ISBN 978-4-7554-0325-5

新装改訂版 沖縄戦場の記憶と「慰安所」

洪 玧伸 ほんゆんしん 著　A5 判上製 503 頁　3800 円＋税
22 年 10 月刊　ISBN 978-4-7554-0323-1

ペルーから日本へのデカセギ 30 年史

Peruanos en Japón, pasado y presente

ハイメ・タカシ・タカハシ、エドゥアルド・アサト、樋口直人、小波津ホセ、オチャンテ・村井・ロサ・メルセデス、稲葉奈々子、オチャンテ・カルロス 著
A5 判並製 352 頁 3200 円＋税
24 年 2 月刊　ISBN 978-4-7554-0345-3

80 年代日本のバブル期に労働者として呼び寄せられた日系ペルー人。30 年が経過し、栃木、東海３県、静岡、沖縄など各地に根づいたペルーコミュニティの中から生まれた初のペルー移民史。スペイン語版も収録。

平昌五輪（ピョンチャンオリンピック）に反対する7つの理由

1、原生林をふくむ広大な自然破壊

平昌冬季オリンピック・パラリンピックの準備の中でもっとも深刻な問題は、カリワン山の原生林の破壊です。国際スキー連盟が要求する800メートル以上の標高差がある滑降会場（チョンソン・アルペン競技場）を造るために、貴重な山林保護地域の原生林が切り倒されました。伐採された樹木は、自然保護団体の現地調査によれば、21万〜40万本。ボブスレー・リュージュ・スケルトンなどの競技が行われるアルペンシアスライディングセンターの建設でも、広大な山林が削られています。失われた自然は元に戻りません。カリワン山は、日本軍が侵略し武器や資源調達のために森林を伐採した際も、民衆たちによって守られ、500年の原生林が残る唯一の場所でした。反オリンピックの連帯のために日本を訪問した韓国の文化・スポーツ市民運動の団体の活動家は、カリワン山の原始林をわずか数日のスポーツ大会のために破壊したのはあまりにも大きい犠牲だと言いました。私たちはその人々の苦痛めいた言葉に深く共感しました。

2018.2.9

2018.2.8

２、五輪による開発は常に強制的な排除をともなう

自然破壊だけではありません。平昌五輪のために造られた１８３万平方メートルにおよぶチョンソン・アルペンスキー場では、主に農業を営む５０世帯の村が立ち退かされました。説明会も満足に開かれないまま追い出され、代わりに用意された場所は最低限のインフラ設備しかなく、住民の多くは散り散りになりました。このような追い出しは、平昌の住民だけの苦痛ではありません。東京では、東京五輪のメインスタジアムとなる新国立競技場建設による、都営霞ケ丘アパート２３０世帯の立ち退きがありました。ここでも、立ち退き・解体が一方的に決定され反対の声にかかわらず強行されました。住民の多くは一人暮らしの老人で、立ち退きの前後に１０名近い人たちが亡くなりました。また、競技場周辺に住んでいた野宿生活者も暴力的に排除されました。２０１６リオ五輪では約７万７千人が追い出されるなど、世界中の五輪開催地で強制排除が行われてきました。五輪開催に伴う開発によって、コミュニティが一方的にバラバラにされ、住民が排除されることを許すことはできません。

2018.2.11

３、公費を貪り、財政を破壊する五輪

五輪は招致活動や会場・競技場建設費などに巨額の公費を使って開催されます。そして閉幕後、多額の負債が地元自治体の財政を長年に渡って苦しめています。犠牲になるのは住民の暮らしです。報道によれば、平昌五輪の総予算は約１３兆ウォン（約1兆３５００億円）。閉幕後もハコモノ施設の維持費に年間２１０億４９００万ウォン（約２２億円）の負担が続き、年間１６５億ウォン（約１７億円）の赤字が発生します。韓国では２００２年日韓Ｗ杯、２０１１年全羅南道Ｆ１、２０１４年仁川アジア競技大会と、メガスポーツイベントのたびに莫大な財政負担を抱えています。特に仁川は借金が1兆ウォンに及び、増税と福祉予算の切り下げが行われました。そのため平昌五輪への

2018.2.10

2018.2.10

2018.2.9

2018.2.11

2018.2.11

2018.2.11

巨額支出に強い批判が起こっています。１９９８年冬季五輪が行われた長野でも、地元自治体が約２０年に渡って返済に追われ、採算の取れない巨大施設が数多く残されています。２０２０年東京五輪も、元都知事が語った通りなら「世界一カネのかからない五輪」のはずが、既に2兆円を超えています。本来人々の暮らしのために使われるべき税金が、五輪のために湯水のように浪費されています。

4、過酷労働を課す五輪

開催を延期できないオリンピック・パラリンピックは、会場や関連する現場にひっ迫した労働環境を生み出し、その結果、建設工事における事故や労災が多発しています。カンヌンアイスアリーナでは、クレーンが倒れ、一人の労働者が亡くなり、一人が重傷を負う事故が発生しました。ソウル―ピョンチャン間を短時間で結ぶ五輪用の新鉄道建設では、試運転中に列車が追突し、運転手が死亡、六人が重軽傷を負う事故が起こりました。また、平昌五輪関連で賃金未払いとなっている労働者は、２５００人といわれています。東京では、ザハ案「白紙撤回」にもかかわらず再コンペで無理やり進められた新国立競技場建設工事で、工事開始から半年もたたない２０１７年3月、労働者が過労自殺に追い込まれたことが発覚しました。この1月29日には、晴海オリンピック選手村建設現場で31才の労働者がクレーンに挟まれ亡くなったと報道されています。オリンピック・パラリンピック開催は、労働者の人権よりも、工期を優先させるという、奴隷労働を強いています。

5、国家主義を煽るオリンピック

日本に暮らす私たちが、決して忘れてはならないのは、過去に朝鮮を植民地支配し南北分断を招いたのは日本であるという事実です。にもかかわらず日本ではいま、五輪を盛り上げるためのニッポン賛美と、平昌五輪や韓国人、朝鮮人民共和国人、在日朝鮮人の選手たちへの民族差別的憎悪コメントが氾濫しています。私たちは、五輪によって、人々が「平和」へと紡いできた糸をブツブツと断ち切られてしまうような恐ろしさを感じています。五輪による国威発揚に対し、民衆の側からもっともっと反対の声をあげていく必要があります。１９３６年ベルリン五輪の際、金メダルを取ったにもかかわらず当時の大日本帝国にメダルを貢献させられた朝鮮人マラソン選手がいました。日本に限らず世界的にナショナリズムがふたたび強まりを見せている今日、国籍で選手を国家に従属させる五輪をやめないかぎり、このような歴史は繰り返されるでしょう。私たちは五輪による国家主義への動員を拒否し、同じく五輪に反対する人々とつながることによって、真の平和をめざしたいと考えます。

6、五輪は「平和の祭典」ではありえません

五輪は、スポーツの政治利用を拒むポーズを取りながら、

「平和」の衣をかぶるきわめて政治的なイベントです。スポーツを国別対抗で競わせる五輪こそ、「平和」を脅かす火種です。半世紀を超える南北分断の歴史を強いられている韓国でいえば、2000年シドニー五輪開会式の「南北共同入場」など、幾度も「スポーツの力」による南北の「統一の機運」が演出されてきました。しかしそれは「難民選手団」やマイノリティにスポットを当てる演出同様、人々の苦難を都合よく利用するものです。昨秋、国連総会で「五輪停戦」決議が採択されましたが、これは、五輪の成功のために「平和」を担ぎ出しているに過ぎません。トランプ米大統領の挑発は続いており、反対世論にもかかわらず在韓米軍基地に「THAADミサイル」の配置は強行されました。各国の軍事強化が東アジアの情勢を絶え間なく不安にさせているのに、このような状況を暫く忘却させる「五輪停戦」が真の平和だと言えるでしょうか。東京五輪に浮かれる安倍首相は「日韓慰安婦合意」再交渉問題に対して、平昌五輪開会式出席をカードに圧力をかけています。このことは、五輪が掲げる「平和」の正体が、国家間の駆け引きに過ぎないことを如実に表しています。

7、国際スポーツイベントは腐敗の温床

FIFA（国際サッカー連盟）の汚職摘発が続く中、韓国では平昌五輪建設に関与するチェ・スンシル氏の利権スキャンダルで大統領が罷免されました。ブラジルではリオ五輪組織委トップが逮捕。東京五輪においても、巨額の賄略でIOC委員を買収した不正招致疑惑が浮上しています。五輪選手村用地として、都有地が適正価格の10分の1の安値でデベロッパーに売却されました。通常なら議会で議決を得る必要があるにも関わらず、審議せずに秘密裏に価格決定しており、公正とはとても言えません。五輪は、莫大な経済効果をもたらすとして招致されますが、それ自体が詐欺的で、アテネやリオでは深刻な経済不況を招きました。スポーツの美名の下、庶民には無償奉仕を強要し動員する一方で、IOCには最高級のおもてなしを提供し、一部大企業と政治家が利権を享受する五輪に大義などありません。

私たちは、私たち民衆の生活と尊厳を守るために、オリンピック・パラリンピック反対の日韓連帯をつくりだしたいと強く願います。

2018年1月　反五輪の会

2018.3

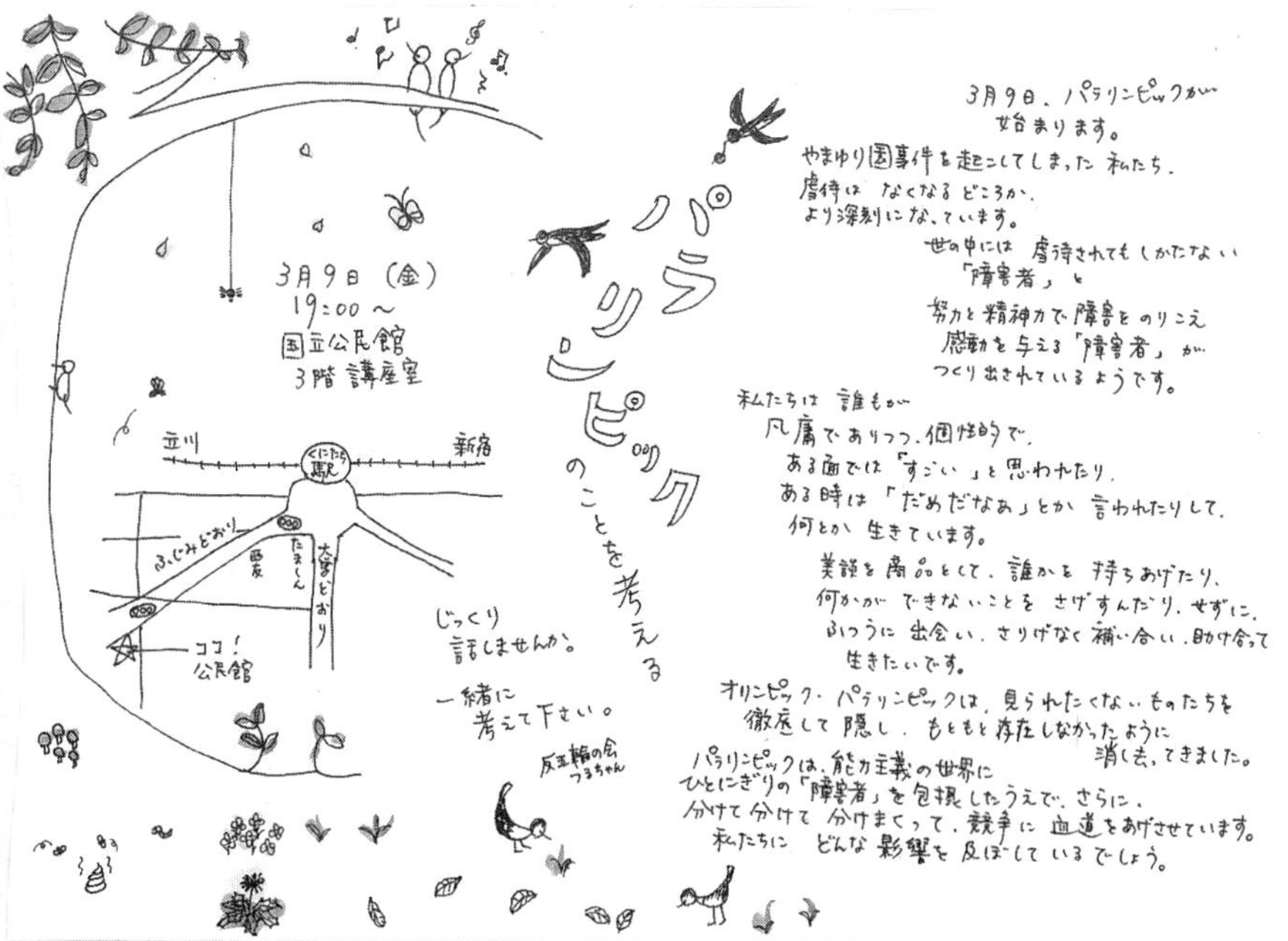

パラリンピックのことを考える
3月9日（金）
19:00〜
国立公民館
3階講座室
立川
くにたち駅
新宿
ふじみどおり
たましん
西友
大学どおり
ココ！
公民館
じっくり
話しませんか。
一緒に
考えて下さい。
反五輪の会
つるちゃん
3月9日、パラリンピックが
始まります。
やまゆり園事件を起こしてしまった私たち。
虐待はなくなるどころか、
より深刻になっています。
世の中には虐待されてもしかたない
「障害者」と
努力と精神力で障害をのりこえ
感動を与える「障害者」が
つくり出されているようです。
私たちは誰もが
凡庸でありつつ、個性的で、
ある面では「すごい」と思われたり、
ある時は「だめだなあ」とか言われたりして、
何とか生きています。
美談を商品として、誰かを持ちあげたり、
何かができないことをさげすんだり、せずに、
ふつうに出会い、さりげなく補い合い、助け合って
生きたいです。
オリンピック・パラリンピックは、見られたくないものたちを
徹底して隠し、もともと存在しなかったように
消し去ってきました。
パラリンピックは、能力主義の世界に
ひとにぎりの「障害者」を包摂したうえで、さらに、
分けて分けて分けまくって、競争に血道をあげさせています。
私たちにどんな影響を及ぼしているでしょう。

パラリンピックのことをかんがえる

3月9日、平昌パラリンピック開催にあわせて、パラリンピックを考える会をやりました。

場所は国立公民館、東の方にお住まいの方にはちょっと遠くてすみませんでしたが、近くの方々が多数参加してくださいました。「障害者」、介助者、はじめ、パラリンピックは一見良さそうだけど、でもそうじゃないんじゃないかと思っている人などが、20人ばかり集まりました。

まず、みなさんに簡単に自己紹介していただいたあと、反五輪の会のほうから、パラリンピックの始まりと今に至るまでの歴史を、昨年、ピープルズプラン76号に北村小夜さんがお書きになった、「パラリンピックのクローズアップ状況・反差別という差別政策〜競うものである限り、差別は拡大する〜」に沿って、お話ししました。

パラリンピックは、第二次世界大戦の際に負傷した兵士のリハビリが起源です。ダンケルクの戦闘に敗れたイギリスは、次なる欧州大陸への大規模作戦を計画する中で、多くの負傷兵が出ることを前提に、その受け入れ先として、ロンドン郊外ストーク・マンデビルに、脊椎損傷専門病院を建設します。そこには、その後のノルマンディー上陸作戦において負傷した、たくさんの脊椎損傷者が運び込まれて来ました。院長の発案で、彼らの「残存」能力の強化訓練の手段として、スポーツが取り入れられます。競いあう（勝者と敗者を作る）スポーツの効果は大きく、受傷者の多くが社会復帰していったそうです。

1948年、その成果を披露する場として、「ストーク・マンデビル・ゲーム」という競技会が開催され、それが1952年には、「国際両下肢マヒ者スポーツ競技会」、1960年、ローマオリンピックに際しては、「パラリンピック」として繰り広げられました（この時の「パラ」は「パラプレジア」両下肢マヒの意、のち、1985年からは「パラレル」平行の意味に）。その後、視覚障害者、四肢切断者、脳性マヒ者などにも門戸が開かれてきました。現在では、なるだけ同じレベルの者同士が競うようにと、障害の種類、部位、程度によって、細かくクラス分けされていますが、一方で、選手たちは、なるだけ障害を重く判定されて、メダルを獲得したいようです。

北村さんは、「ストーク・マンデビルにおいても、成果の上がらなかった負傷兵はどうなったのだろう、その消息は分からない。」「競わせて、勝者のみを成果とし、本当にリハビリの必要な敗者を切り捨ててきたことから始まった、できない者を排除する、別枠スポーツ、パラリンピック。」「制度が整うごとに、できないことをわきまえざるを得ない障害者が存在しているはずであるが、あえて、そこを無視するのが、競争の理である。排除が進む。」「敗者の側から、一度、覆して考え直そうではないか。」と書いておられます。

もともとが戦争起源、というのは、今も、元軍人の選手が活躍していることと重なって見えます。戦争の加害も被害も忘れて、「前向き」に生きるためのガス抜き的なものとして、スポーツやパラリンピックが機能してしまうとしたら、本人は救われても、戦争で殺された人は置いてきぼりです。これでは、戦争を補完してしまいます。

私の個人的な感想として、いくつか発言させていただきました。まず、オリもパラも見せる側、見て「感動する」側がいて、商品の消費のようでワクワクしない。選手も、綿密にマーケティングというか、リサーチしてノルマを達成して、メダル獲得をめざす感じが、芸術とは違う気がする。普段踏みにじってる少数者を、この時ばかりもちあげたり、スポットライトを当てたりして、帳尻を合わせようとしているのが見え見え。マイノリティの中の、差別されてきたがゆえに体制に承認されたいと望む人や、使える消費者だったり、「有能な」労働者だったりだけを取り込んで、ほかは見捨てているのに、「少数者に配慮してます、ダイバーシティやってます」、と言ってる政治家たちのいつものやり方、めちゃめちゃ政治的。あと、私は保育園で子どもたちと過ごしてきて、運動会で、「よーいドン！」をしても、後ろの子のことを心配して振り返って待っていたり、一緒に並んで顔を見合わせ笑いながら走ったり、必ずしも「勝つ」ことに意識を集中しない、価値を感じない子がいるのを見てきた。そういう豊かさを大切にしたいのに、オリ・パラは画一的な価値観を見せつけて、私たちをより、優越感と劣等感にしばられやすい人にしている、など。

そしてやはり、やまゆり園事件のことを抜きに、パラリンピックのことを考えることはできません。まるで、存在しないほうが「世の中のために良い」、殺されても「しかたない」、かのようにされる「障害者」がいて、その一方で、「障害を乗り越え、感動を与える」「障害者」がいる。適応しづらいひとを見殺しにして、適応可能なひとにだけ、フレンドリーなのは、政治家だけでなく、私たちの作っている社会そのものなのかもしれません。依然として、見殺しにし、虐待し続けている私たちにとって、パラリンピックとは、どんな意味を持つでしょう。

しかし、それもこれも、健常者として生きてきた私の見方でしかなく、この見方こそが傲慢なのかもしれない、という不安もありました。

参加者のみなさんから、たくさんご発言いただきました。ご自身の体験や実感に即して、ヒトゴトでない、自分の問題として語ってくださったりもして、むしろプライベートなものほど面白かったのですが、それは、ライブだけの醍醐味として、ここでは公表せず、それ以外の、様々な視点からのご意見、ご感想を私が思い出せる範囲で、あげてみます。

・パラリンピックが世の中に及ぼす影響と言われているものって、「トリクルダウン」の理論と似てて、上の方の一部の層が儲かれば、おこぼれで下の層も潤う、みたいな、一部の（できる）障害者への「理解が進め」ば、ほかの（できない）障害者への「理解も進む」って感じで、トリクルダウンが嘘だったように、こっちも、そううまくはいかないのかなと思う。

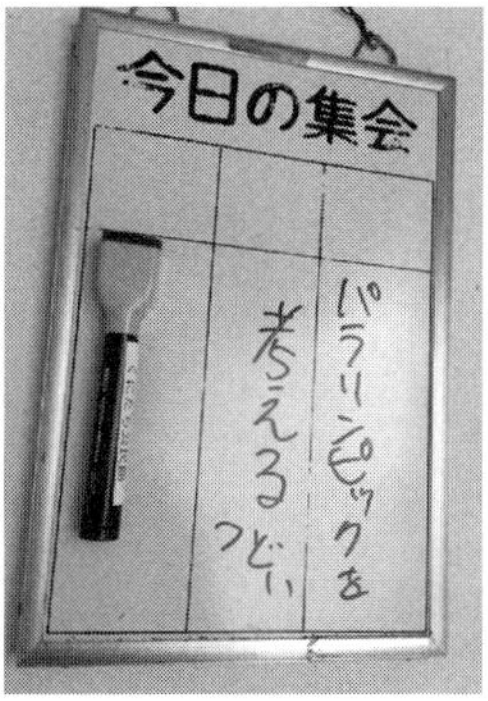

・アメリカでは、障害があっても、立派に納税してる、ということが価値というか、評価されるらしく、障害者はすごく頑張ってるらしい。とにかく頑張って、認められないといけないっていうの、何なの？と思う。パラリンピックにも同じものがある。もっと自分を大切にするということを学ぶべき。

・パラリンピックでは、使用する器具の性能いかんで、勝敗が決まってしまうことが多く、どれだけそのことにおカネをつぎ込めるか、にかかってくる。そうなると、先進国が圧倒的に有利で、オリンピック以上に、勝敗がカネのあるなしと強く結びついていることがはっきり出るのが、パラリンピックだと思う。

・男女を厳密に分けずにすますことができないオリンピック。障害者と健常者は一緒にやらない前提で行われる、パラリンピック。

・つい最近（１９９６年）まで、優生保護法の下、合法的に障害者への強制不妊手術が行われてきた。優生思想に反対の立場から、パラリンピックに反対する。

・オリ・パラで、バリアフリーが進んで良いと言われるが、競技場とその周辺だけでは、障害者の普段の生活に意味をなさない。また、バリアフリーは常に最大公約数的な対応になりがちで、レアケースを考慮していない。レアケースは排除されるのがバリアフリー。人間関係でなんとかするしかない。人間関係を築けるかどうかが重要。

・「スポーツが競うものである限り、差別は拡大する（北村小夜さん）」と言うのを聞いて、なるほど、と思った。昔から、スポーツは嫌だった。

・国体に天皇が来て、障害者スポーツ大会には皇太子が来る、という序列がある。オリとパラも、そういう感じなのかな。

・劇団『態変』の金満里さんのように、「健常者の土俵には上がらないで、自分たちの自分たちにしかできない表現を追求する。」

という人もいる。

　あと、後日、参加者のおひとりにお会いしたので、その方のこの会での発言について確認したところ、改めて、発言の真意を、メールしてくださいました。
・この近くにある多摩障害者スポーツセンターが、今、東京都オリ・パラ準備局による改修工事に入ってしまい、私が介助してる知的障害のかたが、困っている。代替施設を探しているところだが、迷惑してる。
・1964年（前回東京オリ・パラ）の、翌年1965年は、コロニー懇談会が開かれ、本格的に知的障害者や重度心身障害者を収容するための施設が、全国的につくられた。そのことは、スポーツのできない障害者の存在を陰に追いやったと思う。
・知的障害者や重度心身障害者にとって、身体障害者も健常者と変わりなく、能力によって判別し、見捨て、隔離する存在。パラリンピックになぜ反対しないか、健常者に問うように、身体障害者に問うていいはず。

　時間ギリギリまで、お話ししましたが、まだまだ、みなさん言いたいことを言いきれてない、もっと言いたい、という感じでした。ともあれ、みなさんの熱い思いが伝わる、いい感じの会が持てました。ありがとうございました。

　そして、パラリンピックも閉幕しました。私は全く見ることができませんでした（テレビがないので）。これでは、いくらなんでも批判できないじゃないか、と思い、知り合いに訊いてみると、「たまたま見てしまった」と言う人がいました。その感想は、

「オリンピックよりもほっとする。『バリバラ（障害者が出るNHKのテレビ番組）』みたい。ユーモアとかあって、オリンピックと比べてストイックじゃなくて、明るくて。『障害者は明るい。（かわいそうじゃない）』『かっこいい』というアピール、演出を感じるくらい。」

「試合前の、選手のリラックスした表情やひょうきんな面を強調するので、競技でのキレの良さに、オーっという感じがした。」

「それぞれが、器具に独自の工夫をしているところが面白かった。」

「目の見えない人が、音をたよりにスキーを滑ったり、銃で的を射たりするのもあって、びっくりした。」

などでした。目の見えない人が、銃で撃つって、目が見えなくても戦争に行く、みたいなことを想像してしまいました。もちろん、ご本人にそんなつもりではないでしょう。そして、無残に破壊されたカリワン山の痛々しい姿を、知らずにスキーで滑る視覚障害の選手のことを思うと、とても複雑です。

〈参考〉
イギリス政府が一般人に尋ねた。
ロンドンパラリンピックが障害者の評価にポジティブな影響を与えたか？　YES　81％
イギリス民間団体が障害者に尋ねた。
ロンドンパラリンピック後、障害者に対する健常者の態度は変化したか？　変化がない　59％　悪化した　22％
（「パラリンピックが障害者の偏見助長？　東京大会に課題」
朝日新聞デジタル　2017年8月25日）

明治公園オリンピック追い出しを許さない国家賠償請求訴訟
2018年3月14日提訴

2018.3

反五輪の会　意見陳述

当団体は２０２０東京オリンピック・パラリンピック開催が決定する前の２０１３年１月に結成しました。この明治公園における野宿生活者強制排除事件は、被告・ＪＳＣが、仮処分申立のさい、「東京オリンピックの開催自体が危ぶまれる状態にある」などと強弁し、引き起こしたものです。私たちは、野宿者に対し仮処分を申し立てるなどというやり方が異例中の異例であること、そして「オリンピックのため」との口実がなければ、裁判所も決して仮処分を認めることはなかっただろうと考えます。

歴代のオリンピック開催地において、大規模な立ち退き、住民の排除が強行されてきました。しかも主に標的になるのは、貧困層、人種的マイノリティといった差別を被っている人々です。ＩＯＣ（国際オリンピック委員会）は、オリンピック憲章やオリンピックムーブメンツ・アジェンダ２１で、「宿命的少数派や社会で最も恵まれないメンバーに、特に注意を払わなければならない」としていますが、実際にはその逆で、弱い立場の者を狙って牙を剥く、それがオリンピックの現実のありようです。

東京オリンピック開催決定で、私たち反五輪の会が真っ先に取り組んだのは、こうした強制排除という人権侵害、居住権を奪うような事が、東京で起こらないよう、起こさせないよう、社会問題化し、地域の方々とつながり、一緒に大事な場所を守っていくことでした。

しかし、新国立競技場周辺では、明治公園からの野宿者追い出しと並行して、隣接する歴史ある都営霞ヶ丘アパート、１０棟が廃止され、取り壊されました。住民のほとんどが高齢者であり、多くは前の東京オリンピックの以前から霞ヶ丘町に生まれ、暮らしてきた方々です。約２３０世帯が、ＪＳＣと東京都の「国策である」との言い分のもと、半ば強制的に追い出されました。中には、１９６４年と２０２０年の二度もオリンピックで立ち退かされた方、立ち退きの過程で亡くなられた方々もおられます。明らかな人権侵害が、人権侵害であるにもかかわらず、オリンピックの名の下に正当化されてはなりません。この国賠は、オリンピックに泣き寝入りさせられた方々、排除された方々、これから排除されるかも知れない人々、私たち、すべてに関わる裁判だと考えます。

　今回の強制排除は、明治公園の廃止に端を発しています。新国立競技場の建て替えにともない、ＪＳＣの主導で都市計画変更が提案され、結果、明治公園の廃止・移転が決定されました。移転といいますが、新・明治公園の整備については、青写真すら出されていません。公園移転を理由に立ち退かされた都営霞ヶ丘アパートの敷地は、新国立競技場建設のバックヤードに転用されています。

　また、東京都がＪＳＣに対し、明治公園敷地を無償貸与としたことは、都民として、公園利用者としても、理解に苦しむものでした。さらに東京都は、３９５億もの税金を周辺整備の名目で新国立競技場建設事業につぎ込みます。これらは、地方自治法、都市公園法に照らして問題ではないのか。競技場建設に合わせた公園区域変更も、立体都市公園制度の悪用ではないのか。都心に位置し、豊かな緑を誇っていた明治公園をつぶし、そこにほそぼそと暮らしてきた野宿者を追い出して、維持費のかかる巨大スタジアムを建設することは、公共性の観点から、害悪でしかないと考えます。

　東京オリンピックは、招致・決定のさいの、票の買収疑惑が、判明しています。新国立競技場工事の過程でも、ＪＳＣの入札不正を始め、多くの問題が発覚したにもかかわらず、建設が押し進められています。オリンピックの名の下に、すべてが不問に付されています。

　明治公園があった千駄ヶ谷一体は、戦後あふれかえった被災者のバラックが立ち並んでいた地域です。渋谷川が流れ、安宿が密集し、貧困層も、大会社の社長も、軒を並べて生活を営んできた場所です。都市公園はそもそもそうした被災者のためにつくられました。野宿者が明治公園に、身を寄せてきたのは、歴史的必然です。

　私たち反五輪の会は、明治公園における強制執行で、野宿者のみなさんと一緒に生活を守るために共同製作した横断幕や、ＪＳＣの横暴を世界に発信するため製作中だった作品を奪われました。一部は取り返しましたが、作品は、破壊され、何よりも、様々な表現活動を行ってきた貴重な場所・明治公園を奪われました。

　私たちはオリンピックによる口封じには屈しません。この裁判で２０２０東京オリンピックで起こっている人権侵害を明らかにし、その後始末をきっちりつけさせたいと考えます。

（２０１８年6月26日第2回期日にて陳述）

反五輪フィールドワーク2018決行！

2018年3月22日、反五輪の会は東京オリンピック会場予定地や影響を受ける／受けた場所をめぐるフィールドワークを行いました。東京オリンピックまで（開催されるとして）2年余り。実際に東京の街中をあちこちめぐり現状を目の当たりにすることで、今後の活動にも大きな示唆を得ることができました。また、いくつかの現場ではバナーを掲げオリンピック反対の声を挙げてきました。

以下、その一部を写真でご紹介いたします。

①

東京都や組織委によると都内の会場は既存施設を使う「ヘリテッジゾーン」と新規建設を行う「ベイゾーン」に分かれるのだとか。その所謂「ベイゾーン」に向う道中、通過した虎ノ門、新橋周辺は再開発の嵐（写真①）。

この再開発は環状2号線道路の建設と関連している。環状2号線は開通すれば「ヘリテッジゾーン」、選手村、「ベイゾーン」を結び、五輪時の選手輸送に利用が見込まれていた。いわばオリンピック道路だ。

当初、都は築地市場を移転・解体させその跡地にこの道路を通そうとしていたが、ご存じの通り築地は多くの人々が移転に反対しており五輪に間に合わせることは断念された。

腹ごなしと打ち合わせを兼ねて月島へ（写真②）。もんじゃストリートとして有名な商店街では、個別の店舗が高層ビルへ、区画ごとに順次姿を変えていた。昨年の反五輪国際連帯行動でブラジルと韓国から活動家の方をお招きし、この地域もフィールドワークで訪ねたが、この時利用したもんじゃ屋さんはその数日後に解体され新しくできたビルに移っていた。

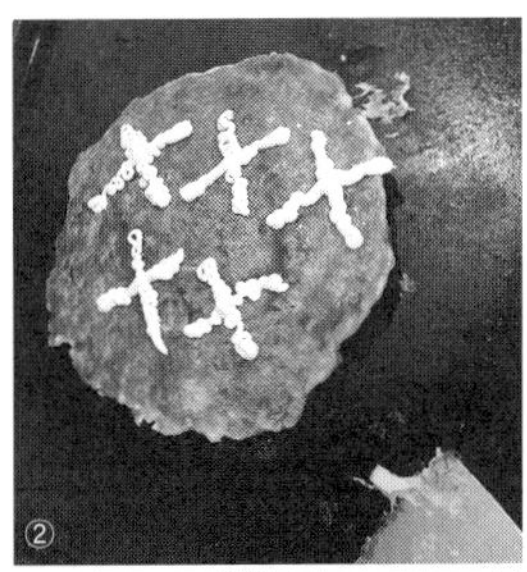

②

続いて晴海の選手村建設現場へ（写真③・④）。広大な敷地は、一施設というより街を一つ作っているようだ。実際に選手村として建てられたビルはオリンピック後、マンションとして分譲される。この選手村建設をめぐっては、東京都が公共の財産である都有地を市場価格の10分の1という破格の値段で不動産大手11社に売却しており、住民訴訟が起こされている。

また、今年1月29日、30代の作業員がクレーンと柵に挟まれ亡くなるという痛ましい労災事故のニュースが記憶に新しい。

まさに、オリンピックの錦の御旗のもとにや

③

④

⑤

りたい放題がまかり通っている現場だ。晴海の対岸には豊洲市場。今回は車で通過するだけだったが、現在の築地からは想像もつかない、病院や研究施設のような冷たい雰囲気に一同驚嘆の声をあげた。

一行は、競技場が集中する有明へ。有明テニスの森公園（写真⑥）の広大な敷地はほぼ全域が白い鋼板で覆われている。わずかな隙間から中をのぞくと公園の木々が伐採されている様子。

自転車競技やスケボーなどが行われる有明BMXコースはまだ更地（写真⑤）。

競技場隣にはこの春開校の小中一貫公立校がある。所謂「ベイゾーン」では、タワーマンションや高層ビルが林立しており、この地域では既存の学校が定員超過となったため新たに設置された。

オリンピックでは体操、パラリンピックではボッチャが行われる有明体操競技場の建設現場では、工事現場を囲う鋼板に、ご丁寧にオリンピック会場であることや競技の紹介、完成予想図まで掲示されている（写真⑦）。

⑥

続いて、有明アリーナ建設現場（写真⑧）。オリンピックではバレーボール、パラリンピックでは車イスバスケの会場となる。一時、経費節減のために横浜アリーナでやるなんて話もあったけど、結局ここでやるようだ。

辰巳の森海浜公園内に建設中のオリンピックアクアティクスセンター。鋼板には子どもたちによるオリンピック礼賛ポスターがずらり（写真⑨・⑩）。これがオリパラ教育の成果か、と一同憤慨。

三つ目通りを一本挟んだ反対側には都営辰巳一丁目団地があり、新国立競技場建設のために取り壊されてしまった都営霞ヶ丘アパートを彷彿とさせる佇まいだった。

⑦

⑧

⑨

⑩

さて、ここまで湾岸エリアをめぐってきて、競技場の周辺には必ずと言っていいほどマンションが建設されていることが我々の目をひいた。湾岸エリアでのマンション建設ラッシュは十年以上前から続いているが、オリンピック開催決定以降、これらのマンションは飛ぶように売れているという。オリンピック施設ができることによって地価が上昇し、投機目的での購入も少なくない。

　これまでオリンピックのための野宿者排除や都営住宅の立ち退きを目の当たりにしてきた私たちは、あまりにも対照的な光景に言葉を失った。

　この後、一行は東京辰巳国際水泳場、夢の島公園アーチェリー会場とめぐり、東京ゲートブリッジを渡って（真っ暗で何も見えない海の森クロスカントリーコース、海の森水上競技場を横目に）、大井ホッケー競技場へ。

　夜も更け、「ヘリテッジゾーン」に戻りまず向ったのは日本スポーツ振興センター（ＪＳＣ）前。オリンピック新国立競技場建設のために明治公園をつぶし、

⑪

⑫

野宿者たちを暴力的に排除した張本人だ。何度も抗議に訪れたゲート前でこの日も気勢をあげた。

新築の日本青年館ビル（写真⑪）。ＪＳＣはここへ入居予定だったが多くの批判から断念。

　その隣には明治公園から排除された野宿者たちが一時避難した小公園・明治公園こもれびテラスを、さらにつぶして建設中の日体協・ＪＯＣビル。日体協・ＪＯＣの岸記念体育館からの移転にあたっては、東京都が跡地の買収や移転補償金に１２３億円もの予算を計上するなどの問題が取りざたされており、共産党都議団などが目下追及中。反五輪の会も近々記事をＵＰする予定だ。

　そして眼前にせまりくる新国立競技場（写真⑫）。野宿者の暮らし、都営住宅のコミュニティ、人々が集まる広場や木々、建設現場で働く人の命、あらゆるものを踏み潰し飲み込んで巨大化したモンスターのような姿には想像以上の圧迫感を覚える。最後はやはりこの場所でオリンピックいらない！の声を挙げ、長い長い一日を終えた。

2018.7

被災地おきざりオリンピックもうやめよう！
──気仙沼から沈黙の中の怒り

2018年　ロイター/KIM KYUNG-HOON

被災者おきざりオリンピックもうやめよう！

ー 気仙沼から沈黙の中の怒り ー

2018/7/22［SUN］ Start 19:30　場所：新宿 cafe ラバンデリア
1drinkオーダー＋カンパ

6月に大阪北部で大地震、そして先日の西日本大豪雨では広範囲で深刻な被害となっている。大規模災害が続いているこの状況で、2年後のオリンピック開催準備をまだ進める気か！　復興どころか、オリンピック・パラリンピック開催の為に、被災地や被災者を使ったビジネスやボランティア動員を繰り広げ、2020年の祭を盛り上げようとしている。五輪開催で儲かるのは大手企業や金持ちだけ。

「うちの年寄りは黙っているけどオリンピックで怒っているよ！」と気仙沼出身の木村理恵さんは伝えて下さいました。そこで、ご自身も被災され、被災地の個々人の言葉や、言葉にできない思いに耳を傾けている木村さんのお話を聞く会を企画しました。またとないこの機会、ぜひお見逃しなく！

※バリ料理（もどき）あります！　食事代はカンパ制です。
※会場入り口に高さ10cm程度の段差が二つあります。サポートが必要な方は声をかけてください。
※ノートテイクや他、サポートが必要な方はお知らせください。
※New! オリンピックはどこにもいらないTシャツ販売します！

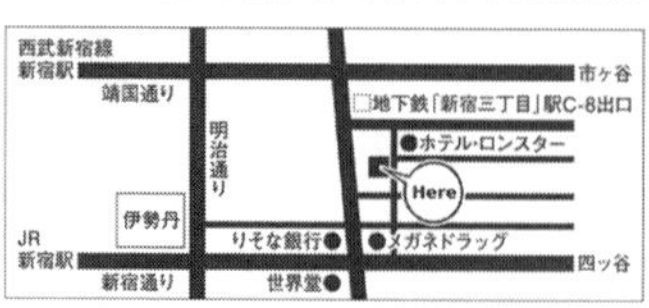

Café★Lavandería
〒160-0022 東京都新宿区新宿2-12-9 広洋舎ビル1F
Koyosha bldg. 1F, 2-12-9, Shinjuku, Shinjuku-ku, Tokyo 160-0022, Japan
TEL03-3341-4845 FAX03-6380-5891／14:00〜22:00（定休日：毎週火曜日）

木村理恵さん
89年に福島で「原発反対」のゼッケンを着けた浜通りのリンゴ農家の女性たちと出会い、初めて住民運動を知る。以来、反核、人権活動を続ける。会社員、舞台演劇、石垣島で雑誌編集、ピザ屋、六ヶ所村「花とハーブの里」専従を経て、鳴子温泉の鬼首で在来米作りをしているときに311に遇う。宮城県気仙沼市の実家と父を津波で喪い、ボランティアで宮城県北のホットスポットに出入りし体調不良となる。2012年にバリ島に移住し、2014年に被曝者のための保養所兼自宅をバリ島Bukit jati 村にオープン。手技療法、砂浴、自然農で育てたハーブフルーツ、野草を使ったデトックス療法で保養者を迎えた。2017年3月で 経済事情で一旦クローズ。各国を放浪後、現在は気仙沼市で独居する母の介護のため帰国中。

反五輪の会
twitter：@hangorinnokai　Brog：https://hangorin.tumblr.com/
FB：https://www.facebook.com/page.no.olympic2020

NO OLYMPICS in TOKYO 2020

反五輪カウンターマップ！　2018.8

8月4・5日の二日間、今年も玉姫公園にて「2018山谷夏祭り」開催！　反五輪の会もブース出展させていただきました。ことしは気合い入れて「反五輪カウンターマップ」を作成、炎天下にドーンと展示！　主に臨海地区のオリンピック会場を図解してみました。まずは、こんなにボコボコ建設してどうすんの?!という問題提起を目標に。

ダンボール製なので、新国立競技場0円、晴海オリンピック選手村0円、東京スカイツリーもなんと！0円です。やれば出来る。とはいえ、「スカイツリーはもっと上だよ」とか、「オリンピック村が落っこちてたから直しといたぞ」とか、さすが、色んな現場で仕事してきている山谷の労働者の皆さん、お詳しい。たすかりました！

40℃超えてそうな猛暑の中、お隣り「明治公園オリンピック追い出しを許さない国家賠償請求訴訟原告団」の屋台からは、せっせと肉を炒めるイイ匂いが漂ってきます……　屋台メニュー「コクバイ」はピリ辛で大人気、みごとカンバイです。街頭テレビでJSCによる追い出しに抵抗する秘蔵映像も放映。たくさんの方が、足を止めて観ていってくれました。

飲んべえの街、立石の再開発問題に取り組んでいる方が話しかけてくれて、チラシをいただいたり、遠方からご無沙汰だった方が会いに来てくれて、元明治公園住人の親方にさっそく屋台を手伝わされたり、しぬほど暑かったけど、楽しい時間を過ごしました。山谷夏祭り実行委員会のみなさん、ありがとうございました！

2018.8

パラリンピックもうやめた!! 駅前トーク&アピール

台風の名残の風が吹く国立駅前で、反五輪の会主催によるパラリンピック反対国立駅前街頭行動が行われました。

公民館の一室を借りて、段ボールを持ち寄り、大きな白布を広げ、塗料やマジックを取り出して、バナーづくりに取り組みました。今回は街頭行動がメインということもあってか、メンバー以外の参加者は若干名でした。

パラリンピック反対を呼びかける言葉として、「Paralympics not equality」「パラリンピックは障害者を選別する」「パラリンピックは差別を拡大する」「パラリンピック→相模原事件」などの候補がホワイトボードに書かれました。

パラリンピックが「選別」するのは果たして「障害者」だけなのか? など様々な意見や疑問を出し合い、また、英文のバナーも作ろうという声も出ました。白布の大バナーは「パラリンピックは『障害』者を選別する」「Paralympic Games ≠ equality」の2つがあれよあれよという間に色鮮やかに書き上がりました。

段ボールには参加者個々が自分の思いをプラカードに表現。プリプリのかわいいお尻で「パラリンピック」をポイするミーシャ（1980モスクワ五輪マスコット）のイラストに「なにも　できなくても　いい」、「パラリンピックは差別を拡大する」「命の選別やめろ」「パラリンピックいやだ」「パラリンピックは道徳教育のおかず」など多彩なプラカが短時間で次々に出来上がりました。

国立駅前に繰り出し、強風にあおられながらバナーとプラカードを掲げ、アピールを行い、チラシをまきました。共感を伝えてくる人、頑張っている人たちを批判するなんておかしい、と詰め寄ってくる人、じっとプラカードを見つめる人……　街に出て、パラリンピック反対の声を「見える」形で伝えることの大切さと、自分自身がまだ、なぜパラリンピックに反対するのかを自分の中でまとめられず、それを言葉にして十分に伝えることができていないことを知りました。

つい最近、東京都がパラスポーツへの認知度を高めようと制作したポスターの中に、パラアスリートの写真とともに「障がいは言い訳に過ぎない。

負けたら、自分が弱いだけ。」というアスリート自身の言葉を切り取った文言が添えられたものが電車内などに掲示されるということがありました。相次ぐ抗議に都はポスターを撤去しましたが、これなどは、単に言葉の一部を切り取ったことで、アスリートの真意とかけ離れた意味を帯びてしまった、ということが問題の本質ではありません。

スポーツにおいては、与えられた公平な条件の中での競争で出た結果は無条件で「自己責任」であり、それがパラスポーツになると、自動的に「障がいは言い訳にならない」となるのは、ごく自然な流れだと思います。これに少なくない人たちが危機感をもち、ポスター撤去を実現したことは、パラスポーツそのものが内包する「より能力の低い『障害』者」に対する排除に強い危機感を覚えた、ということが一定の部分はたらいたのでは、と感じました。

また、学校教育の中でも、道徳の教科書などに大々的にパラアスリートが取り上げられ、中には「自分を奮い立たせる――『これ以上がんばれない。』って、平気な顔で言うな」というタイトルのものもあり、心冷える思いでいっぱいです。

私は子どものころに、周囲の大人から「がんばる障害者」を見習え、というようなことを何度か言われた覚えがあります。パラリンピックは、「スポーツに打ち込む」という生き方を選択している個々の「障害」者アスリートを、「できない」「がんばらない」人たちの尻を叩く道具にし、オリンピックの内包する矛盾をおおいかくす役割を負っているといっていいでしょう。

がんばらなくても、幸せに生きていける世の中を望みます。

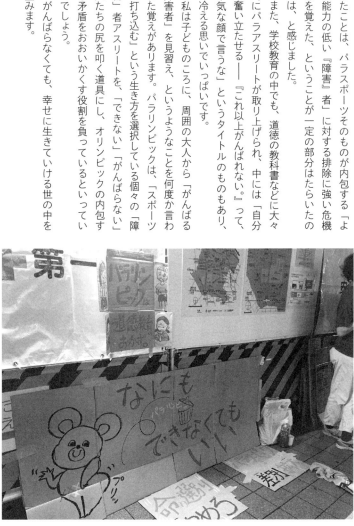

抗議声明　「ISDEF Japan」もオリンピックもいらない！もろとも中止を！

私たちが「ISDEF Japan」なるイスラエルの軍事見本市が開催されることを知ったのは、5月15日、ちょうどナクバの日です。帰還を求めて非武装デモを行うパレスチナの人々に対し、イスラエル軍が容赦なく銃撃し、多くの人々が死傷する様子が連日伝えられているさなかでした。

「ISDEF Japan」のポスターには露骨にオリンピックロゴが描かれており、宣伝文句には「2020年の東京オリンピックには4000万人以上の観光客が訪れると予測されます。セキュリティは主催者と当局にとって最大の関心事です。」などと書かれています。

オリンピックを絶好のビジネスチャンスととらえ、いま、まさにパレスチナの人々を殺戮しているその技術を売り込もうとしていることは明らかです。こんな血にまみれたイベントはなんとしても阻止しなければならないし、このようなものをもたらすオリンピックにはますます反対していかなければならないと私たちは考えます。

「ISDEF Japan」が開かれる会場を管理する川崎市は、「ISDEF Japan」について、武器や危険物は持ち込まない、大規模イベント（つまりオリンピック）の安全対策のブース出展という目的だから問題ないと回答しています。

私たちはこれまでも、オリンピックの名のもとに、人々の生活や権利、ときには命がないがしろにされ、不条理なことがまかりとおる現実を散々目の当たりにしてきました。例えば、新国立競技場建設のために都営住宅の高齢者や公園の野宿者が住まいを追われるなどしてきました。同じく新国立競技場建設現場では若い労働者が過労自殺で、選手村建設現場では労災事故で命を落としています。東日本大震災はじめ各地で自然災害が相次いでいるにも関わらず、復興に注がれるべき資金、資材、労働力などの多くがオリンピックに奪われています。ここ最近では、ボランティアの問題やサマータイム導入の問題で多くの方が身に迫る我がこととして危機感を抱いているのではないでしょうか。

そこへ加えてこの「ISDEF Japan」です。またオリンピックのために犠牲が生まれるのかという思いです。

また、昨年成立、施行された悪名高き共謀罪が法案として審議されていた2017年1月23日には、安倍総理から、共謀罪が成立しなければ「東京五輪・パラリンピックを開けないと言っても過言ではない」という言葉が飛び出したのも象徴的です。

2018.8

2018.8.29　イスラエルの軍事見本市 ISDEF Japan 初日。会場となった川崎市とどろきアリーナ前には、「川崎でのイスラエル軍事エキスポに反対する会」の呼びかけで、開催強行に抗議する約 200 人が押し寄せた。「とどろきアリーナを軍事見本市に貸さないで！」「東京五輪を口実にした軍事見本市はいらない！」等メッセージを掲げ、横断幕を広げマイクアピール、一斉に地に身を横たえてのダイ・イン

2018.10.12「報告集会　強行された『イスラエル軍事見本市』～そのとき川崎で何が起きていたのか」（主催・川崎でのイスラエル軍事エキスポに反対する会）にて　反五輪の会行動報告を作成・展示

オリンピックを守るために声高に叫ばれるセキュリティ技術の導入は、過剰なまでに張り巡らされた監視カメラや顔認証などによって私たちのプライバシーを丸裸にし、異論反論を許さない監視国家化に利用されていくでしょう。

　この人道的にも法的にも政治的にも許されない死の商人たちの見本市が、オリンピックを契機としてもたらされ、オリンピックを理由に正当化されていることに、私たちは堪え難い怒りを覚えます。

「ISDEF Japan」もオリンピックもいらない！　もろとも中止を！

２０１８年８月２４日　反五輪の会

スポーツの軍事化とオリンピックの政治

2018.8

２０１８年８月２８日、アジア女性資料センターと反五輪の会の共催でトークイベント「スポーツの軍事化とオリンピックの政治」が開催された。講師は、関西大学文学部准教授で、体育・スポーツにおけるジェンダー／セクシュアリティ研究の井谷聡子さんと、著書『戦争は教室から始まる』の元教員北村小夜さん。スポーツの関わり方も世代も異なるお二人のお話は、人々の身体や思考までも支配しようとするオリンピック・パラリンピックの政治が暴かれるものとなった。

井谷さんのお話は、なぜ安全保障が軍隊と繋がっているのか、というスポーツと一見離れたトピックから始まった。

元をたどると、１９世紀半ばに起こった哲学・宗教運動にさかのぼる。主に男性が通うパブリックスクールでは、帝国の支配者もしくは指揮者となるべく、筋肉の発達を通したモラル教育が行われた。神の導きとして自己犠牲をはらって守るべき「国」があり、鍛え上げられた身体を神に捧げるという教育だ。神のため「国」のため、何よりも軍隊は優先されることになっていったという。近代スポーツが普及、推進されることによって、キリスト教やイギリス的モラル、ジェンダー規範などが植民地へ広められることとなった（「筋肉的キリスト教」というらしい！）。

しかし、この話を聞いて、まったく数世紀も前の他国の事と思えない。大日本帝国での天皇制下でも、そうだったし、教育勅語を復活しようという動きは今も起こっている。２０２０オリンピック・パラリンピック組織委員会の会長は「神の国」発言の元総理大臣森喜朗だ。

また、井谷さんはスポーツ大会のポスターや、アメリカの大学での軍隊歓迎イベントなどの写真を紹介した。それらは、スポーツ大会や軍事イベントでは、団体の統制のとれた運動や、鍛え上げられた身体などを賛美されるという表象が共通している。また、その表象に女性やＬＧＢＴが軍人として登場し、同権がまるで社会で実現されているというアピールとなっている。

北村さんのお話は、学校教育での道徳とパラリンピックを中心に話された。パラリンピックと戦争は、ほぼ直接関係がある。１９４４年連合軍は、ノルマンディー上陸作戦において多くの負傷者が出ることを予想し、治療とリハビリのための特別ユニットを設置。そこで、「リハビリでは競い合わせる事で効果がある」とパラリンピックが始まる。

つまりパラリンピックは、優生思想に基づいたスポーツの特徴をより際立たせた目的で始まったのである。

そして現在、そのパラリンピックが道徳教育の中で紹介されていることに、北村さんは強く警鐘を鳴らす。２０１８年４月から道徳が評価される教科として始まったということは、代理戦争であるオリンピックシステム

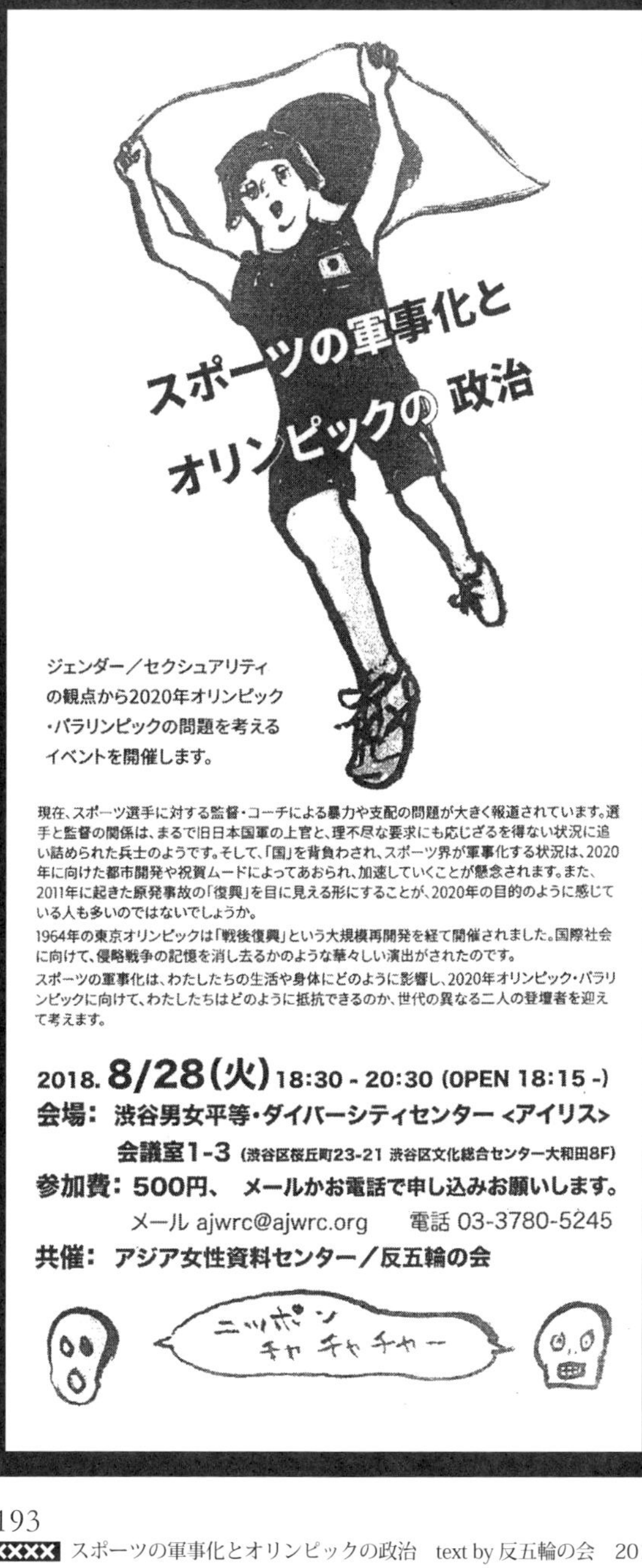

の一環であり、それは、国に逆らわない心の育成、また、スポーツによって健康な身体を管理した上で愛国心を強調すること、その道徳を徹底させる為にはオリンピックは格好の祝祭なのだ、と。大日本帝国下の軍国教育を受けた北村さんのお話は、戦争というムードがどのようなものかわたしたちに示唆した。

スポーツの軍事化と
オリンピックの政治
ジェンダー／セクシュアリティ
の観点から2020年オリンピック
・パラリンピックの問題を考える
イベントを開催します。
現在、スポーツ選手に対する監督・コーチによる暴力や支配の問題が大きく報道されています。選手と監督の関係は、まるで旧日本国軍の上官と、理不尽な要求にも応じざるを得ない状況に追い詰められた兵士のようです。そして、「国」を背負わされ、スポーツ界が軍事化する状況は、2020年に向けた都市開発や祝賀ムードによってあおられ、加速していくことが懸念されます。また、2011年に起きた原発事故の「復興」を目に見える形にすることが、2020年の目的のように感じている人も多いのではないでしょうか。
1964年の東京オリンピックは「戦後復興」という大規模再開発を経て開催されました。国際社会に向けて、侵略戦争の記憶を消し去るかのような華々しい演出がされたのです。
スポーツの軍事化は、わたしたちの生活や身体にどのように影響し、2020年オリンピック・パラリンピックに向けて、わたしたちはどのように抵抗できるのか、世代の異なる二人の登壇者を迎えて考えます。
2018. 8/28(火) 18:30 - 20:30 (OPEN 18:15 -)
会場：渋谷男女平等・ダイバーシティセンター <アイリス>
会議室1-3 (渋谷区桜丘町23-21 渋谷区文化総合センター大和田8F)
参加費：500円、メールかお電話で申し込みお願いします。
メール ajwrc@ajwrc.org　電話 03-3780-5245
共催：アジア女性資料センター／反五輪の会
ニッポン
チャチャチャー

　また、北村さんは優生思想に基づいた競技スポーツ自体を批判する。そのため、パラリンピックアスリートがどのように表象されているのかに注目している。「がんばる障害者」「苦難を乗り越えたパラリアン」と感動的に紹介されている記事が、障害者の分断の溝をよりいっそう深めていると指摘する。一方、井谷さんは人間の持つ競争欲というものはあり、しかしそこに国家などの権力が介入してくる問題を指摘された。

　準備段階の２０２０オリンピック・パラリンピックが、もうすでに教育に介入し、健康や思想までもをコントロールしはじめている。貧困者の排除や無駄な都市開発だけでなく、人々の身体や思想までもを改造しようとしているオリンピック・パラリンピック。もうやめよう。

東京都は築地市場解体をやめろ！
反五輪の会抗議声明

　築地市場がついに閉鎖され、消滅の危機にさらされている。東京都は、たかだか数週間のオリンピック・パラリンピック開催時の駐車場を確保するために、８３年間にわたり人々の暮らしを支えてきた築地市場を、まるごと更地にしようとしている。築地解体の目論見の背景には、湾岸部のオリンピック会場や晴海オリンピック選手村と都心部をつなぐ環状2号線建設もあった。オリンピックまでの開通はもはや不可能となったが、築地手前で急カーブするいびつな暫定道路がその経緯を物語っている。

　移転先の新豊洲市場は、見た目はピカピカでも深刻な土壌汚染、液状化、交通アクセスといった立地条件のダメさ加減、市場設備の不備が山のように指摘されている、「ハコモノ建設」のお手本のような施設だ。東京都が、市場で働く人々の声をあまりにも無視して建設を推し進めてきた結果だ。しかもそのツケは市場で働く人々に払わせる。移転にともなう高額の費用負担に、長年かけて「築地ブランド」を作り上げてきた業者や老舗料理店が次々と廃業を選択せざるをえないという、最悪の事態を招いている。

　さらに、とんでもないことに、小池百合子東京都知事は、２０１８年１１月現在、築地市場の保存を望み営業を続ける市場関係者らに対し、２０２０オリンピック開催を理由に仮処分申立を申請、築地市場内の土地明け渡しを求めるなどの圧力をかけている。新国立競技場建設のために東京都が都立明治公園を一方的に廃園にし、そこに暮らす野宿者がＪＳＣによる仮処分申立により強制排除されたり、都営霞ヶ丘アパート住民が強制執行により退去させられたのと同じ手口だ。補修を何年も放置したあげく老朽化を理由に取り壊す、「レガシー」を連呼しながら再開発でぶち壊す。オリンピックという大義名分がこうした行政の暴挙に拍車をかけ、平和的解決を放棄させている。オリンピックの剥き出しの暴力性が、見過ごされ繰り返されてきた結果、いま築地市場に襲いかかっているのだ。

　そして破壊されるのは築地の建物ばかりではない。築地市場が培ってきた食の安全、食文化の破壊に一直線に関わっている。そもそも晴海オリンピック選手村と五輪会場が乱立する有明地区に挟まれた場所に位置する新豊洲市場は、オリンピック開催中、平常どおり営業できるのか？

　人々の生活よりもオリンピックを優先する思考をやめさせない限り、生活リスク・不安は限りなく膨張する。築地市場は解体せずに残し、いつでも戻れるようにした方が身のためだ。小池都知事は就任直後から、「築地は守る、豊洲を活かす」と言いつつ、同時に「築地市場の跡地は当面オリンピック用のデポ、輸送拠点として活用をいたします」（２０１７年６月２０日記者会見）と公言している。駐車場が足りない程度で開催できないならオリンピックなど最初から無理だ。やめろ、いますぐに！

　２０１８年１１月１８日　反五輪の会

反オリンピックトーチがやってくる　平昌・東京　引継ぎセレモニー

RIO DE JANEIRO 2016 —— PYEONG CHANG 2018
TOKYO 2020 —— BEIJING 2022 —— PARIS 2024 —— LA 2028
VANCOUVER 2010 —— LONDON 2012 —— SOCHI 2014
ANTI OLYMPICS TORCH to TOKYO
反五輪
反オリンピックトーチ引き継ぎイベント Nov. 20 tue − 23 fri. 2018 オリンピック・パラリンピックに対して各開催都市で大きな抵抗運動が起こっています。その抵抗の場に、2010年バンクーバーから引き継がれいる反オリンピックトーチがありました。 自然が破壊され、生活が奪われ、排除された民衆たちの手から手へと渡ってきたこのトーチが、今回、東京に届きます。オリンピックをもう終らせよう。
The passing of the anti-Olympic torch will take place from November 20-23, 2018. A sizable resistance movement has taken shape in each host city for the Olympic and Paralympic Games. The anti-Olympic torch was first lit in Vancouver in 2010. This torch has passed between the hands of countless people shut out from celebration by the destruction of natural environments and the devastation of livelihoods. Now, it comes to Tokyo! Together we can bring an end to Olympic Games!
twitter：@hangorinnokai　Brog：https://hangorin.tumblr.com/　FB：https://www.facebook.com/page.no.olympic2020　反五輪の会

2018.11

反オリンピックトーチがやってくる

平昌・東京 引継ぎセレモニー

2018.11/20 tue

オリンピック開催地で何が起こっているのか　平昌2018→パリ2024
What happens at Olympic sites? From PyeongChang 2018 to Paris 2024"

報告1 韓国から　パク ウンソン・チャン ヒョンウク（Listentothecity）　ソ ウォン（写真家）
Report 1 (Korea)　Park Eunseon・Jang HyeonWook (Listentothecity)　Seo Won (photographer)

報告2 フランス・パリから　佐々木夏子（翻訳家「デヴィッド・グレーバー『負債論』」共訳など）
Report 2 (France)　Natuko Sasaki (Translator of David Graeber's Debt & other works)

報告3 東京から　小美濃彰（東京外国語大学大学院博士後期課程）
Report 3 (Japan)　Akira Omino (Doctoral student at Tokyo University of Foreign Studies [TUFS])

通訳／ハン スンヒ（東京外国語大学大学院博士後期課程）　Interpreter: Han Seung Hee (TUFS Doctoral student)
司会／友常勉（東京外国語大学教員）　Moderator: Tsutomu Tomotsune (TUFS Faculty)

18:00 – 20:30　東京外国語大学　総合文化研究所422（研究講義棟4階）
Held at RM 422, Trans-cultural Studies Institute, Research Lecture Bldg 4th Fl, TUFS

共催: 東京外国語大学友常勉研究室　**Co-organized with: Tomotsune Lab at TUFS**

2018.11/21 wed

反オリンピックトーチがやってくる!　平昌・東京 引き継ぎセレモニー
The anti-Olympic torch is here! Handover ceremony from PyeongChang to Tokyo

反オリンピックトーチを東京へ届けるために、韓国から平昌オリンピック反対連帯の方々が来日します。 バンクーバー、ロンドン、ソチ、リオ、ピョンチャンと各地でオリンピック勢力をグイグイ押し返してきた闘いを、みんなで引き継ごう! 夜には韓国やパリからのゲストたちとの報告&交流会を開きます。

Organizers from the Anti-PyeongChang Olympics Alliance have traveled from Korea to deliver the anti-Olympic torch to Tokyo. Let's take on the fight that pushed back against the Olympics in Vancouver, London, Sochi, Rio, and PyeongChang! This evening, we welcome guests from Korea and France for reports and a collective exchange.

15:00　千駄ヶ谷駅前　集合　新国立競技場周辺フィールドワーク
Meet in front of Sendagaya station; Field work around the Olympic Stadium

18:00 – 21:00　千駄ヶ谷区民会館1階和室　報告&交流会
Report & exchange meet at the 1st floor of Sendagaya Kumin Hall

カンパ制 ＊マイ箸などお持ち下さい。**Free – Donations welcome** *- Please bring your own utensils*

主催:反五輪の会 **Organized by: NO Olympics 2020**

2018.11/22 thu

寒空上映会 サンゲドンオリンピック1988 27分　監督キム　ドンウォン
Open air screening: **Sanggye Dong Olympics 1988 (27mins) directed by Kim Dong-won**

1988年、経済成長し民主化した韓国をアピールしたソウル五輪。その影で、ソウル市内の上渓洞（サンゲドン）の町で非道な排除が起き、住民たちは壮絶な闘いを挑むことになった。　その様を克明にとらえたドキュメンタリーを美竹公園（渋谷）で上映します。現在、2020年五輪のために、渋谷は街ごと商業スペースにかえられようとしています。そんな流れに抵抗し誰もが居られる公園を取りもどすための「宮下公園ねる会議」、反五輪の会、平昌オリンピック反対連帯の共催です。暖かい格好でご参加ください。

The 1988 Seoul Olympic Games brought attention to an economically emergent, democratized Korea. In their shadow, the town of Shanggi-dong in Seoul faced shocking exclusion, launching a fierce battle. This documentary, screened at Mitake Park in Shibuya, captures these events in detail. Shibuya is now in the process of converting everything into commercial space for the sake of the 2020 Olympics. The Miyashita Park Sleepers⊠ Meeting, organized to resist commercialization and reclaim parks for all, will be co-hosting the event with NO Olympics 2020 and the Anti-PyeongChang Olympics Alliance. Please dress warm and join us!

19:00 start　渋谷　美竹公園にて Mitake Park, Shibuya　雨天中止 Canceled in event of rain.
＊簡単なメシあり。マイ箸などお持ち下さい。***Simple food provided.** *- Please bring your own utensils.*

2018.11/23 Fri

反五輪湾岸ツアー　Anti-Olympic Tokyo Bay Tour

東京都が五輪・パラリンピック開催のため、築地市場で働く人々を締め出し解体工事を強行?!東京都はブルドーザーのごとく町を壊し五輪開発に躍起になっています。湾岸は利権絡みの建設工事真っ最中。オリンピック災害おことわり連絡会の五輪防災ハザードマップを手に湾岸ツアー。詳細はオリンピック災害おことわり連絡会まで。　**info@2020okotowa.link**

Tsukiji market has been forcibly shut down and its workers moved out... all for the sake of the Paralympic Games?! The Tokyo Metropolitan Government is bulldozing the city to spark development for the Olympic Games. Tokyo Bay is in the midst of construction work benefiting special interests. We will take a tour of the area using the Olympic Disaster Prevention Hazard Map made by "Another Olympics Disaster? No Thanks!"

主催:オリンピック災害おことわり連絡会　**Organized by: "Another Olympics Disaster? No Thanks!"**

2018 年 反五輪 重大ニュース@渋谷越年越冬闘争

学校現場から——強制される「オリ・パラ教育」の実態

「東京都オリンピック・パラリンピック教育」実施方針

「オリ・パラ」という言葉が職員室の中を頻繁に飛び交うようになったのは、2016年度からだと記憶しています。「オリ・パラ」とは「オリンピック・パラリンピック」の略語で、学校の中では「オリ・パラ教育」を指すことが多いです。いま、「オリ・パラ教育」＝「オリンピック・パラリンピック教育」が、都内の公立学校を席捲しつつあるのです。

東京都教育委員会は2016年1月に「『東京都オリンピック・パラリンピック教育』実施方針」を策定しました。それが都内の全公立学校に下ろされ、同年4月から実施されることになった、というわけです。勤務校では『東京都オリンピック・パラリンピック教育』実施方針」(以下「実施方針」)についての校内研修会が行われました。主幹教諭が都教委のHPをほぼそのまま写した資料をぼそぼそと読み上げるだけの研修会でしたが、この時はまだ質疑の中で「2020東京五輪について、都民の中でも反対したり疑問をもったりしている人も少なくない。そういう声を無視するような内容は教育にふさわしいとは思えない」といった反対意見を辛うじて出すことができました。

しかし年度が替わるや、私は管理職から直接、オリ・パラに疑問を持たせるような内容の授業を行なってはならない、と強く言われるようになりました。

オリ・パラ教育とは果たして何なのか?

不思議なことに、東京都教育委員会のHPを見ても、「オリンピック・パラリンピック教育」の確たる定義はどこにも見当たりません。都教委HPには「東京都オリンピック・パラリンピック教育」のページがあり、その中の東京都教育庁指導部による「オリンピック・パラリンピック教育の基本的な考え方・進め方」によると、「開催都市で実施」され、「主として青少年を対象」に行われ、「オリンピズムの普及」を通して、「東京2020大会、さらにその先に活躍するために必要な力を身に付ける」「人生の糧になるかけがえのないレガシーを心と体に残す」教育である、というのが都教委における

2019.1

「オリ・パラ教育」の定義であるようです。（もっとも、神奈川県や冬季五輪招致に前のめりの札幌市、東日本大震災と原発事故被災地の福島市など、開催都市以外でも「オリ・パラ教育」実施例は枚挙にいとまありません）

「育成すべき人間像」と「5つの資質」

さて、この「実施方針」の中身をみていきたいと思います。「実施方針」の冒頭では、オリ・パラ教育の「意義」が述べられています。「これまでオリンピック・パラリンピックは、開催都市と国に大きな社会変革をもたらし、とりわけ若者や子供たちを鼓舞し、勇気と感動を与えてきた」また、オリンピック憲章にうたわれているオリンピズムは「豊かな情操と道徳心、自主・自律の精神、公共の精神、伝統や文化を尊重し、我が国と郷土を愛するとともに、国際社会の平和と発展に寄与する態度を養うことなどを定める教育基本法の「教育の目標」や学習指導要領の理念にも相通ずるものである」というのが、都教委の認識です。「教育基本法の「教育の目標」や学習指導要領の理念」（これはこれで問題だらけなのですが）に「相通ずる」ものは、何もオリンピック・パラリンピックだけではないはずなのですが、ことさらにオリンピック・パラリンピックを押し出していくのは、まさに国策を教育の名のもとに子どもたちに押し付けていくことに他なりません。

それは、「実施方針」の「基本的視点」の部分に如実に表れています。「基本的視点」は一番目に「全ての子供が大会に関わる」ことを掲げています。「全ての子供が、発達段階や興味・関心に応じて、オリンピック・パラリンピックに何らかの形で関わり、オリンピック・パラリンピックの価値や意義を学ぶ」……オリンピック・パラリンピックと距離をおいたり、疑問や反感をもつ子どもの存在は、最初から「存在しないもの」として扱われています。言い換えれば「全ての子供」がオリンピック・パラリンピックに協力することを余儀なくされることを意味します。

「実施方針」には、オリ・パラ教育を通して「育成すべき人間像」が以下の4項目にわたってあげられています。

（1）自己を肯定し、自らの目標を持って、自らのベストを目指す意欲と態度を備えた人間
（2）スポーツに親しみ、知・徳・体の調和のとれた人間
（3）日本人としての自覚と誇りを持ち、自ら学び行動できる国際感覚を備えた人間
（4）多様性を尊重し、共生社会の実現や国際社会の平和と発展

に貢献できる人間

これをうけて、「重点的に育成すべき5つの資質」として、

（1）ボランティアマインド

（2）障害者理解

（3）スポーツ志向

（4）日本人としての自覚と誇り

（5）豊かな国際感覚

が掲げられています。学校の中で直接関わってくるのは、この「5つの資質」の部分です。

年間指導計画に割り込む「オリ・パラ教育」

年度初めに、すべての授業科目の年間指導計画を立てるのですが、その際、「オリ・パラ」に関わる内容の記述部分に、「5つの資質」のどれが該当するかを明記しなければならなくなりました。「実施方針」の中には、「学習・教育活動の進め方」には「本教育（オリ・パラ教育）は、これまで行ってきた各学校における様々な教育実践を踏まえ、オリンピック・パラリンピックに関連付けて行うことを基本とする」「オリンピック・パラリンピックは、教材の宝庫であるため、特定の教科等に偏ることなく全ての教育活動で展開する」にとあります。年間指導計画の内容自体は従前どおりで構わないのだが、問題はその内容を「オリンピック・パラリンピックに関連付け」「全ての教育活動で展開する」という部分です。

例を挙げると、家庭科の「味噌汁とおにぎり作り」は「日本人としての自覚と誇り」に、音楽の「外国の音楽の鑑賞」は「豊かな国際感覚」に、図工・美術の「運動会のポスター制作」は「スポーツ志向」に、毎年の恒例行事になっている近隣の公園の美化活動は「ボランティアマインド」と結びつけられ、それを年間指導計画に書き添えなければならなくなったわけです。つまり、それまではオリ・パラとは特段の関連もなく毎年実施されてきた内容を、オリ・パラに無理やりタグ付けし、回収するというわけです。オリ・パラが「教材の宝庫」だというのは、このような「こじつけ」を正当化する詭弁と言わざるを得ません。

年間指導計画は管理職の点検が入り、「タグ付け」のない科目は「オリ・パラの記載がない」など付箋が入り、再提出させられる場合もあります。私は修学旅行の訪問先である○○県と関連した学習内容を年間計画に入れました。オリ・パラの「タグ付け」は行わないまま提出しましたが、当該学年の各教科年間指導計画における修学旅行関連の内容（修学旅行先の地方の郷土料理、方言、歴史的建造物、特産品、自然や気候の特色について、等）が「修学旅行で行く○○県について深く知る→日本人としての自覚と誇り」にいつの間にか一括で変換され、オリ・パラ教育化していたのに驚かされました。

「実施方針」の「学習・教育活動の進め方」の冒頭には「各学校において、本教育（オリ・パラ教育）を展開するに当たっては、当該校の特色及び校長の経営方針等に基づき、年間指導計画を作成し、年間35時間程度を目安とし、学校全体で組織的・計画的に実践する」とあります。文中の「年間35時間程度」とは、週当たりにすると1コマです。勤務校では、各教科の内容にタグ付けした分と、「総合的な学習の時間」でのオリ・パラ関連の授業（映像資料を使った

オリンピック・パラリンピック種目などの紹介、学年レクリエーションでの「オリ・パラクイズ」など）でこの35時間を「クリア」しています。

オリ・パラ教育は、指導要録の「指導に関する記録」の中の「総合的な学習の時間」の項目に記載するよう求められています。教務からの具体的な指示は［学習活動］の項目に「オリンピック・パラリンピック教育」、［評価の観点］は「オリンピック・パラリンピック種目に興味を持って体験できたか／世界の国々の文化に関心が持てたか」、［評価］は「［評価の観点］に沿って記述。地域への貢献活動や伝統文化の学習の評価を加えても可」です。この記録が学校教育法施行規則に定められた学校の表簿として、生徒の卒業後5年間保存されるわけです。

オリ・パラ教育「4つのプロジェクト」

さて、「実施方針」には前述の「5つの資質」を伸ばすための4つのプロジェクトが盛り込まれています。いわく「各学校においては、これらのプロジェクトを活用することにより、日常的に行っている独自の取組を更に活性化させていく」ということで、「プロジェクト」は主に単発の行事的な内容が主になります。

「4つのプロジェクト」の内訳は以下の通りです。

（1）東京ユースボランティア　子供たちのボランティアマインドを育むとともに、自尊感情を高めていくために、ボランティア活動を計画的・継続的に行うものである。取組例：地域清掃、地域行事、地域防災活動、スポーツ大会、障害者・高齢者施設等でのボランティア　等

（2）スマイルプロジェクト：「共生社会」の実現に向け、子供たちに、お互いの人格や個性についての理解を深め、自ら主体的に関わる方法を考えさせ、思いやりの心を育成するもの（後略）。取組例：障害者スポーツの観戦や体験等、特別支援学校や特別支援学級の児童・生徒と小・中・高校生との交流、高齢者介護施設や障害者施設の訪問、障害のある人が感じる不便や不安を直接体感する体験活動、障害者アートの鑑賞　等

（3）夢・未来プロジェクト：オリンピアンやパラリンピアン等のアスリート等を学校に派遣し、直接交流を実施することにより、児童・生徒がオリンピック・パラリンピックのすばらしさを実感できるようにするとともに、スポーツへの関心を高め、夢に向かって努力したり困難を克服したりする意欲を培うために現在実施している取組であり、今後、全校展開に伴い充実・拡大するものである。

（4）世界ともだちプロジェクト：世界には多くの国があり、その国の様々な人種や言語、文化、歴史などを学ぶことを通して、単に知識を広げるだけではなく、世界の多様性を知り、様々な価値観を尊重することの重要性を理解するものである。取組例：地域の留学生や外国人、インターナショナルスクール・大使館等と交流、手紙・メール・直接交流等により海外の姉妹校等と交流、選手団との交流、歓迎行事への参加、等

動員装置となるか？「東京ユースボランティア」プロジェクト

2017年6月、「東京ユースボランティア・バンク」が開設され、

各都立学校に「バンク」への登録が呼びかけられました。同年１１月には、教育庁指導部オリンピック・パラリンピック教育推進担当課長名で未登録の学校長あてに「全都立学校の『東京ユースボランティア・バンク』登録について」という事務連絡が来ました。「今後、共生・共助社会を担う子供たちにボランティアマインドを醸成するうえで、この「東京ユースボランティア・バンク」は有益なシステムとなり得るものであり、登録に伴う教職員への負担をかけたり、ボランティア応募への生徒の動員をお願いしたりするものではありません」と言いつつ、「都教育委員会といたしましては、約３年後に控えた東京２０２０大会の開催に向けて全ての都立学校に『東京ユースボランティア・バンク』への登録及び積極的なご活用をお願いいたしたく存じます」とあり、東京２０２０大会への教員、児童・生徒の動員の布石とみなさざるを得ません。

「東京ユースボランティア・バンク」の具体的内容ですが、東京都のHP内の２０１７年６月の教育庁の報道発表資料によると、以下の通りです。「目的：子供たちが様々なボランティア活動に参加できる機会を増やしていくための情報等を提供していくことで、主にボランティアマインドの醸成、障害者理解の促進を図るとともに、子供たちにボランティア文化を根付かせ、共生・共助社会の実現を図る」「事業内容：各種ボランティア関係機関が募集するボランティア活動やボランティア講座等に関する情報などを、東京ユースボランティア・バンク登録者（学校、児童・生徒）に発信し、ボランティア活動や講座等への参加を促進するとともに、各学校と各種ボランティア関係団体との主体的・継続的な協力関係構築につなげていく」とあり、今のところは都教委が各種ボランティア関係機関から「ボランティア活動の募集に関する情報、ボランティア活動の意義や心構え等の講座に関する情報、その他ボランティアに関する各種情報」の提供を受け、都教委がオリンピック・パラリンピック教育ウェブサイト内の「東京ユースボランティア・バンク」を通して登録校に発信するというしくみのようです。勤務校では「バンク」についての話題は今のところほとんど出ていませんが、このプロジェクトを通して、市民が自発的に地域で取り組んでいるボランティア活動を、東京2020大会成功に向けてからめとっていこうとする意図がはっきりとうかがえます。

オリ・パラ教育の謳う「共生社会」と「多様性」

（2）のスマイルプロジェクトですが、取組例に挙げられている「障害者スポーツ体験」や「特別支援学校・学級との交流」「体験活動」は、2016年度以降、毎年都教委が各学校の教職員に配布している「オリンピック・パラリンピック教育実践事例集」をみると各学校で広く行われている様子がうかがえます。平成28（2016）年度版「実践事例集」には中学校の「総合的な学習の時間」の「福祉体験学習」（車いす、白杖、アイマスク）と特別支援学校の「ボッチャ（パラリンピック種目のひとつ）を通した学校間交流」が紹介されています。勤務校では、年間30万円のオリ・パラ教育補助予算（「オリ・パラ教育重点校」（100校）にはさらに20万円加算）でボッチャの道具を購入し、また三年生では体育や総合的な学習の時間にブラインドサッカーとシッティングバレーの体験が行われました。

話がそれますが、昨年度の文化祭で、「オリ・パラ教育」の展示を各学年単位でするように指示があり、三年生はこの体験学習の写真と説明文を盛り込んだ掲示物を作成し、掲示しました。一、二年生は各クラス単位でオリ・パラに関する掲示物の作成を指示されたのですが、あるクラスの担任は「オリンピックなんかやめればいいのに」「オリ・パラ教育だって？　ばかばかしい」と吐き捨てるようにつぶやいていました。しかし、そのクラスもエンブレムの「組市松紋」を貼り絵にした掲示物を出していました。

さて、勤務校のブラインドサッカー体験では、日本ブラインドサッカー協会の関係者が来訪しての授業が行われ、保護者へ参観が呼びかけられました。他校との交流については、生徒会が同じ地区の特別支援学校や高校とボッチャ交流をしたり、サッカー部が近隣の中学校のサッカー部と交流を行ったりしています。

「スマイルプロジェクト」は、「共生社会」の実現をねらいとしているにも関わらず、その実践の前提は、全て障害のある子どもとない子どもを「分ける」ところから出発しています。決して、子どもを障害の有無で分けることの矛盾や差別性を問い直すようなものではないわけです。分けておいて「共生」の実現を謳う矛盾がみごとに露呈しています。

ブラインドサッカーを通して「目が見えない」状態を体感することに意味がないとは言いませんが、それだけで「障害者理解が進んだ」とみなされるのは恐ろしいような気がします。「目が見えない」状態ひとつをとっても、不便さを含めて感じていることは当然、一人一人違います。そのことを文字通り体感するには、障害のある子どもたちと同じ教室で、毎日一緒に暮らし学ぶことが最低限の前提ではないかと思うのです。

（3）の「夢・未来プロジェクト」は、一流アスリートを学校に招いて話を聞き交流することが主眼ですが、これは子どもの「夢」や「未来」をスポーツやオリンピック・パラリンピックにつなげ、からめとっていくことに他ならないと思います。「育成すべき人間像」に「多様性を尊重し～」とうたっているにも関わらず、スポーツやオリンピック・パラリンピック以外の子どもの多様な「夢」や「未来」はネグレクトされ、価値の低いものとして閑却されていくのです。七夕の季節、短冊に自分の好きなスポーツについて書いている生徒はいるものの、オリ・パラに触れた内容を書いた生徒は皆無でした。

世界ともだちプロジェクトー多文化共生教育の危機

（4）の「世界ともだちプロジェクト」ですが、1998年の長野五輪で始められ、ソチやピョンチャンなど開催地の学校にも広まった「一校一国運動」がもとになっています。学習する国は、都教委が五輪開催国1か国を含めた5大陸各1国をセットにした「メニュー表」から、各校が選択する方式で決められます。勤務校では校長が選んできた「セット」の5か国を重点的に学習することになりました。「世界ともだちプロジェクト」の相手国ですが、アフリカや太平洋諸国など、あまり聞いたことのない国々がならび、戸惑う同僚もいましたが、やがて学校の壁面は、国旗の塗り絵や相手国を代表する動植物をテーマにした美術作品、ネットを駆使した調べ学習の模造紙でにぎわうようになりました。生徒用玄関のわきには「オリ・パラコーナー」が設置され、相手国にちなんだ熱帯魚の水槽と国旗に2020東京大会の桃太郎旗、オリンピック・パラリンピックの入門書や写真集が並んでいます。熱帯魚への餌やりも「オリ・パラ教育」の一環だそうです。

勤務校は在日外国人の多い地域で、毎年数名の外国（主にアジア）につながる生徒が入学してきます。同僚たちの口に彼らのルーツが上る時はきまって「日本語が通じるか、話がわかるか」に終始し、生徒のつながる国や地域に対して積極的に知ろうという姿勢の同僚はほぼ皆無です。そういう同僚たちが彼らの存在を意識するきっかけが「オリ・パラ教育」だとしたら、こんなおぞましいことはありません。東京2020大会翼賛が前提の「オリ・パラ教育」に、生徒のルーツが利用されることほど「多文化共生」を踏みにじるものはありません。いま、「多文化共生」の取り組みの質が、この現実の前に厳しく問われているのです。

平成28（2016）年度の「オリ・パラ教育実践事例集」に、ある小学校の「世界の国々の紹介（パネル展示）」の事例が紹介されています。「取組・活動のねらい」として「本校にはアジア諸国を母国とする児童が在籍している。PTA会員で構成している国際交流係は、子供たちに外国の文化や行事などを紹介することによって、互いの文化を尊重し合うことの大切さを伝えようと考え、外国の生活や文化を伝えるパネルを作成した。外国人の保護者が、それぞれの国の言葉で書き、日本出身の保護者が日本語を書いた。作成している間も、料理のレシピを聞いたりなど、保護者同士が楽しく過ごし、交流を深めた」――PTAが例年行っているこの「活動を、オリンピック・パラリンピック教育と関連付け、出来上がったパネルを児童に紹介するため、校舎内に『オリンピック・パラリンピック教育に関する展示コーナー』を設け、パネルを掲示した」という内容です。「児童・生徒や保護者等の反応」として、「子供たちは、様々な国の言語や文化を知ることができ、『将来行ってみたい』『世界の国の人たちと話をしてみたい』という感想が聞かれた。『世界ともだちプロジェクト』につながる掲示となっている」「本校に通っている児童の母国のことを取り上げることで、『世界ともだちプロジェクト』の一環としてよくまとめられていると、保護者から評価を受けた」「校舎内に『オリンピック・パラリンピック教育』の壁面コーナーを設置することにより、教員にとっても、国際理解教育を推進する貴重な内容となっている」と述べられ、同じ学び舎で出会った者同士の相互理解・共生の取り組みが「世界ともだちプロジェクト＝オリ・パラ教育」化されていくようすがよくわかります。

PTAが主体となって、外国につながる親子の背景にある文化を積極的に学び分かち合う姿勢は、ほんとうに頭の下がる実践です。オリ・パラ教育は、いともたやすくこの貴重な取り組みを簒奪してしまったわけです。

アジアと言えば、五輪開催国の中国・韓国では、大規模な開発により多くの町や自然が破壊され、たくさんの貧しい住民がろくな補償も受けられないまま追い出されるという事件が起きています。時の政権や五輪に反対の声を上げる市民への容赦ない弾圧も起こっています。「多文化共生」が捻じ曲げられ、オリ・パラ翼賛と弱者排除の構造の中に組み込まれていくのは、本当に悔しく胸がつぶれる思いです。

勤務校でも、二年生の家庭科の授業で「トック」という朝鮮半島の正月料理が取り上げられました。指導案によると、ねらいとして「隣国であり、ピョンチャン大会が開催されている韓国の料理に使われる材料や作り方を知る／東京2020大会に向けて、外国の料理について関心を持つ」ことが掲げられ、導入部分でピョンチャン五輪が開幕した話題を出し、韓国の料理を作る動機づけに結び付けるようになっています。また「備考欄」には、「オリ・パラ教育の視点から、隣国であり、また在住経験がある生徒もいることから、韓国の料理を取り上げた」とあり、韓国での生活を経験した生徒の存在に言及しています。オリ・パラ教育の強制がなかったら、外国に関わりのある生徒をこのように取り上げる可能性は限りなくゼロに近いです。韓国では1988年ソウル大会でも2018年ピョンチャン大会でも、多くの貧しい人々が生活を奪われ、コミュニティをバラバラにされています。小学校のPTAの取り組みも、家庭科の「トック」作りも、オリ・パラ教育の文脈の中に組み込むことは、これらの人々の被った甚大な被害を「なかったこと」にすることに他なりません。在日外国人は、オリ・パラ成功のために在日しているわけではないのです。在日外国人は、オリ・パラ成功のために在日しているわけではないのです。「オリ・パラをよい契機として、マイノリティの人権状況を改善しよう」という話があちらこちらから聞こえてきますが、オリ・パラが能力至上主義と国家主義を煽り立て、多くの人々の人権を奪っている事実に目をつぶったまま「改善」されるような人権など、いわば毒入り饅頭のようなものです。

あふれる「オリ・パラ」教材

児童・生徒には都教委による「オリ・パラ教育」の教材やパンフレット類がいくつも配布されています。「オリンピック・パラリンピック学習読本」という教科書スタイルの副読本、書き込み式の「オリンピック・パラリンピック学習ノート」、「Welcome to Tokyo」というタイトルの英語副読本（主として外国人に「クールジャパン」を紹介する内容）、そしてパラスポーツや東日本大震災復興関連のパンフレットなど。現場で最も「活用」されている（させられている）のは2020年まで4年間使用することを前提に作成された「学習ノート」です。カラー刷りでカバー付きの「学習ノート」は2016年秋に突然配布され、同時に学年主任から「活用」を耳にタコができるほど周知が繰り返されました。体育祭やパラスポーツ体験などのほか、オリ・パラに直接関連しないような内容（舞台発表、音楽系部活動での地域住民との交流　等）の記入もあります。そればかりか、学校とは関わりのない、児童・生徒が個人の資格で参加した地域行事などの内容を記入する欄まで設けられています。オリ・パラ教育は、学校で行われる全ての教育活動にとどまらず、児童・生徒の24時間まるごとを自陣に囲い込んでいくのです。

「復興」の演出

配布されたパンフレットの中に「2020年。東京と東北で会いましょう」というタイトルのものがあります。サブタイトルは「東京2020オリンピック・パラリンピック競技大会と東日本大震災被災地復興支援」。発行元は東京都オリンピック・パラリンピック準備局総合調整部連携推進課、平成29（2017）年3月発行。このパンフレットには原発事故についての言及は全くありません。ページを開くと「2011年に始まった東京2020大会の招致活動。東日本大震災が発生して「日本中が混乱する中、2020年のオリンピック・パラリンピック競技大会の招致を行うかの是非について、議論が重ねられました。東京都では『東京2020大会の開催は、大震災から立ち直った日本の姿を示すこととなり、世界中から寄せられた友情や励ましの返礼となる』『大会を通じて次代を担う若者たちに夢と希望を贈ることは、日本の将来にとっても大きな意義がある』と考え、招致を決意しました」とあります。また、「被災地への思い。」の項目では「被災地の方々からは、東京2020大会が人々を勇気づけ、復興へ向けての大きな力になると東京都の招致活動に理解を示していただきました」と記述されています。「被災地の復興は、まだ途上。」では、棒グラフで避難者数の推移を示し、右肩下がりに避難者が少なくなっていること、農業産出額（米）と観光客入込の折れ線グラフで「食べて応援」することと「福島を訪れる」ことが復興支援になると誘導。また、「スポーツを通じた被災地復興支援。」と銘打って、「スポーツの力」で「復興」していくというシナリオを被災地に押し付けています。とりわけ、震災後毎年行われている「未来（あした）への道１０００㎞縦断リレー」では、高濃度の放射能汚染が危惧される福島の浜通りを縦断するコースをとり、若者たちがそこを走り、またボランティアに取り組むようにさせられています。

　多くの被災者が真に求めているのは「スポーツの力で元気を届け」てもらうことではなく、日々の生活への確かな裏付けであり、避難をし、避難先で暮らし続ける権利の保障であるはずです。東京２０２０大会の言う「復興支援」は、まさにこのような思いを踏みにじるものであると言わざるを得ません。オリ・パラの表層的なポジティブイメージは、不安を抱えて暮らす被災者を「まだ前を向けないのか」とばかりに圧迫し続けています。

　勤務校では、生徒集会の日にパンフレットのタイトルと同じ「２０２０年。東京と東北で会いましょう」の映像を全校生徒が見ました（YouTubeで見ることができます）。映像には、大漁旗と万国旗をはためかせて海を走るたくさんの漁船の姿を映し出し「支援の手を差し伸べてくれた世界中の方々への感謝、東京２０２０大会の成功と安全、そして大会開催時には世界中の方々を温かくおもてなしする気持ちなどが乗せられている」（「２０２０年。東京と東北で会いましょう」パンフより）演出がなされています。まるで、被災した全ての人がそのような気持ちをもっているかのように。今もなお不安定な生活に苦しむ被災者の声は、よってたかって塞がれています。これが東京２０２０大会の言う「復興」の実相です。

「オリ・パラ教育おことわり」署名活動

　市民団体「『オリンピック災害』おことわり連絡会」が２０１７年に東京で立ち上がり、同年末から２０１８年３月の約３カ月間、「オリンピック・パラリンピック教育おことわり」賛同署名活動を展開しました。年末年始をはさむ短い期間に、４５０名・２４団体の賛同をいただき、３月２７日に都教委に署名提出と要請行動を行いました。要請項目は「１．『オリンピック・パラリンピック教育』を撤回・中止してください。２．これまでに『オリンピック・パラリンピック教育』にかかった費用の明細を明らかにしてください。」の２つ。当日はオリンピック・パラリンピック教育担当も同席しました。都教委の姿勢は市民の声に耳を傾けるというにはほど遠いものでしたが、これを糸口として、今後も要請を継続していく予定です。学校現場の実情に心を寄せ、「オリ・パラ教育」のおかしさに声を上げる人が決して少なくない、という事実は、ともすれば折れそうになる心をしっかりと支えてくれます。

　勤務校では間近に迫った運動会に向けて、開会式担当の生徒が「オリンピック・パラリンピックでは、選手たちの真剣なプレーに深く感動しました」と挨拶の練習を繰り返しています。厳しい現実は続きますが、あきらめません！

8年目の福島へ

2019.3

①

東日本大震災と東京電力福島第一原発事故から8年目の3月11日、原発いらない福島の女たち主催「原発いらない地球（いのち）のつどい」に参加しました。

集会のあと、有志で行われた街歩き（福島駅周辺）に参加させていただきました。福島駅前には東京オリンピック福島開催を華々しく歓迎する横断幕が（写真①）。原発いらない！の声とともに被災地を切り捨て原発事故の被害を覆い隠すオリンピックいらない！の声も挙げました。

2020年東京五輪、野球・ソフトボールの会場となっている福島県立あづま球場に行って来ました。

球場のあるあづま総合運動公園では、多目的広場が福島市内から集められた除染土等の仮置き場になっており、フレコンバッグの山が築かれていました。これらは大熊町の中間貯蔵施設に運ばれるそうで、駐車場には「中間貯蔵輸送車」「除去土壌等運搬車」と書かれたダンプが何台も待機し順々に土を搬出していきました（写真②～④）。

前日の「原発いらない地球（いのち）のつどい」でも報告されましたが、8年前の東電原発事故由来の放射能汚染ごみ処理をめぐって新たな問題がたくさん起こっています。こんな状況で「復興五輪」なんてありえない！「復興五輪」は被災地のためじゃない、東京オリンピックを盛り上げるためのスローガン。むしろ、事故被害を隠蔽・過小評価し、被災した人々を切り捨てるもの。

被災地を、原発事故被害をオリンピック賛美に利用するな！

あづま球場のあとは、コミュタン福島（三春町）に向いました。2016年に福島県とIAEAが手を組み、研究棟、本館と併せて192億円を投じて開設された施設。市民団体の方々が、原発事故の事

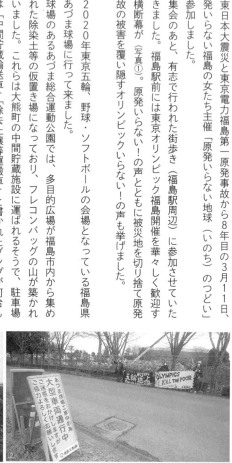

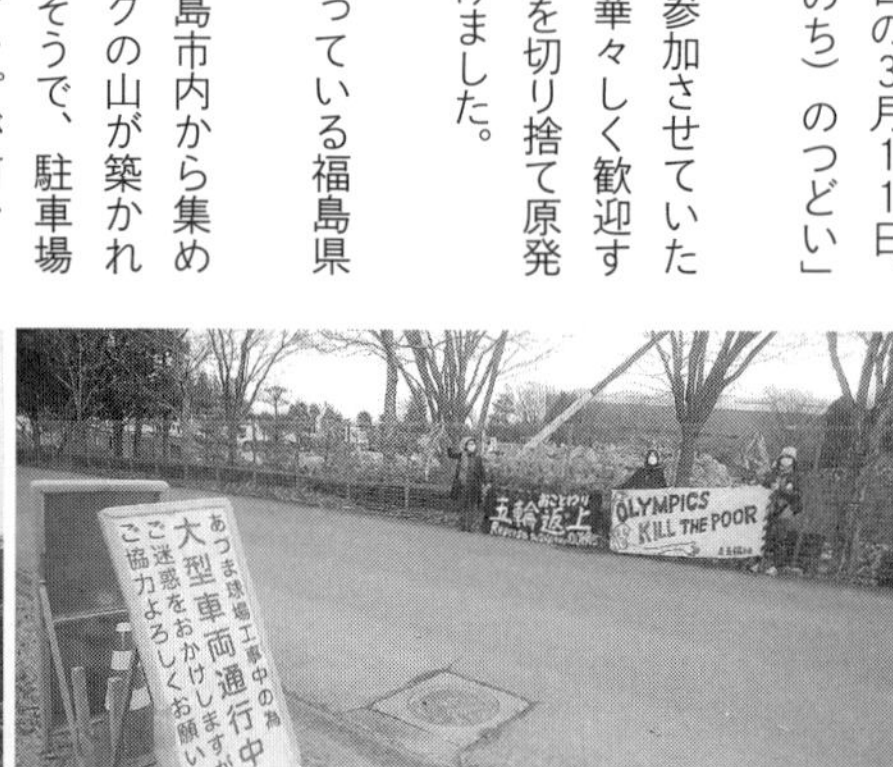

②

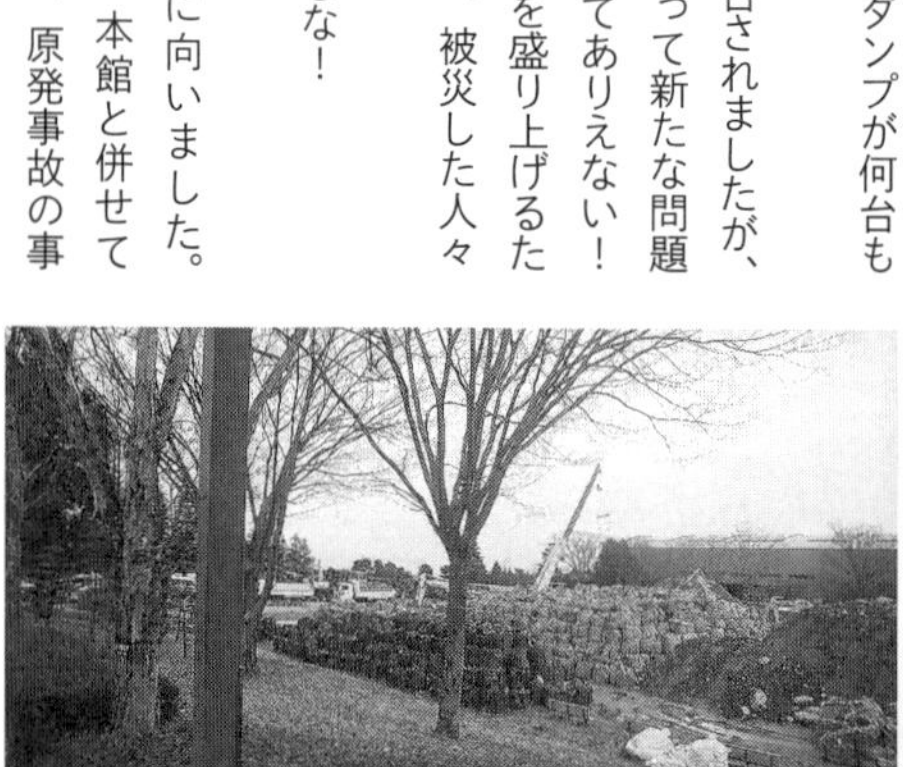
③

④

⑤

故をありのままに伝える公正な展示を行うよう運動をしてきたそうですが、実際は残念な内容になっているといいます。

福島県の子どもたちは必ず社会科見学に訪れるほど推奨されているというこの施設。球型３６０度の映像シアターや模型など最新鋭の技術を使い、「放射性物質は地球の誕生以来、ずっと自然界に存在していました」…など安全性を強調する内容が目立ちます。

コミュタン福島（三春　写真⑤）からＪビレッジ（楢葉）へ移動する道中は、一部警戒区域内を通過します（写真⑥）。

大通りは車両通行可ですが、二輪車や歩行者は通れません。車両から降りることも許されません。また、住民宅へ続く路地などはすべてバリケードで封鎖されていました。区域内では様々な工事が行われているようで、私たちが通過した時間帯はちょうど仕事を終えた労働者の車両が多く通行していました。屋外で作業中の労働者の中にはマスクもせず軽装の方もいらっしゃいました。

反オリンピックトーチを携えＪビレッジへ到着（写真⑦）。ちょうど同じ頃、ニュースでは東京五輪５００日前！　聖火スタート地点がＪビレッジに決定！と華々しく報じていました。オリンピック成功のための「復興」アピールは被災した人たち、避難してる人たちをさらに苦しめる。東京五輪はいらない！　ふざけんな！

⑥

⑦

6

優生思想とパラリンピックを巡る問題

五輪・パラリンピックは、スポーツに無関心、あるいは否定的感情をもつ人々を排除します。身体能力を競うスポーツが偏重される、その根底に流れているのが優生思想です。パラリンピックは、障害を「克服する対象」として捉え、自己責任論を拡大再生産します。 競技は障害の軽重によって細かく区切られ、分けることが正当化されていきます。「できない」「努力しない」存在は切り捨てられ、命の選別が推し進められます。

7

ボランティア動員とオリ・パラ教育

7、8、9月の開催は猛暑が予想されます。しかし、文科省とスポーツ庁は各大学や中学・高校などに五輪開催中は授業や試験の日程変更することを通知し、学生たちがボランティアとして参加することを促しました。宿泊費も交通費も自費の上、自主的な参加でなく動員だ、と批判されています。東京の学校では年間35時間のオリンピック・パラリンピック翼賛教育が実質義務づけられておりナショナリズムが植え付けられています。

8

街路樹の伐採とアジアの熱帯林破壊

東京都・中野区にある平和の森公園ではオリンピックを名目に、樹齢100年を含む中高木470本が伐採、低木1万7450本が廃棄されました。上野公園や千代田区の街路樹など他各地でも、2020年に向けて伐採が進んでいます。あろうことか、新国立競技場や選手村などの建設現場で、サラワク(ボルネオ島マレーシア領)の熱帯林の木材が大量に使われています。この大規模伐採は、先住民族の人権と生物多様性を侵害しています。東京組織委員会は問題ないとシラをきっていますが、これらの環境破壊は国際的な批判の的となっています。

STOP OLYMPICS WASHING

9

膨大な公費と不正招致疑惑

五輪は招致活動や会場・競技場建設費などに巨額な公費を使って開催されます。 JOCの竹田会長には賄賂で票を買収した不正招致疑惑があります。政治家と大企業の利権により、今や五輪予算は2兆円、3兆円と膨れ上っています。 巨大事業で儲かるのは建設会社や電通、スポンサーなどです。そして閉会後、多額の負債が自治体の財政を長年に渡って苦しめます。犠牲になるのは私たちの暮らしです。

10

過酷労働

開催を延期できないオリンピック・パラリンピックは、競技会場や関連する施設の建設現場にひっ迫した労働環境を生み出します。 その結果、建設工事における事故や労災が多発しています。新国立競技場建設工事では開始から半年もたたないうちに、労働者が過労自殺に追い込まれました。 また、選手村建設工事では、クレーンに挟まれて労働者が死亡し、12階から転落して亡くなった方もいます。労働者の健康よりも工期を優先させる過酷な労働が強いられている状況です。

11

アートで五輪プロパガンダ

文化庁は、東京大会をもりあげるための文化イベントを20万件実施し、芸術家5万人、一般5000万人を動員しようとしています。アーティストの表現への介入や自主規制、言論統制はすでに行われています。「アーツカウンシル東京」や「Tokyo.Tokyo Festival」、上野公園を中心とした「上野『文化の杜』新構想」、全国を巡回する「東京キャラバン」、「beyond2020プログラム」などが主催するイベントは、祝賀ムードを作り上げる為に実施されています。この文化事業の目的は、五輪問題で犠牲になる人たちの声を隠すことです。

NO OLYMPICS in TOKYO 2020

Apr. 3. 2019

2019.3

2020東京五輪のメイン会場となる新国立競技場建設や再整備のため、渋谷・新宿などの野宿生活者が、公園や道路から強制的に退去させられています。 また、都営団地10棟（230世帯）に対し立ち退きがありました。団地住人の多くは一人暮らしの高齢者で、立ち退き前後に10名近い人たちが亡くなっています。貧困者を追い出した新国立競技場の隣には、日本スポーツ振興協会や日体協、日本オリンピック委員会が高層の自社ビルを次々と建設しています。

東京五輪に向けて観光客を呼び込もうと大規模再開発が都心部で進められています。 地価が上昇し、個人商店は立ち行かなくなっています。渋谷区立宮下公園では、三井不動産が整備工事を行っていますが、その内容は、5階建ての商業施設の屋上に公園を設置し、18階建てホテルを併設するという驚くべきものです。 オリンピックを名目に、公園を商業施設の一部にする計画が押し進められています。

1

野宿者排除／団地の取り壊し

2

五輪再開発・ジェントリフィケーション

https://hangorin.tumblr.com/
@hangorinnokai

3

「テロ」をあおり過剰なセキュリティ対策

安倍首相はオリンピックを開催するために「必要不可欠」と叫んで、共謀罪の法案を可決しました。 共謀するだけで取り締まれるという法律は世界でも例がありません。 さらに、五輪テロ対策と称して、イスラエルの軍事見本市が開かれるなどしています。 日本政府は2018年のサイバー攻撃対策に727.5億円を投じました。 これらの公費はわたしたちを取り締まることに使われています。

4

原発被害者を切り捨てる「放射能安全宣言」

「復興五輪」と銘打って東京五輪が準備されています。 東京電力福島第一原発から20キロにあるJヴィレッジが聖火リレーの出発地になりそうです。2020年に向けて、放射能被災地域のモニタリングポストが撤去されていますが、原子力緊急事態宣言は解除されていません。 安倍首相は原発輸出のために“日本の原発は安全”“復興は終了”と印象づける恰好の舞台としてオリンピックを利用しようとしています。

五輪・パラリンピック競技における男女別競技は、女性選手に対してセックス検査を受けさせるという人権侵害を常に起こしています。広く社会に浸透している、人間を男女の二つにカテゴライズする観念は、スポーツ競技、とりわけビッグスポーツイベントを介して繰り返し人々の心に刷り込まれます。 近年、レズビアン・ゲイの選手のカミングアウトが増えてきていますが、これらは五輪の様々な矛盾を覆い隠す「五輪ウォッシング」に利用されているというのが現状ではないでしょうか。

5

ジェンダーを巡る問題

オリンピックに反対する 11 の理由

祝祭ムードぶちこわし声明　オリンピックも天皇制もいりません！

1964年の東京オリンピックの開会式では、天皇ヒロヒトが開会宣言を行いました。天皇は戦争責任をはたさないまま、オリンピックを利用して華々しく国際社会に再登場しました。そして今再び、2020年東京オリンピックが、新天皇ナルヒトのお披露目の舞台として準備されています。

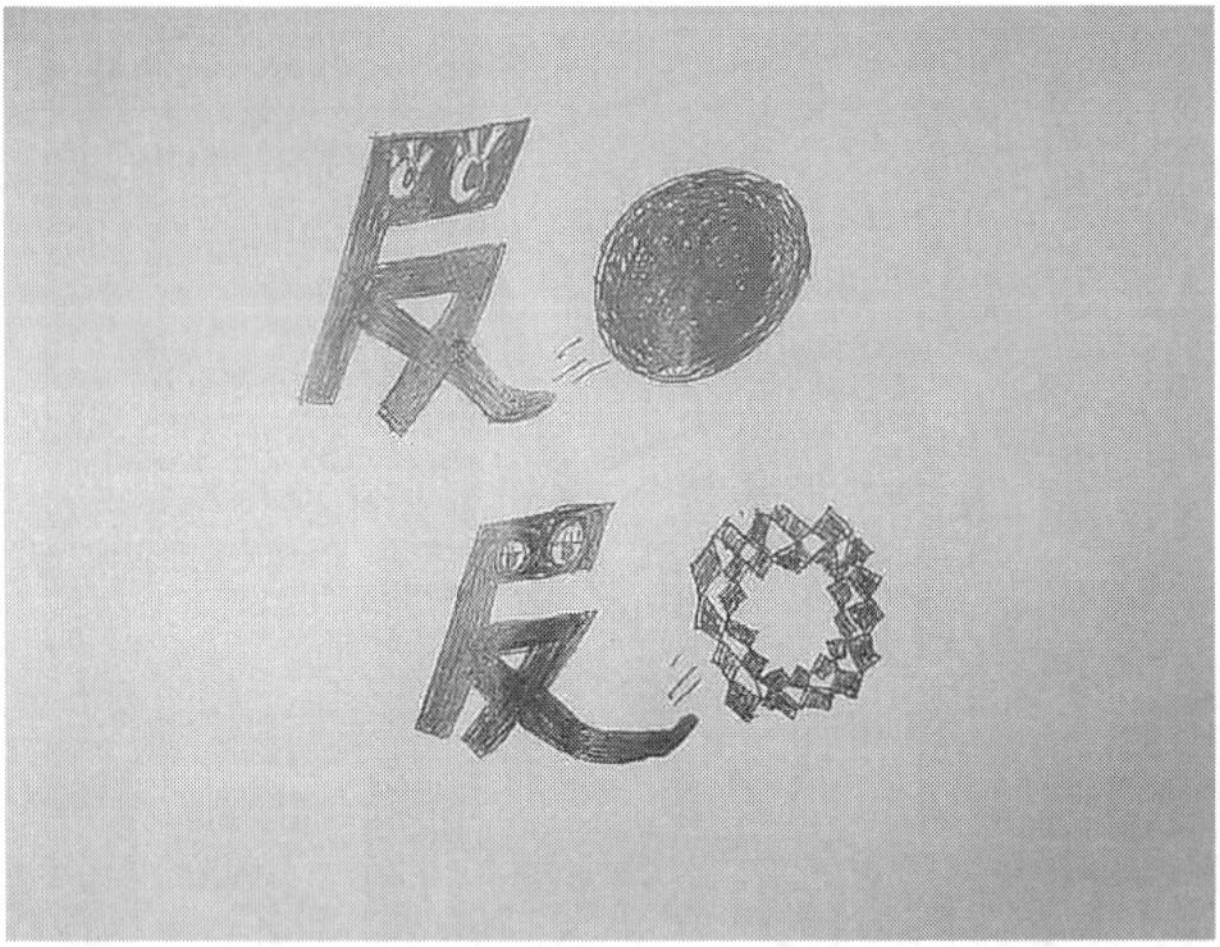

2019.5

オリンピックは、国籍によって選手を選別し、国別対抗で競わせ、国家間の競争心を煽り、メダルの数で国力や民族の優位性を誇示する、ナショナリズムに満ちたイベントです。スポーツの政治利用を拒むポーズをとりながら、天皇を「国家元首」として担ぎ出し、日の丸（や旭日旗）を熱狂的に振りかざして「がんばれニッポン」を連呼する東京オリンピックは、国威発揚のために招致された正真正銘の政治イベントです。

小・中学校ではすでに正規の授業に「オリンピック・パラリンピック教育」が導入され、国家への奉仕や愛国心教育、スポーツ賛美がここぞとばかりに行なわれています。高校・大学では年間の授業や試験の予定をずらして学生たちをボランティア動員しようとしています。体育の授業、部活動はもちろんのこと、オリンピック強化合宿やスポーツ団体内部で、暴力、いじめ、レイプやセクシュアルハラスメント、パワーハラスメントが頻発しているのに、教育現場でオリンピック賛美ばかりが無批判に行なれている状況は決して看過できません。勝利主義による優生思想も広がっています。

そもそも今回の東京オリンピックは、ソウル五輪・北京五輪に対抗心を燃やした石原慎太郎元都知事によって、巨額の税金を費やし、2度にわたって招致活動を行った結果もたらされたものです。石原元知事は、日本社会の中で植民地主義・新自由主義・性差別・優生思想を扇動してきました。

日の丸を掲げて「従軍慰安婦」制度の被害者を貶め、外国人排斥を声高に叫ぶ排外主義者のデモが頻繁にくりかえされる日本において、オリンピックは、ヘイトスピーチの歯止めになるどころか、アジア諸国への敵対を煽る格好の機会になってしまっています。平昌オリンピック開催をめぐって噴出した韓国・朝鮮バッシングは、オリンピック報道であるがゆえに垂れ流され続けました。さらにいま、オリンピック特需で巨大資本が金儲けをする、そのために外国人労働者をいかに導入するかの議論が、外国人排斥の風潮をより激化させています。

世界中の王族・貴族階級がＩＯＣ委員に名を連ね、天皇制ともがっちり手を結ぶ２０２０東京オリンピックが、国際イベントであることを強調して、代替わりで侵略戦争の歴史をも超克した「平和の祭典」であるかのように喧伝されることは、アジア諸国の人々との国際連帯をめざす私たちにとっておおいに問題です。しかし、天皇制そしてオリンピックに対する疑問や反対の心情や意見は封殺され、メディアや行政においても批判をよせつけない言論統制が蔓延しています。祝祭に水をさすな、批判をするな、戦争責任を問うな、参加することに意義がある、スポーツの織り成すドラマに感動せよ、難しいことは考えずに祭りを楽しめ、という圧力に押し流され、思考停止に陥ってしまえば、２０２０東京オリンピックは、あっというまにアジア諸国への排外主義を扇動する祭典になってしまうでしょう。それは植民地主義に抗ってきた、アジアの各地の草の根の運動が築いてきた繋がりを切っていくことになりかねません。祝祭ムードをテコにしたナショナルなものへの同調圧力に、私たちは全力で抗っていく必要があります。

今、日本では、天皇の代替わりイベントと５００日～１年後のオリンピック開催を盛り上げる官民挙げてのキャンペーンによって、空前の「平和」な祝賀ムードがつくられています。２０１１年の東電福島原発事故は今だ収束が見込めず、原子力非常事態宣言下にある日本で、「復興五輪」と銘打って開催される東京オリンピックが、「平和の祭典」になりうるわけがありません。政府は２０２０年には「困難を乗り越え復興した」と国際社会にアピールしようと、避難区域指定を解除し、安全神話をふりまき、被災者の支援を次々と打ち切っています。現在進行形の放射能被害と、被災した大勢の人々の苦しみが、２つのナショナルイベントを区切りとして、自己責任という新自由主義的な考えのもとに、切り捨てられようとしています。

私たちは、差別構造や暴力を生み出し続けている天皇制を容認したままで、オリンピックや国家権力に対抗することは、不可能である、と考えます。たくさんの貧しい人々の生活を世界中で破壊してきたオリンピックに対し各地で抵抗してきた人々とつながり、オリンピック・パラリンピックを終わらせるために、反五輪の会は、植民地主義・新自由主義・性差別、そして天皇制に反対します。

２０１９年５月　反五輪の会

×××
NOLYMPICS ANYWHERE

zin : 反オリンピック国際イベント "NOlympics Anywhere"
Transnational Anti-Olympics Event in Tokyo 2019
発行　反五輪の会　2019.9.26

開催1年前!? 反オリンピック国際イベント2019 in 東京

2019年7月20〜27日、反五輪の会は、NOlympicsLA（ロサンゼルス）、NON aux JO 2024 à Paris（パリ）、平昌オリンピック反対連帯（ソウル）など、国内外の反オリンピック団体と共同で「開催1年前！？反オリンピック国際イベント2019 in 東京」を開催しました。オリンピック会場を廻るフィールドワーク、福島訪問、ナイトピクニック、日本外国特派員協会での記者会見、シンポジウムにデモ、パネルディスカッションetc…と盛り沢山、1週間に及ぶエキサイティングでトランスナショナルな取り組みの各報告、各都市からのメッセージをたっぷりつめこんだ報告集から、いくつか記事を抜粋しお届けします。世界中から沸き起こるオリンピック・パラリンピック反対の声がここに。

報告集 → https://tmblr.co/ZVXF2taQW4xJiq00　QRコード →
PDFでダウンロード出来ます。英語併記あり。ぜひお手元に！

introduction

東京オリンピック2020（予定）を一年前に控えた7月20日〜27日、「反五輪国際イベント」を東京で開催した。オリンピック研究で名高いジュールズ・ボイコフ氏の来日に伴ってシンポジウムを準備していた際、NOlympicsLAのメンバーたちも一緒に来日するという連絡があった。その後、LAのメンバーたちの呼びかけをきっかけに、たちまち地球のあちこち—NOlympicsLA（2028年開催予定）、NON aux JO 2024 à Paris（2024開催予定）、平昌オリンピック反対連帯（2018開催）などの反オリンピック団体、街中でオリンピック反対の声があがっていたリオで活動していたComitê Popular da Copa e Olimpíadas do Rio de Janeiro（2016年開催）のメンバー、2032年の招致を検討しているインドネシア、またマレーシアや香港、大阪から活動家たちが結集した。

わたしたち反五輪の会は小さな団体ではあるが、これまでも各都市の五輪反対運動と繋がっており、2016リオオリンピック開幕直前に開催された「2016 RIO JOGOS DAEX-CLUSÃO」、2017年パリの招致反対行動、2018平昌オリンピック開幕の抗議活動に参加した。また、他都市の団体同士もSNSなどで情報交換を頻繁に行っている。　これまでの国際連帯が、今回の一週間のトランスナショナルな反五輪イベントのベースになっている。オリンピック災害おことわり連絡会や大学の研究室からサポートを受け、わたしたち各都市の反五輪団体は、セミナーや集会、抗議行動を共同作業で成功させ、共同声明を発表した。各都市の反五輪団体による団結がここで結晶化したことを国際社会へ示したと思う。

この一週間のイベントについては、大手メディアや市民メディアでも報道され、また、参加メンバーたちによる優れた報告もネット上にあるので参考にしてほしい。この報告集後半には、各都市からのメッセージも掲載する。東京からの呼びかけでこの報告集が作られたこともあり日本語が多く、また、全ての言語訳を付ける事は出来ていない。しかし、英語に統一せず、わたしたちのトランスナショナルな取り組みをここでも実践しようと思う。

反五輪の会

2019.7

開催一年前!? 反五輪国際イベント
ANTI-OLYMPICS ONE YEAR TO GO INTERNATIONAL GET-TOGETHER JULY 2019
2019年 7月20日(土)–27日(土)
Note: All events are open to everyone (except for the press conference on July 23rd). Schedules are subject to change. The fieldwork events on July 20th and July 22nd have limited capacity, so please reserve a place in advance.
7.20sat 新国立競技場・湾岸 FW
New National Stadium & Tokyo Bay Fieldwork Bus Tour
Organizer: Okotowa Link
7.21sun
シンポジウム Symposium
「祝賀資本主義とオリンピック」
Celebration Capitalism and the Olympic Games
早稲田大学16号館106教室
1pm 開場、1:30pm 開始
(ジュールズ・ボイコフ / 山本敦久 / いちむらみさこ、司会:鵜飼哲)
Venue: Waseda University Building 16, Room 106
Doors open: 1pm Start: 1:30pm
Speakers: Jules Boykoff, Atsuhisa Yamamoto, Misako Ichimura
Emcee: Satoshi Ukai
＊記者会見以外、デモとシンポジウムは誰でも参加できますが、予定が変更になる可能性があります。また、FWへの参加は定員がありますので詳細はお問い合わせください。
7.22mon 福島 FW
Fukushima Fieldwork
Organizer: Okotowa Link
平昌-東京-パリ-LA ナイトピクニック
7pm- 都内公園
Rio-PyeongChang-Tokyo-Paris-LA Night Picnic
Venue: Park in Tokyo
Start: 7pm
Organizer: Hangorin no Kai
DYSTOPIA TOKYO
7.23tue
記者会見(会場:後日発表)
Press Conference
(Venue: TDA)
メディアワークショップ&トレーニング
by NOlympics LA/反五輪の会
Media Workshop and Training
Organizers: NOlympics LA, Hangorin no Kai
7.24wed
オリンピック大炎上 新宿デモ
6pm- 新宿アルタ前 7pm- デモスタート
The Hottest Shinjuku Street Protest
Location: In front of Shinjuku ALTA
Speeches: 6pm, March: 7pm
NOLYMPICS NO NUKES
7.25thu
東京五輪研究者・ジャーナリスト研究会 半公開
Teach-in (semi-closed) for Tokyo Olympics researchers and journalists
Venue: Sophia University
Start: 6pm
Organizer: Okotowa Link
パネルディスカッション
「Make Olympic History」7.27sat
12:30pm 開場、1pm 開始 上智大学中央図書館9F L921会議室
by上智大学グローバルコンサーン研究所
Panel Discussion Organizer: Sophia University Institute for Global Concern Doors open: 12:30 pm Start: 1pm Venue: Sophia University Central Library, Conference Room L921
Speakers: Comitê Popular Rio Copa e Olimpíadas, Anti-PyeongChang Olympics Alliance, Hangorin no Kai, NON aux JO 2024 à Paris, NOlympics LA, and more
7.26fri
第一部「オリンピックと環境問題を考える」1pm-
第二部「HOMES NOT GAMES - オリンピックと居住権」5:30pm-
反五輪の会/平昌オリンピック反対連帯/NOlympics LA/稲葉剛/原口剛 /他
千駄ヶ谷区民会館1F
Seminar: Environmental Issues, Housing Rights and the Olympics
Venue: Sendagaya Kumin Kaikan Organizer: Hangorin no Kai
1pm: Anti-PyeongChang Olympics Alliance
5:30pm: Hangorin no Kai, NOlympics LA, Tsuyoshi Inaba, Takeshi Haraguchi, and more
最新情報はこちら
「オリンピック災害」おことわり連絡会
www.2020okotowa.link
反五輪の会
@hangorinnokai
https://hangorin.tumblr.com/

①

7/20 sat 新国立競技場 周辺・湾岸 フィールドワーク (おことわリンク企画)

Sat., July 20 Fieldwork around the New National Stadium and in Tokyo Bay Area (organized by OkotowaLink)

反五輪国際連帯イベント初日は、2020 東京五輪の都内会場を豪華解説付きで巡るフィールドワーク。千駄ヶ谷駅に総勢 40 名が大集合。さっそく反オリンピックトーチを掲げると「オー！本物？写真撮っていい？」の声。ボイコフさん！そして前乗り組の LA ＆リオ３人の仲間ともついに対面！さらにロンドン、マレーシア、トロント、チェコからの参加者や「Nation」誌の記者デイブ・ザイリンさんなど海外メディアの方も。初めまして、ようこそディストピア TOKYO へ！

まずは改修中の東京体育館を横目に見ながら、メイン会場・新国立競技場へ。ものすごい圧迫感。向かいには神宮外苑ホテル（三井不動産）も完成間近。ガイドのアツミさんから、外苑一帯ではオリンピックに乗じて都市計画変更・規制緩和が住民無視で行われ、利権がらみの高層ビルが次々建てられている、と。絵画館、イチョウ並木、神宮球場を見学し、ＪＳＣ日本青年館、建設中の THE COURT 神宮外苑（旧外苑ハウス）、ＪＯＣが入居するジャパン・スポーツ・オリンピック・スクエアが乱立するエリアへ。ズラッと警備員が待ち構えているＪＯＣ前で、「オリンピックはどこにもいらない！」のシュプレヒコール。

そして新国立競技場を背景にデカイ五輪マークの前で記念写真①。この場所は、明治公園の野宿者が強制執行後に移り住み、再度追い出された場所。その野宿当事者Ｙさんがベンチでくつろいでいたので、誘って皆で大型バスに乗り込み、湾岸エリアへ。バスは青山、赤坂、虎ノ門と再開発いちじるしい都心部を進む。マッカーサー道路を通り、虎ノ門ヒルズ前で「オリパラ組織委の家賃は月４３００万円です」との解説に、車内は「!? もう一回言って！」と大騒ぎ。

お台場に到着。デッキ階段に腰掛けお昼を食べながら、全員にトラメを回し自己紹介。トライアスロン会場のお台場海浜公園はイベント閉鎖中だったが、のちにこの海で基準値を超える糞便性大腸菌が検出され大騒ぎになるとは……
　東京ゲートブリッジを通って海の森水上競技場へ。赤字必須のため小池都知事が計画を見直すと言いながら結局強行した、巨大無駄施設。ここ中央防波堤ではゴミの焼却・埋め立てを行っているが、その中には 3.11 原発事故由来の放射性汚泥も含まれている。きちんと公表すべきでは？

東京辰巳国際水泳場に到着、記念写真②。後ろに見える建設中の巨大な東京アクアティクスセンターは毎年６億超の赤字らしい。昔は自由に遊べる公園だったのに、と地元出身の方から嘆きの声が。

次は有明アリーナへ。警備員が撮影するなとうるさく言ってくる。なんなんだ五輪。業者が経営破綻し工事が止まった有明テニスの森の前を通り、晴海オリンピック選手村へ。なんと花火大会（入場料 8000 円〜 12 万円 !?）のため通行禁止……、悔しいけど手前で記念写真③。晴海ほっとプラザから一帯を眺めつつ、この選手村建設のために 1300 億円の都有地が 10 分の 1 の価格で開発業者に安売りされ住民訴訟が起こっていること、2018 年に２人の労働者が亡くなっていることなどが話された。帰り道、環状２号線を走る車窓から解体されゆく築地市場が見えた。本当に潰されてしまった、,,, オリンピック時には駐車場にするらしい。新橋・電通ビル前でフィールドワークはぶじ終了。

まだ猛暑本番ではないが小雨で蒸し暑い１日だった。開催１年前となり、五輪建設現場でもっとも労災事故が多発しそうなのが完成直前のこの時期。フィールドワーク後の８月９日、メインプレスセンターとして改装中の東京ビックサイトの工事現場で作業員が熱中症で死亡した。どんどん犠牲者を出しながら進む東京五輪。止めさせたい、マジで。

text by sudo_hangorin

soli darity!

★この日の朝、平昌五輪反対連帯の仲間を迎えに成田空港へ。
６月に開催された大阪Ｇ 20 サミットに反対する韓国の人たちが入国拒否された事件の記憶が生々しく、それだけに無事に出会えた喜びはひとしおでした。午後には LA の仲間も大勢で到着！ようこそ！

We went to Narita Airport this morning to welcome the members of the "Anti Pyeongchang Olympics Alliance". In June, a group of Korean people who opposed the Osaka G20 Summit were refused entry, and we were anxious, but we were happy because we met safely. And many L A friends arrived in the afternoon! Welcome!

②

③

今回のシンポジウムは、大学研究者たちの協力によって早稲田大学の講堂で行った。大学の講堂は超満員だった。すごい熱気だ。シンポジウムは、ジュールズ・ボイコフさんの講演、そして山本敦久さん、そして反五輪の会からわたしの報告だった。

mi

ジュールズさんのお話は、資本家や権力者たちが人々を熱狂させ、そのどさくさに、独裁するというオリンピックによる祝賀資本主義についてと、これまでの歴代オリンピックによるスポーツウォッシングを痛快なアイロニーを含めて暴いた。

山本さんのお話は、放射能問題が深刻な福島でトーチリレーの出発や一部の競技の開催計画があり、人々へ原発事故はもう解決済みと見せかけようとしていること、そこでは祝賀資本主義と惨事便乗形資本主義が同時に繰り広げられていると指摘した。

わたしは、招致段階の2013年から始まった貧困者追い出しや、公共公園がショッピングモールやホテルに建て替えられること、また、より周縁化される福島住民や災害被害者たちの複雑な声など、オリンピック問題について具体的な話をした。

会場でわたしは、以前に会った人たちとの再会を果たし、会った事はなかったがメールやSNSで連絡していた人たちとやっと会え、地球のあちこちからほんとうによく東京へ来てくれたと感激した。会場の一部に反五輪の会や平昌オリンピック反対連帯のグッツ販売もあり大好評。シンポジウムは、客席から子どもたちの声も聞こえてとてもいい雰囲気だった。翌日22日はパリからの仲間も東京に到着する。

わたしはこのシンポジウムでオリンピックについてより強く感じたことがある。
オリンピックの破壊について。実は、多くの人たちが懸念をもっている。しかし、開催都市として選ばれた都市では数年間それらの「悲劇」が続き、最後の数週間に開催されるオリンピック競技は、華やかに演出され、

民衆の歓声とともに勝者はIOCや国から栄光を与えられる。その時、オリンピックは人々を魅了させるドラマとして正当化されてしまう。犠牲が大きい程、全メダルの価値を上げることになっているのではないか？

Fukushima Fieldwork

Organizer: Okotowa Link
July 22nd, 2019

ふくしまフィールドワーク（おことわリンク企画）2019.7.22

7.22、20人で福島へ。福島第一原発のある「浜通り」を日帰りで回る。超ハードスケジュールだが、東京から車でたった3〜4時間の場所で、未曽有の原発事故が起こった。日本はいまだ「原子力緊急事態宣言」下だ。実際に福島を見てもらうこと、東京との距離感を感じてもらうだけでも意味があるか。

除染されていても、場所・天候により放射線量の高い場所がある。また帰還困難区域との境界線地域を車で走るのだ。被ばくのリスクなど不安も大きい。事前の呼びかけでは、そうしたこともなるべくていねいに伝えて参加の可否を判断してもらった。

参加者は、ボイコフさん、ガイリンさん、LAの仲間たち、チェコ、インドネシア、日本在住の友人ら。往復のバスの中ではつくば市民（放射能）測定室の活動をしている藤田さんに原発事故の被害と放射能被ばくについての簡単なレクチャーを受け、福島現地ではフリージャーナリストの藍原寛子さんにガイドをお願いした。いわき市民の斎藤さん、大熊町議の木幡ますみさんにも同行してもらい話を聞いた。感謝！

先ずは4月に全面再開したJビレッジに。「1997年原発増設の見返りに東電が建設し県に寄贈した施設。原発事故後は事故の対応拠点だった」と藍原さんの説明を聞く。日本政府は「復興五輪」を謳い、来年3月、福島・Jビレッジから聖火リレーをスタートさせる。ホテルの様なぴっかぴかのロビーからグラウンドを眺める。藤田さんが持ってきた測定器で放射線量を測ると一斉にみんながのぞき込み「dangerous?」が、こういう場所はきっちり除染されていて放射線量も高くない。

JRのJビレッジ駅。イベントがあれば停車する臨時駅は出来たばかり。五輪開催時にはそこそこ賑わうだろうが、それ以外はほとんど無用になりそう。東電廃炉資料館は、事故直後のフクイチの状況を再現する映像や廃炉作業を説明するパネルなどキレイに見せる場所。途中、フレコンパックの積まれた場所で下車。除染廃棄物の仮置き場だが、「ずっと野晒なんだよね」と斎藤さん。袋を突き破って成長した植物が育っている様子に「恐怖のシンボル」とボイコフさんは語っていた。大熊町役場までの途中に、震災で流された写真や人形、ランドセル、メガネ…様々な遺品を展示する施設に立ち寄った。みんな無言で見入っていた。

原発事故後、全町避難した大熊町。町の一部避難解除を受けて、今年の4月に開所されたばかりの大熊町役場を最後に訪れた。役所の業務が再開されても9割以上の住民は避難したままだ。ロビーに置かれた町のジオラマがさびしい。放射線量の高い（最高値は3.77μSvもあった！）帰還困難区域にそって車を走らせれば、震災直後に避難し時間が止まったままの町並み、人気のない商店街…。木幡さんは、「ここでは何も終っていないのに、五輪と言われても、とみんな思っている。除染で完璧に放射能を除去するのは無理で私たちの生活は壊されたまま、五輪どころではない」。

フィールドワークは参加者一人ひとりに深いものを残した様に思う。翌日、外国特派員協会の記者会見に参加したボイコフさんは福島で見てきたことから話を切り出した。韓国語、ガイリンさんのネットラジオ（出演）でも一番印象に残ったのは木幡ますみさんの言葉と語った。また27日の上智大学のシンポでは、LAのLeoが福島の報告をした。「五輪競技（ソフトボール・野球）は原発地域から離れた福島市で開かれる。そこだけを見ても本当のことはわからない。棄民化された地域・人々の物語を多くの人へ伝えていこう」―若いLeoの言葉に私は胸がいっぱいになった。

東電経営陣の事故責任を問う福島原発告訴団の東京地裁判決が昨日（9.19）出された。元会長ら旧経営陣3人は全て無罪というありえない判決。誰も責任を問われない構図は五輪も同じだ。人の命よりも経済や資本や国策が優先される社会はいらない。Leoの言うように「変化を起こす」ための取組みを進めよう。（non）

NO OLYMPICS 2020

International Media Workshop 国際メディアワークショップ

メインメディアの偏向報道ではなく「市民の視点」から五輪の現実を伝えていくには？
市民自らが取材をし記事を書き、映像制作をする。
五輪開催各国それぞれのオルタナティブメディアから、スライド写真などを用いた活動報告が行われた。
参加者は既に反五輪活動に携わっている者から、今回初めて活動に参加し、自らもカメラを回したり記事作成を目指す者たちも集結した。

国際メディアワークショップ　参加レポート
International Media Workshop Participation Report

1. 平昌五輪（カンヌン（江陵）市民プレスセンター）
[市民の目。オリンピックを記録する] というスローガンを掲げる市民記者団・市民プレスセンター。
地域の生の声を聞くことの重要性。

2. ロサンゼルス五輪（ロサンゼルス・NOlympics LA）
NOlympics LA は複数の団体からなる組織で、ロサンゼルスからだけでなくカリフォルニア州の幾つかの団体が参加している。
ロサンゼルスにおける唯一のメインメディアと呼べる LA タイムズは、IOC、LA84 財団との事業関係も。
IOC によるプロパガンダと闘う。

3. リオ五輪（リオデジャネイロ・RioOnWatch）
「メインストリームで語られていない物語を発信するプラットフォーム」として開設された RioOnWatch から。リオの住民 1/4 が暮らす、労働者階級の貧民街であるファベーラという地域での市民記者活動。

4. 東京五輪（東京）
2011 年の東日本大震災、原発事故により、デモ等市民の活動が活発化した。政府、警察の活動弾圧。酷暑が予想される東京で行われる東京五輪は、まさに「オリンピック災害」ということができるだろう。

報告は、ディスカッションでの意見交換を経て終了した。

国際メディアワークショップ International Media Workshop

各国、# タグをつけた Twitter や Facebook 等による情報発信を活用しており、「市民の視点」ということから個人で発信できる SNS は、情報伝達ツールとしては適しているように思う。だがディスカッションでは、情報の発信や拡散だけではなく、実際に市民ひとりひとりが五輪そのものをよく知り、伝えていく方法を学んでいくこと、そのための教育が必要であるという意見が出た。今は映像制作なども個人で簡単にできるが、より多くの人に伝えるためには記者自身が状況や問題点をよく理解し、わかりやすく伝える術を身につけることが重要になってくるだろう。SNS の活用は情報共有という点では現時点でも有効だが、実際に報道に携わる際の教育方法などについての課題は残された。
また、RioOnWatch による、「メインメディアに登場する専門家や識者ではなく、ファベーラの住民や支援者等が記者となった。”ただの” ファベーラの住民が最も優れた専門家である」という言葉が印象的だった。一見華やかな祭典を装った五輪は、一部の権力者の利益のために存在し、貧しい人たちの排除や差別、環境破壊などの問題の隠蔽、情報操作の上に行われている。
見えなくされている現実を知る「“ただの” 市民」である私たち自身が被害を被る当事者であり、その視点から情報を伝えていくことが、五輪粉砕に向けての強い力となり得るオルタナティブメディアの可能性であることを感じた。

2019 09 Ree

7月24日　街宣活動。　July 24, Street Demonstrations

【浅草　Asakusa】

持参の段ボールを地面に敷いて車座に。東京・平昌・LA の共同作業で、にぎやかにプラカ作りやチラシ折りを行いました。香港、台湾の活動家も合流。近くの交番の警察官が立ち退くように言ってきましたが、そのまま悠然と作業を終わらせました。雷門前で五輪反対アピール活動を展開。通りがかりの高校生からは「なぜ五輪に反対しているのですか？」。観光客や地元商店の人たちから注目を集め、写真を求められたり話しかけられたり。チラシの受け取りもまずまずでした。

この日は東京名物の猛暑が片鱗を見せ、ロスから来た仲間のひとりが暑さでノックダウン寸前。有楽町へと向かう地下鉄の車内に「反五輪怪人」が悠然と乗り込み、注目度抜群！

【東京国際フォーラム（有楽町）　Tokyo International Forum(Yurakucho)】

国際フォーラムでは、バッハIOC会長・安倍首相、森喜朗東京 2020 組織委会長が臨席する五輪開催１年前セレモニーと競技体験イベントがにぎにぎしく開催中。たくさんの公安に囲まれながら、バナーを広げて五輪反対街宣活動を展開。

力強いアピールをバックに、目ざとく黒塗りの高級車に乗りこむIOC委員を見つけて五輪反対の声をぶつける仲間、警備会社ブースで子どもが銃をもって射撃体験をしているのを見つけた仲間、「Olympic is Great!」と叫ぶ人に「Olympics destroy the Poor!」と言い返す仲間・・イベント参加者や五輪関係者らしき人を含め、多くの人に五輪反対の熱い声を伝えました。

まとめ：Rana

オリンピック開催１年前の７月24日、政府やマスコミがこぞって打ち出す祝賀ムードを突き破るように、新宿アルタ前は世界中からオリンピックに反対するために集まった人々の熱気が湧きあがった。おことわりんくによって呼びかけられた「オリンピック大炎上新宿デモ」に集まったのは230人。国境を越えた反オリンピック運動の結集という歴史的な瞬間に私たちは興奮した。

On July 24, one year before the opening of the Olympics, people from all over the world gathered to counter the Olympics, and their enthusiasm rose up in front of Shinjuku ALTA as if it were breaking the government and media's creation of celebration mood.230 people gathered at the "Hottest Shinjuku Street Protest" organized by Okotowa-link. We were thrilled at the historic moment of a transnational anti-Olympic movement.

NO OLympics Anywhere!

オリンピックとの闘いは世界的な闘いだ。*Fight against the Olympics are global*
民主主義はオリンピックとともに死んでいく。民主主義を取りもどさなければならない。
Democracy dies with the Olympics. Democracy must be activated by people from streets. 私たちはオリンピックを返上できると確信している。
We believe that we can relinquish the Olympics. オリンピックはエコロジーに反するものだ。The Olympics are against ecology.
オリンピックが私たちのコミュニティをもてあそぶことを拒否する。We rufuse to allow the olympics to continue playing games with our community.
私企業の利益でなく福島の復興を！オリンピックでなくホームレスの人々を！ *Recover Fukushima, not the profits of private companies! Homeless people, not the Olympics!*

LA には６万人のホームレスの人々がいる。オリンピックによる排除と闘っている。
LA has 60000 homeless people, they are fighting back the Olympic Sweeps.
追い出し、自然破壊、公金乱用。平昌で起こったことを東京で繰り返してはならない。
Eviction, destruction of nature and abuse of public money. I hope that what happened in Pyeongchang will not be repeated.
釜ヶ崎では日雇い労働者のセンターが取り壊しの危機にある。労働者がともに生きる街がなくされようとしている。注目してほしい。
In Kamagasaki Osaka, the day labor center is about to be demolished. The town where labors and homeless people live together is being made disappear.
オリンピックに反対しているのは東京の私たちだけではない。全国の置き去りにされた人々と共に、声を挙げて行きたい。
It is not only us in Tokyo who are against the Olympics. We want to raise our voice with people left behind all over the country.

7月25日は、上智大学で東京五輪研究者・ジャーナリスト研究会が開かれました。（おことわリンク主催）

ロスやピョンチャンのメンバーはじめ、約50人がテーブルを囲みました。
私は、何か、思いがけない何か、と出会える予感がして、参加しました。
そこで遭遇したもののひとつは、ボイコフさんは反オリンピック界の金メダリストなのかも？という、雰囲気でした。オリンピックを批判する側にも能力主義や成果主義、序列的価値観、自発的にかもし出される上下関係、が染みついているのを実感しました。

稲葉奈々子さんは、新国立競技場建設を口実に破壊された霞ヶ丘アパートと、立ち退かされた住民のかたがたのことを話しました。ここに長く暮らしてきた、高齢のかたが多かったとのことでした。

白石草さんは、福島の深刻な放射能汚染被害、それにもかかわらず、それらを認めず、ひたすら「復興」アピールに血みちをあげる政策を報告しました。「復興」したことにするため、人々の命がいけにえになっているのです。

これらは、オリンピックによる同化強要と棄民の国内植民地政策です。


井谷聡子さんは、ご自身の受けた屈じょく的な「目つき」のことから語り始めました。JOC、JSCのピカピカの建物の前でプロテストしたとき警備員や推進側スタッフから投げつけられた、「怒り、むかつき、侮蔑の混ざった独特の目つき」。彼女にとって、それは「見慣れたものでもありました。」「社会で周縁化される多くの人々にとってあの目つきは、おそらく何度も目にしたことがあるものでしょう。」「あれは暴力的な目であり、他者の人間性と尊厳を否定する目です。」

私にも思いあたる体験がありました。相互理解やコミュニケーションという面倒なものは介在させない、力によるスピーディな「解決」をよしとする、おどし。それは向けられた者にしか見えないけれど、目に見える破壊や排除、、横暴を常に後押しし、下支えしています。

自らも弱い立場の者が、「弱い者は強い者に従え！」と叫ぶことによって、強い側に認められ、そっちの仲間入りを果たした、とカン違いする、そういう姿を私たちは見たのです。

勝ち負けのために、たくさんの犠牲を払わせ、勝者だけが、頂点に立って、好き勝手する権利が与えられるようなしくみは、戦争と、オリンピックが最たるもので、あらゆる社会悪の源です。共有と分かち合いの創出をことごとく阻害しています。

井谷さんは、ジェンダー、フェミニズム、の視点から、オリンピックに反対しています。私は、パラリンピックについて考えているので、多数者の少数者に対する選別と、「包摂」を装った「排除」について、たくさんのひらめきをもらいました。


（つる）

The Olympics and Environmental Issues

オリンピックと環境問題を考える

2019.　7.26. Fri

7 月 26 日「反オリンピック国際イベント」7 日目は「オリンピックと環境問題を考える」と題してセミナーを行った。
まず、平昌オリンピック反対連帯のパク・ウンソンさんから平昌で起こったことについて報告された。

「平昌では五輪予算が当初の 8 兆ウォンから 13 兆ウォンまで膨らみ、そのうち 9 兆ウォンが高速鉄道や道路の建設に費やされ、不必要な工事のために多くの木が伐採された。希少な植物が育つカリワン山の原生林は、オリンピックのために保護区域としての指定が解除されスキー場が建設された。たった 3 日間のイベントのために 58,000 本以上の樹木が伐採され、森を復元する約束も守られていない。オリンピックが終り、無駄な施設が残された。」

たった 4 回使用しただけで解体されたスタジアムなど廃墟と化した施設の画像に会場からは嘆息がもれた。

しかし、オリンピック特別法は 2032 年まで継続し、特区事業として私企業による巨大開発も行われている。自然破壊のみならず、ジェントリフィケーションが起こり、地元住民を圧迫しているそうだ。「オリンピック災害は続く」と報告は締めくくられた。


続いて、1998 年長野オリンピックに際し「オリンピックいらない人たちネットワーク」代表として活動されていた江沢正雄さん。「平昌の報告と映像を受けて、まったく長野と同じなので驚いた」と第一声。

「長野では「環境に配慮したオリンピック」と言われたがまったく違う。オリンピックが残した遺産は、自然破壊と借金の山。当時、日本はバブル経済真っ只中。長野県内には、オリンピック招致に伴い 100 ヶ所以上の開発計画が押し寄せた。私たち住民は、情報公開請求や裁判闘争などあらゆる手段を尽くして抵抗した。」

市民に情報が公開されないこと、オリンピック閉幕後も無駄な施設が廃墟として残されたことなど平昌との共通点にも言及した。

長野では「一本切ったら、二本植えればいい」と言って子どもたちに植林をさせ、マスコミに美談として宣伝させた。そんな無意味な環境復元計画や、オリンピック・ファシズムと言うべき市民や児童の動員が数多く行われたという。長野オリンピックは「県民の総意」と言われ、反対する者は「非国民」にされた。そんな中で、江沢さんのパートナーが反対の意志を示すため 1989 年の市長選に出て、15406 票 11%を獲得したというエピソードは印象的だった。

「IOC は、オリンピックという商品を売り歩くセールスマン。高く買ってくれる、民主主義のない国を探している。」

最後に、江沢さんは「2020 年の東京オリンピックは東北の復興五輪だとか言われているが、政府の文書に「国民意識の統合」ということが書いてある。安倍政権のねらいは福島の被害を隠蔽し、オリンピックで人々を浮かれさせ、憲法改正まで持ち込むことだと思う。小さくても反対の声を挙げ続けることが大事だ」と強く訴えた。


反五輪の会からは、東京でも会場建設やオリンピックに乗じた都市開発で樹木が伐採されている事例を紹介。また、国際環境 NGO から告発されている、東南アジア熱帯林の伐採問題について報告した。

この問題については後半にマレーシアの参加者からも詳しく報告されるが、ここでは東京の住民として、違法伐採には日本企業の責任も重く、環境破壊だけでなく植民地主義の問題としても考えなければならないこと、大都市の繁栄のために地方や弱い立場の人々を犠牲にする加害者としての東京という立場を忘れてはならないことに言及した。環境問題という点でオリンピックを考えるとき、これらの点がより強く浮き上がってくるように感じる。


続いて、反五輪の会のメンバーとともに「反五輪カウンターマップ」を作成した原口剛さんから、マップの紹介をしていただいた。

多くの活断層や火山、各地で起こる大規模な地震、その上に立つ数多くの原発。東京電力の本社は東京の中心部にあり、原発はすべて地方に押し付けられいる。このような場所でオリンピックをやろうとしていることのおかしさを「反五輪カウンターマップ」は如実に示していた。


最後に、マレーシアから参加したハン・ビーリンさんが、マレーシアやインドネシアでの熱帯林の破壊と東京オリンピック会場建設の問題について報告した。

「生態系豊かなボルネオ諸島では、森林伐採が深刻。長年に渡り、熱帯林を伐採した合板の主な輸出先は日本。サラワクの場合、日本は年間 1 億枚の合板を輸入している。」

「熱帯林の木材はコンクリート型枠として使い捨てにされる。また、マレーシアではシンヤン社、インドネシアではコリンド社という、違法伐採や人権侵害で悪名高い企業による合板が使われている。組織委はシンヤン社の木材が PEFC（環境に配慮した木材であるという認証）を取得していることを理由に使用を正当化している。」

熱帯林が焼き払われている画像や、森林減少を示す衛星写真・地図は衝撃的だった。

最後に、ボルネオの人々の抵抗運動を紹介。「サラワクの代表が安倍首相に手紙を送った。先住民のコミュニティは行政と企業相手に 100 もの裁判を行った。その間、森林伐採や焼き払いは続いていて、裁判に勝ったとしても手遅れになってしまう。持続可能性を謳う東京オリンピックの宣言書はまるで嘘だ。環境破壊と人権侵害の上に 2020 が成り立っている。」と報告をまとめた。

photo by RAN, 2018

HOMES NOT GAMES 3/26

これまでのイベントを踏まえ構成を工夫した。小グループでの議論と全体での議論を組み合わせることによって、より多くの参加者の経験と知識を共有することが目指されたのだ。これは、主にLAチームの積極的な提案と進行による試みだった。また、環境権イベントからつづく長丁場であったため、関西のチームが食事の用意もした。約80名の参加者が複数の部屋の間を移動することによっても、様々な出会いが生まれたと思う。

まずは、3つの小グループに分かれ、ジェントリフィケーションの定義及びそれぞれの都市の状況と闘いについて50分ほど話し合われた。その際、韓国語・英語・日本語の通訳者がそれぞれのグループに参加した。

続いての全体会では、小グループで話された内容や感想を30分ほど報告した。
金持ちが貧乏人を追い出す、また、みんなのために良いことをしているという価値観が付与されるというジェントリフィケーションの共通点が指摘された。その一方で、香港の参加者から、土地が値上がり尽くした中で、貧困層のライフスタイルすらもテレビや映画などのメディアによって売り物のように資本に搾取されていくという状況も語られた。また、ヨーロッパでは人種的なマイノリティが排除されているとも指摘された。地域のデザインを国家にまかせるのが良くない、ジェントリフィケーションは満ち続ける潮のようなもので、世界の資本の動きと闘う必要があるという話で、後の議論に引き継がれることになった。

広い和室に移動して、グルテンフリーのベジタブルカレーを食べ、みんなでおしゃべりしながら30分ほどリラックスした。施設職員から注意に負けずに調理されたカレーは信じられないくらいおいしかった（26ページにレシピあり）。

2回目の全体会（40分）は、はじめに、ＬＡにおける家賃不払いストライキのことが司会から語られた。家賃の値上げによる追い出しに抗して、団結した賃貸人が家賃不払いで闘い、適正な値段での居住を勝ち取ったとのことだった。相手（オーナー）へ法的な対抗できないこと、運動経験者たちから立ち退き金を貰った方がマシと言われる中で、不可能に思えたことを可能にした象徴的な勝利だったという。また、もっとも負の影響を受ける人たちがリーダーシップをとることで物事が変わる、法律ではなく闘うしかない人たちの生活に焦点をあてるべきだ、との話は、自分たちの運動の核となるイメージを参加者に喚起したと思う。
「もっといい生活や仕事が欲しくないのか」と言って再開発をしてくる。また、オリンピックに反対するのではなく、それらにのって地域をきれいにした方が現実的なのではないか、という語り口もよく使われる。どのようにそれらと闘うべきかという問いかけには、以下のような応答がリオからあった。資本はコミュニティとは話さず、個別に提案してコミュニティの連帯を壊そうとする。何かが起きてからでは手遅れになる、脅威が見えない段階で組織化することは難しいが、未来を見据えてコミュニティを作ることが重要だ。

さて、イベントが終わってみると激しい雨が降っていた。雨宿りしながらも様々な話は続いていた。
自律的に人と共にあるとはどういうことか、居住を考える際にもっとも大切なことが、イベントの中で語られた言葉と共に、イベント自体の試みからも見えて来るようだった。
（O）

Global solidarity against the Olympics
反オリンピックのグローバルな連帯

The Global Anti-Olympic Summit was a seminal event that will have repercussions that last long beyond the 2020 Tokyo Summer Olympics. The global movement against the hosting of sports mega-events has grown precipitously in recent years, and the coalescing of activists, scholars, journalists, and concerned citizens from around the world to discuss tactcs and strategies for ending these events was the first of its kind. As we know, the coalitions of elite actors who use sports mega-events as mechanisms to extract rents from cities and citizens meet on a regular basis to compare notes, prepare, and celebrate their profits and five-star lifestyles. In Tokyo, for the first time, we were able to bring together a multi-national network that opposes these inherently capitalist and anti-human practices with the goal of creating mutual solidarities, sharing information, fostering education, and raising public awareness about the negative consequences of hosting the Olympic Games.

I lived and worked in Rio de Janeiro in the years leading up to the 2014 World cup and 2016 Olympic Games and was part of the Comitê Popular – a group similar to Hangorinnokai and OtokoaLink. We held weekly meetings, passed the hat for contributions, documented government abuses and malfeasance, communicated with the media, and engaged civil society actors and residents while carrying out a public education outreach program. We were successful in many of these endeavors and were eventually able to establish contact with other anti-Olympic groups in Johannesburg, Vancouver, Chicago, London, and Tokyo who had had similar experience or were putting together nascent anti-Olympic coalitions. While we were going about our daily and weekly work in resisting the Olympics and World Cup, we did not expect that what we were doing would eventually have global repercussions – this is why it was such a tremendous honor to be able to represent Rio´s Comitê Popular in the debates, conversations, excursions, and public protest in Tokyo. The extending of solidarity to those confronting the mega-event behemoth necessarily means that we must be against these events everywhere, not just when it affects us directly. To see this message taken up by companehiros and companheiras from all over the world was energizing and heartwarming.

It is never easy to raise one´s voice against established powers, especially in cultural and social contexts in which structures of paternalism, corporatism, and imperialism are so strong. Japan is very similar to Brazil in this regard, though perhaps less given to large public festivals. There can be no question that the Olympic Games are tools that propagate elite privilege and redistribute public resources to private interests. In Brazil, as in Japan, economy and politics are dominated by major construction interests and the mechanism of the mega-events functions to obscure from public view the back room deals that emerge into legally binding contracts, that emerge onto the urban landscape, displacing thousands of people while mobilizing billions of Yen and Reales. The spectacle of the event cauterizes the neural pathways that govern critical thinking as whole populations are wrapped into the symbols of national pride that themselves are rehabilitated from inglorious pasts as a singular, capitalistic vision of humanity parades in circles, condoms in their pockets.

Resisting the Olympics in Japan is the most important act that the citizenry an undertake in 2019 and 2020. The twin disasters of rampant capitalism fueled by nuclear power are on full display, yet the Abe government suggests we should ignore the sacrifice zones, the sacrificed people, the traumatized landscape by celebrating sport as a mechanism for a miraculous recovery. "The patient is not sick, the diagnosis is wrong," should be the motto of the Tokyo Olympics. Yet as the IOC and the Abe government rush into the warm embrace of mutual gain, those whose lives hang in the balance of the Daichi nightmare are asking us all to think about the consequences of our collective pursuit of Kamikaze Capitalism.

The 2020 Tokyo Global Anti-Olympic Summit was the first of its kind to bring together a broad chorus decrying the clattering abomination of the Olympic spectacle. This did not happen accidentally but rather emerged through sustained engagement and debate undertaken in specific sites by specific people who understand the need to speak up, organize, act, react, plan, and protest. This one week showed the possibilities of global democratic action and all credit and thanks to the organizers in Tokyo and Fukushima prefecture for continuing the work and legacy of Olympic resistance from around the world.

With solidarity from the Americas,
Christopher Gaffney

反五輪グローバルサミットは将来にわたる影響力のあるイベントだった。このイベントの反響は、2020年の東京夏季オリンピックを超えて長く続くだろう。スポーツメガイベントの開催都市となることに反対するグローバルな運動は近年急激に広がってきたが、こうしたイベントを終わらせるために、世界中から集まった活動家、学者、ジャーナリスト、関心を持つ市民たちが一堂に会して戦略や作戦を話し合うのは、これが初めてだ。私たちも知るとおり、都市や市民からレント（市場独占などにより通常以上の利益率で得られる利益）を引き出すメカニズムとしてスポーツメガイベントを利用するエリート関係者たちは、情報交換や準備、自分たちの上げた利潤や5つ星のライフスタイルを祝うといったことをするために定期的に集まっている。東京で、我々は初めて、相互連帯を創り、情報を共有し、教育を発展させ、オリンピック開催都市となることのマイナスの結果について人々の意識を高める、という目的を持って、こうした本質的に資本主義的で人間性に反する活動に反対する多数の国々の間のネットワークを結集することができた。

私は2014年のワールドカップと2016年のオリンピックに先立つ数年間リオデジャネイロに住んで働き、反五輪の会やおことわリンクと同様のグループであるコミテ・ポプラールの一員だった。私たちは毎週ミーティングを開き、寄付を入れる帽子を回し、政府の権力乱用や不正を記録し、メディアと連絡をとり、市民社会のアクターや住民たちを巻き込むといった活動をし、その一方で、大衆教育のアウトリーチプログラムを行った。私たちはこうした取り組みの多くで成功を収め、ついには、私たちと似た経験をしてきたり、あるいは起こりつつある反オリンピックの連合体をつくろうとしていたりしたヨハネスブルグ、ヴァンクーバー、シカゴ、ロンドン、東京の反オリンピックグループとつながりをつくることができた。オリンピックとワールドカップに抵抗する毎日、毎週の活動を行っていた間、私たちは、自分たちがしていることが最終的に世界的な反響をもたらすことになるとは思っていなかった。であるから、東京でのさまざまな議論や話し合い、フィールドトリップ、公開抗議行動にリオのコミテ・ポプラール代表として参加できたことはとてつもなく光栄なことだ。メガイベントという強大な化け物に立ち向かっている人々に連帯を送ることはすなわち、直接自分たちが影響を受けるときだけでなく、どこのことであってもこのようなイベントに反対しなくてはならないということを意味する。世界中からやってきた同志たちがこのメッセージを掲げるのを目にして、元気がわいたし、心が温かくなった。

確立した権力に対して声を上げることは決して簡単なことではない。家父長制や協調主義、帝国主義の構造が非常に強い文化的社会的な文脈のなかでは、特にそうだ。日本はたぶんブラジルほど大きな公共的祭りに病みつきになっているわけではないが、それでも上記の点でブラジルとよく似ている。オリンピックがエリートの特権を宣伝し、公共の資源を私的利益のために再配分する道具であることには疑問の余地がないだろう。ブラジルでも日本同様に、経済と政治は大手建設業者の利益に支配されていて、メガイベントのメカニズムは、舞台裏の取引から法的拘束力のある契約やら都市の景観やらが、何千という人々をその地から追い出し、何十億円、何十億レアルという金を動かしながら生み出されるのを人々には見えにくくする機能を果たしている。人類のただ一つの資本主義的展望が、ポケットにコンドームを入れて、円をつくってパレードするとき、それ自体が不名誉な過去から回復を遂げる国家的プライドのシンボルに全人口が包み込まれ、イベントというスペクタクルが、批判的思考を司る神経経路を麻痺させる。

日本におけるオリンピックへの抵抗は、2019年2010年の市民運動で最も重要なものだ。原子力に支えられた資本主義の横行という双子の災害が丸見えだというのに、安倍政権は、スポーツを奇跡的回復のメカニズムとして讃え、犠牲となった地区、人々、傷ついた景観は無視するよう我々に促している。「患者は病気ではない。診断が間違っている」というのが東京オリンピックのモットーであるべきだ。IOCと安倍政権は互いの利益を懐に抱き込もうと急ぎ、福島第一原発の悪夢によって生活が危機に瀕している人たちは、私たちが集団で追求してきたカミカゼ資本主義の結果について考えてくれと私たち皆に求めている。

2020年東京オリンピックに反対するグローバルサミットは、破壊と騒音を撒き散らす、唾棄すべきオリンピックスペクタクルを非難する人々の幅広い声を一堂に集めた、初めての取り組みだった。これは偶然起こったものではなく、むしろ、声を上げ、グループをつくり、計画し、抗議することの必要性を理解していた特定の人々が特定の場所で、継続的に議論し取り組みを進めてきたことのなかからできあがってきたものだ。この一週間は世界的な民主的行動の可能性を示した。これは全く、東京と福島の主催者・関係者が活動を続けてくれたことと世界中のオリンピック抵抗運動のレガシーのおかげであり、功績も全てこれらに帰すべきものだ。

南北アメリカから連帯をこめて
Christopher Gaffney　クリストファー・ギャフニー

2020 TOKYO
NO OLYMPICS
「オリンピック災害」おことわり
NO TOKYO2020 Olympics
NOLYMPICS ANYWHERE!
POVERTY
FUCK THE OLYMPICS! 五輪はクソくらえ！
ABOLISH THE IOC! IOCを廃止せよ！
NOLYMPIC
FROM SKID ROW TO TOKYO, WE SAY *HELL NO*! THANK YOU FOR A TRANSFORMATIVE EXPERIENCE + SOLIDARITY WITH ALL OF OUR ALLIES FROM AROUND THE WORLD.
スキッドロウから東京まで、固く断る！ この変革的な経験はありがとう＋世界中の味方たちに連帯を！

2014 인천 아시안게임 仁川アジア大会

2018 평창 동계올림픽 平昌冬季オリンピック

オリンピックが奪った昨日と今日、そして明日

平昌オリンピックが開催された2018年は、1988ソウルオリンピックが開催されてから30年になる年だった。様々な記念行事で、年末まで「オリンピックムード」に満ちていた。36年間の植民地統治と4年間の戦争を経験した後、分断状態になった韓国では長い過酷な軍事独裁が続いた。粘り強い民主化運動と市民運動の結果として、1987年に民主的憲法で立脚した政府体制をつくることができた。ソウルオリンピックは非常に象徴的な時期に開催された。厳しい時代の暴圧に対抗し抵抗していた多くの人々の努力は、オリンピックという巨大なイベントにブラックホールのように吸い込まれていきまるですべての社会的、政治的な成果は、オリンピックがもたらしたもののように見えた。ソウル市は、大規模な開発事業のきっかけを望んだ。アジア競技大会とオリンピックを前面に押し出し政府と企業が協力し立ち退き用役というチンピラ集団を動員する暴力的な開発事業に75万人が強制移住された。これらの協力体制は、現在でも再開発事業の主な方法として活用されている。政府は、オリンピックを通じ「正常国家」の軌道に乗った韓国を見せようとした。このために、何が隠されてきたのかは長い間口を閉ざした。軍事独裁政権は1975年から「社会浄化活動」を開始した。オリンピック誘致が推進される中、適法な手続きなしに逮捕され拘禁されている人々の数は増えていった。子どもと障がい者を含む不特定対象を「浮浪人」と指摘すると逮捕することができた。1986年アジア競技大会を控えて拘禁された人の数は、1万6千人に達した。オリンピックを記念する祭りの雰囲気が蔓延していた2018年にも国会前では拘禁施設のひとつであった兄弟福祉院で生き残った生存者たちが真相究明と責任者の処罰を要求して座り込みを続けていた。多くの人々を死に追いやった「社会浄化活動」の責任で処罰を受けた人は今までたった一人もいない。2018年に、私たちは強い既視感を感じた。不透明な手順で強行されている数多くの開発事業、破壊された森林と住まい、改悪された出入国法と新設されたテロ防止法は、根拠のない経済効果の見通しと漠然とした地域発展の虚像に基づいていた。「平和オリンピック」という名分はこのすべてをかき消した。江原道（カンウォンド）知事はオリンピックが終わって開かれた総選挙で再選に成功した。オリンピックに異議を提起する声は極めてまれであった。

2019年7月にオリンピックに断固反対の声を出している多くの仲間たちに会うことができた。1年後に迫った東京オリンピックの災害を阻止しなければいけないという思いを共に話すことができた。私たちは、各地域の状況を共有した。私たちの街が抱えている問題を解決するどころか悪化させ、公共の基盤を搾取するオリンピック災害の実相についての話を交わし議論を続けていった。私たちが取り組む問題はつながりがあることを再確認することができた。そして私たちは一人ではないことを、一緒に手を取り合い、すべての都市のために協力していくことができるということを確認した。私たちは、再び巣に戻ってきた。8月30日に平昌オリンピック開催地の一つである江陵（カンヌン）で、7月の国際連帯行動の報告会と写真展を開いた。オリンピックウォッシング、莫大なコスト、住居権と開発事業、不正、環境破壊、監視体制の強化をテーマに話をして、8日間の経験を共有した。オリンピックの狂気が、ある程度静まった今もオリンピックの災害は進行中だ。オリンピック特区の開発事業は、2019年から範囲が拡大され、2032年まで継続される予定だ。オリンピックを名目に指定された都市再生事業はオリンピック特別法の狂風であってもまだ開発しきれなかった移住労働者の居住地やドヤ密集地域を再開発しようとしている。江陵駅とオリンピック競技場の間に住民の反対を押し切って山の斜面を削って作られた遊歩道は、オリンピック開催期間中にもほとんど使用されておらず、今も利用者がいないことから撤去することが決定した。江陵市がオリンピック開催直後に自慢げに宣伝していた「オリンピック黒字」は区別に交付され、最終的には負債の一部を返済するために使用された。この渦中に江原道は2021年のアジア競技大会を誘致するための行政手続きを開始しており、ソウル市は2032年のオリンピックを平壌（ピョンヤン）と共同開催すると発表した。オリンピック中継権の契約に成功したいくつかの媒体はオリンピック反対共同行動で7月24日に主催した「2020オリンピックに反対する」の記者会見の中でジュールスボイコフの発言での放射能問題への懸念だけを短くカットして放送し、この記者会見が開かれた脈絡については一言も言及しなかった。東京オリンピック反対の動きを報道する媒体もオリンピックの問題自体についての声はひとつも伝えず、放射能の危険のことだけを話している。東京オリンピックの猛暑の懸念を詳細に伝える媒体が多い中、8月8日に死亡した建設労働者のニュースは、ただ一つの記事で短く言及されただけだ。

私たちは、依然として東京オリンピックの開催を阻止しないといけないと思っている。東京だけでなく、北京、パリ、ミラノ、ロサンゼルス、ソウルと平壌でもオリンピックの開催が撤回されるべきだと考えている。何度もオリンピック災害を経験した私たちは断固として言うことができる。この社会に微弱な進展があるとすれば、それは長い時間、献身的に努力してきた多くの人々が成し遂げたものであり、少数の権力者や利権勢力が成し遂げたものではない。平和の時代は、民主的なコミュニケーションに基づく平等で公正な社会を通してつくっていくことができるのであって、無責任な資本と権力によってつくられるものではないということだ。私たちは、オリンピックが奪った過去と現在の成果、そして私たちの未来を再び取り戻す。

2019年9月5日
平昌オリンピック反対連帯

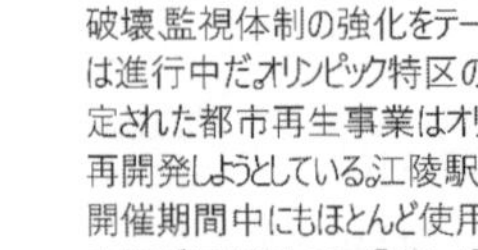

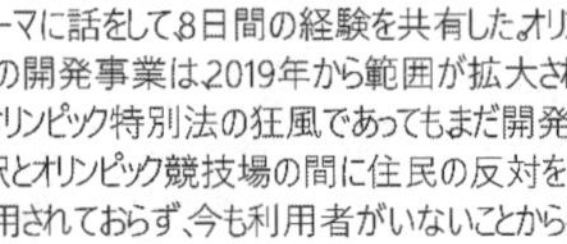

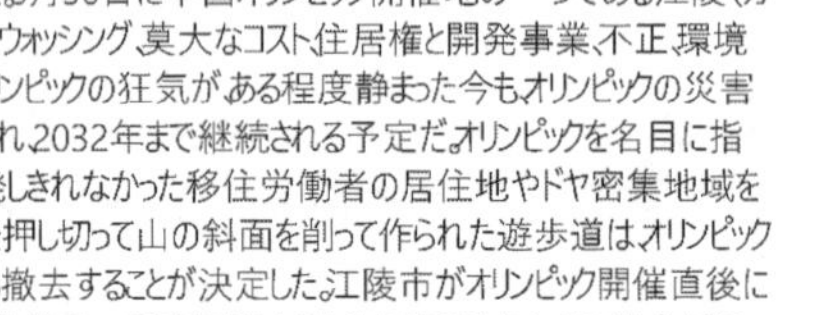

1986 서울 아시안게임 ソウルアジア大会
1988 서울 올림픽 ソウルオリンピック
1999 강원 동계아시안게임 江原冬季アジア大会
2002 부산 아시안게임 釜山アジア大会

From Nagano !
長野より

Fukusima Not Olympics!
No Olympics Anywhere!

ピョンチャン五輪の報告は、98 年の長野五輪の問題と共通点がある。長く自然環境保全されていた豊かな自然が、たった数日間の競技のために破壊された。自然環境の復元はなされず、巨大施設の後利用計画もハッキリないまま。長野では、101 億円以上かけたリュージュボブスレー施設は 20 年後、維持費がなく休止。たった 2 週間の巨大イベントはどこで開催しても環境破壊と借金を残し、持続可能な開発などでない。サラワクからの報告は、違法伐採された熱帯材がと東京の競技施設に使用されていることを確認している。IOC のいう「環境に配慮したオリンピック」なんてまったくのウソ。

「居住権」の分科会では 2028 年のロス大会へ向け、既に低所得者が多い地域で住民追い出しがあるとの報告。リオ大会も同様だった。長野では「ホワイトスノー作戦」という環境浄化作戦で外国人労働者が追い出された。「安全・安心」や「大会成功」を名目にした人権侵害など許されない。

2020 へ向け、各国から集まり NO Olympics!を確認した意義は大きい。情報公開請求の徹底によって、組織委員会と都の機能低下を！福島から NO Olympics!の声を！市民へ向けた問題提起をあきらめずに続ける。IOC の財務などをユネスコなどの国際機関へ働きかける。暑い夏大変だ！

長野　元オリンピックいらない人たちネットワーク代表　江沢正雄

From London !
ロンドンより

Counter Olympics Network
カウンター・オリンピック・ネットワーク (CON) からの報告

「放射能オリンピックおことわり！」これは、東京の街を練り歩く反オリンピック運動のデモ隊から大音量で明確に伝わって来たメッセージだ。

元オリンピック選手を含む世界各地からのプレゼンターたちが参加した非常に感動的な１週間にわたるイベント、バスツアー、連帯ピクニックそして夜のデモには、過去のオリンピック開催地、そしてこらからオリンピック開催や招致が予定されている様々な都市からの参加者でにぎわった。そこでは、汚れたオリンピック、つまり資本主義の権力とカネを行使する国際ネットワークに対しますます拡大する不満を抱える人々が共にアイデアや戦略を共有する場が設けられた。

「反オリンピックトーチリレー」は企業と行政が手を取り合いながらホームレスの人々を排除し、大規模ビジネスや不動産売買の利益をお互いの懐に入れながらスポーツ選手を危険にさらしていることに対する人々の怒りをメッセージにして広げるため、私たちロンドンの反オリンピックネットワークから始まりさらにパリやロサンゼルスへ向けて引き継がれてゆく。

ギリシャ、シドニー、バルセロナ、ロンドンと過去を振り返ってみても、毎年のように反オリンピック運動は拡大しており、さらにはこれから五輪開催を背負っている都市からの人々の姿は反五輪の運動がどんどん大きな流れになっていくことを証明している。たたかいは続く✊

クレア・ソロモン
イギリス　カウンター・オリンピック・ネットワーク（CON）
「Springtime: The New Student Rebellions」共編者

また、国際ネットワークというものが脆いものであることも、経験によって私は知っています。(インターネットを使って)会合を持ち、共同作業の計画を立てるため、早急に構築のための努力をする必要があります。声明だけでは不十分です。コレクティフを強固なものとできるのは、行動のみです。それに関して、私には別の重要な目的がありました。世界各地の友人たちに、反五輪闘争にフランスも参加していることを知ってもらうことです。これまでフランス人の存在感は希薄でした。フランスから活動家がやってくることで、この欠落を埋めることができました。東京の次の夏季五輪がパリである、という認識を共有してもらうことは、とても大事なのです。

Les mois qui viennent à Paris seront déterminants. Nous allons connaître des élections municipales qui peuvent être l'occasion de faire en sorte que la contestation des Jeux olympiques devienne enfin une question politique. Si nous voulons avoir une chance de réussir, nous devrons être capables de convaincre certaines forces politiques et les ONG de s'intéresser au sujet et de prendre position contre afin d'entraîner l'opinion publique avec nous. Le réseau international constitué à Tokyo peut nous y aider en amenant des exemples des désastres perpétrés lors de tous les Jeux olympiques.

パリにとって、来たる数ヶ月は決定的なものとなります。フランスでまもなく行われる統一地方選挙は、オリンピックへの抵抗を政治的問いとする機会となりえます。成功のチャンスを私たちが望むならば、このテーマについて政治勢力やNGOに関心を持ってもらい、反対の立場を明らかにしてもらうよう働きかける必要があります。そして私たちと一緒に公式見解を表明してもらうのです。東京で生まれた国際ネットワークは、オリンピックはいたるところで必ず災厄をもたらす、という例を示すことで、その一助となりえます。

Finalement, la rencontre de Tokyo a été très positive : elle a montré concrètement que nous sommes partout confrontés aux mêmes problèmes et que notre intérêt est de nous unir.

つまるところ、東京での会合はとても実り多いものでした。私たちがどこでも同じ問題に直面しているという事実、そして団結することの意義を示してくれたのです。

NOlympics Anywhere in 東京、2019年7月
フレデリック・ヴィアル from NON aux JO 2024 à Paris

Tokyo, du 22 au 27 juillet 2019, Nolympics anywhere
Frédéric VIALE,
NON aux JO 2024 à Paris

Les objectifs de ma venue à Tokyo étaient en même temps modestes et importants et ils ont été atteints : il s'agissait de faire la rencontre avec les militants engagés dans la lutte contre les Jeux olympiques partout dans le monde. Ayant été chargé d'animer des réseaux internationaux pour Attac France (OWINFS, S2B et le Forum social européen), je sais que la création de réseaux internationaux de résistance passent nécessairement par la rencontre physique des personnes qui les animent pour installer la confiance, sans quoi rien ne peut se faire. La déclaration de solidarité qui a clôturé la réunion du 27 a été un grand moment. Très bien préparée en amont, elle a été essentielle à la structuration de ce qui est désormais un mouvement international.

私の東京行きの目的はささやかかつ重要なものであり、それは達成されました。世界各地で反五輪闘争に参加している活動家たちに出会う、ということです。私はかつてATTACフランスの国際ネットワーク(OWINFS、S2B、ヨーロッパ社会フォーラム)を担当していました。国際ネットワークを作る信頼関係の構築のために、実際に会うことが不可欠であることを知っています。そうしなければ何も始まりません。7月27日の会合を締めくくった連帯声明は、決定的でした。事前に十分な準備が行われたこの声明は、国際的運動となった反五輪闘争の構築にとってきわめて重要です。

Il était important de constater que, quelques soient les situations politiques, économiques et sociales de différents pays, la situation est partout la même : imposition d'un projet inutile et imposé à la faveur d'une régression massive des droits, expression active d'un mépris social communément partagé par des élites toujours plus illégitimes et hors-sol, corruption, violence, manipulations médiatiques, désastres sociaux. De ce point de vue, le partage des exemples vécus était très important.

さまざまな国における政治・経済・社会状況の違いにかかわらず、状況がまったく一緒であることを確認しておくことは大切です。権利の大きな後退をともなう不要なプロジェクトの押し付け。正当性のかけらもない、世間知らずのエリートたちが共有している社会的侮蔑の表明。腐敗。暴力。メディアによる操作。社会的災厄。そのため、実際の体験例を共有することはとても重要なのです。

Par expérience, je sais aussi la fragilité des réseaux internationaux. Il faudra très rapidement structurer la suite par des réunions (qui pourront se passer par Internet) permettant d'établir un programme de travail commun. Les déclarations ne suffisent pas, seule l'action permet de cimenter un collectif. De ce point de vue, un autre objectif était important : faire constater aux amis des différents pays que la France existe dans la mobilisation. Les français n'apparaissaient pas jusqu'ici dans les mobilisations, y compris aux yeux des militants des autres pays. La présence de militants venus de France a pu corriger ce manque. Il est important que la conscience soit partagée que la prochaine étape après Tokyo est Paris.

46

人が集まる時の飯のあり方って大事だ。メインの集会内容と同じ位大事だと思ってる。だから次の反五輪週間(?)の飯作りはどんな方法がいいかなぁと勝手に考え巡らせている。共同炊事したいな。共に手を動かすと、議論の場とはまた違う関係ができたりするしね。やりたい人がやればいいけど、ジェンダーの偏りはないようにしたいよな。など、など。というわけで皆さん、次回はぜひ一緒にご飯作りましょ!

Food when ppl gather is important. I think it's as important as the main gathering. That's why I'm wondering how we can prepare the meals for the next anti-Olympic week(?). I wanna do like a collective kitchen. Working together, we may create the different relationships from the discussion. It'll be better only ppl who wanna cook do it, but I also wanna make sure there's no gender bias…etc. So folks, let's cook together next time! (h)

It's not just the Tokyo real estate market that's trying to make money at the Olympics. The gentrification brought by the Olympics has affected local cities as well, it's a redevelopment boom to get a tiny share of profit from the Olympics. Nevertheless, the presence of local cities at the Anti-Olympic Week was too small. How much was the voice of the members from Kansai picked up? The food was important and the curry made by the Kansai members was delicious. But ...The burden imposed on Tokyo by the Olympics comes to local cities, too. It's not just the economic gap between Tokyo and the regions. I think the eviction of the poor is linked to all part of japan at the time of the Olympics. So ... I thought I was more happy if I was involved in different forms. (Ahiru)

五輪で儲けようとしているのは東京の不動産市場だけじゃない。五輪が引きよせたジェントリフィケーションは地方にも影響を及ぼし、「おこぼれ」を狙おうと再開発祭りだ(ふざけるな!)。なのに反五輪ウィークでの、地方都市の存在感はあまりにも小さかった。関西メンバーの声は、どれだけ拾いあげられたのだろうか。ご飯は大切だし、関西メンバーが作ったカレーもおいしかった。でも…。五輪によって東京に押し付けられる負担は、地方にだってやってくる。東京と地方の間にあるのは、格差だけじゃない。貧乏人に迫る排除は、オリンピックにむけて全国で連動しておこっていると思う。だから…ちがうかたちでも関われたら、もっとうれしかったのかな、なんて考えてしまった。

東京の行動に参加したあとの振り返りの会で議論したことを、書き記しておきたい。釜ヶ崎で排除されようとしているのは、住宅市場や公的扶助から締め出され、それでも路上で生きようとする人々だ。その現実にとって「居住権」という言葉は、どこか遠いものに感じられた。権利より手前にある、例えば「生きること」を肯定するような言葉を、私たちは探すべきかもしれない。採るべき戦術もきっと、各地の状況によって様々だろう。そうした違いを課題として確認しながら、けれど、メガイベントや開発に抗う仲間が世界にいることに勇気づけられた。ともに考え、行動していきたい。

I'd like to write down what we discussed after participating in Tokyo action. Who're gonna be evicted in Kamagasaki are those who are excluded from the housing market and public assistance, and still survive on the street. For that reality, the word "right of residence" was felt something far away. We might have to look for words that come before the right, for example, to affirm "living". The tactics that should be taken will vary depending on the situation in each place. While confirming these differences as challenges, I'm encouraged by the fact that there're friends in the world that resisted mega-events and development. I want to think and act together.

FROM People feat. KAMAGASAKI 釜より

反五輪週間のためにはりきって東京へ向かった。日常の閉塞感に非日常を持ち込めることを期待して。甘かった。便利なようで全く無駄ばかりの複雑怪奇な鉄道網、無線イヤホンをつけて他人には興味も向けない人々、しなびたスーパーの生鮮品(ソーリー)。東京にいるだけで疲れた、非日常なんか味わえたものではなかったわ。what a f*** 東京。こんなところで本当にオリンピックなんてできるの？みんな信じてないよ、きっと。たくさんの人の心にある反五輪が行動としてあらわれますように。

I went to Tokyo for the anti-Olympics week. Expecting to bring extraordinary life into a boring daily life. I was stupid. The railway network looked convenient but it was actually wasteful and complicated, people who wear wireless earphones and are not interested in others, the wizened veges in supermarket (Sorry). I was sick of Tokyo, and it wasn't something I expected. What a f*** Tokyo. Is it really possible to have the Olympics in such a place? No one probably believes it. May the anti-Olympics in the hearts of many people appear as actions. (npk)

反五輪というこんなに国際的なイベントも、明治公園で立ち退きにさらされる野宿者の問題から始まった（に違いない）。オリンピックによって蹴散らされる者の連帯を高めよう。私たちの共同性・自律（立）性を私たち自身がどのように定義してつくりあげていくのか。目標と戦略を常に確認しながら、お互いを頼りにできるパートナー目指して今後もつながりつづけましょう。いろいろ刺激を受けました!!

Anti-Olympics, such an international event (must) began with the problem of the homeless ppl who was evicted at Meiji Park. Let's increase the solidarity of those who are kicked by the Olympics. How do we define and create our collectivity and autonomy? Keep our goals and strategy in check and stay connected to become a partner we can rely on each other. I received a lot of stimulation!!

準備段階ですでに多くの人々が追い出しや排除を経験し、自然環境はグローバルな規模で損なわれている。被災地の生活基盤が復旧し原発事故が終わったかのような嘘を、国家は世界に垂れ流している。五輪によって犠牲にされ、失われるものはあまりにも大きい。だからこそ、なんとしても勝つのだ、と運動を組織していかねばならない。それは絶対に正しい。しかし私自身は、ラディカルに反五輪を表明する数々の言葉に強く勇気づけられながらも、何か距離のようなものを感じた。反五輪ウィークの最終日には、「強くなるのではなく、今のその状態で一緒に歩いていく」という発言があった。絶対に勝たねばならないのだとしても、この言葉は忘れずにいたいと思った。

Many people have already experienced eviction at the preparation stage of the Olympics, and the natural environment has been damaged on a global scale. The government lies around the world as if the living infrastructure of the disaster-stricken area was restored and the Fukushima nuclear accident was over. What is sacrificed and lost by the Olympics is too big. That's why we must organize our movement to win. That's absolutely correct. However, I felt something like a distance, while being encouraged by the words that expressed the anti-Olympic radically. On the last day of the Anti-Olympics Week, there was a statement that "we'll walk together in this state, not become stronger." I wanted to remember this word even if I had to win.

連帯宿泊所
Solidarity Lodging Spaces

各地からたくさんの連帯を歓迎しているが、東京の宿泊施設はどこもヒドく高い。活動家たちの多くは、決して資産家ではないので、わたしたちはルームシェアや空き部屋など一時的に宿泊可能な連帯宿泊場所を常に探している。もちろん生活を共にするので、提供する側も泊まる側も安心できるよう、事前の確認事項を十分行う必要がある。

While we welcomed many people from many parts of the world, we had to face the fact that accommodations in Tokyo are very expensive. Since many activists and organizers are not materially wealthy, we are always on the lookout for spare rooms and shared living spaces available in our network. We need to be mindful about communicating beforehand who will be sharing the living space together, in order to make the sharing as comfortable as possible for both guests and hosts.

食事
Food

今回の企画プログラムの中で、わたしたちが食事を準備する機会が2回あったため、参加メンバーの食事の制限について事前に尋ねていた。ビーガン、グルテンフリー、アレルギーなど、十分ではないが、出来るだけ調整した。普段から炊き出しなどを行っている大阪からの活動家たちが食事を担当してくれて、安く、すごくおいしい食事ができてすばらしかった。実質、料理をしていたのは女性たちが多く、ジェンダーロールについて、担当してくれた人や他の参加者から問題を指摘された。これは、わたしたちのポリシーとしても取り組まなければならない問題だ。

During the week of events, our collective had two separate occasions to cook and serve food for everyone. For this we checked in with attendees on their dietary restrictions. We prepared, while not very satisfactory, vegan, gluten-free and other allergens-free meals as much as we could. Thanks to activists from Osaka who prepare meals in community kitchen all the time, we were able to share delicious, inexpensive meals for all which was fantastic. However, a typical gender roles were at play in this space, as it was mostly women who took up the task of cooking. We received criticism from those who were cooking as well as from event attendees. We will need to set a shared principle in order to resolve this issue.

自律的な場を作るために疲れ果てるような苦難に向き合う
Confronting Exhausting Situations in a Struggle to Create an Autonomous Space

今わたしたちが取り組んでいるオリンピックを終わらせる活動は、広く連帯を呼びかけている。しかし、反五輪を掲げる活動の内側で、差別発言や、仲間への暴力が起こることがある。また、活動家や研究者などが、周辺化、他者化された人たちを「支援」「研究」対象とするとき、そのまなざしの中にある権力構造にも常に注意が必要であり、その構造を解体するために模索しなければならない。
わたしたちは結集を呼びかけ場を担った立場として、活動内で起こる、このようなことを無いことにせず、できるだけ解決に向かうよう取り組む。何年も解決に至らないこともあるだろうが、権力に対峙し自律的な場を創るということは、このような苦難と不断に向き合うことで実践できる考えている。

In our ongoing struggle to end the Olympics, we have been calling for solidarity from people across the world. However in doing so, we occasionally encounter harmful behaviors like discriminatory speeches and violence towards comrades. We also need to pay close attention to the way in which activists and researchers sometimes step into communities with the intention to “support” and “study” marginalized and “othered” people, but may end up perpetrating the existing power structure in engaging with people in the community. We must work towards demolishing this structure.
As organizers who called for this gathering, we will not dismiss any form of harms that arise within the movement space, and we must work to resolve any conflicts as much as our capacity allows. While some problems may continue to exist for years without solutions, we understand that confronting the power and creating an autonomous space free from their influence can only be realized through constantly facing those afflictions as everyday practice.

Hangorin no kai

わたしたちが大事にしたいこと
Cultivating Our Principles

国際イベントに向けて
To Build an International Movement

わたしたちは、オリンピック反対の国際連帯をつくっていくときに、いま日本に蔓延している帝国主義や戦争につながるような思考回路に決して飲み込まれてはならないと考えている。反五輪の会は、植民地主義・新自由主義・性差別・国家主義・天皇制に反対する。

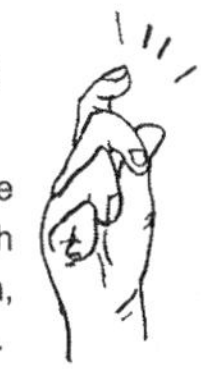

As a collective based in Japan, building international solidarity movement against the Olympics, we must be mindful not to get caught in patterns of thinking that are spreading in our society today, which could lead to perpetuating imperialism and wars. Hangorin No Kai is against all forms of colonialism, neoliberalism, gender violence, nationalism and imperialism - namely the Japanese imperial system.

通訳について
Language Interpretation

集会、ワークショップなどが、通訳者たちがいなければ成り立たなかったことは確かだ。多言語で共に行動に取り組んだり話し合ったりするため、わたしたちが試みたことを書き出してみる。

- 通訳者と打ち合わせを行い、原稿を準備し通訳者に渡す。
- イベント計画の時点で、通訳を含めた時間配分、発表者が話すスピードを考慮する。主催側が意識的に働きかけ、複数の通訳者たちが協力しあって通訳できるよう組織する。
- 通訳は大変な仕事なので、少しでも謝礼などを出したい。カンパを集めて集会参加者に協力を求める。
- これまで国際集会を企画して来た経験者のアイデアを活かし、「オルタナティブ通訳発信器」を使う。

今回これら全て上手くできたというわけではない。企画側の時間配分の不備、企画内容の説明不足、英語以外の通訳者の不足。これらによって、通訳者に負担がかかってしまった。今後、改善していきたい。

一方、ピクニック、プラカード作り、すばらしいデザインのバナー、歌、デモのコールなどの様々な表現が、通訳者を通してだけでなく多言語の壁を超えるということは重要だった。

It is no doubt that without the tireless efforts of interpreters we could not have made any of the gatherings and workshops happen. Here are some of the concrete tasks we took to ensure as smooth communication as possible during our discussions and actions in multiple languages.

- We had preparation meetings with interpreters and provided them with written outlines/speech texts prior to each event.
- We discussed at the planning stage on allocating time for panel speakers, including the time it takes to interpret them, also taking into consideration speaking slowly for interpreters. Event organizers were actively mindful of keeping the pace, and provided interpreters with clear roles so that multiple interpreters could take turns during a long event.
- We tried our best to provide monetary token of thanks to interpreters, as interpretation is a labor-intensive task. We called for donations at each event to help fund for this.
- We utilized interpretation equipment, as informed by those who have experience in organizing international gatherings.

We don't think we did all of these very well to be honest. We lacked adequate preparation in allocating speakers' time; we did not take enough time explaining to interpreters the themes and contents of each event; and we simply did not find enough interpreters to work with us especially in languages other than English. Because of all this, we ended up putting a heavy burden on each interpreter. This is something we'd like to improve for future events.

However, we instead were able to utilize non-language-based expressions like having a picnic, making signs and banners (with some amazing designs), singing songs and chanting during the street demos. Taking down the language barriers using different means of communication was very crucial part of our activities throughout the week.

反五輪国際共同連帯声明　「どこにもオリンピックはいらない」

スケールや範囲の違いはあれど、オリンピックが開催地にもたらすものは同じです。警察や軍事による監視体制の強化、はびこる汚職、巨額にのぼる財政上の浪費、環境破壊の悪化、多くの人々の住居からの強制排除、そして人権の踏み荒らし。

このような現象は、オリンピックという中立無害にみえるイベントがたまたま引き起こすものではありません。そもそもこれらの現象は、五輪の組織者、つまり世界でも指折りの権力者やエリートたちの利権を満たすものとして、五輪ムーブメントの中に組み込まれているのです。オリンピックとは、アスリートを国の代理人として競わせることで、国家間の対抗心を煽りメダルの数で国威を発揚する、きわめて政治的なイベントです。あたかも戦争や紛争にとって代わる「平和の祭典」であるかのように見せかけながら、五輪は開催地の住民を搾取し、周縁化されてきた層を抑圧して、ひと握りの富裕層にさらなる利益をもたらす口実を与え、表舞台に立つアスリートの栄光によってそれを正当化しています。開催地がどこの都市であろうとその構造は同じで、擁護に値するものではありません。

切迫した社会的、環境的な危機に対する無関心が、ここまで重大な死活問題になったことは今までありません。ここ数世代のあいだで、今ほど住居へのアクセスが乏しい時代はなかったのではないでしょうか。警察や軍隊の持つテクノロジーによって拡大する監視体制は、これまでになく陰湿になってきています。また私たちは、自然災害という絶壁のふちに立っています。地球がもろく弱っているこのタイミングでふりかかるオリンピックという名の汚職まみれの大盤振る舞いを、私たちは受け入れる余裕などありません。こんなものは、私たちの住む街が直面する様々な問題を悪化させるだけです。

国際オリンピック委員会 (IOC) は、五輪開催が危機的な状況にあるということを悟ってるのでしょう。近年、オリンピック招致について候補地の住民に意見表明の機会が与えられると、IOC へ返す答えは必ず「ノー」なのです。そして私たちが強調したいのは、開催都市の選抜や招致にかかる費用に関して IOC が約束しているわずかな改革のみでは、私たちには不十分であるということです。現在の国際スポーツ競技を手招く利権や搾取の根本となる原因を取り除かない限り、いかなる改革をもってしても不十分です。政治家が自分の選挙区のニーズを聞く代わりにグローバルエリートの気まぐれに仕えるために招致活動をする、というインセンティブそのものがなくならない限り、いかなる改革をもってしても不十分なのです。

私たちに必要なのは、オリンピックではなく、住民みんなに手の届く、安定した住居です。健やかで持続可能な環境における雇用、教育、文化、コミュニティーの絆が必要なのです。オリンピックの代わりに、マイノリティーの人々や貧困に悩むコミュニティーが犯罪者扱いされないよう、現存する警察や監視制度の抜本的な再考を必要としています。オリンピックの代わりに私たちが望むのは、街への権利です。それは自分たちの街に起こることを、世界の金融エリートの投機的利益にではなく、自分たちの必要に応じて、自分たちで決定する権利です。

しかしそうしたビジョンと現実はかけ離れています。住居からの強制排除や貧困に加え、権威主義、ファシズム、環境破壊などの危機的状況は今や世界中でますます感じられるようになり、私たち自身もそれぞれの街で日々感じながら暮らしています。これらの危機的状況をもたらしている組織や個人は、オリンピックを私たちの街へ招こうとする勢力と同一である、と私たちは認識しています。五輪から直接の利益をあげるのは、オリンピックの背後でグローバルな支配ネットワークを作り上げてきた政治家、大企業、不動産投機家などであり、彼らが住民にとってメリットのある改革を提供することなどありえないのです。

そして今日私たちはともに立ち上がります。私たちが反対しているのは、単に自分の街にやってくるオリンピックだけではありません。東京やパリやロサンゼルスを諦めて、どこか他の街に持って行って欲しいのではありません。私たちは、リオや平昌から駆けつけた仲間たちのように、オリンピックによる被害を受けてきた人々、あるいはオリンピックを断ることに成功した各都市の仲間たちとともにただ手を取り合っているだけではないのです。私たちの要求はもっと徹底しています。私たちは、国際オリンピック委員会の永遠の終焉を求めます。腐敗した勢力がこの寄生虫のような五輪イベントによる支配を手離すまで、私たちはあらゆる場所でオリンピックへの抵抗を広げ続けます。

平昌オリンピック反対連帯
反五輪の会 NO OLYMPICS 2020
2020「オリンピック災害」おことわり連絡会
NOlympics LA
Non aux JO 2024 à Paris

Make Olympic History　オリンピックを過去のものに
――「開催１年前！？ 反五輪国際イベント」

2019.7

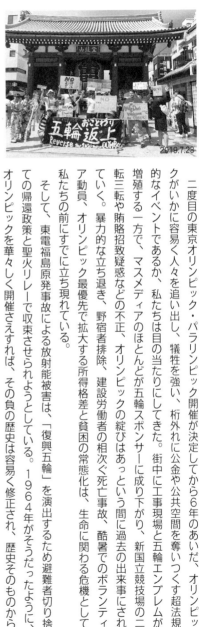

　二度目の東京オリンピック・パラリンピック開催が決定してから6年のあいだ、オリンピックがいかに容易く人々を追い出し、犠牲を強い、桁外れに公金や公共空間を奪いつくす超法規的なイベントであるか、私たちは目の当たりにしてきた。街中に工事現場と五輪エンブレムが増殖する一方で、マスメディアのほとんどが五輪スポンサーに成り下がり、新国立競技場の二転三転や賄賂招致疑惑などの不正、オリンピックの綻びはあっという間に過去の出来事にされていく。暴力的な立ち退き、野宿者排除、建設労働者の相次ぐ死亡事故、酷暑でのボランティア動員、オリンピック最優先で拡大する所得格差と貧困の常態化は、生命に関わる危機として私たちの前にすでに立ち現れている。

　そして、東電福島原発事故による放射能被害は、「復興五輪」を演出するため避難者切り捨ての帰還政策と聖火リレーで収束させられようとしている。1964年がそうだったように、オリンピックを華々しく開催さえすれば、その負の歴史は容易く修正され、歴史そのものから葬り去られてしまうだろう。

　しかし、一方的に奪われた人々の喪失の記憶まで消し去ることは出来ない。葬られるべきは、世界中で多くの人々を苦しめているオリンピックの方なのだ。オリンピック反対の意思表示を続ける中で、私たちは過去の開催地、現在進行形でオリンピックに抵抗する人々に出会うべくして出会ってきた。その多くは女性たちで、この7月、みな東京に来たいと言ってくれた。翻訳・通訳者の強力なサポートのもと各都市共同で企画した「開催1年前!? 反五輪国際イベント」の1週間は、想像以上にパワフルでエンパワメントに満ちたものだった。2028開催が決定しているロサンゼルスの「NOlympics LA」は、総勢15人ものメンバーでやってきた。「Rio on Watch」のメンバーや、2024パリからも「Nonaux JO 2024 à Paris」のメンバーが駆けつけてくれた。韓国「平昌オリンピック反対連帯」とは、昨年2月の平昌五輪開催現地、11月東京での反オリンピックトーチ引き継ぎイベント以来の嬉しい再会を果たした。

　7月20日、私たちも参加する東京の反五輪ネットワーク「2020オリンピック災害おことわり連絡会（おことわリンク）」主催の新国立競技場・湾岸フィールドワークで始まった国際連帯の1週間は、ふたを開ければ2012開催地のロンドン、2032立候補が浮上して

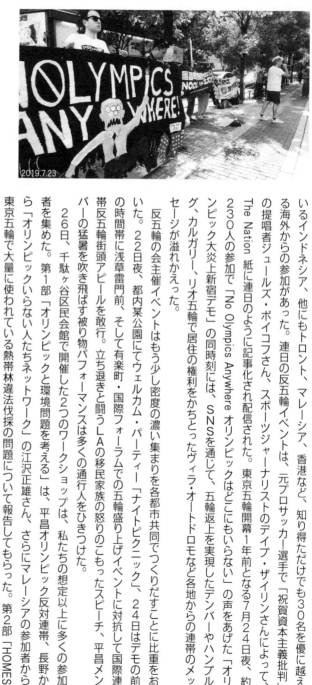

いるインドネシア、他にもトロント、マレーシア、香港など、知り得ただけでも30名を優に越える海外からの参加があった。連日の反五輪イベントは、元プロサッカー選手で「祝賀資本主義批判」の提唱者ジュールズ・ボイコフさん、スポーツジャーナリストのデイブ・ザイリンさんによって、The Nation 紙に連日のように記事化され配信された。東京五輪開幕1年前となる7月24日夜、約230人の参加で「No Olympics Anywhere オリンピックはどこにもいらない」の声をあげた「オリンピック大炎上新宿デモ」の同時刻には、SNSを通じて、五輪返上を実現したデンバーやハンブルグ、カルガリー、リオ五輪で居住の権利をかちとったヴィラ・オートドロモなど各地からの連帯のメッセージが溢れかえった。

反五輪の会主催イベントはもう少し密度の濃い集まりを各都市共同でつくりだすことに比重をおいた。22日夜、都内某公園にてウェルカム・パーティー「ナイトピクニック」、24日はデモの前の時間帯に浅草雷門前、そして有楽町・国際フォーラムでの五輪盛り上げイベントに対抗して国際連帯反五輪街頭アピールを敢行。立ち退きと闘うLAの移民家族の怒りのこもったスピーチ、平昌メンバーの猛暑を吹き飛ばす被り物パフォーマンスは多くの通行人をひきつけた。

26日、千駄ヶ谷区民会館で開催した2つのワークショップは、私たちの想定以上に多くの参加者を集めた。第1部「オリンピックと環境問題を考える」は、平昌オリンピック反対連帯、長野から「オリンピックいらない人たちネットワーク」の江沢正雄さん、さらにマレーシアの参加者から東京五輪で大量に使われている熱帯林違法伐採の問題について報告してもらった。第2部「HOMES NOT GAMES—オリンピックと居住権」は、NOlympicsLA の提案で小グループに分かれてジェントリフィケーションの各地域の状況についてミーティング、全体討議で共有。釜ヶ崎労働福祉センター閉鎖をたたかう大阪の仲間たちも駆けつけ、現場での飯作りのノウハウを生かしイベントを通じて支えてくれた。そして迎えた27日のファイナルイベント「Make Olympic History」は、ジェンダー、パラリンピック、学校教育、労働、軍事化などテーマごとの報告と、都市間パネルディスカッション、そしてこの日のために各都市間で討議してきた共同声明を読み上げた。MakeOlympic History オリンピックを過去のものに、私たちの手で。

ある体験記〜生活に侵入するオリンピック

この夏、オリンピック1年前ということで各地でテストイベントが開催されており、中には大規模な交通規制を行うものもあった。ある仲間が、そのオリンピックのための交通規制に遭遇したときの体験を語ってくれた。

7月21日は、夜勤明け、さわやかな朝。うち目指して自転車こぐ。なぜか道のわきに、びっしりと、青グレーの大きな車両が止まっている。

澄んだ光が、どす暗くよどんでいる。デモでもあるのかな、と、公園の入口に来た。この中の道を通ると、近くて気持ちいいのだ。ところが「今日は入れないんですよお」と、おじさんに言われた。「え〜!!」公園なのに、なんで?と思った。でも、一般のいい人っぽく見える人だったので、面倒なことは避け、おとなしく従った。

お昼になって、朝のことは忘れてしまい、再び自転車で外出した。さっき通った道の車道が柵で封鎖されていた。歩道を自転車をひいて歩いたが、他の歩行者に悪いなと感じるほど狭かった。車道には誰もいないし誰も来る気配がないので、柵のすき間から、ちょっとだけ車道に出てみた。すぐに「ピピーーーッ!!」と笛が鳴って、警官に止められた。

「規制してますので!」

私は、なんでか知りたくて「何の規制ですか?」と、警官のところに行って訊いた。警官のいる場所は、警官がそこに居るくらいだから、私もいて問題ない場所だと思った。

2019.8

「オリンピック1年前イベントのロードレースなんで。」

と言われた。なんか、オリンピックとか言って、一方的にこういうことされちゃうんだ、と不満を抱きつつ、口ごもっていると

「おい!! 早くどけ! どけって言ってんだよ! 邪魔だってんだよ!」

「だあ〜かあ〜らあ〜!! オリンピックなんだから! あたりめえだろ!!」

と、近くにいた、一般の、スポーティな日焼けのおじさんに怒鳴られた。その人は、周囲の人々ばかりでなく、もっと大きなものを後ろだてにしているかのように強気で、バカな非国民をこらしめるつもりか、えらそうに私をバカ扱いし、私が女だからかもしれないが、迷いなく攻撃的だった。

私はなぐられたらどうしよう、群衆にボコボコにされたらどうしようと、とてもこわくなって、その場を去った。

あんな、クソみたいなカスみたいなやつほっとけ、忘れろ、と自分に言いきかせたが、心臓がバクバクして叫びだしたいくらいだった。この体験を、体から振り落とし、頭から振り払いたくて、頭をグルグルグルグル激しく振った。自転車がよろよろした。

日本に居るのは危険だと感じた。

パラリンピック1年前に寄せて

2019.9

この夏、暑い日、自転車をこいでいて、私は小鳥を轢いてしまいました。

アスファルトの上を転がっていたのを、枯れ葉と思って、気づいた時には、よけられなかったのです。自転車をとめて、落ちていたメタセコイヤの葉で、小鳥を撫でました。目を閉じて苦しそうに息をしていた小鳥は、しばらくして動かなくなりました。足の付け根に、うっすら血がにじんでいました。

私は、自然の動きに対し、速すぎるスピードでいたのだ、と思いました。そして、その日の予定やら、むこうから来た車やらに気を取られて、「今、ここ」に居なかったのです。スピードは、今ここにある小さなものを見えなくさせ、力の強さが、痛みを感じさせることなく、何かを踏みつけにすることを可能にするのだと思いました。

スピードと強さは、軍隊やオリンピックにおいて、最も重要な価値として位置づけられ、社会全般も、その価値観を疑いなく受け入れていますが、私は、これらを、悪だ、とはっきり感じました。そもそも、自然の流れを超えるような速度や、そのまま以上の強さ、厳密な計測と分別が、必要でしょうか。それらには限界があることを受け入れて、工夫し、協力すればいいのではないでしょうか。オリンピックという、「健全者」にとっても、本当は苦しみでしかなく、意味もない挑戦に、「障害者」も参入することはありません。

現在、報道されようが、されまいが、あらゆる場で、社会的弱者への攻撃、暴行、虐待、殺戮が横行しています。パラリンピックは、この惨状をさらに補完してしまいます。

近代は、人々を能力で選別し、分けてきました。ひとりひとりに備わる全体性を、能力という器に切り取り、分裂させ、また、人と人の間に分断をもたらしました。オリンピックは、近代そのものです。

一方で、昨今では、周縁に追いやられていた少数者の中に、順応可能な能力ある人材を見出し、「包摂」することも盛んです。強者は、そのオリエンタリズム的まなざしを少数者に向けることで、やましさを洗い流し、自分たちの「寛容さ」に満足します。しかし、すくいあげられない、多くの人々は、視野から排除され、存在しないかのように扱われるのです。これは、同化強要と棄民の、植民地政策にほかなりません。これがパラリンピックです。

福祉の世界では、「障害を医療モデルではなく、社会モデルでとらえる」ということが言われ、久しくなりました。「障害」は、個人に宿るのではない、社会の側がこしらえた障壁である、という考え方です。変わるべきは、少数者を無力化して、自分たちだけの快適さを追い求める多数者の方である、ということです。

パラリンピックは、社会のありように問いを投げ、壁を壊そうとする「障害者」ではなく、壁を温存し、がんばって壁を乗り越える「障害者」を理想モデルとしています。

こんなものに、反対しないわけにはいきません。

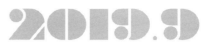

つるちゃん　2019. 9/6

茨城国体反対行動に参加しました！

２０１９年９月２８日、東京から１３０キロ、電車で３時間弱、茨城県東海村を訪れた。

この日から開幕する国民体育大会「いきいき茨城ゆめ国体」に反対するデモに参加するためだ。

国民体育大会は毎年各都道府県の持ち回りで開催されている。競技は都道府県対抗で行われ、なぜか毎年開催地が優勝するという茶番。そして優勝した都道府県には「天皇杯」「皇后杯」が与えられる。人々の身体を、国の役に立つものとそうでないものに選別し、支配し、その頂点に天皇が君臨するというナショナリズム丸出しのイベントだ。

駅を降りるとさっそくＰＲ看板やガイドボランティアがお出迎え。ブースでもらった豪華な案内パンフレットを見ると、保育園児から高校生まで、たくさんの子どもたちが開会式などに駆り出されているのがわかる。膨大な量の観光パンフ。開催地住民の地域振興への希望と、それをいいように利用しながら天皇の権威を高め、利権を享受しようという勢力。

街全体は閑散としているが、駅前の広場だけ国体に関連したイベントでにわかに賑わいを演出しているようだった。２０２０応援ソング「パプリカ」の生歌をＢＧＭに、地元の名産や競技体験のコーナーが軒を連ね、そこそこ人は集まっているようだが、街全体の寂しさは隠せない。駅前には国体の「文化プログラム」のポスターが貼られていたが、国体成功のために「文化」を担ぎ出すところも、五輪と全く同じだ。

デモ出発地点では「反天皇杯」と「反オリンピックトーチ」のそろい踏みに拍手が湧く。反オリンピックトーチが東京を離れ他の地域を訪れるのは今年３月１２日の福島以来だ。

１００均商品を使った手作りの「反天皇杯」は、各地の国体反対運動の現場を回っている。デモ出発前、２０１３年東京国体の反対運動を担ってきたグループから、茨城の仲間に手渡された。

国体・五輪の廃止を実現させ、「反天皇杯」にも「反オリンピックトーチ」にも長い旅を終えてもらいたいところだ。

デモ開始早々、頭上に轟音が鳴り響く。戦闘機ブルーインパルスが国体開会式に合わせて曲芸飛行を行ったのだ。やめろ！　戦闘機を飛ばすな！

国体やめろ！　天皇いらない！　子どもたちを動員するな！無駄な施設を作るな！　国体に１００億も使うな！

街中では原発反対の大看板を見かけた。

東海村と言えば、1999年JCO臨界事故を忘れることは出来ない。作業員3人が大量被ばくし2人が亡くなり、地域住民も670人が被ばくした重大事故だ。JCOや社員6人が刑事裁判で有罪となった。奇しくも、9月30日でこの事故から20年を迎える。

　そしてまた東海村には98年に廃炉となるも未だ廃炉作業中の東海原発と、東日本大震災以降休止している東海第二原発がある。

　東海第二原発も、東日本大震災で津波の影響を受けた。あと70センチ津波が高かったら福島第一原発と同じ事態が起こっていたという。

　この静かな村に、いかに危険な状態が押しつけられていることか。

　デモが進む道は人も車も少なく本当に静かだった。しかし、住宅のベランダなどからデモを眺めカメラを向ける人々の姿がかなり多く、むしろ東京の繁華街より見られている印象を受けた。

　それでも途中、人だかりができている場所が。なんだろう？と思ったら、開会式に参加する天皇夫妻を乗せた「お召し列車」や車列を一目見ようと集まった人々だった。中には日の丸の小旗を携えた人も。国民体育大会開会式出席のための「お召列車」運行は、アキヒト即位20周年の2009年、東日本大震災翌年の2012年、そして今回「代替わり」の2019年など「節目」の年に運行され、開催地の人々に、天皇の「ありがたみ」を否が応でも刷り込んでいく。

　我々は天皇の茨城訪問を歓迎しないぞ！天皇制は差別の象徴だ！天皇制はヘイトスピーチの源だ！

　茨城県警はやたら張り切っていた。オレンジのベルトでグイグイ押してくる。なぜかバックパッカーみたいな重装備のやつもいる。デモが終了しても直立不動で動かない。

　デモ参加者は約30名。地元の茨城県だけでなく、関東各県はもとより、遠くは静岡県から様々な顔ぶれが参加した。国体もオリンピック同様、ナショナリズムや能力主義、優生思想をまき散らし、財政圧迫や人々の動員など、私たちの暮らしを巻き込み犠牲にしながら行われる。交流会では参加者の多くからオリンピック反対の声が聞かれた。

　オリンピック開催まで1年を切った。私たちはこれからも反オリンピックトーチを携え、日本各地の闘う人々とつながっていく。

2019.10

オリンピックやってる場合か!?
IOC緊急抗議デモ！〜被災地見殺し ふざけるな！

オリンピック、やってる場合か！

東京の暑さはまさに「災害」だ。屋外スポーツなど「やってる場合」ではない。

高温多湿の過酷な環境の下に、ボランティアは駆り出され、子どもたちは学校ぐるみで動員されようとしている。

そして、五輪関連施設建設現場では、すでに熱中症による死亡者が出ている。

オリンピック、やってる場合か！

この秋だけでも、二つの台風が、多くの地域に深い深い爪痕を残した。

被害の全容さえも未だわからないまま、311の教訓が何一つ生かされないまま、被災地は今日もなお放置されている。

千葉では、90歳を越える被災者が壊れた屋根に上り、落下して亡くなった。内部疾患の障害者が、老人ホームの高齢者が、停電でクーラーの止まった地域から避難すらできないまま亡くなった。

台東区では、区の指定する避難所に駆け込んだ野宿の人を「住民登録をしていないから」という理由で風雨の中に追い出した。

台風19号で亡くなった約80名のうち、東京の唯一の死亡者は、川辺に住んでいた野宿の人だった。

福島では、汚染土の入ったフレコンバックが川に流れ出し、福島第一原発では汚染水漏れが懸念されている。

9月9日の台風では、安倍首相は組閣とラグビーW杯に夢中で災害対策会議すら開かず、森田千葉県知事に至っては被災地を放置したまま、東京五輪関連の会議に参加した。

来日中のIOC調整委員会は、東京都知事や組織委員会に、マラソンと競歩を札幌で開催することを要求している。

IOC委員には、安倍首相が招致プレゼンでアピールした福島第一原発の汚染水「アンダーコントロール」が、立候補ファイルの「晴れる日が多く、かつ温暖であるため、アスリートが最高の状態でパフォーマンスを発揮できる理想的な気候」が、真っ赤な嘘だということを、まさか知らなかったとは言わせない。

アスリートファーストのポーズを取りながら、新たな利権に血眼で喰らい付き、住民はおろか、地方自治体の存在さえもまるっと無視できるその傲慢さは、一体何を根拠にしているのか。ふざけるなIOC！

オリンピックなど、「やってる場合」なんかどこにもない。オリンピック開催は最初から、IOCと開催地の政治家や資本家らがスポーツの力をてこに再開発、監視社会化、軍事化と国威発揚を推し進め、それをカネに替えるのが目的なのだから。それでも、繰り返しこの言葉を叩きつけたい。

オリンピック、やってる場合か！

オリンピック、やってる場合？　反五輪トーチリレー&トークの集い in 札幌

2019.12

オリンピック、やってる場合？

反五輪トーチリレー&トークの集い in 札幌

2019年12月14日（土）　18：30〜21：00

みんたる 札幌市北区北14条西3丁目2-19

世界中の様々な都市で、自然を破壊し、人々の暮らしを踏みにじりながら開催されてきたオリンピック・パラリンピック。しかし、各地で多くの人々が力強い反対運動を繰り広げ、「オリンピックいらない」の声は今や世界的な広がりを見せています。

その声を繋いできたものの一つが反オリンピックトーチ。2010年バンクーバー五輪以来、抵抗する人々の手から手へ引き継がれ、昨年、平昌の仲間から東京の私たちの元へやってきました。

東京では五輪招致決定直後から野宿者排除や都営住宅住民の立ち退き、子どもたちへの教育介入など多くの問題が起こってきました。しかし、国策として行われる東京五輪がもたらす災厄は、開催都市東京だけに留まるものではありません。例えば、2011年東日本大震災や原発事故はもちろんのこと、その後も毎年のように続く大規模災害によって、いまなお苦しみ披弊する人々の現実。これらをなかったことにするかのように、人、金、資材、そして人々の関心を根こそぎ奪うオリンピックを「復興五輪」と呼ぶことに、私たちは怒りを禁じえません。

札幌の街はどうですか。

みなさんの暮らしには何が起こっていますか。

今年10月、IOCは突如、東京五輪のマラソン・競歩を札幌で開催することを発表しました。アスリートを東京の猛暑から守るためとの建前で、実際はIOCが自らの保身と延命をはかっただけ。連日、IOC、国、東京都の攻防ばかりが報道され、ついに住民はおろか、地方自治体の意思も一顧だにされぬまま、強権的に決定されてしまいました。北海道は胆振東部地震からまだ1年経ったばかりだというのに、そんなことはとうに忘れてしまったかのような扱いです。

IOCが開催都市を、東京が地方を、国が住民を愚弄する、何層にも折り重なる支配構造を見せつけられたことは、大きな衝撃として私たちの胸に刻まれました。

私たちは、どのようにつながっていけるでしょうか。

トーチとともに出会い、オリンピックへの様々な思いを分かち合いましょう。

呼びかけ：反五輪の会

反五輪の会は2013年1月より、無党派の人々によって、招致反対のために立ち上げられました。開催都市として決定した後も、貧困者を排除する再開発を強行させ、ナショナリズムや優生思想を蔓延し、また、被災者の声を覆い隠し復興を遅らせる2020東京オリンピックの問題を批判しています。さらに、各開催都市でこのような問題を繰り返していることに歯止めをかけるために、国内外で連携し、オリンピックそのものの中止も目指しています。

https://hangorin.tumblr.com　@hangorinnokai　hangorin2020@gmail.com

新国立競技場は「負のレガシー」だ！ はんごりんスタンディング・アクション

新国立競技場　事件簿

霞ヶ丘アパート取り壊し　2016年

✔ ラグビーW杯に向け8万人規模に建て替えるとして、隣接する都営霞ケ丘アパート10棟から約230世帯が立ち退かされ、解体・更地にされた。住民の多くは高齢者。参考:霞ヶ丘アパートを考える会 http://kasumigaoka2020.blogspot.com/

✔ 都営明治公園を敷地に組み込むため、長年暮らしてきた野宿者を「断行の仮処分」により強制排除。現在、JSC・国・東京都を相手取り裁判中。参考:オリンピック追い出しヤメロ　国立競技場周辺に暮らす野宿生活者を応援する有志 https://noolympicevict.wixsite.com/index

✔ 東京都がJSCに有償で貸し出すとしていた明治公園敷地を、一転、無償貸与に決定。期間総額で35億円相当。さらに建設費の一部と周辺整備費、合わせて448億円を東京都が負担することに。

✔ 旧国立競技場の解体、樹木伐採に反対し、神宮外苑の景観保持を訴える多くの市民、専門家の声を無視し、建設強行。参考:神宮外苑と国立競技場を未来に手わたす会http://2020-tokyo.sakura.ne.jp/

明治公園 廃園後　国立競技場工事フェンスは抗議のチラシが貼られていた

✔ 建設にあたって風致地区の高さ制限が規制緩和され、JSC日本青年館新ビル、日本オリンピック委員会（JOC）日体協新ビル＝ジャパン・スポーツ・オリンピック・スクエアなど、利権団体が高層ビルを便乗建設。

明治公園　四季の庭　2014年

✔ スポーツに関係ない外苑ハウスの三井不動産高層マンションへの建て替えが、霞ヶ丘アパート敷地の一部「換地」などにより可能に。トリプルタワー利権疑惑。新国立競技場北側には、同じく三井不動産が神宮外苑ホテル建設。

✔ JSCが、日本青年館移転先となるJSC自社ビルを、新国立競技場予算を使って建設したことが発覚。

✔ 旧競技場解体工事入札が2度不調、業者の告発により不正入札が発覚するも、追及されず。

✔ 当初のザハ案が3000億円にまで高騰、官邸主導で前代未聞の「白紙撤回」に。損失額、68億円。ラグビーW杯での使用を断念。6万人規模に縮小。

✔ ザハ氏がやり直しコンペから事実上排除されたとコメント。ザハ案流用疑惑の隈研吾+大成建設案が採用され、著作権を訴えるも、ほどなくザハ氏急死。

The Guardian

Tokyo Olympics venues 'built with wood from threatened rainforests'

✔ 新国立競技場建設に従事していた労働者が、過労自殺したことが発覚。オリンピックに間に合わせるために過酷労働、危険工事で労災が多発していることが労働組合の告発で明らかに。オリパラ建設現場では他に、晴海選手村で2名、メディアセンター建設現場で1名が死亡。

✔ マレーシアやインドネシアの熱帯林から違法に伐採された疑いのある木材を、型枠として大量に使用していたことが、環境NGOの調査により発覚。国際問題に発展している。参考:FoE Japan　http://www.foejapan.org/forest/library/170421.html

「復興五輪」はウソ

2019.12

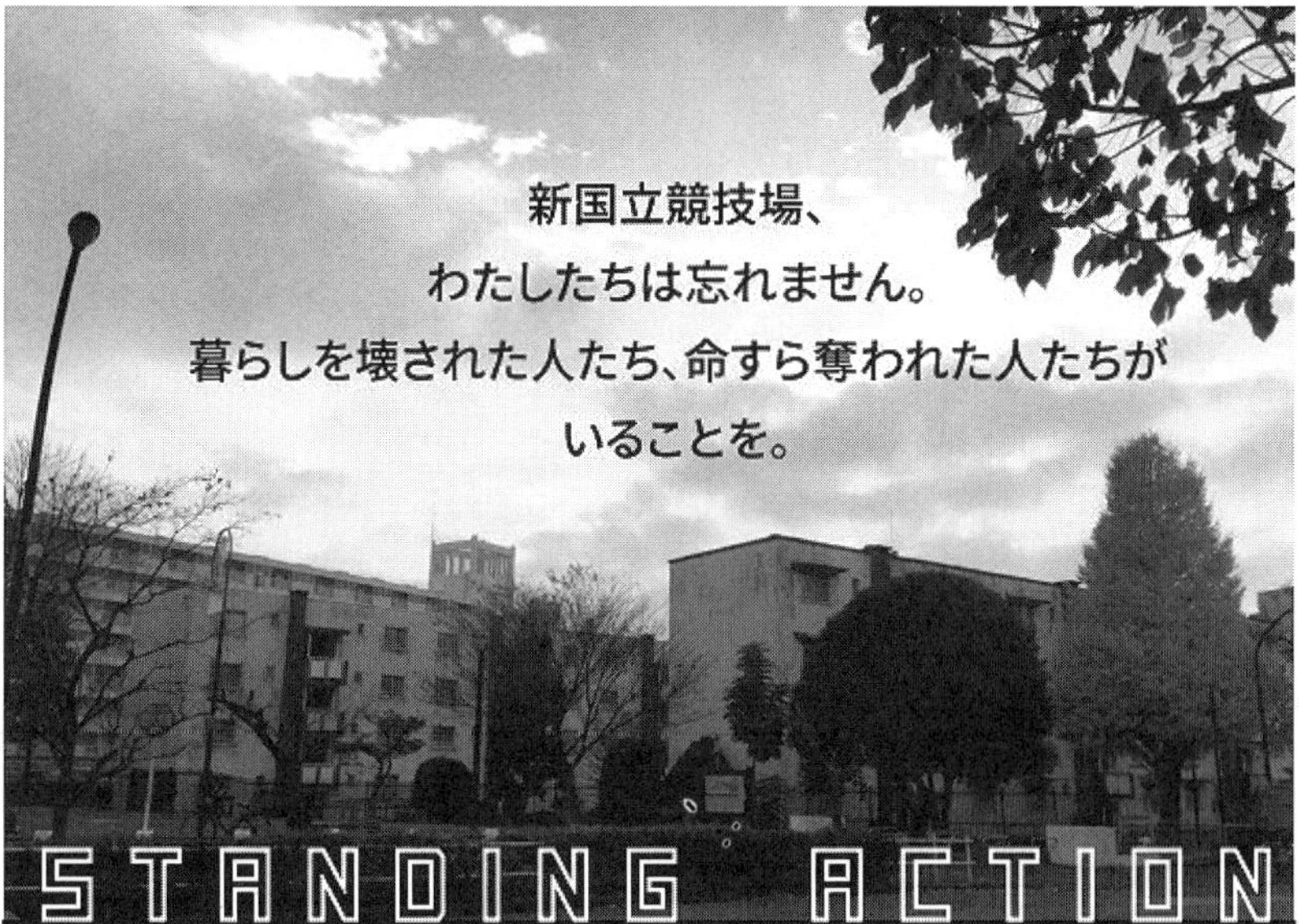
新国立競技場、
わたしたちは忘れません。
暮らしを壊された人たち、命すら奪われた人たちが
いることを。
STANDING ACTION

新国立競技場が完成し、2019年12月21日には、華々しく一般お披露目イベントが開催されるようです。

当初の1300億円をはるかに上回る1569億円を費やし、世界的にも突出して高額となった「木と緑のスタジアム」は、聖火台も屋根も常設サブトラックもなく、オリンピック終了後の維持費のメドも立っていない、廃墟まっしぐらの大赤字施設です。

旧国立競技場を活かした建て替えが十分可能だったにもかかわらず、日本スポーツ振興センター（ＪＳＣ）は、巨大スタジアム化をすすめるため、三井不動産や明治神宮などと組んで神宮外苑一帯の再開発を可能にする都市計画変更を、住民の反対の声を押し切ってゴリ押ししました。オリンピックホストシティ・東京都はいわれるがままに都民の財産である明治公園、都営霞ヶ丘アパートを廃止、解体しました。ラグビーW杯やオリンピック・パラリンピックを招致して、スポーツ利権団体を最大限優遇し、スポンサー大企業やゼネコンを儲けさせるために、そこに長く暮らしてきた住民たちが強制的に追い出され、コミュニティをバラバラにされ、都心の貴重な自然環境が破壊されたのです。

私たちは忘れません。この巨大ハコモノ建設のために、ほんのひと月程度のオリンピック・パラリンピック開催のために、暮らしを壊された人たち、命すら奪われた人たちがいることを。新国立競技場の建設現場で、過労自殺に追い込まれた労働者がいたこと、労災事故が頻発したことを、なかったことにはさせません。

オリパラ開催で、さらに犠牲者は増えるでしょう。1569億円も費やしながら、新国立競技場には空調施設がありません。猛暑の季節に、都教委は「オリンピック・パラリンピック教育の集大成」「観戦機会の提供」と称して、学校ぐるみでオリパラ観戦に多くの子どもたちを動員しようとしています。

新国立競技場の完成は、オリンピック大不況の不吉な幕開けとなるでしょう。ＪＳＣは強制的に追い出した人たちに謝罪しろ！ 投入した税金ぜんぶ返せ！ そしてオリンピックなんかやめて、新国立競技場を生活に困っているすべての人々に明け渡せ！

Negative Legacy

オリンピックメイン会場・新国立競技場は「負のレガシー」だ！

スタンディング・アクション
2019年12月21日（土）15:45
千駄ヶ谷駅　改札前集合→移動
呼びかけ: 反五輪の会　NO OLYMPICS 2020

※当日はカメラ取材があります。映されたくない方はお申し出ください。もしくは各自対策お願いします。
※ナショナリズムを象徴するもの、国旗の持ち込みはお断りします。
※反五輪グッズ各種、お披露目します！

NO OLYMPICS in TOKYO 2020

XXXXX 新国立競技場は「負のレガシー」だ！ はんごりんスタンディング・アクション　2019.12

東京のホームレスにとって２０２０は不吉な年

この記事はKNOCK.LA（英語）、RIO ON WATCH（英語・ポルトガル語）に掲載されたものの日本語版です。

2020!

若者たちや外国からの観光客たちが渋谷駅前のスクランブル交差点を濁流のように行き交っていた。新年のカウントダウンに１０万人を超える人が集まったのだ。一方で、そこから徒歩5分の場所にある小さな児童公園では、野宿者たちと支援者、５０名ほどが静かに新年を迎えていた。日雇い労働と役所の窓口が閉まる年末年始に、野宿者たちは公園でテントを張り共同で飯をつくる。最低気温が０度近くになる、この期間に暖かい飯と寝床を自分たちの手でつくる行動は２０年ちかく続いている。今年は２０２０年オリンピックの年として記憶されるだろう。しかし、野宿者にとっては、それは不吉なものでしかない。

２０１３年3月、ＩＯＣの候補地評価委員の視察団が1週間弱、東京を訪れた。東京都は約6億円かけて歓待した。そして、訪問前後を含めて2週間、視察団バスの通る沿道から野宿者の荷物とテントが撤去された。国立競技場に隣接する明治公園には約３０年にわたって１０名から２０名の野宿者たちがテント小屋を設営して暮らしてきた。明治公園の野宿者たちは、白い幕に囲まれた一角にテントを移動され、視察団の目から隠された。オリンピックにとって、野宿者は存在してならないという東京都の認識が示された出来事であった。そして、２０２０オリンピックが東京に決定した２０１３年9月の1ヶ月後、明治公園の野宿者たちに工事を理由に出て行くよう、東京都は言ってまわった。大半の野宿者は出て行くことになったが、最後まで粘り強く残った数名の野宿者に対して、２０１６年4月、東京都から無償で公園を借り受けた日本スポーツ振興センターなる独立行政法人が拙速な手続きをへて強制的な排除を行った。メイン会場である国立競技場の建て替えが間に合わなければオリンピックの開催自体が危ぶまれる、というのが理由であった。この不当な排除は、現在、裁判で争われている。

渋谷駅近くの線路わきにある宮下公園では、今年6月オープンに向けて、１８階のホテルと5階のショッピングモールの建設が急ピッチに進められている。公園はショッピングモールの屋上に作られる。業界売り上げ1位の総合ディベロッパーである三井不動産による、オリンピックによるホテル需要を見込んだ計画だ。２０１７年3月２７日に、利用者に対する予告すらなく公園の閉鎖工事が始まった。公園で夜間就寝していた１０名ほどの野宿者は雨の中、追

い出された。日本の公園は、震災や戦災のあと、家を失った数多くの人が暮らしてきた長い歴史を持っている。そのため、公園に野宿者が小屋やテントを作ることについて、市民も行政も比較的寛容であった。例えば、２０００年代初頭においては、東京の代表的な公園である上野公園には約６５０軒、代々木公園には約３５０軒、それほど大きくない宮下公園にも約１００軒ほどの野宿者の小屋があった。しかし、野宿者の小屋を阻止するために、警備員による巡回や夜間閉鎖する公園が増え、都市にある未活用の資源として企業も行政も公園を捉え、都市公園法も民間資本が介入しやすいように改正された。様々な要素によって公園の変質が進んでいるが、オリンピックは大きな免罪符になっている。

そして、その変質の中で失われているのは、公園は貧困者のための場所であるという歴史と理念であり、野宿者の現実の居場所である。

野宿者の追い出しは、たいてい目につかないところで行われる。社会運動とつながりのない、場所や人が追い出しにあっても表面化することは少ない。例外的なことだが、ＳＮＳによって、東京湾岸での公園でオリンピック関連施設建設に関する追い出しが昨年末に判明した。工事内容について東京都は秘匿しているが、オリンピックのシンボル的なものが造られることは分かっている。現地の野宿者に対する説明もなく突然、工事看板が立てられたが、オリンピック組織委員会などとの交渉によって、開始予定から2ヶ月をへた１月１７日現在も、工事は始まっていない。排除についての現地からの情報がなければ、人知れず追い出しが行われたことだろう。さらに、その近隣にある、ビーチバレー会場となる潮風公園の野宿者たちが、１２月１日からの施設建設工事によって排除されたことが分かった。行政による福祉的な対応や組織委員会による工事説明すら野宿者には行われていない。仮設のオリンピック施設の工事は、これから始まるところも多い。複数の公園にできるライブサイトなどに関連した追い出しも懸念される。

そして、駅や道路などで寝ている野宿者に対する取り締まりが本格的になるのも、これからだろう。東京の路上や公園などの約３０００名（都の調査では１１２６名（２０１９年１月）だが実数は3倍ほどと推定される）の野宿者は、現在、不安の中で生活をしている。

オリンピックは、政財界が望む大規模な都市再開発を実現するために誘致されるので、必然的に貧困層の排除を伴う。それは、これまでにおいても、これからのＬＡやパリでのオリンピックでも同様である。オリンピックそのものを批判しながら、開催都市における野宿者や貧困者の排除に対して世界的に注視をし、その生活と尊厳を守るために具体的に闘っていく必要がある。

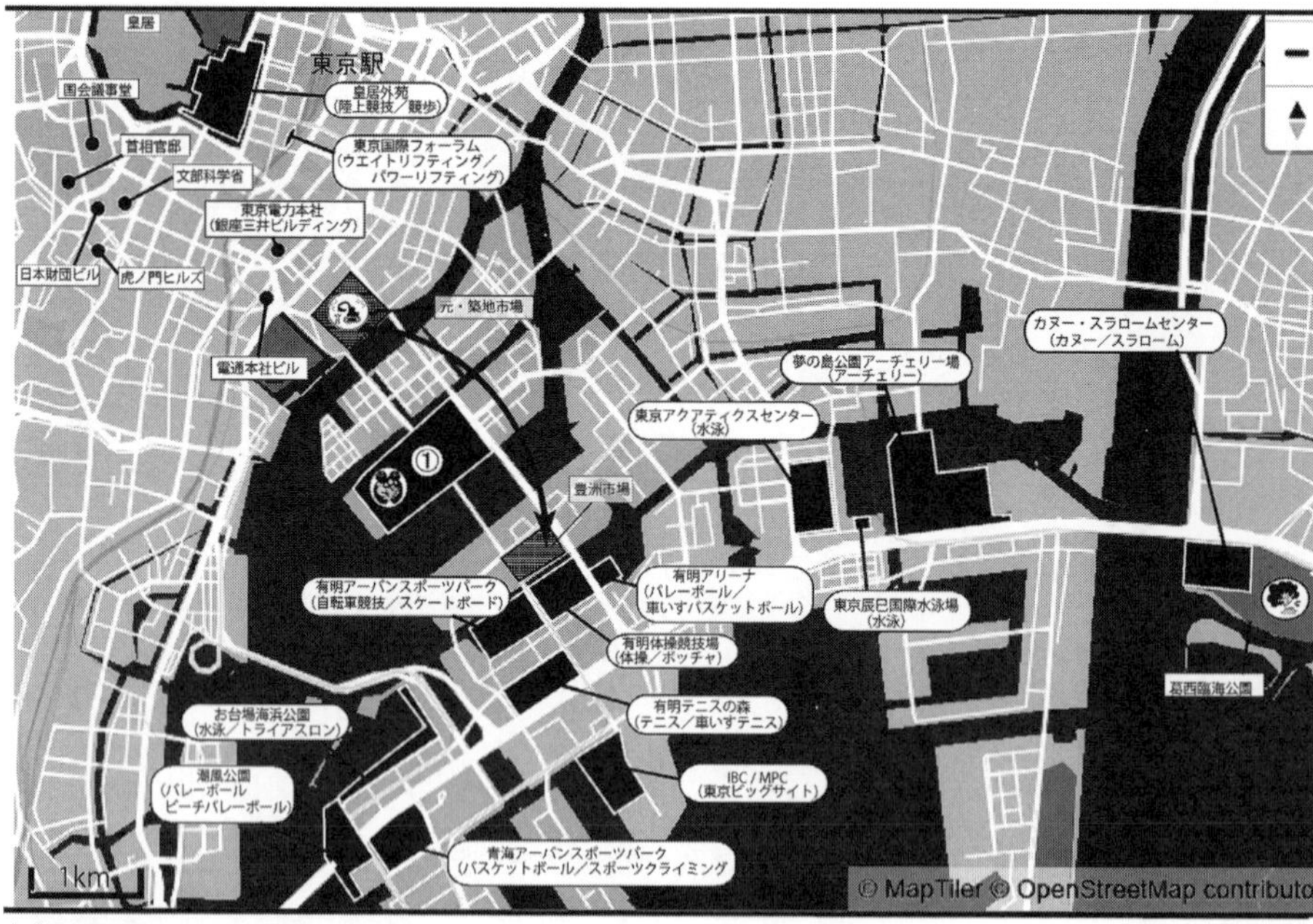

技場周辺エリア

会場・新国立競技場（オリンピック・スタジアム）周辺では、風致地区として守られてきた神宮外苑一帯を「スポーツの集積地」に改造す
っています。新国立競技場建設に加えて、日本青年館・日本スポーツ振興センター新ビル、ジャパン・スポーツ・オリンピック・スクエア（日
が入居）、THE COURT 神宮外苑（元・外苑ハウス）、神宮外苑ホテル（三井不動産）といった高層ビルが、樹木を大量に伐採して次々と建設
神宮球場と秩父宮ラグビー場を入れ替える計画も進行中です。新国立競技場は当初のザハ・ハディド案が総工費約 2520 億円に膨れ上がり「白
案も約 1490 億円と巨額すぎる上、建設作業員の過労自殺、違法木材の使用など問題だらけのスタジアムです。その建設のために都営霞ヶ
世帯）が廃止・解体され高齢住民たちが移転を強いられました。隣接する都立明治公園も潰され野宿者が強制排除されています。東京体育
向け再開発が強行された渋谷区立宮下公園でも野宿者が締め出されました。五輪を機に貧困層を排除するジェントリフィケーションの暴力
す。

3 日撮影）

③明治公園「こもれびテラス」

（改修前、作成者による撮影）

（2019 年 6 月 27 日撮影）

かつてのこもれびテラスはオリンピックスクウェアの庭となり五輪オブジェなどに占拠されている

④明治公園「四季の庭」

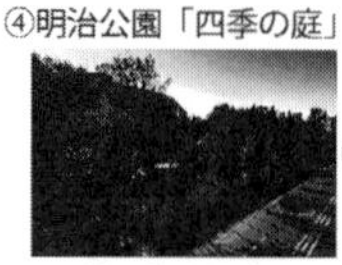

（2014 年 10 日＊）

（2019 年 5 月 10 日 撮影）

外苑西通りギリギリまで迫り出し建設中の新国立競技場。明治公園「四季の庭」はすっかり飲み込まれてしまった。

＊出典：都立日比谷公園 twitter 公式アカウント（@ParksHibiya）

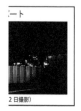

ート

2 日撮影）

⑥宮下公園

（2010 年夏撮影）

（2019 年 4 月 13 日撮影）

立ち退き・移転
利権・汚職
樹木の破壊

作成・発行：カウンター・マッピング・コレクティブ＋ 反五輪の会（2019 年 7 月発行）
＊地図に掲載した情報は 2019 年 7 月時点のもの。
＊地図は製作中の段階。第 1 号は近日発行予定です。より充実した地図に向けて、ご協力よろしくお願いします。
（反五輪の会：https://hangorin.tumblr.com/、hangorin2020@gmail.com）

反五輪地図

NO OLYMPICS 2020

vol.0（準備号）

湾岸エリア

組織委による「都市の未来を象徴する『東京ベイゾーン』」というコンセプトのもと、東京湾岸には選手村、メディアセンターと 14 の競技施設が集中しています。

東京湾岸は 19 世紀末から段階的に埋め立てられ、工業地として使われてきました。多くは 2000 年代以降、住宅地や商業地として再開発されてきましたが、五輪招致を契機にその流れは一気に加速。オリンピック施設の新規・改修工事とともに、新たなタワーマンションや商業施設も建設され地域全体が開発の嵐となっています。土地価格は上昇し、投資・投機目的での売買もさかんに行われています。

晴海選手村は五輪後、HARUMI FLAG なる開発プロジェクトのもと約 5600 戸のタワーマンションとして分譲されます。この開発をめぐっては、評価額約 1611 億円の都有地が約 130 億円という廉価で大手デベロッパー 11 社に売り払われており、住民訴訟も起こっています。また選手村から住宅への改修費用 500 億円は都が負担します。オリンピックを名目に、富の集中が起こり公共の財産が民間資本に差し出される、象徴的なエリアと言えます。

① 晴海選手村

（2018 年 11 月 26 日撮影）

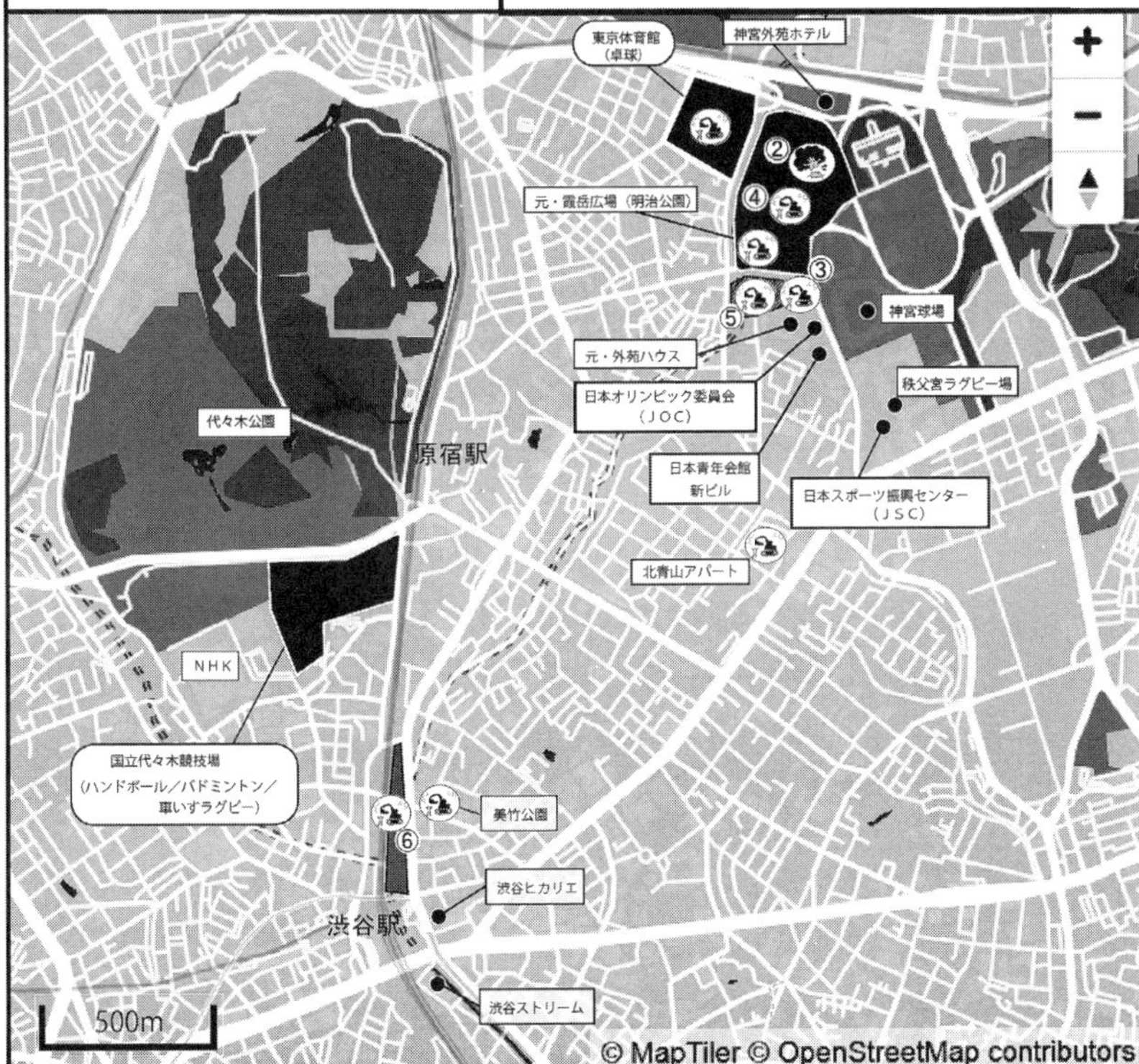

新国立競扌

2020 東京五輪のメイン
る再開発バブルが起こっ
本オリンピック委員会が
されました。五輪後に神
紙撤回」、現行の隈研吾
丘アパート 10 棟（230
館や周辺道路、五輪に向
性が露わになっています

②新国立競技場

（2019 年 11 月 2

⑤元・霞ヶ丘アパ

（2018 年 3 月 2

被害とオリンピック

って、2011年原発事故があった東京電力福島第一原発から20キロに聖火リレーの出発点となり、東京の新国立競技場へと向かいます。行て避難者への支援を打ち切ろうとしていますが、福島県民の32,769人が県内へ未だ避難しており（復興庁2019年発表）、放射能被害によラウマなどを抱えながら不安定な生活を強いられています。事故後に、した3000台の放射線量観測装置（モニタリングポスト）の8割を今ましたが、住民たちの強い反対によって撤回されました。原子力緊急ていません。史上最も高いレベル7と定められた原発事故の収束作業なく、労働者たちの被ばくが深刻化しています。こういった状況を無相は、原発輸出のために"日本の原発は安全""復興は終了"と印象付てオリンピックを利用しようとしています。

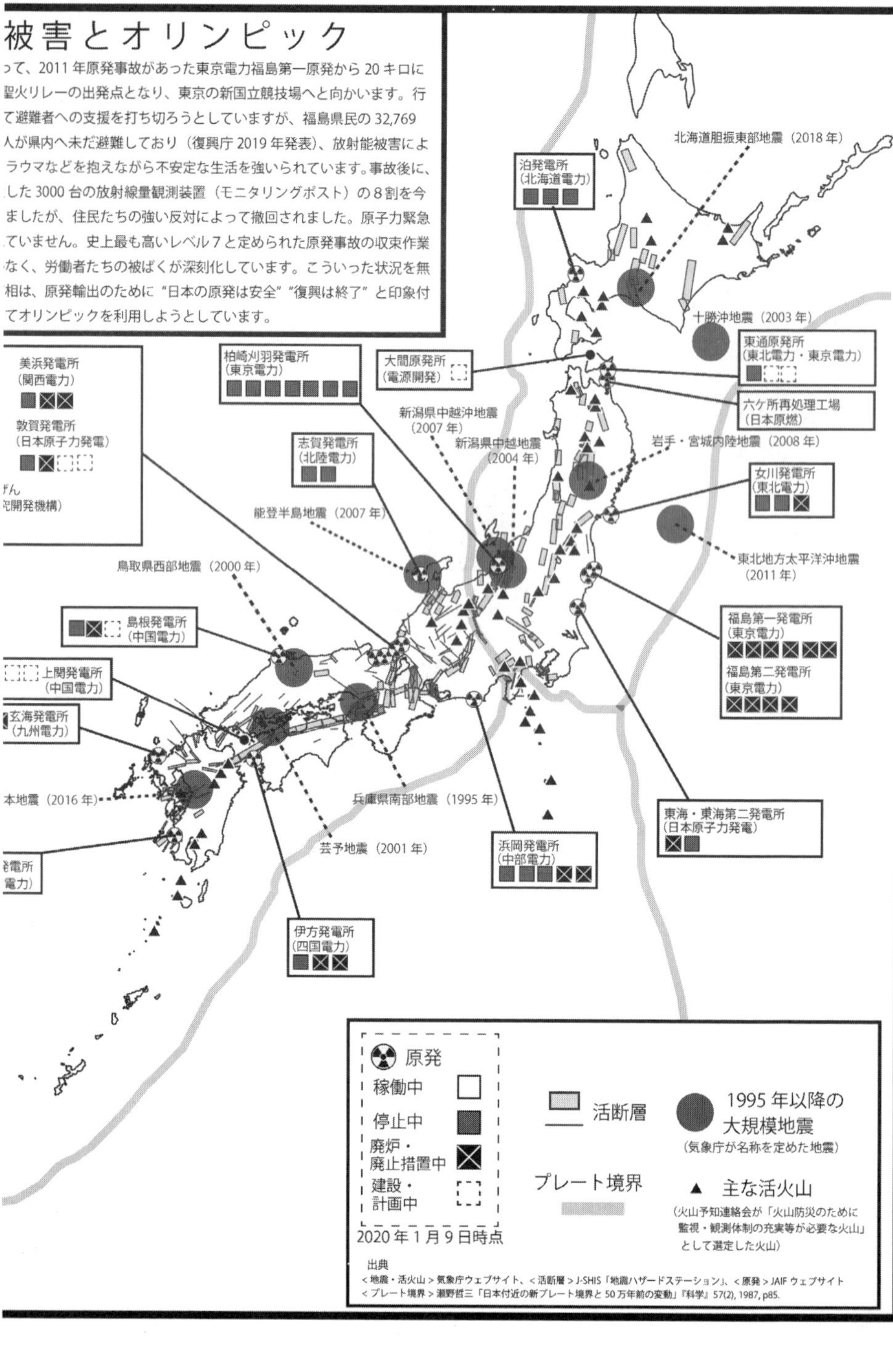

A 福島あづま球場

(2019 年 3 月 12 日撮影)

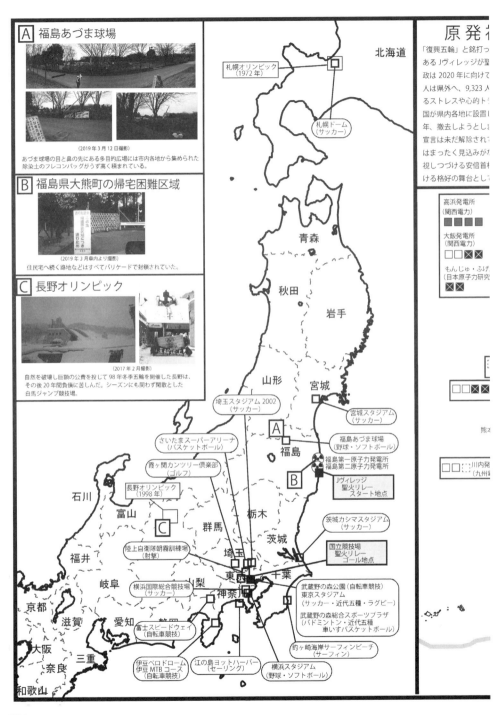

あづま球場の目と鼻の先にある多目的広場には市内各地から集められた除染土のフレコンバッグがうず高く積まれている。

B 福島県大熊町の帰宅困難区域

(2019 年 3 月車内より撮影)

住民宅へ続く路地などはすべてバリケードで封鎖されていた。

C 長野オリンピック

(2017 年 2 月撮影)

自然を破壊し巨額の公費を投じて 98 年冬季五輪を開催した長野は、その後 20 年間負債に苦しんだ。シーズンにも関わず閑散とした白馬ジャンプ競技場。

原発社

「復興五輪」と銘打っ
ある Jヴィレッジが聖
政は 2020 年に向けて
人は県外へ、9,323 人
るストレスや心的ト
国が県内各地に設置し
年、撤去しようとし
宣言は未だ解除されて
はまったく見込みがな
視しつづける安倍首相
ける格好の舞台として

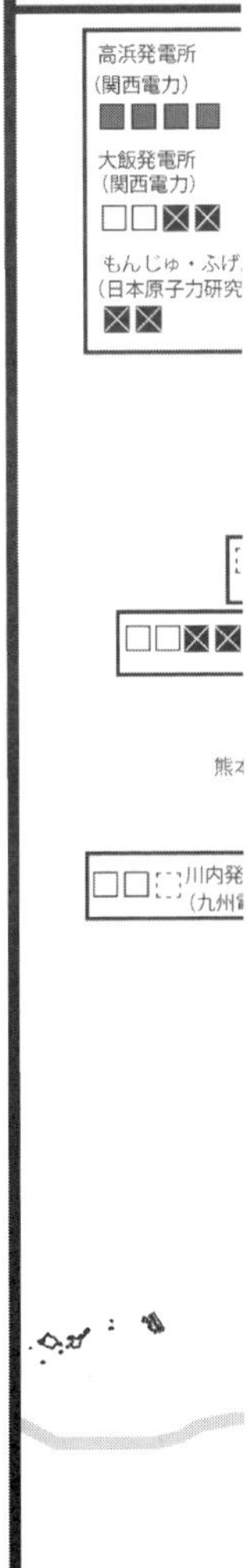

オリンピック・ビーチバレー会場
潮風公園で野宿者排除 発覚

2020.2

２０１３年五輪招致以前より、私たちはオリンピックによって貧しい人々の生活や人権が脅かされること、特に野宿者排除の動きが強まることを懸念し訴えてきた。

新国立競技場建設のために都立明治公園の強制封鎖や強制執行など、法を逸脱した暴力的な野宿者排除が行われてきたことは既に多くの人々の知るところだ。

そして東京五輪開幕まで数ヵ月となった現在、五輪関連施設が集中する東京の湾岸エリアで相次いで野宿者排除が発覚している。

オリンピック・ビーチバレー会場となる都立潮風公園では、夜間寝泊まりしていた野宿の人々が排除された。

潮風公園はお台場海浜公園に隣接し、オリンピック半年前セレモニー（２０２０年１月２４日）が行われたヒルトンホテルの目の前に位置する公園だ。

２０１９年１２月１日、潮風公園の大部分はオリンピック会場整備工事のため立ち入り禁止になり、野宿者たちは事前に何の説明もないまま生活の場を奪われた。現在、行方も安否もわかっていない。近隣の野宿の人が、潮風公園に住んでいたと思しき仲間がベンチで寒そうに横たわっているのを目にしたが、その場所も、現在工事で立ち入りが制限されている。

私たちはこの件に取り組んできた「ねる会議」とともに、まず施工業者である大和リースへの問い合わせを行い、その後、事業発注者であるオリンピック・パラリンピック組織委員会会場整備局（以下、組織委）を何度も追及してきた。

しかし、そこから浮彫になってきたのは、野宿者の存在を軽視し、自らの責任に無自覚で、公共性の高い事案にも関わらず誠実に説明を果たそうとしない組織委の傲慢な姿勢である。

「野宿者の存在は認識していなかった」と無関係を決め込む

私たちが最初に話を聞いた施工業者大和リースによると、着工日の１２月１日早朝時点で園内に２名ほど野宿者がいたが、自ら出て行ったという。

しかし、組織委は数回に渡る追及の中で、潮風公園に野宿者が寝泊まりをしているという事実は認識していなかった、１２月１日の着工以前については関知しない、行政上必要な手続きは行った、というまるで他人事のような趣旨の発言を繰り返した。

野宿者がいることを知らなかったとは、本当だろうか。

潮風公園付近は毎日ガードマンが巡回し、福

祉事務所に委託された巡回相談員も定期的に野宿者のもとを訪れている。都区に確認すれば野宿者の存在などすぐに知ることができる。

品川区生活福祉課に問い合わせたところ、巡回相談員は12月の巡回で現地を訪れて初めて公園が閉鎖されていることを知り、野宿者に会う術もなかったという。ホームレス自立支援法11条にいう「福祉との連携」もないままに排除が起こったことになる。

また、施工業者の上述の発言からも、彼らが野宿者の存在を認識していたことがうかがえる。しかし組織委は、最近になって「（施工業者は）そのようなことは言っていない」と否定し、終始、自分たちは知らなかった、関知しないという態度を貫き開き直った。

都区と連携し事前に把握するよう努めなかったのか、起きてしまったことについてどう考えているのか、再発防止のために今後どうするつもりなのか、寝場所を追われた野宿の人々の安否を慮るような言葉さえも、ついに語られることはなかった。

※後日発覚したことだが、この件で対応にあたってきた組織委・会場整備局の3名はいずれも東京都からの出向職員であった。なおさら「知らなかった」は通用しない。

説明責任を放棄し警察によって排除

組織委はこの不遜な回答をするにあたり、担当者3名で現れ、こちらの人数を同数の3名にしろ、その条件をのまなければ話さないと言い張った。なぜ人数制限をする必要があるのか合理的な理由を問うても、同じことを繰り返すばかりで一切応答しようとしない。参加者全員が回答内容を確実に知ることができるよう様々な提案を行っても、口を閉ざしてしまう。私たちは毎回この不毛なやり取りを長時間行うことを余儀なくされた。

これは極めて公共性の高い事案である。工事は都立公園の大部分を占有しており、かつ、それによって貧困者の生活・生命が危機にされている。発注者である組織委員会に説明責任があるのは当然だ。にも関わらず、このような傲慢な態度が取れるのは「オリンピックなら何をしてもよい」という驕りと、恒常的に野宿者の人権を軽視する感覚が影響しているに違いない。

そしてついに2月21日、組織委は、私たちが不本意ながら3名にしぼって話をしている最中、「勝手に中継をしている」と言いがかりをつけ途中退席。「中継」とは不特定多数へのネット配信ではなく、中に入れなかった人たちも話を聞けるようやむなく個人間で行っていたスカイプ通話のことだ。

納得がいかず再開を求める私たちをよそに、組織委は警備員に110番通報させ、TOKYO2020の旗が踊る組織委のフロアには公安警察が溢れかえった。彼らは予め配備されていたのだ。中には2月18日、オリンピック反対運動に対する不当な家宅捜索（次頁参照）を行った警察官も紛れ込んでいた。

　組織委は警察権力を使って私たちをビルから強制的に排除した。野宿者排除について誠実に回答する気など初めからなく、都合が悪くなったらこうするつもりでいたのだろう。

　オリンピックで野宿者排除を行ったことだけでも許しがたいのに、説明責任も果たさず、警察と結託して都合の悪い批判を封じようとする組織委員会は恥を知るべきだ。

オリンピックで野宿者排除許さない　社会的な注視を

　オリンピック会場は今後もオリンピックの仮設工事その他で、公園などの公共空間からの野宿者排除が相次ぐおそれはあるし、今どこかで起こっていてもおかしくない。

　潮風公園のことは、近隣で野宿する人からの情報でたまたま明るみに出た。しかし多くの場合、それはひっそりと起こり、野宿者に対する日常的な差別や排除を背景に、黙って出て行かざるを得ない人も多い。

　このようなことを繰り返させないために、より広範な社会的注視を求めたい。

2020.1.24　小池都知事らが出席し「東京オリンピック半年前セレモニー」（オリンピックシンボル点灯式）が行われたヒルトンお台場にて、ねる会議、排除と闘う野宿者・支援者、反五輪の会メンバーで花火を背景に大抗議　https://hangorin.tumblr.com/post/190492864141

2020.2

反五輪運動の仲間への不当な家宅捜索に抗議する！

2020年2月18日（火）朝8時過ぎ、五輪反対をともに闘うAさんの居所（テント）に、不当にも家宅捜索（ガサ）が入りました。被疑事実は「免状不実記載」。令状をチラ見せしただけで、警視庁公安部公安二課警部・大林馨を始め、赤いベストを着た約30名もの私服警察が、生活空間に無理やり入りこんできました。睡眠を妨害され外に出され、写真を撮られ身体捜索。ヘアキャップを被った警察官が、コロコロをなめるようにチェックし「髪の毛ありました！」と毛髪計3本を押収、色々な物に粉をはたいて指紋を採取しようとしたり、「口の中からDNAを取らせろ」と要求してきました。Aさんが「任意ですか？」と聞くと「任意」だと。断りますと拒否したところ、「じゃあ、あとで強制するかも」と脅してくる。最悪です。

近所からの知り合いや駆けつけた仲間たちが抗議しましたが、警察は「被疑者の人権」を理由に写真撮影の邪魔をし、規制線からはるか遠くまで立ち入れないようにしました。一方、Aさんは寒い中、上着を着ることも許されず、「立ち会いしてもらわないと困る」と大勢の警察官に捜索が終わるまで取り囲まれたまま延々立たされ、トイレまで監視されました。何が「被疑者の人権」だ！ あらゆる書類や持ち物をしらみつぶしに調べられ、捜索は約3時間半に及びました。

パソコンや携帯電話、手帳や身分証、銀行カードなど、個人情報が分かる私物をたくさん持ち去られました。そして終了間際、一度断ったにもかかわらず再度DNA採取を求められ、さらに、所轄署への任意同行を求められましたが、Aさんはなんとか断りました。

「免状不実記載」は、警察が気に食わない運動団体をつぶすために、活動家に弾圧をかけるにあたって出してくる微罪中の微罪です。住所移転の届け出をしてない人、忘れてる人など世の中にごまんといます。いつ誰がやられてもおかしくない、これは半年後に控えた東京オリンピックを目前に、反五輪の仲間を狙った弾圧であり、オリンピック反対運動を萎縮させようとする、警察権力による運動つぶしの嫌がらせに他なりません。

さまざまな事情により、身分証の記載とは、ことなる場所で生活をしている人たちは間違いなくたくさんいます。Aさんもその一人です。警視庁はほぼ同時刻に、Aさんの知人宅にも押しかけて不当捜索を行い、Aさんの物ではない、知人の大切な私物も押収しました。オリパラでやりたい放題の警察の暴挙です。絶対に許すわけにはいきません。

Aさんのところには、いつ何時また出頭を求めて警察が現れるか分からない状態が続いています。また、個人情報のうち、もっともセンシティブ情報といえる生体情報、DNA採取まで強制しようとする、今回の不当捜索の非道さを声を大にして糾弾せずにはいられません。民衆を監視・抑圧することでオリンピック・パラリンピックは成り立っています。反五輪運動を闘う私たちは、今回の不当な捜索を強行した警視庁公安、そしてその求めに応じて唯々諾々と不当な令状を発給した東京地裁裁判官を絶対に許しません。

私たちはAさんへの不当弾圧に徹底的に抗議し、反オリンピック運動つぶしと真っ向から闘います。

持ち去った私物をいますぐ返せ！一切触るな！オリンピック弾圧やめろ！警察公安をオリンピックもろとも解体するぞ！ともに抗議の声を！

2020年2月20日　反五輪の会 NO OLYMPICS 2020
「オリンピック災害」おことわり連絡会

オリンピック弾圧、やってる場合か？

2020.11.17

2020.3

2020年2月18日早朝、ついに来た。反五輪運動の仲間の居所に警視庁公安部公安二課・大林馨ほか私服警官が約30人体制で現れ家宅捜索が強行された。被疑事実は「免状不実記載」。公安のいつもの手口だ。パソコン、携帯電話、身分証、銀行カードなどに加え毛髪を押収、さらに口腔内からのDNA採取を強要し、断ると任意同行を要求。かろうじて拒否したものの、去り際に逮捕をちらつかせており、押収品はいまだ返還されていない。

オリンピックがらみの不当弾圧は、東京開催が決まって以降頻発している。2016年3月新国立競技場建設のため明治公園の野宿者を排除しようとするJSC（日本スポーツ振興センター）との攻防の最中、仲間1名が令状逮捕されTVカメラで晒し者にされた。続く4月同地での土地明け渡し仮処分強制執行で1名逮捕されるなどしたが、いずれも不起訴。反五輪デモでの突発的な不当逮捕もあったが、勾留を許さず早期釈放を勝ち取っている。

個人的な感触を言えば、反五輪への不当弾圧は、それが起こるたびに運動への注目や支持をぐっと増やしてきたと思う。潜在的に誰もが感じとっているオリンピックの暴力性、法外の強制力が弾圧によって露わになり、人々にオリンピックを忌避すべきものとして実感、確信させるのではないか。警察が横暴に振る舞えば振舞うほど、「平和の祭典」オリンピック幻想が剥がされ、熱も冷めるというわけだ。

もっとも、アンダー・コントロール「復興五輪」の嘘に始まり新国立競技場白紙撤回、エンブレム盗作、さらに賄賂招致疑惑と、2020東京オリンピックの前評判はすでに地に落ちている。増税で景気はさらに冷え込み、オリパラへの期待感などどこにもない上、猛威を振るう新型コロナウイルス対策で日本政府がその危機管理能力のなさを世界中に露呈し、国内からもこれまでになく「中止だ中止」の突き上げを食らっている。このタイミングで警察はこんなあからさまな嫌がらせでしかないオリンピック弾圧、やってる場合か？

とはいえ、警察が東京オリンピックでその権力を増大させているのは明白だ。政府は

２０１７年に「２０２０年東京オリンピック競技大会・東京パラリンピック競技大会等を見据えたテロ対策推進要綱」を策定し警察庁にセキュリティ情報センターを設置、オリンピックを大義名分に共謀罪を成立させ、諸外国や民間と協働して監視対象組織・個人の情報収集を強化しているという。警察庁は２０２０年の五輪警備に約３００億３０００万円を概算要求、ひとつの行事の警備予算としては過去最大。立候補ファイルでは警備体制は約５万人、うち警察２万１０００人、消防士６０００人、海上保安員８５０人、民間警備員１万４０００人、警備ボランティア９０００人としているが、２０１９年１２月ＩＯＣが猛暑を懸念しマラソン・競歩の札幌変更を決定したため、その規模はさらに拡大するはずだ。民間警備は、セコム・ＡＬＳＯＫを筆頭にセキュリティ業者１１社がＪＶ受注、警備員が装着するウェアラブルカメラの映像は大会警備本部、警察本部、会場警備本部（組織委）、現地警備指揮所（警察）に共有される。入退場やボランティア管理に東京２０２０ゴールドスポンサーＮＥＣの顔認証システム、群衆行動検知・解析システムが全面導入され、マイナンバー利用も予定されている。テロリストと疑われたくなければプライバシーを丸ごと開示して当然のような雰囲気がオリンピックで有無を言わさぬ形でつくられつつある。監視カメラはラストマイル（駅から会場までの徒歩ルート）に計２００台設置予定で、映像は組織委・東京都・警察庁に蓄積される。ドローンやセグウェイなど目新しい装備も五輪を見据えて導入された。こうした目新しい技術の多用は、オリンピックがスポーツ大会といいながらかなりの部分で（軍事）セキュリティの見本市として機能しており、警備はそのプレゼンテーションも兼ねている。つまり政府・警察が煽るテロ対策、治安対策もまた資本主義の一翼にある。金儲けのため、ひきかえに差し出されるのは私たち庶民の「人権」だ。

そしてオリンピック開催で、海外からの多くの観光客に紛れてテロリストや犯罪者が外部からやってくるとして入国管理チェックを強化、たんにビザが切れただけの外国人労働者を強制収容、もしくは強制送還により生存の危機にさらしていることも見過ごせない問題である。ナショナリズムと表裏一体の排外主義がオリンピックで大手を振るっている。テロリズムの定義は近年、必ずしも政治的背景や主張が定かではないホームグローンテロ（自国人によるテロ）、ローンウルフ型のソフトターゲット攻撃（大勢が集まる商業施設やイベント会場などでの無差別殺傷）も含めキャンペーンされている。つまり、外国人に限らずどんな人でもテロリストと見なしうる、警察が疑うに足りるとみなす者、警察に協力しない、従わない者はテロリストに落とし込める図式がつくられている。オリンピックが近づくにつれ、任意に過ぎない職務質問への「協力」、不審者通報や民泊監視の「協力」がますます強く求められるだろう。警察への従順さが日常的にテストされるのだ。そこでは民族差別や貧者への差別、見た目による偏見がますます増幅されるに違いない。

３月２６日には福島・Ｊヴィレッジから聖火リレーがスタートし全都道府県を回る。その行く先々で警察とオリパラ組織委が大手を振るって公道を、広場を、人々を、その生活を統制しようとするだろう。オリンピックが「平和の祭典」だなんてまったくの幻想に過ぎない。ともに抗いましょう。

反オリンピックトーチ

2018年11月、反オリンピックトーチが東京に引き継がれた。

これは2010年バンクーバーオリンピック開催に伴う先住民の人たちのコミュニティの破壊やホームレス排除に反対する人たちから、2012年ロンドン、2014年ソチ、2016年リオ、2018年平昌それぞれの五輪反対団体へと受け継がれたものだ。その反五輪トーチは、トイレの配管詰まり解消に使うラバーカップに、黄色い帯状の布が結ばれて、一つはEND POVETYもう一つは韓国語でオリンピック反対と書かれている。また、ハートの形に切り抜かれたフェルト生地に何かポルトガル語で書いているものはリオ、木の柄の部分に黒のペンでサインされているソチ、ロンドンの表記もある。

この反オリンピックトーチは、わたしが2016年リオの開幕直前に行われた集会「RIO2016 JOGOS DA EXCLUSAO」に参加した時に手渡された。その4日間の集会の会場の一つは街の真ん中にある州立大学の校舎だ。リオの大学のほとんどで、オリンピックに抗議する学生のオキュパイや教員のストライキが行われていた。この校舎での4日間、朝からいくつかの講堂で様々な議論の場が開かれた。ファヴェーラの軍占拠、貧困問題、植民地主義と人種・民族差別、市民メディアとジャーナリズム、オリンピック都市での喪失を話し合う場なども開かれた。校舎の中庭では写真展が開かれ、夜は校舎の前の広場にステージが組まれトークイベントや演劇パフォーマンスなどが行われた。広場と校舎の間のフェンス沿いにはホームレスの人たちが寝ている。

最終日の夜の集会直後、広場で人々がごった返していた中で「これ、あなたに渡すのが良いと思うの。」と、わたしは一人のアクティビストからトーチを手渡された。確かにここからわたしが地球の反対側の東京まで運ぶと、平昌まではぐっと近くなる。「わかった。必ず平昌に渡します」と、まったく平昌にあてもなかったが受け取った。夜が更けた広場に、何人集っていたのかわからないが、ブラスバンドたちが音楽を始め、先住民の人たちは火を灯し、その回りで人々は踊りだし、翌日のオリンピック開幕式に対する抗議デモに向けて士気を高めているようだった。これまで作られた何枚もの抗議Tシャツもロープに繋げられ旗のようになびいていた。

公式のオリンピックトーチリレーは１９３６年ベルリンオリンピックにおいてナチスの権威を各地で象徴的に示すものとして始まり、それ以降続いている。一方、反オリンピックとはいえ、わたし自身はこの「トーチ」の継承性や象徴性に対する違和感も持ちえなくもない。しかし、特に豪華でも手の込んだ物でもないこのラバーカップのトーチは、オリンピック開催都市にある正式なトーチに対してひたすらShit! と言い続けてきたのだ。トーチリレーは２００８年北京オリンピックまでは、オリンピック発祥の地ギリシャから出発し世界五大陸をリレーされてきた。しかし、２００８年のリレーで、中国のチベット弾圧や北京五輪に伴う大量の強制排除に抗議しトーチを消す運動が各都市で大規模に勃発し、大混乱したことを受け、ＩＯＣはそれ以降、主催国のみでリレーを行うとしている。だからといって、オリンピックを押し付けられた住人たちがこのオリンピックを象徴するトーチリレーに、黙っているわけがない。２０１６年のリオオリンピックでもトーチを消す抗議が数々行われた。

スポンサーの広告を掲げたバスやワゴンを引きつれたトーチランナーは、ランニングポリスたちに警備されて街に入ってくる。まるで大名行列のような権威の誇示するための儀式に対して、どの時代もどの地域でも必ず抗議を試みる挑戦者は現れる。

ランニングポリスをくぐり抜けて消化器でトーチを消そうとしたり、水が入った樽を街路に仕掛けて、ランナーが通る時に頭上から水をかけたり、住宅街に入ってくるランナーに住民がバケツで水をかけたりなど、リオではオリンピックトーチはまったく招かざる客として迎えられた。また、学生たちによるトーチスタート地点での阻止行動が行われることもあった。警備体制の負担や住人の混乱を招くことを避けるため、トーチの通過を拒否する自治体も現れた。

こういった動きもマスメディアはなかなか取り上げないが、ＳＮＳなどでは数々の抗議動画や写真が紹介され、住民たちの大きな話題となっていた。こういった個別の民衆の動きは、組織された社会運動というものでもないかもしれない。しかし、厳重な警備体制の中で街を駆け抜けるトーチリレーを、人々が消そうする行動は、オリンピックに夢中になって熱くなっている人たちに冷や水を浴びせ、オリンピックが何であるか十分に気づかせることになる。

日本でも反トーチリレーは始まっている。反五輪の会は、福島、札幌、大阪、名古屋、沖縄を回り、それぞれの地域の思いを繋げていくつもりだ。

2020.6

いちむらみさこ「メルトダウン––東京 2020」より抜粋
Steffi Richter, Andreas Singler, Dorothea Mladenova (eds.) *NOlympics. Tōkyō 2020/1 in der Kritik [NOlympics: Critiquing Tōkyō 2020/1]*. Leipzig: Leipziger Universitätsverlag, 2020

健康と命を守るために

オリンピック・パラリンピック中止！

健康と命を守るために
オリンピック・パラリンピック中止！

オリンピック開催直前、誰もが予想できなかった事態が起きている。日本政府の新型コロナウイルスへの対応は遅く、クルーズ船での対応の誤りによって、国内外に感染を拡散させてしまった。その一方で、感染が疑われる人に検査を受けさせないことで、感染者数を少なく見せようとしている。そして、安倍首相は何の準備もないまま全小中高校の休校を要請し、緊急事態宣言によって人権を制限し街頭行動の規制を強化しようとしている。中国・韓国への排外主義を煽り、強いリーダーシップを誇示する施策によって、人々の生活は混乱させられている。不要不急の外出やイベントの自粛を呼びかけながら、オリンピックに関しては「予定通りの大会開催に向けて準備を進めているところであり、延期や中止を前提とした影響などについての検討は行っていない」と３月６日、国会で述べ、聖火リレーについても自粛する気は全くないようだ。

同日、安倍首相は、駅周辺などが避難指示解除されたばかりの福島県双葉町を訪問した。しかし、住民が戻れるのは２年以上先の話だ。３月２６日にスタートする聖火リレーを走らせるための避難指示解除であるのは明らかだ。安倍首相にとっては、福島の人びとの今なお続く不安や苦しみよりも、復興を演出し、オリンピック・パラリンピックを無事に開催することだけが関心事のようだ。

非常事態の下で行われる権力者たちのこのような猿芝居は、２０１３年９月ＩＯＣ（国際オリンピック委員会）総会でも行われたことを、わたしたちはけっして忘れていない。

2020.3

福島第一原子力発電所の事故が収束せず、放射能汚染の広がる中、安倍首相は「事態はアンダーコントロール」と国際社会に言い放った。現在も、福島第一原子力発電所から海洋に向かう汚染水を東京電力は止めることができず、台風によって集積所から汚染土が大量に流れ出している。

わたしたちは、新型ウイルス感染と放射能汚染という未知のものに向き合わされ、毎日の生活の細かな動作まで悩んでいる。生活の何を優先するのか、命とは何か。わたしたちはこの大惨事に、健康や命を守るため考え行動する必要がある。オリンピック・パラリンピックの「夢」「感動」などの聞こえのいい言説は、現在進行形で起こっている深刻な被害を見えなくさせる。オリンピックも一端を担っている大規模開発による環境破壊は、生態系の危機を生み出し、新たなウイルスを発生させかねないというのに。

オリンピック・パラリンピックの裏側には死が透けてみえる。五輪汚職と巨額の開催費、貧困者排除、ナショナリズムや優生思想の蔓延、五輪関連工事現場での事故、東南アジア諸国での違法森林伐採など、人々の生活や命を犠牲にして準備されてきた東京オリンピック・パラリンピックは、開幕する前からもうすでに腐敗している。

人々の命より、ＩＯＣの放映権や政治家の利権を優先するオリンピック・パラリンピックを中止し、その膨大な開催費用を、健康を害し生活に困窮するすべての人々に渡せ。オリンピック・パラリンピックとＩＯＣの終焉を強く求める。

２０２０年３月１１日　反五輪の会

2020.3

中止だ中止デモ——延期じゃなくて中止だろ！オリンピックは廃止だろ！

Covid-19パンデミックが宣言される中、IOC、政府、組織委はオリンピック・パラリンピックの予定通りの開催にこだわり聖火リレースタートを強行しようとしていたが、24日、急転直下、安倍とバッハの電話会談ののち五輪開催の「1年程度の延期」を発表した。オリンピック延期が発表されるや、東京都は態度を一変、Covid-19感染爆発のおそれがあるとし夜間や週末の外出自粛を要請した。

当初、私たちは「アンダーコントロール」「復興五輪」の嘘と欺瞞を象徴する福島Jビレッジスタートの聖火リレーに反対する行動を、福島・東京で行う予定だったが、事態の急変を受け急遽、福島での行動を取りやめ、新宿でのデモを「中止だ中止デモ　——延期じゃなくて中止だろ！オリンピックは廃止だろ！」に変更し取り組むことにした。また、Covid-19蔓延下で街頭行動を行うことについて直前まで議論を重ね、感染予防対策を行い、自宅からのSNS参加なども呼びかけた上で開催を決めた。

参加者は約80名。集会では反五輪の会、おことわりんくの他に「ひだんれん」福島原発事故被害者団体連絡会の方から、東京五輪によって〝2020年までに原発避難者をゼロにする〟として、放射能汚染の高い故郷への強引な帰還政策と支援の打ち切りが行われてきたことへ怒りの声があがった。デモでは新宿の街を「延期じゃダメだ、中止しろ！オリンピックより命が大事！オリンピックは廃止だ廃止！」と訴えた。声を出さずにアピールができるよう、事前に録音したコールと音楽をミックスしたサウンドデモの隊列やプロジェクションマッピングも登場。都庁前では特に抗議に力が入った。

沿道には異様な数の公安警察がデモ隊を監視していた。

「オリンピックは延期でなく中止を！ 廃止を！」の声は、新宿デモ以外でも様々な場所であがった。デモと同時刻、SNSでは #中止だ中止 #廃止だ廃止 #オリンピックやめろとハッシュタグをつけて、思い思いのプラカードやイラスト、メッセージなどで意思表示をする投稿が溢れた。大阪では原発事故避難者らによるゴーウェストの方がスタンディングを行った。

韓国では平昌オリンピック反対連帯が「オリンピックを廃止せよ」サイクリング。集会規制が行われているソウルの厳しい状況の中で考え出された表現方法だ。NOlympicsLAも"STOP PLAYING GAMES: Cancel the Tokyo Olympics"という声明を出した。

オリンピック延期は、これまで私たちを苦しめてきたオリンピック災害がさらに続くということを意味する。Covid-19流行によりこれから訪れる経済危機で、貧困者、被災者、さらに多くの人々が困難に直面するであろういま、私たちに必要なのは安心して生きられる生活保障や医療体制、暮らしを守る手立てだ。メガスポーツイベントではない。オリンピックは開催地を壊滅させる災害だ。このようなことを北京、パリ、ミラノ、LA、いかなる都市にも繰り返させてはならない。

私たちは、東京五輪の中止、そしてオリンピック・パラリンピックの廃止を求め声をあげ続ける。

共同声明　ふざけるな「ゲーム」は止めろ

ここ数日、私たちは、何百万人もの命が危険にさらされている中で、支配層がエスカレートする世界的なパンデミックに対応しようと奔走し、利益率にしがみついているのを目の当たりにしてきた。2020年夏季東京オリンピックの「延期」というIOCのたじろぎながらの決断は、政治家、企業、不動産投機家、その他、オリンピックというマシーンを動かす者たちが、いかに損をしないように立ち回っているかを如実に表している。日本政府は3月に聖火リレーと夏季オリンピックは全く予定通り開催されると繰り返し宣言したが、その一方で、すべてオリンピック維持という名目のために、危険にさらされている日本の住民を保護するための重要な措置を延期してきた。ついに「延期」の決定が発表されるやいなや、日本国内では症例数が急増し、検査の抑制や民衆への情報隠蔽も行っていたことが明らかになった。これはすべて、人命よりも私利私欲を優先させるというオリンピック遺産の一部である。今こそ、これまで以上に、これらの金と権力を握る利権者との交渉や改革は、私たちのどんな最善の利益にもならない。

この危機に直面して、あるいはどんな危機に直面しても、現状には2つの「解決策」しかなく、その両方ともがエリートの利益を保護し、災害を更に長引かせるだけのものだ。一つ目は、恐怖が高まる中で短期的に安全保障国家を強化することであり、もう一つは、「回復」を喧伝するために、長期的に強化された資本主義的開発を押し進めることである。オリンピックは、これらの「解決策」の両方を私たちの都市やコミュニティに提供するための完璧な手段であり、入札プロセス、開催準備、そして今、COVID-19のパンデミックによってすでに被らされている災害に加えて、さらなる大混乱をもたらすことになる。

私たちは、IOCとすべてのオリンピック組織委員会に、ゲームの停止を呼びかけている。

これは要するに、計画されたすべてのオリンピックをキャンセルし(延期ではなく)、現在これらの肥大化したゲームへと吸い上げられている資源を取り戻し、生存のために苦闘している私たちの都市とコミュニティの人々のために再分配することを意味する。

2020年の東京オリンピックは、すでに予算を大幅に超過しており、開催費用は約3兆円(2兆円以上の予算超過)に及ぶ。2028年のLAオリンピックの予算は70億ドル(7600億円)近く、パリは現在80億ドル(8700億円)となっており、どちらも大幅に上昇すると予想されている。この世界的パンデミックの時代にあって、オリンピックの予算は、そもそもどのようにして資金を調達していようが、資源をため込むという行為の究極的形態（最たるもの）である。このパンデミックが猛威を振るう中、その資金でどれだけの命が救われることだろうか。これらの資金を、私たちの家族や隣人の緊急で基本的なニーズへの対処以外のことに使うなんて考えられない。私たちの都市をさらに搾取し、最貧層の住民を殺すようなメガイベントに資金を使うことは、集団大虐殺に等しい。

代わりに、これらの数十億ドルは、以下の優先事項に充当されるべきである。

災害からの復興

気候危機が私たちの都市を荒らし続ける中、私たちは、福島第一原発事故、日本の台風、カリフォルニア州の山火事のような災害の犠牲者への賠償と救済を要求する。これには、避難を余儀なくされた人々のための住宅、放射線やその他の長期的な影響に苦しむ人々のための医療、長期的なトラウマに見舞われている人々のための精神的なヘルスケア、そして収入や収入源を失った人々のための経済的救済が含まれている。

公共財の非商品化

オリンピックは、公共空間を民営化し、私たちの人間としての基本的ニーズを金融化するためのより大きな企みの一部である。私たちは、公共財がすでに公共の管理下にないところについてはどこであっても、教育、ヘルスケア、住宅、公益事業、および交通機関を即刻社会化することを要求する。これは、今空いているホテルや短期賃貸住宅を公共住宅として再利用することも含んでいる。これらは、人間の生活と繁栄を全般的にサポートし、特にCOVID-19からの回復をサポートするために必要なものだ。強化された安全保障国家や驚異的に増加する不動産開発は必要ないのだ。

警察と軍への資金投入停止

すべてのオリンピックにおいて最大の予算項目は典型的にセキュリティである。２０１２年のロンドンオリンピックでは、セキュリティ予算は１６億ドル以上に膨れ上がった。東京は、オリンピックのための新しい大量監視と顔認識技術に、非公開だが、おそらく天文学的な額のお金を費やしてきた。私たちは、「オリンピックのセキュリティ」の名目で私たちの都市の最貧層住民を残虐的に扱うために指定配分された最後の1ペニーまでが、人間の基本的なニーズへの対応に振り向けられることを要求する。私たちは、この危機の中で、何百万人もの人間の生活が危機に瀕しているときに、人命を救い、自身の命も危険にさらしている最前線の人々は、警察や軍隊ではなく、労働者であることを見てきている。

NOlympics Anywhere
April 2020

平昌オリンピック反対連帯
反五輪の会
２０２０オリンピック災害おことわり連絡会
NOlympics LA
Non aux JO 2024 à Paris

2020.4

NOlympicsLA オンライン・ティーチイン
STOP PLAYING GAMES
Tokyo's Criminalization of Houselessness

NOlympics LA が世界中のオリンピック開催都市をつないで企画する連続オンライン・ティーチインに反五輪の会が出演！　平昌オリンピック反対連帯がまとめてくれた報告（올림픽을 멈춰라 Stop Playing Games 온라인 토론회 1: Olympics Kill the Poor 도쿄 noolympic2018.blogspot.com）を訳出しました。

NOlympics LA は6月の1か月間、オリンピック反対運動の声をつなげるオンライン討論会を行っています。6月7日には東京からオリンピック反対の活動をしている「反五輪の会」主催で、深刻化する警察の暴力、野宿者と貧困層に対する犯罪化の問題を話しました。

ロスに居住する野宿当事者として、野宿者の声を伝えるポッドキャスト「We the Unhoused」を企画しているテオ・ヘンダーソン（Theo Henderson）が司会をつとめました。韓国時間午前10時に始まった討論会は2時間30分に及び、約60名あまりが参加しました（最大参加者数75名）。

反五輪の会：東京では、オリンピックを名目にした野宿者の排除と強制退去が起こっている。公園をはじめ公共の場と野宿者の居住地がオリンピックの開発事業によって縮小され、そこにショッピングモールやホテルが入り込み、あらゆる都市が観光地化しつつある。オリンピック競技場と日本スポーツ振興センター（JSC）の建物などを建設する過程で、すでに多くの人々が追い出された。野宿生活をしている人は、少しずつ増えているにもかかわらず、政府はあたかも野宿者と貧困層が存在しないかのように見える都市を作ろうとしている。野宿者排除を目的にする様々な公共施設を設置して、野宿者が集まる場所に監視カメラを設置するなど、多様な方法で都市全般を、監視と排除の強化で覆いつくしている。

司会者：警察の暴力に野宿者コミュニティはどのように対応していますか？

反五輪の会：東京では野宿者に対する警察の暴力は増加する傾向にある。個々の野宿者たちが危険な状況に一人でさらされないよう、孤立しないよう、互いに助け合おうとしている。共同食事などを粘り強く続けながら、孤立感を感じないようにすることが重要だと考えている。

司会者：年代が少し上の世代は若い世代に比べて、おおよそオリンピックを肯定的に受け入れているようだ。世代によってオリンピックの問題に対する考え方の差があると見ますか？

反五輪の会：私たちは世代差を大きく感じてはいません。日本の公教育には年間35時間のオリンピック・パラリンピック教育が義務化されています。このような児童・生徒たちがむしろより多くオリンピックのプロパガンダにさらされているということになります。オ

2020.6

リンピック反対の声を上げる人たちの間でも、世代差は大きな意味をもちません。

司会者：ロスでもオリンピックを開催しようとする側は1984年オリンピック開催を成功事例として言及し、オリンピックが経済成長と雇用促進、生活の質の向上をもたらすだろうと宣伝をしています。日本は如何でしょうか？

反五輪の会：東京でも1964年にオリンピックが開催されました。当時、強制退去によって家を失った人たちは2020年オリンピックを前に、再びオリンピック開発によって追い出されました。オリンピックの否定的な歴史が繰り返されているのです。政府はオリンピック招致当時から「復興五輪」というフレームを通して福島の災害を消し去り、責任を逃れようとしてきました。私たちはこのような欺瞞に立ち向かいます。

司会者：支持者や仲間たちと連帯するよい方法は何だと思いますか？

反五輪の会：私たちが活動を始めた時には、私たちの立場を支持する人たちはほとんどおらず、オリンピックの問題に関心のない人たちが大部分でした。また、オリンピックに対する反対の声を上げること自体に対する恐ろしさもありました。日本社会には国家的なことに協力しない人に対して「非国民」という烙印を押して強く非難する雰囲気があります。「オリンピックに対する問題提起には共感しますが開催に反対するというよりは、問題を解決してよいオリンピックを開催できるよう努力する方がよいのでは」という人も多いです。今になって反対するのはあまりにも遅いという話もたくさん聞きました。しかし、仮にオリンピックに何かしら良いところがあると仮定してみても、オリンピックを理由に追い出された人が存在するならば、開催してはならないと思います。

今は、日本全域にオリンピック反対の声を上げる人たちが増えました。東京では毎月24日に「おことわリンク（オリンピック災害おことわり連絡会）」主催でオリンピック反対のデモンストレーションを行っています。多くの人が参加し、また、SNSを通じて伝えられるメッセージを通じてつながりを感じることができます。決してデモンストレーションに参加する人だけが反対する資格があるとも考えていません。オリンピックが見せつけてくる適者生存の競争論理は、力のある人だけが安全であり、弱者はますます窮地に追い込まれていく今の状況を正当化する道具になります。

私たちが平昌に行って反対行動を共にした時、そして昨年、世界各地の人々が東京に来て連帯した時も大きな力をもらうことができました。色々な地域の人たちと共に連帯することは、大きな力になります。

司会者：全世界的に警察の暴力に抵抗するデモが続いています。日本の状況と皆さんの考えが気になります。

反五輪の会：昨日（6月6日）渋谷でもBlack Lives Matterデモがありました。日本には人種主義は様々な形で表れています。黒人に対する差別だけでなく、移住民と在日コリアンに対する差別もあります。最近、クルド人移住労働者に対する警察の暴力事件があり、これに抵抗するデモも行われました。これらの問題はつながっています。警察の暴力は野宿者にも向かっています。野宿者イコール犯罪者と見なす視線があります。日本には緊急逮捕による勾留も20日まで可能です。このような制度は、強大な警察権力を明白に見せています。

司会者：ロスでも野宿者の存在自体を犯罪化する雰囲気が強いです。特に有色人種の野宿者が三々五々集まっていると通報されることもしばしばあり、警察によって威嚇をされることもしばしば起こっています。公共の場で黒人の野宿者たちが犯罪者扱いを受けたり攻撃の対象になったりする場合も珍しくありません。私は黒人で、家のない人間として警察から不当な待遇を数多く受けてきました。

反五輪の会：最近、反五輪の会のメンバーのひとりが暮らすテント村が位置する公園に、3名の子どもたちが人々の暮らすテントに石と木切れのようなものを投げつけ攻撃する事件がありました。負傷した人はいませんでしたが、この事件は私たちに深い傷を残しました。（別の襲撃を受けた野宿者が）警察に通報しましたが、警察はそこに住んでいる私たちが悪いのだと堂々と言うだけでした。この社会でヘイトがどのぐらい位置を占めているのか、どのように作動しているのかを見せつける事件でした。黒人の野宿者たちが受けている差別と暴力がいかに深刻なのか、それははるかに私たちの想像の及ばないことです。

参加者1（LA）：LAではラテンアメリカ系移住民たちが多く、彼らの中に野宿生活をしている人も多いです。日本には野宿生活をする移住民がいるのか、オリンピックによる抑圧があるのかお聞きしたいです。

反五輪の会：日本には色々な民族が生活しています。移住民、在日コリアン、在日中国人、沖縄先住民、北海道先住民であるアイヌ民族など、多様な民族がいますが、彼らの中には野宿者もいます。私たちも何人かの人々を知っていますが、それよりもはるかに多くの人がいることでしょう。オリンピックは国家主義を土台に「日本」と「日本人」に対する狭い観念を強化させ、そのカテゴリの外にある人々に対する排除と差別を正当化しています。オリンピック関連工事現場には多くの移住労働者たちが働いています。劣悪な労働環境と住居環境の中にいる彼らに人権と在留の安全性を保障するいかなる制度的基盤もありません。彼らはオリンピックのための労働力として利用されるだけで、オリンピックが終わったらそれ以上とどまることができなくなります。

参加者2（ロンドン）：2012年ロンドンでもオリンピックが開催された。過去のオリンピック開催地の反対運動ですが、それらはあなた方にどのような意味をもっていますか？

　オリンピックが終わると、開催地のオリンピック反対運動も動力を失うケースが多かったですが、このことに対してどのように考えますか？

反五輪の会：東京オリンピックはロンドンオリンピックと同じく、いわゆる「よいオリンピック」の事例として宣伝されています。ロンドンでのオリンピック反対の活動は非常に参考になっています。リオ、平昌、札幌、長野など、過去の開催地でのオリンピック反対の活動に対する経験と情報、交流は私たちの大きな力となっています。私たちはこのような結び目がいかに重要かを知りました。LAオリンピックが撤回される日までともに連帯していきたいです。

参加者3（ソウル）：東京オリンピック開催が1年延期されましたが、このことに対して日本の状況はどうでしょうか？　また、来年にはどのような活動を行う計画でしょうか？

反五輪の会：安倍総理はオリンピック開催延期の確定が発表される直前まで、従来の計画通り開催を強行するのに必死でした。私たちの立場からは、1年の延期は最悪のシナリオだった。今、日本ではオリンピックは延期ではなく中止しようという声が次第に大きくなってきています。私たちは東京オリンピックの中止にとどまらず、オリンピック自体の全面的な廃止を望んでいます。全世界的にオリンピックを終わらせることができるよう努力していきます。

2020.7.24

中止だ中止！ 2020TOKYO オリンピック粉砕デモ
主催・オリンピック阻止委員会

中止一択！ 東京五輪
そしてオリンピック廃止へ 7.24 デモ
主催・おことわリンク

NO GENTRIFICATION
宮下公園どこだ
NOlympics
Anywhere!
オリンピック開発
やめろ!! 公共空間かえせ!

2020.9

2020.10

①

2020東京オリンピック幽霊屋敷ツアー

２０２０年１０月１１日、反五輪の会はいくつかのオリンピック施設を再訪した。晴海選手村のこの寂寥感を見てほしい。都有地だった広大な土地が、五輪のためにデベロッパーらに廉価で払い下げられ、人々のために供されることもなく高層マンションだらけのゴーストタウンと化している。

選手村の土地はもともと都有地であったが、相場の１０分の１という破格の値段で売り渡され、このことをめぐっては住民訴訟で闘っている方々もいる。

多くの人々が苦境を強いられている昨今、この広大な土地が、人々が憩う公園だったら、安心して住まえる公共住宅だったら、医療や教育や福祉のために役立つ施設だったらどんなに良かっただろう。

そんな荒涼たる晴海選手村にて、私たちは怒りをこめ「被災地見殺しふざけるな！」バナーや、バンクーバー以来引き継がれてきた反オリンピックトーチを翻し反五輪アピールを行った（写真①）。完成したての反五輪てぬぐいもお披露目！「復興五輪」と銘打って招致したはずのオリンピック。そもそも「復興五輪」自体が欺瞞なのだが、いまや被災地のことなどおくびにも出さず、今度は「コロナに打ち勝った証としての五輪」にすると政府やＩＯＣは息巻いている。人々の苦しみで五輪を飾り立てるのはやめろ。

しばらく歩を止めていると、どこからともなくＡＬＳＯＫの警備員がやってきて敷地内から公道にいる我々にカメラを向けた。声をかけると「撮影はしていません」「シビアな時期なので」「保安のため」と語る。こうした挙動こそが、選手村は人々から批判される問題施設だと自ら認めている証左ではないか。すぐそばには禍々しい監視カメラが見下ろしていた。

続いて向ったのは、オリンピック施設が集中する有明。３７億円の有明ＢＭＸコースは荒涼としていて、まるで秋風が吹き抜けるボタ山のようだった。

有明体操競技場、有明アリーナは人気のない人工的な有明の街並みの中、要塞のようにそびえたっていた。かつてスポーツを楽しむ人々で賑わっていた有明テニスの森も、未だ広大な敷地が白い鋼鈑で封鎖されたままだ。

ゆりかもめの橋脚には未練がましく五輪ＰＲロゴがデカデカと掲げられている。

五輪会場に囲まれた一角に、ひときわ巨大な建物が林立する場所がある。国家戦略特区で有明ガーデンと呼ばれ今年６月にＯＰＥＮした巨大開発事業。３０階超の高層マンション３棟に、大型商業施

②

設、ホール、劇場、ホテル、スパ……これを見ると、五輪のために開発が行われているのではなく、開発のために五輪が行われるのだと感じざるを得ない。誰かが「ミヤシタパークみたいだ」と呟いた。確かに資本に囚われた檻のような空間はミヤシタパークそっくりだ。

五輪ビーチバレー会場となる潮風公園（写真②）。この公園では数名の野宿者が起居していたが、声かけすらもないまま工事着工とともに公園は封鎖され、静かにその場を追われた。野宿者排除というと、多くの人はニュースになるような大規模な強制排除を思い浮かべるかもしれない。しかし、多くの野宿者はこの潮風公園のように人知れず居場所を奪われていて、オリンピックにともないこのような出来事はあちこちで起きている。この件について私たちは、組織委に対して抗議と追及を重ねたが、彼らは最後まで無責任で、他人事を決め込んだ。決して許さない。

潮風公園に限らずオリンピック会場はどこも長期間フェンスで封鎖されたまま。フェンスの上から中を覗くと、誰も訪れない公園に煌々ともる街灯やトイレが物悲しい。ベンチにぽつんと一匹の猫。本来、憩いの場として、災害時の広場として、自由に過ごす場として、人々に供されるべき多くの公共地が五輪に占拠され続けているのだ。

続いてお台場海浜公園へ。反五輪の会がそろってこの場所へ来たのは今年1月。潮風公園、お台場海浜公園を見下ろすヒルトンホテルには、都知事小池百合子やＪＯＣ会長山下らが集り、海辺には巨大な五輪モニュメントが設置され、点灯式と花火でオリンピックまであと半年というセレモニーが賑々しく行われた日だ。「オリンピックさっさとやめろ！」の掛け声とともにライトアップされたあの五輪モニュメントも、撤去されてもうない。きっと誰も覚えていないだろう。忌々しいものがなくなってすっかり綺麗になった（でも大腸菌はまだ残っている）お台場の海をバックに反五輪アピールを行った（写真③）。

③

この日、私たちが廃墟化しつつあるオリンピック会場めぐりを敢行したもう一つの目的は、前日に京都で、この日には大阪で開催された反五輪デモとの連帯である。特に大阪は2025年大阪万博を控えており、メガイベントがコミュニティや人々の暮しを蹂躙していくことに地域をこえて反対の声をあげていきたいという思いで「反万博」のプラカードも掲げた。五輪も万博もいらない！

東京オリジナル２０２０反五輪 手ぬぐい完成！！

コロナと放射能の２０２０年は、オリンピックを終わらせる年だ！
８００円。集会やデモで、お声がけください。

都庁前でバッハと一触即発！

2020.11.16　東京都庁正面玄関　https://youtu.be/2c82qkPR93Q

２０２０年１１月１５日、コロナ禍の中、ＩＯＣバッハが来日した。

私たちは１５日「中止だ！ 廃止だ！ Go to Hell！ オリンピックより命を守れ デモ」で抗議の意思表示を行ったが、続く１６日もバッハが都庁に来るという情報を得、有志で集まった。

すると黒塗りバスを連ねて、ＩＯＣバッハ御一行が正面玄関から入っていった。Abolish IOC! そして一時間ほど後。街宣を続けていると、再びバッハと他関係者が玄関からゾロゾロと出てきた。そびえ立つ都庁に反響したAbolish IOC! No Olympics anywhere! のコールが直撃。バッハは車に誘導されるが、苛立った表情でＳＰの静止も振り切り反五輪の会にズカズカ詰め寄ってきた！ １ｍの距離で一触即発！ 後ろから小池百合子が慌てて止めに入る。これが冒頭の動画である。

おおよそのやり取りは、以下のようなものだった。

反五輪の会（HNK）

President Bach! We don't need the Olympics.

The Olympics destroyed our city, our lives. YOU destroyed our cities, our lives.

We don't need the Olympics anymore.

バッハ、私たちはオリンピックなんか要らない！ オリンピックは私たちの都市を、私たちの暮らしを破壊した。あんたが破壊したんだ。オリンピックはもう要らない！

（近くのＳＰや関係者などに止められるが、苛立って近づいてくるバッハ）

バッハ（Bach）

You want to shout?! Which do you want to talk or shout?!

あなたは叫びたいのか？ 話したいのか？ どっちなんだ？

2020.11

反五輪の会（HNK）

We want to say to you "We don't need the Olympics anywhere"!

You should Give up! the Olympics are over!

私たちはあなたに「オリンピックなんかどこにも要らない」と言いたい。

諦めるべきだ。オリンピックはおしまいだ！

バッハ（Bach）

You want to shout into a microphone?　（ムキになるバッハ）

You want to talk?! Which one?!

マイクで叫びたいのか。話したいのか。どっちだ！

反五輪の会（HNK）
That's why we want to say to YOU “Stop the Olympics!!!” Stop!!!! だから、あんたに！　オリンピックやめろって言ってんだよ！　やめろ！

（バッハ答えられず戻る。）

このあと晴海トリトンスクエアで行われた、森喜朗とバッハの記者会見でこのことを質問した記者がいた。

質問「抗議者と話をしようとされていました。意思疎通は難しいように思いましたが、彼らに何が言いたかったのですか？　五輪に反対する人々に五輪の価値をどのように説得しますか？」（ヨイショ質問だなあ）

バッハ「都庁前に大きなメガホンを持った3人の人がいて、わたしに向かって叫んでいるので、何が言いたいのか聞きたいと思い対話を申し出ましたが、彼らのひとりはマイクを持っていて聞き入れず、明らかに対話を求めていなかった。なので彼女はわたしに本当はどうして欲しいか説明できなかった。ただ、マイクで叫び続けるだけだった。メガホンでただ叫ぶだけの人とどうやって話ができますか？」

自分から寄ってきて自分から逃げていったくせに、よく言うよ。

そして、この件は共同通信、ロイター、アラブニュースによって報じられた（共同通信「五輪反対派が都庁前で抗議」〝バッハ氏は都庁に到着した際と出発する際、横断幕を持って抗議する反対派に自ら歩み寄る場面も〟）。

「対話を求めて」「歩み寄った」人の表情がこちらである。反対派にも耳を傾ける懐の深い俺様を演じたかったのかもしれないが、傲慢で強欲な態度が漏れ出てしまっている。

そして、オリンピックをやめろと訴える人に対し、何ら答えることなく、壊れたレコードのように「叫びたいのか話したいのか」とトーンポリシングかまして逃げていった。

金も権力もうなるほど握っているくせに、意外と余裕ないのね。

しかし、コロナ禍で明日をも知れぬ不安な毎日の中、こんな者の懐を潤すオリンピックに振り回されるのはまっぴらごめんだ。オリンピックは中止だ中止！　そして世界中から廃止だ廃止！

11月17日も緊急抗議続けます！　バッハは17日夕方、新国立競技場に来るらしい。霞ヶ丘アパートを潰し明治公園を潰し野宿者排除して建設した巨大スタジアムはすでに廃墟化まっしぐらだ。

16時 千駄ヶ谷駅改札前集合→その後移動しつつバッハに抗議の声をあげます。コロナ禍オリンピックやめろ！

2020.11

15日の「中止だ！廃止だ！Go to Hell!! オリンピックより命を守れデモ」、16日の都庁前でのバッハとの直接対決に続き、17日も私たちはオリンピックにNOの意思表示をする直接行動を取り組んだ。
　この日、来日中のバッハは選手村と新国立競技場を訪問。私たちは、新国立競技場でバッハに怒りの声をぶつけることにした。新国立競技場は、公共の財産であった都立明治公園を潰し、野宿者に違法で暴力的な強制排除を行い、都営霞ヶ丘アパートの住民を立ち退かせ、反対の声を挙げる者を何度も弾圧して建てられた。オリンピックに踏みにじられたありとあらゆる者の怨嗟の声がこだまする墓標のようなスタジアムだ。よくもノコノコと来られるものだ。
　集合場所である16時の千駄ヶ谷駅には、抗議行動参加者の倍はいようかという公安警察の群れ。
　昨日はたまたまバッハと遭遇したけれど、今日はどのように現れるかわからない。私たちは、奴らがどこから出入りするか、どこが一番声が届くか、試行錯誤しながら転々と抗議を続けた。

バッハ出てこい！新国立競技場直接行動

そのかんも、公安が私たちにべったりはりつき、「バッハ出てこい！」「オリンピックやめろ！」と少しでも声をあげようものなら「いまデモを扇動したな！警告するぞ！」と逮捕をちらつかせ恫喝し続けた。日本の警察、オリンピック貴族のバッハ様のご機嫌を損ねないよう必死である。

　最終的に私たちは、潰されてしまった霞ヶ丘アパートの跡地を正面に見据えるゲート前で、代わる代わる声をあげた。

　No Olympics Anywhere! IOC Get out! Cancel the Olympics! Abolish the Olympics! オリンピックより命を守れ！奪ったものを返せ！オリンピックに殺されてたまるか！

　道行く人から拍手を送られたり、バッハの取材に来たメディアにカメラを向けられたり。フェンスの奥では中で作業をしていると思われる人たちが貼り付くように私たちのコールを聞いている。「バッハはもう帰りました。声は中までしっかり聞こえていましたよ」と教えてくれるメディアもあった。昨日のような直接対決は叶わなかったけれど、オリンピックを望んでいない、強く怒っている者が確かにここにいるということを十分アピールできたようだ。

　行動を終えて、五輪オブジェ前で集合写真でも撮って帰るかとオリンピックミュージアム方面に向かうと、JOCビルの中で何やらレセプションのようなものを行っているのが見える。アスリートたちか？バッハはいるのか？オリンピック関係者であることは間違いない。怒り冷めやらぬ私たちは引き続き抗議の声をあげることにした。

　すると、

「バッハがいたぞ――――――――――――――!!」

　ブラインドが半開きになったガラス越しにバッハの姿を発見。抗議の声にも熱が入る。

　途中、オリンピック公式映画監督の河瀬直美がこちらにカメラを向けている。彼女はバッハ滞在中、密着取材すると公言しており、昨日の都庁前でもカメラを回していた。明確にIOCの側に立つ者がプロパガンダ映画のワンシーンとして反対運動の姿を利用しようとは許しがたい。オリンピック翼賛やめろ、プロパガンダに私たちを利用するなと強く抗議した。

　声を挙げ続けること小一時間ほど、バッハらはなかなか出てこない。まさか少人数の抗議に怯えて出るに出られないわけではあるまいに。そうこうしている間にも、JOCビル前には数十人もの公安が溢れかえり、参加者のスマホを叩き落とすなど、時折高圧的に迫ってくる。

　そして、突然、警察官らが力づくで私たちを押しのけ始めた。転ばされるもの、悲鳴をあげるもの、「オリンピックやめろ」の声。阿鼻叫喚、騒然とする現場を横目に、警察官らの暴力に守られて黒塗りの車列は逃げるように飛び出していった。

「対話がしたい」などと宣いながら、文字通り物理的な暴力で反対の声を押さえつけ、そそくさと逃げ出す、これがバッハの真の姿である。

　一部報道によるとバッハは、これまで反対運動が乏しくオリンピックに対して好意的だったはずの日本の世論が、オリンピック開催に懐疑的になっていること、そして反対運動の存在にかなり苛立っているという。

　大いに苛立つがいい。これだけ人々の暮しを踏みつけにしておいて、歓迎されるだろうなどとは思い上がりも甚だしい。オリンピックに生活を破壊された私たち民衆の怒りや苦しみは、そんな苛立ちの比ではない。

　オリンピック廃止！　IOC解体！　私たちは抗議をやめない。

我欲にまみれたオリンピック

2021.2

東京オリンピック・パラリンピックの「中止」を求める声がこれまでになく高まっている。2021年1月9・10日実施の共同通信社全国電話調査で「中止」あるいは「再延期」の回答が80・1%、13日発表のNHK世論調査で77%、1月23・24日実施の朝日新聞社電話調査で86%と、開催への反対意見が約8割を占めた。SNSなどインターネット上ではもちろんのこと、東京五輪スポンサーに名を連ねる大手メディアやスポーツジャーナリスト、一部アスリートなどスポーツ関係者からも懸念の声が上がっている。当然だろう。延期されたオリンピックの開会式は今夏7月23日、あと半年後だ。新型コロナウイルス（covid19）のパンデミックは収まるどころか第二波、第三派と拡大を繰り返しており、1月16日の時点で世界のコロナ感染死者は200万人、感染者数は累計で1億人を超えた（31日）。加えて、より強力な感染力をもつ変異株ウイルスが日本でも確認され、新たな脅威となっている。

東京は2021年年明け早々に新規感染確定者数が1月7日、8日、9日の連日、2000人以上と爆発的に増加した。同じタイミングで国際オリンピック委員会（IOC）最古参のディック・パウンドが、イギリスBBCのインタビューで「（東京五輪開催は）新型コロナウイルスが急拡大していて、私は確実だとは言えない」と発言し（1月7日）、大きく報道された。続いて1月15日、ニューヨーク・タイムズが「新型コロナウイルスの感染拡大の影響で不確実性が増している」「IOC関係者らの間で安全な開催の実現に懐疑的な見方が出ている」「第2次大戦後、初めて五輪が中止に追い込まれるかもしれない」、19日にBBCが、2012ロンドン五輪組織委員会副会長キース・ミルズの「（東京五輪は）中止プランを準備していると思う」との発言を報道、21日にはイギリスTimes紙が「日本政府は内密に新型コロナウイルスのために東京五輪を中止しなければならないとの結論を出した」「連立与党の古参議員の1人によると、すでに1年延期されている五輪大会の開催は、もう絶望的だということで意見が一致している」と大々的に報じた。

こうした「中止」の世論に対し、森喜朗・東京オリパラ組織委員会会長は、1月12日の職員向け年頭挨拶で「世論調査を無視しろとは言わないが、世論調査にはタイミングと条件がある」「今のコロナで、こういう騒ぎでやっている時に、『オリンピックどうですか?』と聞かれたら、何と答えますか? 答えようがないでしょう?」と論点ずらしの批判を展開し、小池百合子東京都知事は「(Times紙に)抗議を出すべきでないか。中止だとか延期だとか、そういった話は出てきていないのが事実」(1月22日)と怒りを露わにした。菅義偉首相は20日国会代表質問で、日本共産党をはじめとする野党党首からのオリンピック中止や再延期の要請に「アスリートも含めて感染症対策をしっかり行うことにより、ワクチンを前提としなくても安全安心な大会を開催できるよう準備を進めていく」と無内容で返した。

IOC会長トーマス・バッハは、共同通信インタビュー(1月22日)で「現段階において、東京五輪が7月23日に開幕しないと信じる理由は何もない」「従ってプランBはない」、1月27日のオンライン記者会見で「東京大会の中止や代替案などの臆測があり、2032年への大会の延期を提案する人までいる。こうした臆測は相手にしない」とバッサリ切り捨て、中止や再延期を求める世論が「選手らを傷つけている」、「忍耐と理解をお願いしたい」と強い調子で牽制した(1月28日、読売新聞)。

傷つけているのはどちらか。いま、これまでになく東京オリンピック中止の世論が高まっているのは、これ以上コロナが拡大してほしくない、食い止めたいという、世界中の人々の切実な願いの現れだ。世界各地でたとえ経済が落ち込もうとロックダウン(都市封鎖)、外出制限、入国制限措置が繰り返しとられているその最中に、世界206カ国から約1万人もの選手団を呼んで、二週間にわたり開催する世界最大イベントの中止を検討すらしないIOCの姿勢の方が明らかにおかしいだろう。

バッハは昨年11月の来日時、都庁前で私たち反五輪の会の抗議を見咎め、自ら至近距離まで詰め寄ってきて「お前はマイクで叫びたいのか、話したいのかどっちだ?」と言い捨て去っていった。しかもその後の記者会見で「私は対話を申し出たが、抗議者はマイクで叫ぶだけだった」と愚弄した。翌17日の新国立競技場視察の際にも、外で抗議する私たちの「オリンピック今すぐやめろ」のシュプレヒコールがこだまする中、バッハは、取材陣に対して「人はものを知らないと疑い深くなる」と言い放ったという。

バッハ会長のこうした態度は、オリンピックによって命の危機がもたらされることに不安や疑問を覚えるすべての人々に対する侮辱に他ならない。「世界一コンパクト」なはずの東京オリンピックは、開催費用1兆6440億円と、史上最大となる見通しだ(2020年12月22日、オリパラ組織委発表)。1年延期にともなう追加経費約2940億円が新たに加わる。この追加費用は大会組織委員会が約1030億円、国が約710億円、東京都が約1200億円を負担するが、もし組織委が赤字になった場合、規約上、東京都が肩代わりすることになっている。東京都はこの他、「大会関連経費」として暑さ対策や渋滞緩和策などに7766億円を現時点で計上しており、都がオリンピック開催に投じる予算は、合計で約1兆5000億円に上る。東京都が新たに負担する1200億円は、都が昨年夏以降に計4度実施した営業時間短縮要請への協力金の予算総額(約835億円)の1・4倍、年末年始の医療機関や調剤薬局への支援金約40億円の約30倍に相当するそうだ(朝日新聞、12月23日)。

そんな金があるなら、なぜ、ただちに医療従事者やコロナ感染者のケア、困窮者支援、長引く休業要請に苦しむ飲食店などへの追加補償にまわさないのか。オリンピック開催を待たずに倒産、閉業する老舗の名店が続出していること、歴史ある築地市場の解体を決め、オリンピックを理由に移転強行した先の密閉されたハコモノ施設・豊洲市場で、クラスター感染が起こっていることを、小池都知事はなぜ見て見ぬふりをするのか。

「オリンピックよりも今やるべきことがあるだろう。新型コロナウイルス感染拡大で命の危機が迫っている。11月になってコロナ陽性者数が急上昇している。半数以上が感染経路が追えない、つまり、どこで感染したかわからないほどに街中に広がっている。この状態を解決するためにはPCR検査の拡充や無症状者の保護が必要で、お金も人もかかる。税金や、他の国より少ない公務員をオリンピックなどに注ぎ込んでいる場合ではない。病院や介護施設では院内感染、施設内感染が多発している。背景には劣悪な療養環境がある。基本的に4人部屋、6人部屋で患者から患者へ広がっている。にも関わらず政府は全国424の病院を潰そうとしている。院内感染を予防するためには病床が足りない。命の危機は平等ではない。まっさきに危機にさらされるのは弱い立場の人々。私たちの税金はオリンピック・パラリンピックではなく、そのような人々にこそ使われるべきだ」。

これは2020年11月15日、来日するバッハを迎え撃つ「中止だ！廃止だ！Go to Hell! オリンピックより命を守れデモ」（主催・オリンピック災害おことわり連絡会・反五輪の会）に駆けつけた、都庁職病院支部の方の怒りの声だ。

橋本聖子五輪相は1月26日の衆議院予算委員会で「1人5日間程度の勤務をお願いすることを前提に、大会期間中1万人程度の方に依頼をして医療スタッフ確保を図っている」と明かした。コロナ禍で医療崩壊の危機が叫ばれる中、約2週間、医師や看護師を1万人も動員することに躊躇はないのか。しかも、猛暑の熱中症対応に加えて、新型コロナ感染対策が必要になるのに、相変わらず、無報酬のボランティアだ。オリンピックに人手をとられて病院が立ち行かなくなる、医療従事者がさらに過重労働を強いられる、患者の受け入れを抑制せざるをえなくなるといったような事態が起これば、その影響をダイレクトに受けるのは住民だ。昨年の7月から8月、酷暑で不活性化どころか再び急増・拡大した新型コロナウイルスを、今年の夏に抑えこめるとは到底考えられない。

軽症で自宅療養中に急激に悪化し死に至る、変死扱いで死後に陽性が判明するケースが相当数あるところをみると、症状があっても「ただの風邪だろう」と病院に行かなかったり、医療現場に負担をかけまいと受診を遠慮する人がかなりいるように思う。それはつまり、医療体制が十分ではない、ということだ。PCR検査やホテル療養へのアクセスも容易ではなく、同居家族間での感染も深刻だ。

自宅待機者は東京都で約8500人（1月16日）。オリンピックを1年延期するなら、完成済みの晴海オリンピック選手村を、療養施設やコロナ専門病院、あるいは困窮して路上に出ざるを得ない人々に貸し出せないか、というアイディアがSNSでかなりの支持を得ていたが、オリンピック推進側から開催地住民にリソースを提供する動きは、まったくといってよいほど無い。

選手村の敷地はもともとは都有地だ。東京都が三井不動産など

１１社ＪＶに、通常ではありえない１０分の１の安値で都有地を払い下げたために、住民訴訟が争われている。オリンピック招致が決まってからの7年間、街は猛烈な勢いで再開発され、いくつもの都立公園や公共施設はオリンピック会場として長く占拠されたままだ。オリンピック・スタジアム新国立競技場、そしてオリンピック・ミュージアムの敷地にするため廃園にされた明治公園からはテント暮らしの野宿者が、隣接する都営霞ヶ丘アパートからは高齢の住民たちが追い払われた。卓球会場の東京体育館、ビーチバレー会場の潮風公園からも野宿者たちが締め出された。私たちはすでにたくさんの社会資源をオリンピックに奪われている。

　奪うだけでなく、コロナ以前からオリンピックは、人々にさまざまな犠牲を強いてきた。開催に間に合わせるため、短い工期で過酷労働を強いられ、労災事故や過労自殺で命を落とした建設労働者。

2021.2.20

オリンピック特需が終われば使い捨てられ、取り締まられる外国人労働者。「復興五輪」の影で被曝労働に従事する人々。放射能に汚染された土地から避難した被災者は住宅援助を打ち切られ、全国で相次いだ台風や地震災害の被災地も置き去りにされ、忘れられた。

　今、大会ボランティアを辞退する人が相次いでいるという。正しい選択だ。自腹で参加して、無償でこきつかわれる上に、炎天下にマスク着用で倒れたら元も子もない。コロナ禍のオリンピック・パラリンピックに学校の児童・生徒たちを動員させてはならない。バッハや森はcovid19パンデミックの脅威を徹底的に軽視している。新型コロナに感染してしまった・感染させてしまった人たち、死んでいった人たちの苦しみを、不安を抱える人々の声を、「人はものを知らないと疑い深くなる」などと愚弄する、オリンピック亡者の行進に加わるべきではない。

　コロナ禍での死は、感染した人だけに訪れるのではない。「２０２０年の自殺者が2万９１９人に上ったことが２２日、警察庁の自殺統計（速報値）で分かった。新型コロナウイルスの感染が拡大した昨年は、１９年の確定値から７５０人増加（対前年比３・７％増）。前年を上回ったのは０９年以来となる。男性は１１年連続で減少となった一方、女性は増加に転じ、過去5年で最多に。女性の自殺者増が顕著な上に、小中高生は同様の統計のある１９８０年以降で最多となった」（２０２１年1月２２日、東京新聞）。女性、子どもが死んでいる。理由は分からない。ただ、緊急事態宣言のあいだ、「ステイホーム」（小池都知事）でDV被害に遭う女性や子どもたちが増えたと聞く。街に出ても、公共施設も図書館もカフェも休業中で、どこにも居場所がない、近くの友人にも遠くの親きょうだいにも、感染リスクを考えると会えない、頼れない。静まり返ったコロナ禍の路上で夜を過ごすのは、それなりに勇気のいることだ。

２０２０年１１月１６日未明、一人の野宿女性が、渋谷区幡ヶ谷のバス停の浅いベンチで休んでいたところを、男に、石の入ったレジ袋で頭を殴られ殺された。報道によれば、女性はコロナ禍で失業し、所持金は8円だったという。男は「痛い思いをさせれば、バス停からいなくなると思った」と供述した。２０２０年は、1月、上野公園でも野宿女性が遺体で発見されている。岐阜でも野宿男性が殺された。スポーツ部に所属する少年5人が集団で石を投げつけた。知人の野宿女性をかばったために殺されてしまった。２０２０年は、私たちにとって、決して忘れることの出来ない年になった。

日本政府は、コロナ対策の一つとして、１０万円の特別定額給付金をすべての人に、ホームレスの人にもお渡しすると言ったが、その手続きには、申請書に記入する現住所が必要だった。事実上の野宿者差別、排除だ。しかも申請書は一人に一枚ではなく、一世帯で一枚の申請書で提出し、世帯主に振り込まれることになっていた。世帯主がDV加害者であれば、配偶者や子どもに給付金は渡らなかったかもしれない。給付金が渡っていれば、それも１０万ぽっちではなく一人３００万くらい給付されていたら、自ら選んだ安心な場所で、じっくり腰を落ち着けて、コロナ禍が収まるまで、外出や他人との接触も我慢して、半年くらいは待つことができただろうに。

「オリンピックよりも今やるべきことがあるだろう」！

バッハ会長は、今年の新年メッセージで「（東京オリンピックは）トンネルの終わりの光となる。多様な人類による連帯、団結、回復力を祝うものになるだろう」と、誰もがうっとりしそうな美辞麗句を連ねた。私たちは無論こんなものに騙されたりしない。ここでいう「多様な人類」とは、あくまで、オリンピック出場権を得るためならあらゆる犠牲を払うことも、他者を蹴落とすことも厭わない強靭な精神と肉体を持つエリート・アスリートと、オリンピック信望者しかいない世界の中での多様性をさしている。

菅は、２０２０年のあいだは「人類が新型コロナウイルスに打ち勝った証しとして、オリンピックを実現する」と呪文のように繰り返していたが、２０２１年になって、思い出したように「また、東日本大震災からの復興を世界に発信する機会としたいと思います」と付け加えている。「人類が新型コロナウイルスに打ち勝った証し」の履歴をたどってみると、最初に言いだしたのは、安倍前首相のようだ。

「オリンピックについては、人類が新型コロナウイルスに打ち勝つ証しとして、東京オリンピック・パラリンピックを、完全な形で実現することにG7の支持を得たところでございます」（２０２０年３月１７日）。この発言からわずか1週間後の３月２４日、安倍はバッハと電話会談し、オリンピックの「延期」を決めた。開催をあきらめきれずなかなか決断せず、３月２６日の聖火リレーが始まる直前に「延期」を決定したために、出発地である福島県は、約２億５０００万円もの準備費用を無駄にした。「復興五輪」を掲げながら、被災地のためにと言いながら、事前に相談の一つもせず、損害を与えたのかと心底呆れた。同じ誤ちを繰り返すべきではない。

レベル7の放射能被害を覆い隠し、東京繁栄の起爆剤となるオリンピックの2度目の招致をなんとしても成功させる、政府の協力もとりつける大義名分として、「復興五輪」を言い出したのは、10年前、「津波をうまく利用して（日本人の）我欲を一回洗い落とす必要がある。これはやっぱり天罰だと思う。被災者の方々はかわいそうですよ」と言い放った、石原慎太郎元都知事である。東京に暮らす者の責任として、彼が存命のうちに、2020東京オリンピックが世界中から弾劾され、瓦解する様を見せてやりたい、と心から思う。その時、2020東京オリンピックは、我欲にまみれたオリンピックの終わりの光となるだろう。

※追記　本稿を書き終えた数日後、森喜朗が2月3日のJOC臨時評議員会においてあからさまな女性差別発言を行なったことが明るみに出、オリパラ組織委員会会長職の辞任を求める抗議が殺到している。「女性理事を4割というのは文科省がうるさくいうんですね。だけど女性がたくさん入っている理事会は時間がかかります」「女性っていうのは優れているところですが競争意識が強い。誰か1人が手を挙げると、自分も言わなきゃいけないと思うんでしょうね、それでみんな発言されるんです。結局女性っていうのはそういう、あまりいうと新聞に悪口かかれる、俺がまた悪口言ったとなるけど、女性を必ずしも増やしていく場合は、発言の時間をある程度規制をしておかないとなかなか終わらないから困ると言っていて、誰が言ったかは言いませんけど、そんなこともあります」「私どもの組織委員会にも、女性は何人いますか、7人くらいおられますが、みんなわきまえておられます」。（2月4日、スポニチ「森喜朗会長の3日の〝女性蔑視〟発言全文」より抜粋。最初に報じたのは朝日新聞）

森喜朗という人物が、「日本は天皇を中心とした神の国」発言（2000年）を引くまでもなく、家父長制にまみれた確信的差別主義者であることは周知の事実である。このような人物はオリンピックにそぐわない、オリンピック憲章に反しているという批判はあまりにナイーブ過ぎるように思う。能力主義・優生思想・資本主義ナショナリズムによる動員なしには成立しない近代オリンピックが、森喜朗のような家父長的人物をむしろ欲し、のさばらせてきたのだ。差別主義者に権力を与え、好き放題にさせてきたオリンピックそのものを私たちは拒絶する。

森辞任で幕引きなんて許さない！性差別者たちのための砦　オリンピック・パラリンピックを廃止せよ！

森辞任で幕引きなんて許さない！
性差別者たちのための砦
オリンピック・パラリンピックを廃止せよ！

2021.2

２０２１年２月３日、ＪＯＣ（日本オリンピック委員会）臨時評議会において、オリパラ組織委員会会長森喜朗が「女性がたくさん入っている理事会は時間がかかる」「女性は競争意識が強い」「（女性理事の数を）増やす場合は、時間も規制しないとなかなか終わらないと困る」などの女性差別発言を行った。その場で咎める者はなく、ＪＯＣメンバーからは笑い声もあがったという。

世論の８割がオリンピックを開催すべきではないと回答する中、国内外で森の辞任を求める声が殺到し、オリンピック推進派は火消しに必死だ。森会長の差別発言は今に始まったことではない。このような家父長制を体現する人物に活躍の場を与え、権威を与えてきたのがスポーツ界であり、オリンピックであることは明白だ。わたしたちは森とＪＯＣによる女性差別に強く抗議する。オリンピック憲章に書いてあろうがなかろうが、発言する女性を貶め、嘲笑し、口を封じようというあからさまな性差別を許してはならない。そして、その成り立ちから一貫して性差別の温床でありつづけているオリンピック・パラリンピックの廃止を求める。

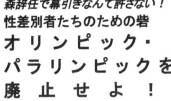

忘れもしない、東京都が２０２０オリンピック招致のキャンペーンを行っている渦中、２０１３年１月の柔道女子選手たちの勇気ある告発から、スポーツ界の暴力体質、性差別が明らかになった。軍国教育を引き継いだこの国のスポーツのありかたをめぐり、パワハラ、セクハラが横行する日本で、オリンピック招致なんてあり得ないと多くの人たちが考えていた。ＪＯＣを含む体育関係の５団体は「暴力行為根絶宣言」を発表し決意を表明したかのようにみせることで、同年９月のＩＯＣ総会で、東京にオリンピック招致決定までこぎつけた。それから８年、ＪＯＣは何をしてきたのか、このＪＯＣ評議会での出来事に表れている。ＪＯＣを始めとするスポーツ界は、それ以前もそうであったように、序列化された組織の中で当然のように性差別を行い、差別的な発言を共に嘲笑し従属することで、差別を更に助長、

拡大させてきたのではないか。
　森の発言について、組織委やJOCは「オリンピック、パラリンピックの精神に反する不適切な発言」と表面的、形式的な批判をしてみせた。IOCもまた、「森会長は謝罪した。この問題は終了と考えている」と不問に付す態度を見せていたが、批判が高まるや一転「まったく不適切」だと声明を出した。しかし、そのオリンピズムの提唱者たるクーベルタンこそ強固な性差別者である。彼は晩年まで「オリンピックは男子のみの大会でなければならない」という考えを持ち続け、オリンピックに女子競技を含めることは「実際的ではないし、面白みがないし、見苦しいうえ、敢えて言えば、不適当である」とその著書で記している。オリンピックは戦争の代理品でもある。オリンピズムが謳う「平和」とは、殺し合う代わりにスポーツを競い合う、戦争と相似形のものだ。それゆえにオリンピック・パラリンピックは、健康な白人男性を基準とした価値評価によって強者を讃えるメガイベントとなっている。ジェンダー・バイアスに基づいた競技判定、男女という二つの性の差別化、健常者と障害者の分離など、差別にまみれた競技スポーツの参加をあおり「平和の聖典」として祝い、国をあげて4年おきに世界各地でくり返す。オリンピックでは、毎回、女性選手のみが性別の判定をするテストを強いられるという、人権侵害を受け続けている。この男性中心的な構造は、クーベルタンが創始した第一回オリンピックから、100年以上を経た現在に至るまで根本的に変わっていない。むしろ、ジェンダー平等や多様性、持続可能性を謳い、時代が要請する人権配慮を率先して取り込むことによって、オリンピックがはらむ差別を覆い隠しオリンピック神話を補強し続けている。

　世界最大の国際イベント、オリンピック・パラリンピックはあらゆる差別、排除、破壊、強奪、人権侵害なしには成り立たない、金儲けと政治のためのナショナル・イベントだ。オリンピックに踏みつけられた者たちからの批判を覆い隠すために、キラキラと「平和」を演出し、「感動」でごまかし、「オリンピック憲章」「オリンピズム」で権威づけ、「レガシー」と称して街が破壊されている。私たちが出会ってきたオリンピックの犠牲者、オリンピックに反旗を翻す者たちの半数以上が女性だ。コロナパンデミックによってたくさんの命や生活が危機にさらされている中でも開催強行しようとしている東京オリンピックは、女性たちの声を封じ、女性を嘲笑して進められてきた。もうわたしたちは、性差別者たちのための「祭典」を生かしておくわけにはいかない。今こそオリンピック・パラリンピックは廃止だ。

2021年2月12日　反五輪の会

北京冬季オリンピック・パラリンピック開催一年前声明

北京オリンピック・パラリンピックが1年後にせまっています。（オリンピック2022年2月4～20日、パラリンピック3月4～13日）反五輪の会では2月4日開会式1年前にTwitterで東京五輪にも北京五輪にも反対する発信を行いました。改めて、私たちの思いを声明として発表します。

2021.3

2021年はコロナ禍の中、延期された2020東京五輪と2022北京冬季五輪1年前のキャンペーンが同時進行中という、地獄のような1年です。

2008年の北京五輪では、開催準備に伴い150万人が強制的に立ち退かされたといわれています。拘束や拷問などの脅威がある中、現地の抵抗者や活動家、弁護士たちは、ジュネーブの人権団体や海外メディアを通して、オリンピックが引き起こしている深刻な人権問題を明らかにしました。しかし日本では、チベットをめぐる人権問題を訴える声が大きく拡散した一方、立ち退きや五輪反対の声を上げる人々に対する暴力・弾圧を糾弾する声は、決して多くはありませんでした。

当時、日本の中でチベット問題を訴えながら北京五輪に反対を叫んだ人の多くは、チベットの人権問題を、日本の侵略戦争に対する責任を問う中国を叩く道具にしていたと思います。10年以上の年月が経ちましたが、残念なことに今なおこの構造は全く変わっていません。

2021年現在、初の夏季・冬季オリンピックの開催地となる北京五輪への反対運動は、香港弾圧、チベットやウイグルの人々に対する弾圧によって、今、世界各地から、中国は五輪開催国にふさわしくないとして、北京冬季五輪のボイコットが呼びかけられています。

「開催国」が起こしている戦争や人権侵害に抗議し、その是正を求めるためのボイコットが呼びかけられる根源には、五輪を「平和の祭典」と肯定的に見る発想が存在しています。そしてその発想は、五輪が開催されるたびに「開催国」の貧しい人々が様々な形で排除・抑圧・搾取されている事実を「存在しないもの」と見なしてはじめて成立します。ボイコットを呼びかける人々が、自分の住む国の人権問題が、中国のそれに比べて軽微なものに過ぎないと見なしているのかも、非常に気になるところです。言うまでもなく、世界のあらゆる人権問題に対して、どこの国の住人であろうと、それに気づ

いた人が声をあげるのは当然のことです。しかし、五輪ボイコットの話は、裏を返せば「五輪開催にふさわしい国」「そうでない国」をどこで線引くか、という話になります。

五輪を開催する主体は「都市」であり「国」ではない、また、競技は選手間の競争であり国家間のそれではない、という五輪憲章の文言は、もはや完全に空文化しています。五輪競技は全て国別対抗で行われています。このことの政治性・差別性を閑却してはじめて「ボイコット」という発想が出てくるのだと思います。

五輪の開催が決まるたびに、五輪憲章を押し立てながら「開催国」の人権問題を訴える声が沸き起こります。ことに、人権を奪われ踏みにじられ続けてきたマイノリティの側からすれば、五輪はそれこそ自分たちの問題を広く訴える絶好の機会です。しかし、同時にこのような訴え方は、「開催国」で五輪のために命を、人権を奪われた人たちを「いないもの」と見なしてはじめて成立するものです。私たちは、マイノリティの人たちをここまで追い詰めていることに対して、真摯に向き合わなければなりません。だからこそ、五輪は最初からスポーツのチカラをテコにＩＯＣと「開催国」の政財界が利権をすすり合い、「開催国」の社会を意のままに操ろうというシステムに他ならず、「平和の祭典」も五輪憲章もまがいものに過ぎないこと、そのようなものに依拠しながら人権問題を訴えることは、真の解決から遠のくだけだと言わざるを得ません。五輪の存在を前提とした平和や平等を希求する取り組みは、五輪を成立せしめているあらゆる差別に加担する行為だと言わざるを得ません。

北京冬季五輪でも、すでに冬季五輪開催地で必ず起こる大規模な自然破壊や地域住民の追い出しが起こっています。

五輪はいりません、世界のどこにも。五輪はボイコットするものではなく、返上し、中止し、廃止させるべきものです。

２００８年北京五輪に反対し投獄され、言語に絶する拷問を受けた楊春林（ヤン・チュンリン）さんの言葉を、今こそ噛み締める時です。

「要人権、不要奥運（五輪ではなく、人権がほしい）」

２０２１年３月　反五輪の会

コロナ渦中のオリパラ教育 2021.3

未曾有の事態に直面しても、オリパラ教育は1年延長

２０２０年３月、オリンピック・パラリンピックの１年延期が決定したころ、私の勤務校を含め多くの学校は休校を余儀なくされた。学校再開後も感染防止策の実施、夏休みの短縮、授業内容や行事の大幅な変更など未曾有の事態に直面、オリパラ教育どころではない日々のはずであった。

実際のところは、次年度の年間指導計画作成に当たって、例年通り各教科では、オリパラ教育の「重点的に育成すべき５つの資質」に該当する計画部分に「ＯＰ」と付記するよう指示があった。各教科ではオリパラ教育の授業は、今年度も次に挙げる時数を最低ラインにして年間計画を立てるよう指示されている：国語、数学、国数（「重度」生徒対象）、職業、情報、道徳、生活単元―各２時間、外国語―３時間、音楽、美術、家庭―各４時間、日本の伝統文化―８時間、総合的な探究の時間―１０時間、学校行事―１２時間、保健体育―３０時間、合計８９時間。個々の生徒については学年やグループによって履修の有無はあるものの、都教委が「東京都オリパラ教育実施指針」で示している目安である３５時間をはるかに上回っている。ちなみに、私は「実施指針」が示された２０１６年度から、自分の担当教科の年間計画に「ＯＰ」を付記しないできているが、今のところそれで特に何かを言われたというようなことはない。

昨年１１月末、都教委は都立学校長に向けて「東京都オリンピック・パラリンピック教育実施方針の変更について」という通知を出した。内容は、《大会の延期に伴い、オリパラ教育の実施期間を１年間延長する》というものだ。通知の有無にかかわらず、コロナ渦中においても、オリパラ教育は昨年度までとほとんど変わることなく実施されている。「総合的な探究の時間」でのパラスポーツ体験や各教科での「ＯＰ」内容が毎週淡々と行われている。

東京都教育庁による「競技観戦に係る予備調査」

昨年度、炎天下の観戦動員として多くの人が危惧した「学校連携観戦プログラム」だけは感染症の影響をまともに受けているようだ。勤務校では当初新国立競技場等での観戦を計画、熱中症予防のための予算を多めに確保していたが、今年度に入って感染症予防のため校内でのオンライン観戦に切り替えることにした、と校長から説明があった。１２月はじめに「東京２０２０大会における子供の競技観戦に係る予備調査について」という依頼が教育庁指導部からあったが、これについて校長からは現地での観戦は行わず、オンライン観戦とする、と回答したという話であった。ちなみに、この依頼文には留意点として「現時点において校内で観戦の規模縮小等の判断をしている場合、それを反映させた数値を回答」「子供の実態、暑さ対策、コロナ等、保護者の意見を参考にして回答」と記されている。今後は１月下旬に最終確定、３月に配券割当に係る決定通知を発出、年度内に一部会場について、スクールバス乗降場所から競技会場入口までの動線等を確認する見学会を実施することが予定され

ている。現実を見れば、実際に競技会場まで出向いて観戦する、と回答する学校が存在するとはとても思えないが、これればかりはフタを開けてみないとわからない。

オリパラ教育に自ら縛られていく思考回路

2学期に実施された音楽鑑賞会は、一見オリパラとは関連のないクラシック主体のミニ演奏会だった。にもかかわらず、「ねらい」には例年通りしっかりと「オリパラ教育の重点的に育成すべき資質のうち『豊かな国際感覚』の向上を図る」と記載されていた。事後の反省アンケートで私は「このねらいはいらないと思う。音楽は音楽として純粋に楽しむことが大切なのでは」と記入した。会議で配布されたアンケートのまとめを見ると、音楽科からは「これを音楽科に言うのは違うと思います。オリパラ教育は『すべての教育活動の中で取り組む』という縛りがあります」という回答だった。音楽科が自らの責任で立てた「ねらい」に対する意見に対して「音楽科に言うのは違う」と平然と答え、オリパラ教育に自ら縛られていく思考回路に大きな戸惑いを覚えた。

コロナ禍でもオリパラ教育をあくまで実施させたいという情念

オリパラ教育の目玉の一つに、オリンピアン・パラリンピアンとの交流「夢・未来プロジェクト」がある。勤務校では2学期はじめの実施予定が2回繰り延べされ、実施されたのは12月。感染症対策で各学年ごと（生徒教員合わせて各100名弱）それぞれ、アスリート紹介のビデオ鑑賞込みで1時間弱となった。交流相手は現役のパラアスリート。生徒たちの前で見事なパフォーマンスを見せてくれたが、感染者数が急増する中、数百名に及ぶ見ず知らずの人たちとの交流に不安はなかったのかと感じた。12月末に大規模クラスターが発生したある都立高校では、最初のコロナ罹患者の出たわずか5日前に、現役のアスリートがこの高校を訪問し交流を行っていた。

12月の「夢・未来プロジェクト」実施校は、幼、小、中、高、特支、私立学校等37校にのぼる。訪問交流を行ったのは元オリンピアン7名（うち5名が2校、1名が3校）、元パラリンピアン3名（うち2名が3校）、現役パラリンピアン5名（うち4名が2校）。信じられない頻度である。勤務校では「日本の伝統文化」学習の一環で茶道の師範が来校しているが、担当者の話によると感染症対策について神経をとがらせていて、「軽度」の生徒との交流はオンラインを利用、直接交流もフェイスシールドや仕切り板を準備するなどしている状況がある。今年に入って緊急事態宣言が出され、ある都立特支では「夢・未来」のアスリート交流が中止になり、DVDだけが送られてきたという話が組合を通して入ってきた。その学校では生徒がDVDを鑑賞している様子を写真に撮り、報告するように上から言われているとのこと、コロナ禍の中オリパラ教育をあくまで実施させたいという情念が、一体どこから出てくるのだろうか。

子どもたちの笑顔が都合よく編集され、オリパラ翼賛へと一人歩き

11月にオリ・パラ応援メッセージ動画作成協力の依頼が東京都オリパラ準備局（？）からあり、校長から「夢・未来」交流のあとに生徒会メンバーを残して行うとの話があった。動画の内容はパラ

リンピックへの応援メッセージで一人10秒程度、5名~10名分ほしいとのこと。会議でこの話が出た時、私は感染症が広がる状況の中、本人や保護者がオリパラ開催をどう考えているか、撮影に応じるかどうか十分に考慮することができるよう丁寧に説明を行うよう要望した。結果的には、ピックアップされた生徒会メンバー全員が動画を撮影されたようだった。

生身の子どもの動員が厳しいとなるや、彼らの姿を映像の形で切り取り、オリパラ機運醸成に利用する。それはこの春卒業する生徒たちにも及んでいる。12月、「東京2020大会参画関連事業　令和2年度卒業生イベント『―Road to the future―』の実施について」という通知が教育庁指導部から都立学校長に向けて出された。いわく「この度、『学校連携観戦』や『中高生ボランティア体験』などの大会参画の機会が失われた子供たちを対象に、大会参加関連事業として『―Road to the future―』を実施」「東京2020大会延期の影響により、参画機会が失われた令和2年度の中学3年生、高校3年生を対象に代替の機会を提供し「これまで学校が実践してきたオリンピック・パラリンピック教育の内容を活かし、大会に向けた機運を再度醸成」するとともに「卒業生が、本事業を通じて、人生の糧となるかけがえのないレガシーを心に残す」というもの。具体的には、オリパラ教育に関する卒業学年生徒の活動の様子を写真（生徒の様子、表情を中心に）やコメント等、各校A4サイズ1枚の「学校紹介資料」にまとめ、それを大会会場で紹介、投影し、あわせてYouTubeや「東京動画」等や大会関連事業で放映する、というものだ。学校から募集した学校紹介資料を活用し、子供たちの未来を想起させるモザイクアートを大会会場に設置し、オリンピック・パラリンピックへの参画の象徴を作成する、というものもある。子どもたちの笑顔は都合のいいように切り取られ、編集され、オリパラ翼賛へと一人歩きしていく。

勤務校では主幹教諭が「学校紹介資料」を作成、載せられた写真は12月に行われた「夢・未来」パラアスリートとの交流、授業で行われたパラスポーツ体験、茶道体験の場面。今後は卒業式までに見られるように2月末までにDVDを各校に配布し、あわせてアスリート等から生徒たちへ未来に向けた励ましのメッセージ映像も予定されているようだ。

指導している教員の頭の中を見てみたい!

今年度の文化祭は、保護者の参観のない寂しいものだったが、内容自体は大きく変わるところはなく、オリパラ教育関連の展示も健在だった。オリンピック種目をテーマにした美術作品、「世界ともだちプロジェクト」の一環の調べ学習（「国割表」で各校に割り当てられた5か国、ホストタウン関連国など）、パラ競技紹介、そして極めつけは「日本代表」が獲得したメダルの数と内容を列記した「金メダル新聞」。指導している教員の頭の中を見てみたい。

今年オリンピック・パラリンピックを開催してかまわないのか、本気でそう考え信じているのか、問いただしたい思いに駆られる。

「聖火を消せ！」反オリンピック国際共同声明

3月25日にオリンピック聖火リレーは、10年前に東日本大震災に襲われ、福島第一原子力発電所が事故を起こした福島県内にあるJヴィレッジから出発します。日本でコロナ禍は終息していません。最近のすべての世論調査は、回答者の80%が「スーパースプレッダー」となりうるイベントを恐れ、7月の五輪開催に反対であることを示しています。こうした中で「東京2020」大会の組織委員会は、IOC関係者と「スポンサー企業の友人」をのぞく、海外からの観客の受け入れ見送りを発表しましたが、大会そのものの中止はまだ決定していません。

1936年のベルリン五輪のためにカール・ディームとヨーゼフ・ゲッベルスが発案したオリンピック聖火リレーは、この不透明な時代に「打ち勝つ」、「希望」の証として宣伝されています。聖火リレーに加え、福島県は東京五輪の野球とソフトボールの競技会場にもなっています。東京オリンピックは「復興五輪」と謳われていますが、元々「復興」とは何の関係もありません。東京への五輪誘致は、極右の都知事が2006年から温めていたナショナリスティックな政治計画でした（東京は2016年大会の誘致に失敗しています）。2011年に起こった天災と人災の後、日本の支配層は五輪誘致計画を維持することを決定しました。このことは、悲劇と災害が正常に復したと人々に思い込ませることがその決定の政治的動機となっていることをはっきりと示しています。IOCは2020年のオリンピックに東京を選ぶことで、日本政府による行いにお墨付きを与えました。福島からオリンピック聖火が出発することは、こうした企図の証拠となっています。

しかし放射能のホットスポットは福島県内の五輪競技会場の近くでも見つかっており、この地域が「復興」していないことを証明しています。労働力やその他の資源を奪うことで、オリンピック自体が福島の復興の妨げとなっているのです。日本オリンピック委員会やオリン

ピック関係者は、国家的な悲劇を見せかけの環境配慮で覆い隠す、グリーンウォッシュの手段として東京五輪を利用しています。放射能汚染から復興するには時間がかかります。福島県の居住者には、終わりの見えない絶望的な闘争と感じられているのです。

２０１６年のリオ五輪においても、世論は五輪に反対していましたが、民衆蜂起をよそに大会は開催されました。ＩＯＣや政府やその他オリンピック関連委員会が、大衆の望みを意に介していないことは明らかです。私たちのような反五輪グループはあらゆる開催都市に存在しており、パリとロサンゼルスで大会が予定されているため勢力を拡大しています。オリンピック・マシーンはパンデミックにもかかわらず前に進み続け、困窮している人々を立ち退かせ、公営住宅や公園を取り壊し、新たな治安維持手段を実行に移し、重要な文化的ランドマークを破壊し、自分たちの古臭いビジョンをまやかしの環境配慮で飾り立て、多額の負債を生み出しています。こうしたことは東京だけでなく、あらゆる開催都市で起きているのです。

私たち、世界中の反五輪、反ジェントリフィケーション、反監視グループは東京およびそれ以外の場所でオリンピック「聖火」の炎を消すことを求めます。このような束の間の商業主義的スペクタクルよりも、公衆衛生を含む数多くの事柄の方が私たちの注意に値すると、私たちは信じています。

２０２１年３月２４日

反五輪の会
２０２０「オリンピック災害」おことわり連絡会
Non aux JO 2024 à Paris
NOlympics LA
平昌オリンピック反対連帯
Counter Olympics Network
Games Monitor
Extinction Rebellion パンタン市と近隣地域（フランス）
Pacific Asian Nuclear-Free Peace Alliance

2021.3

2021.3

3・25「聖火リレー」スタートに抗議　「聖火」をとめろ！五輪は中止！デモ

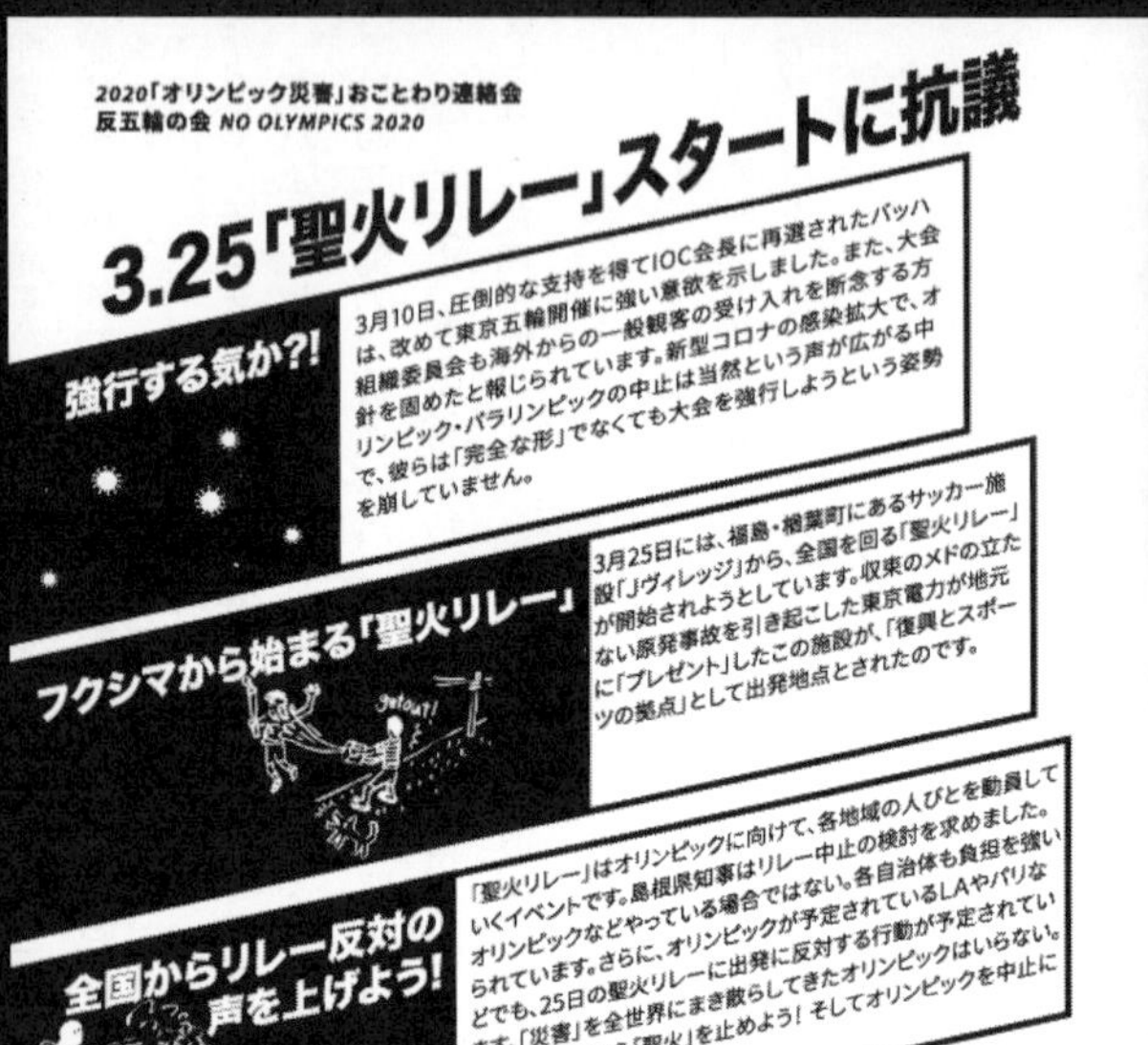

2020「オリンピック災害」おことわり連絡会
反五輪の会 *NO OLYMPICS 2020*

3.25「聖火リレー」スタートに抗議

強行する気か?!

3月10日、圧倒的な支持を得てIOC会長に再選されたバッハは、改めて東京五輪開催に強い意欲を示しました。また、大会組織委員会も海外からの一般観客の受け入れを断念する方針を固めたと報じられています。新型コロナの感染拡大で、オリンピック・パラリンピックの中止は当然という声が広がる中で、彼らは「完全な形」でなくても大会を強行しようという姿勢を崩していません。

フクシマから始まる「聖火リレー」

3月25日には、福島・楢葉町にあるサッカー施設「Jヴィレッジ」から、全国を回る「聖火リレー」が開始されようとしています。収束のメドの立たない原発事故を引き起こした東京電力が地元に「プレゼント」したこの施設が、「復興とスポーツの拠点」として出発地点とされたのです。

全国からリレー反対の声を上げよう！

「聖火リレー」はオリンピックに向けて、各地域の人びとを動員していくイベントです。島根県知事はリレー中止の検討を求めました。オリンピックなどやっている場合ではない。各自治体も負担を強いられています。さらに、オリンピックが予定されているLAやパリなどでも、25日の聖火リレーに出発に反対する行動が予定されています。「災害」を全世界にまき散らしてきたオリンピックはいらない。いまこそ地域から「聖火」を止めよう！ そしてオリンピックを中止に追い込もう！

「聖火」をとめろ！
五輪は中止！

デモ　3/25(木) 18:45
JR新橋駅前・SL広場集合
19:00 デモ出発

NOlympic
Torch

オリンピックマシーンに水をかけろ

2021.4

えー、お初にお目にかかります。反五輪の会メンバーです。公園で野宿をしています。東京五輪に反対をしてきて、はや8年。東京五輪はコロナだろうが何だろうが開催する方向になってます。私たちの抗議もまたラストスパートを迎えている。というところで、ラストスパートなんてスポーツ用語が出てくるのは嫌だなぁ、と感じるというのが、まぁ、自分の中での、この8年の変化ですね。

　福岡で五輪反対の声が聞こえないので、ということで今回、原稿の依頼を受けているのですが、それもそうだろうなと思います。東京と福岡では第一、遠い。もっと身近な問題がきっといくらでもあるだろうと思います。しかし、２０１６年五輪では福岡も国内候補になりました。磯崎新による港湾部の再開発を前提とした計画でした。また、ご承知のとおり、５月１１日１２日には福岡にもトーチランナーが走ることになっています。長野において、トーチランナーが走る沿道から「オリンピック反対」の声があがり、その直後にＮＨＫ中継が無音になるというハプニングが起きました。その顛末については大手メディアでも報道されています。オリンピック反対はもちろん、身近な問題を全国に知らせる良い機会だと思います。みなさんもぜひ！！

　オリンピックとは何なのか、そして何で反対するのか。実は、けっこう分かりにくい（ですよねー）。簡単にスパッと割り切れないところがあります。今年の各種アンケートでは、東京五輪について反対や延期は、6割〜7割にのぼっています。その理由は、コロナウイルス蔓延の懸念です。ちなみに、招致決定後（招致チームが凱旋帰国した時）に、都庁前で情宣した時は「非国民！」とののしられた私たちが、東京五輪反対ということでは、いつの間にか多数派になったかのようですが、オリンピックそのものに反対しているという意味では依然として少数派です。（その残念な証拠に）デモをやっても前と変わらず５０人〜１００人くらいが集まるだけです。

　私たちは、当然ながら、コロナが蔓延しているから／するから、という理由だけで反対しているわけではないです。じゃあ、何でか。

　私個人は、オリンピックは都市再開発のエンジンであると考えています。都市再開発は、資本などから低利用とみなされた場所の資産活用です。そして、低利用とされている、うらぶれた公園や老朽化した団地のような場所は貧困者が集う場所でもあり、都市再開発には暴力的な排除がつきものです。紙幅の関係上、詳しくは書かないですが、都営霞ヶ丘アパート（２３０世帯）の立ち退き、都立明治公園や区立潮風公園の野宿者排除がオリンピックに関連しておきています。

とはいえ、それだけがオリンピックの問題というわけではありません。なぜなら、オリンピックのモットーは「より速く、より高く、より強く」であり、それは記録「更新」の思想であり、ある種の進歩史観だからです。それが、競技スポーツの問題にも、優性思想や障害者差別の問題（パラリンピックの問題）にも、ナショナリズムの問題にも、また都市再開発にも結びついています。オリンピックが新自由主義と親和性のある理由でもあります。

で、コロナがいくら蔓延していても、オリンピックを開催するというのは、結局、オリンピックがコントロール不能だからです。その点において、オリンピックは資本主義や原発やコロナとも似ています。コントロールが不能になるのは、関係する事象がたくさんあり複雑だからです。オリンピックは、IOC、JOC、JSC、組織委員会、東京都、国、スポンサー企業、放映メディア、ディベロッパー、電通などなどが関連しており、利益をむさぼる関係者が膨大にいます。なので、決定権や責任がどこにあるのか分かりにくい、前進を続けるしかない、何のためにやっているのかも不明瞭な巨大なマシーンと化しています。バッハIOC会長は「東京五輪の中止・再延期の憶測は相手にしない。大会が行われるかどうかに考えを巡らせてはいない。大会がどう行われるか、ということに取り組んでいる」と、強い指導力を発揮しているかのような言い方をしていますが、考えないというのは思考停止とも言えます。なぜなら、IOC会長といえどもオリンピックマシーンの歯車の1つだからです。昨年11月、バッハ会長が都庁を訪れた時に、数人でマイクで抗議をしたら、「話したいのか、叫びたいのか、どっちだ」ともののすごい形相でつめよってきたことがありました。その話をきいた時、そこまでして自分が状況をコントロールしている風に見せたいのだな、と呆れたものです。

で、政府というのも、コントロール不能なものをコントロールしているように見せるのが仕事です。五輪招致の時に、放射能は「アンダーコントロール」されていると安倍が言ったように。コロナがワクチンで完全にコントロールできるかのように菅が言うように。お金と同様、信用が失われたら、信用元が瓦解するためです。

コントロールを失っているオリンピックマシーンに開催都市も、開催国も、そして全世界が巻き込まれています。そして、その一端として、あるいは、その尖兵として、お調子者たちが現在、走り出しているわけです。私はトーチリレーをみたいとは思いません。オリンピック中継もみることはないでしょう。興味がないからです。反対をこれだけやっていれば興味が出てくるかと思ったのですが、やっぱり興味がないわけです。そういう意味では関わらないようにしたい人の気持ちはよく分かります。私だって、自分が野宿していなければ、反対運動に参加したかどうか分かりません。しかし、多かれ少なかれ程度の差はあれ、誰もがオリンピックマシーンに巻き込まれていることには違いないのです。

なので、少しでも状況のコントロールを自分たちの手に奪い返していきたいですね。

表に出て、またネットの中でも、自分たちの声をあげていけたらいいですねー。

トーチリレー＝統治リレー、粉砕。
共に闘えたらうれしいです。

入管法改悪に反対
——非正規滞在者へのオリンピック摘発・排除をやめろ

2021.5

入国管理局長は、２０１６年４月、「安心・安全な社会の実現のための取組について」という通知を各入管・収容所へと発出した。そこには、「『入管が目指す２０２０』と題し、東京オリンピック・パラリンピック競技大会の年までに、２０００万人以上の外国人を歓迎する安全・安心な社会の実現を図るため」「不法残留者及び偽装滞在者のほか、退去強制令書が発付されても送還を忌避する外国人など我が国社会に不安を与える外国人を大幅に縮減すること」と書かれている。

外国人を歓迎するために外国人を排除する？　この訳わからない理屈は、日本国家による外国人の選別・差別そのものだ。

五輪開催を視野にいれて作られた「国家戦略特区」制度では東京全域が指定され、お金を落とす観光客・高度な技能を持つエリートの利便が図られた。一方で、「単純」労働に従事するものに対しては、技能実習生やその延長である特定技能として搾取の限りをつくしている。その搾取のレールから少しでも外れた者や資本にとって用済みとなった者、命がけで保護を求めてやってきた者には門戸を閉ざし、「我が国社会に不安を与える外国人」と貶めた上、長期収容で追いつめ送還しようとする。入管職員から「オリンピックがあるから、あなたたちは出さない」と言われたという入所者の言葉に、オリンピックに反対してきた私たちは戦慄した。実際、２０１６年４月通知の頃から、仮放免が減り収容が長期化し出した。終わりの見えない収容に多くの入所者の心身が壊されている。


五輪をきっかけに、公平な社会を実現するだの福祉を充実させるだの言っていたのは誰だ？

多様性と調和、ダイバーシティをことあるごとに強調していたのは誰だ？

五輪を優先させることで、より人権を軽視する国になっているのが実態だ。「難民選手団」に拍手を送るその手が、難民申請を拒まれた多くの外国人を長期収容し、または送還して死地に追いやっている。

そして今、入管法が改悪されようとしている。難民申請中の人を送還可能とし、帰れない人々を「送還忌避者」と呼んで刑罰を科す、この法案に私たちは反対する。

難民申請者に難民認定を！　日本での暮らしを希望する者に在留資格を！

差別と暴力そのものである収容所は、とっとと解体しろ！

２０２１年５月１４日　反五輪の会

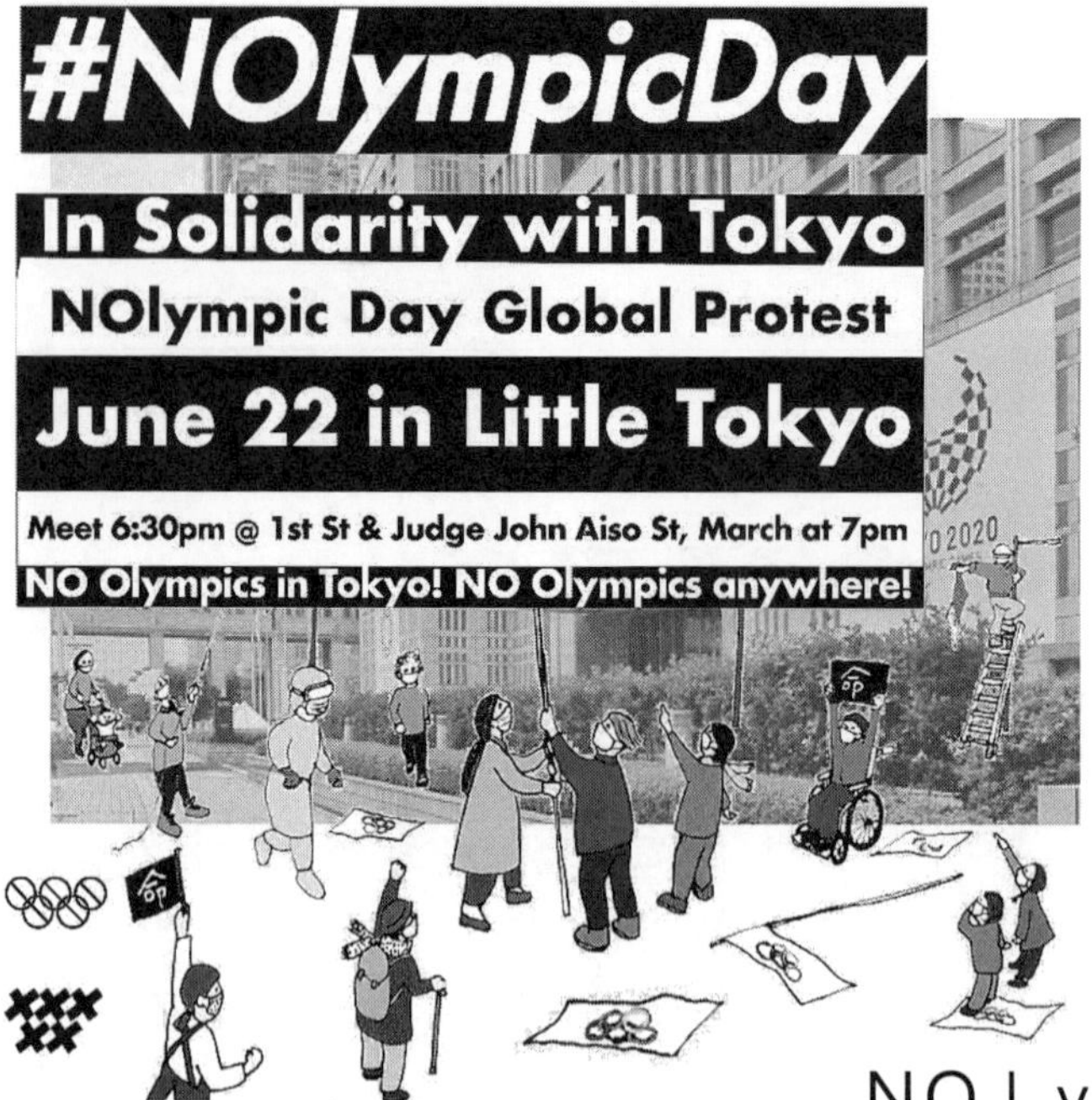

2021.6

NOlympicDay
オリンピック・パラリンピック反対
6・23 全国・全世界同時行動

6月23日18時、都庁第一庁舎正面玄関前。少し遅れ気味で到着した時には、すでに大勢の人で、ごったがえしていた。取材のカメラも乱立している。見慣れない参加者も多い。いつものデモとは異なる様相にスタッフも若干てんぱり気味。

オリパラ準備局、そして都知事室がある第一庁舎は文鎮のように静まりかえっている。日曜だから当たり前だが、前日に小池都知事が緊急入院したことも沈黙を印象づけている。まさか東スポの一万人規模のデモという煽り記事に都知事が腰を抜かしたわけでもないだろうが。

対照的に騒がしいのが、国民主権党を名乗りノーマスク（コロナはただの風邪）を主張するカルト右翼たちだった。反対車線に街宣車をとめ、車上に登って、「反対デモでこんなに集まれるならオリンピックは開催できるんじゃないですか〜」「ここで中止したら日本はナメられますよ〜。日本人はそんな弱くないですよ〜」「壮大な社会実験ありがとうございまーす」などと嘲笑しながら妨害。報道陣が集まることを見越して、選挙前の宣伝のつもりなのだろう。

コロナ対策の賛否はあるとしても、こういう右翼たちの偏見に満ちた浅薄な主張は、真剣な議論の妨げにしかならない。

都庁前では、各団体・個人からのアピールが続いた。

反五輪の会「2013年招致以来、オリンピックによるたくさんの被害、金まみれの酷いやり方を見せつけられてきた。一度決まったら止まらないオリンピックマシーン。絶対に開催してはいけない。これ以上犠牲を出してはいけない。犠牲が出るのがわかっているならやめなければならない。オリンピックは、あらゆるものを踏みにじりながら進んでいく。東京の私たちが止めなければならない。世界中、日本中の仲間たちとともにオリンピックやめろの声を挙げていこう」

オリンピック災害おことわり連絡会（おことわりんく）「今日6月23日は #NOlympicDay として呼びかけているが、沖縄慰霊の日だ。いま辺野古では、パンデミック下にも関わらず新基地建設工事が続いている。南部の遺骨が眠っている土砂を埋め立てに使っている。沖縄では怒りをもって今日を迎えている。今日は、沖縄の皆さんにも連帯の心を寄せながら声をあげていきたい」と述べ、今日取り組まれる予定の国内外のデモやスタンディングを紹介した。

都教委包囲・首都圏ネット「30人ほどで都庁16階の都教委に行き、オリパラと観戦動員の中止を求め、廊下に並んで抗議した。東京都医師会会長が『子どもの観戦動員は間違っている』と述べたのに、都教委はまだ動員しようとしている。非常に危険だ。戦争末期の学徒動員と同じ。子どもたちを殺すなと申し入れた」

長野：オリンピックいらない人たちネットワーク（復刻）「政府はこのオリンピックを利用して『国民意識』の統合、憲法改正へと駒を進めようとしている。なんとしてもオリンピックを止めなければならない。オリンピックは金儲けと人権侵害そのもの。それを止める努力を一人一人がしていこう」

アジア女性資料センター「オリンピックに反対するフェミニストキャンペーンを国際的に呼びかけた。IOCや政府、組織委は、オリンピックの暴力を押し隠すために『ジェンダー平等』という美しいスローガンを利用してきた。フェミニストとして、これに断固としてNOを言わなければならない。世界中でオリンピックが行ってきた、あらゆる暴力に対し立ち上り止めていく。私たちが生きるための闘いは続く。ここからがはじまりだ」

フランス・オーベルヴィリエ市：JAD（Jardins a defendre）「2024年のパリ・オリンピックのために破壊される恐れのあるオーベルヴィリエの菜園から、連帯のあいさつを送ります。この菜園は一世紀近い歴史があります。オリンピック練習用のプールを建設するために、市当局や関係者は、この菜園をコンクリートの下に沈めようとしています。僕たちは、この馬鹿げたプロジェクトに反対するため、5月23日から菜園の一部を占拠しています。オリンピックは、どこの都市で開催されても、常にこのような馬鹿げた開発を伴います。というよりも開催国のエリートたちは、馬鹿げた開発を進めるためにオリンピックを招致するのです。日本の皆さんと連帯します。オリンピックのない世界を目指しましょう！」

LA：NOlympicsLAによる声明（代読）「オリンピックは貧しい人々を殺します。オリンピックは、あらゆる場所で不平等な社会、警察活動、そして強制排除を加速するのです。オリンピックは、ロサンゼルスと世界中のコミュニティにとって膨大な災害であることを私たちは知っています。私たちはオリンピックを止めるのに、遅すぎる時はないことを知っています。私たちは、オリンピックがどこで開催されても、もたらす計り知れない害に世界が目覚めていることを知っており、今、世界中の人々に私たちと協力するよう呼びかけます」

福島・虹とみどりの会「原発事故から10年。未だ福島の原発は

収束どころか今年2月の更なる大地震で大ダメージを受けている。福島は、未だに緊急事態宣言中。汚染水を流すことを強行に決め、回収した汚染土を農地に再利用させようとしている。これ以上に福島に、世界に、更なる禍を広めないで。本当にこれでいいのか。声をあげよう。ダメなものはダメだ！」

松本：オリンピックの中止を求める松本の会「毎週金曜日、松本駅前広場でスタンディングを行っている。最初は『復興五輪』、次は『コロナに打ち勝った証としての五輪』、今度は『安心安全の五輪』と言うが、私たちの安全は守られているか。コロナ禍で、仕事がなくなり困窮している人々、いのちを絶った人々、大学に入ったのに辞めざるをえない人々。こんな中で、まだ、オリンピックをやるというのか？」

「女性たちの抗議リレー」の皆さん「コロナ禍で困窮するのは貧しい人たち。オリンピックの問題とジェンダーの問題は関わっている。この国のオリンピックは私たちが止めるしかない。毎週火曜に（オンラインで）声をつないでいく」

ふぇみん・婦人民主クラブ「森喜朗の性差別発言の際には、すぐに抗議活動をした。わきまえない女？冗談じゃない！オリンピック創始者であるクーベルタンも性差別者。いくらトップを女性に変えても中身は女性差別のまま変っていない。こんなオリンピックはやめたい。反対していこう」

あたりが暗くなり始めた頃、階下の中央通りにデモ隊が整列しだした。あれーー、いつまでも列が終わらない。いつもより多いどころではない。5倍、いや10倍？こんなに集まっていたのか……

とデモ隊全体が静かな興奮を帯びている。最後列からは、プンムル（風物）と呼ばれる韓国の農村に伝わる芸能を日本で学ぶひとたちが打ち鳴らす鉦や太鼓が華やかに鳴り響いてくる。いよいよ出発。

マネーファースト　オリンピック！
利権の巣窟　オリンピック！
税金巻き上げ　オリンピック！
カネで買ったよ　オリンピック！
3兆円だよ　オリンピック！
バッハは極悪　ぼったくり！
電通パソナは　大儲け！
オリンピックより暮らしを守れ！
オリンピックより病院守れ！
オリンピックより人権守れ！
復興五輪はウソっぱちだ！
オリンピックは復興の邪魔だ！
コロナに打ち勝った証なんていらないぞ！

新宿中央公園を横目に西新宿高層ビル群を臨みつつ進んで行く。北通りをぐるっと回って、再び都庁正面玄関前に。黒々とそびえ立つ都庁に向かって「五輪はいらない」「小池もいらない」などシュプレヒコールの嵐。

繁華街へ。突如現れた反五輪のデモに沿道の注目も高い。飛び入り参加する方の姿もチラホラ。デモ参加者数をカウントしたスタッフが、第一グループが500名、第二グループが330名まで数えたけど……　と報告してくれる。総計約850名。この時に、デモが2つに分けられていたことを、はじめて理解した。第二グループだけでも多いなと思っていたのだ。

これほどの人々が集まったのは、署名をしても、SNSで声を挙げても、世論調査で8割が反対という結果が出ても、政府やIOCが一向に五輪を中止しようとしないことに対する、強い危機感、切迫感の現れだ。

新宿南口にさしかかるとカウゴジラが！　福島で被ばくした牛を殺処分せず守り続けている、〈希望の牧場〉のトラック！

カウゴジラは都庁前に鮮烈に登場し、デモに先立つ集会からずっと参加してくれていたのだ。

気分が盛り上がったところで、明治通りから新宿通りと新宿の大動脈を歩いていく。アルタ前でゴール。先着の参加者から暖かい拍手。

しかし、国民主権党の街宣車が執拗についてきていた。デモへの中傷をはじめた車を取り囲んで、帰れコール。カウゴジラも後ろから吠える。車内では、都議選出馬の男が、下品に笑いながらスマホ撮影をしている。街宣車を守るように警察が取り囲む。一瞬、党首は車上に登ったが、すぐ車に舞い戻り、やがて逃げ帰った。二度とくるな。

その一方で、アピールも続いていた。

グレゴリー・加藤「オリンピックは、２年毎に様々な都市をみつけて収奪を繰り返している。彼らは寄生虫だ。オリンピックが街を去ったあと、私たちは、とりかえしがつかないほど大きな被害を修復しなければならない。世界中で、このパターンが繰り返されている。しかし、いま世界中のコミュニティがオリンピックという疫病をとめるために団結している。より良い世界をつくるためにオリンピックはまったく必要ない。私たちの力でオリンピックを終わらせよう」

都庁職病院支部「私たちは都立病院の労働組合。普段は看護師をしている。今日のコロナ陽性者数は６００人を超した。それは、２週間後に３０人が集中治療室に入り、そのうち５人が命を落とすことを意味している。いま私たちがやるべきことは感染をいかに少なく抑えるか。オリンピックは決してやるべきではない。今の日本の政府は、労働者や生活者のためではなく、金持ちや資本家階級のための政府だ。もうやめにするべきだ。

このような状況で都は都立病院を独立法人にしようとしている。府立病院を独法化した大阪府の死亡率は東京都の７倍。都立病院を独法化することは医療崩壊への一本道だ」

「都立病院の看護師をしている。オリンピックが近づき、気押され孤独を感じるが、ここへ来て仲間がいる、つながっていきたいと感じた。

都立病院は早くからコロナ患者を受け入れて来た。今まで経験のない事態の中、勉強して頑張っているが業務量が手一杯だ。コロナ患者が増えると一般の医療も抑制され助かる命も助からない。オリンピックに反対していきたい。

今までオリンピックの問題を良く知らなかった。しかし、歴史を知り、現地の人々を苦しめて成り立ってきたのがオリンピックだとわかった。いま私たちが声をあげなければ」

さて、私たちは新宿で反五輪の声を鳴り響かせた「ノーオリンピックディ」であったが、各地、各都市では以下のような行動が行われた。

同じ都庁前では、新宿デモに先立つ時間帯に、築地市場の移転・解体に対し抗議を続けてきた人々がスタンディングを行った。また、（この日「聖火」が到来した）静岡や浜松、多摩地域、横浜、九州の久留米でもデモやスタンディングが取り組まれた。２０２５年万博を控え、再開発に抗う大阪・釜ヶ崎、西成労働センターの団結小屋にも「五輪廃止！追い出しヤメロ！」の旗が掲げられた。

韓国では、平昌オリンピック反対連帯の仲間が、ソウルと江陵のオリンピック競技場前で「オリンピックに奪われた都市を取り戻そう」と抗議声明を読み上げた。

パリ郊外オーベルヴィリエ市では、２０２４年パリ五輪のための開発に占拠闘争で抵抗している労働者菜園で集会が開かれ、Non

aux JO a Pars 2024の仲間らがリベラシオン紙に「東京パンデミック五輪を中止せよ」というトリビューンを発表した。

２０２８年五輪開催予定都市であるＬＡでは、「Cancel the Tokyo 2020/2021 Olympics」という声明が発表され、NOlympicsLAを始め、3月にエコーパークを強制排除された野宿者、野宿者支援を行うグループ、反原発のグループ、コリア・タウンやチャイナ・タウンのコミュニティグループなど、地域の様々な人々が集って、リトル・トーキョーでデモが取り組まれた。

ウィーンではノーオリンピックデイに先立ちオンライン討論会が開かれたほか、当日は日本大使館前で抗議のスタンディングが行われた。ベルリンの人々は、ナチスによる１９３６年ベルリン五輪の競技場前から「オリンピックをぶっとばせ！」と力強い動画を発表した。

シドニーでは、タウンホール前でスタンディングが行われ、日本のコロナ状況や野宿者排除、原発被害など、オリンピックをめぐる問題に道行く人々が耳を傾けた。

ニュージーランド・ウェリントンやアメリカ・ワシントンＤＣでも街中で反オリンピックアピールが行われた。

国内外でオリンピックに反対の声が上がる、間違いなく歴史的な一日だった。

しかし、日本のメディアはこれらを意図的に黙殺。反対の声を「ないもの」とし、五輪開催強行に邁進する趨勢に、私たちは全力で抗っていかなければならない。私たちは五輪が中止、そして廃止されるまで声を挙げ続ける。

編者プロフィール

反五輪の会 NO OLYMPICS2020

はんごりんのかい。2013 年 1 月結成。

ブログ https://hangorin.tumblr.com/
Twitter 反五輪の会 @hangorinnokai
Facebook https://www.facebook.com/page.no.olympic2020
メール hangorin2020@gmail.com

photo by
金蜜 @mkimpo_kid p.1, 2, 13, 38, 46, 47, 55, 72, 89, 99, 138, 164, 242, 269
Galbraithian @galbraithian999 p.4, 12, 181, 294
おことわリンク @Link_NoTokyo5O p.9
평창올림픽반대연대 @OlympicDisaster p.10, 302
杉原こうじ @kojiskojis p.14, 300
KEN @ken023 p.15
NOlympics LA #NOlympicsAnywher @NOlympicsLA p.302
NOlympics オリンピック強行反対 Action Sydney @action_sydney p.302
Keine olympische Spiele in Tokio! 反五輪の会 @ ウィーン市 @NolympicsV p.302

other photos by 反五輪の会 @hangorinnokai

OLYMPICS KILL THE POOR オリンピックス・キル・ザ・プアー
オリンピック・パラリンピックはどこにもいらない

2021 年 7 月 30 日 第 1 刷発行

編　　者 反五輪の会
装　　幀 いちむらみさこ
発 行 人 深田　卓
発　　行 株式会社 インパクト出版会
東京都文京区本郷 2-5-11 服部ビル 2F
Tel 03-3818-7576 Fax 03-3818-8676
impact@jca.apc.org http://impact-shuppankai.com/
郵便振替 00110-9-83148

印刷・製本 モリモト印刷